AF643511

NÄHEN
SCHRITT FÜR SCHRITT

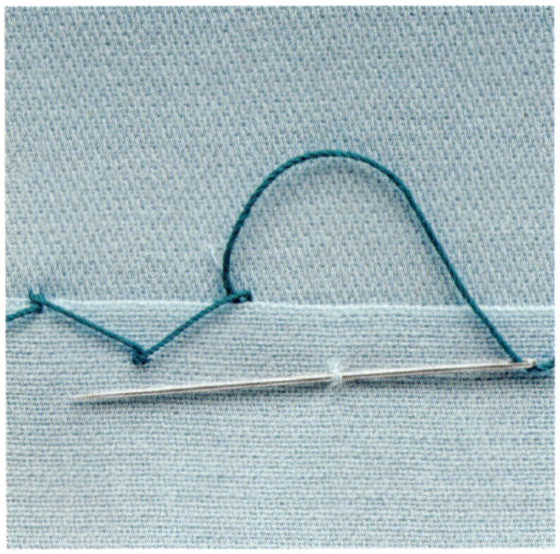

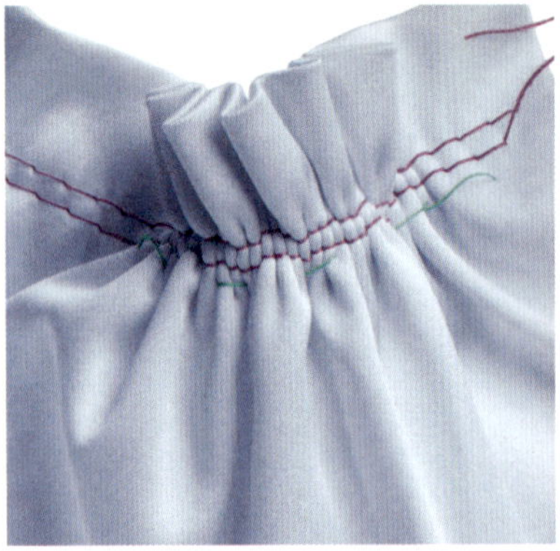

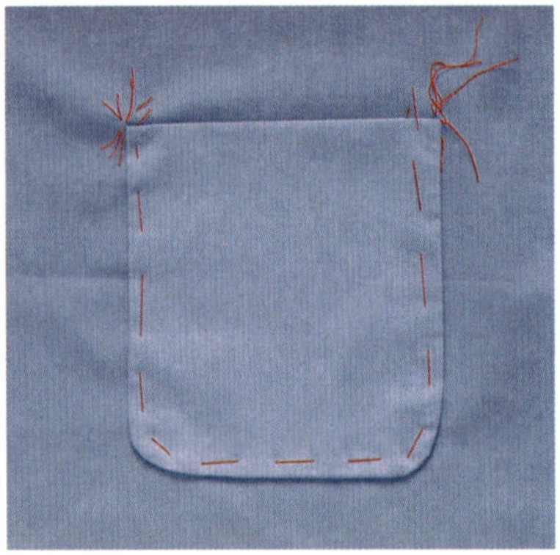

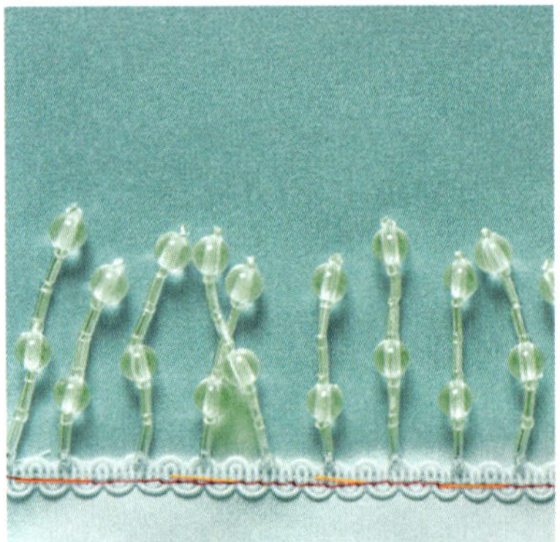
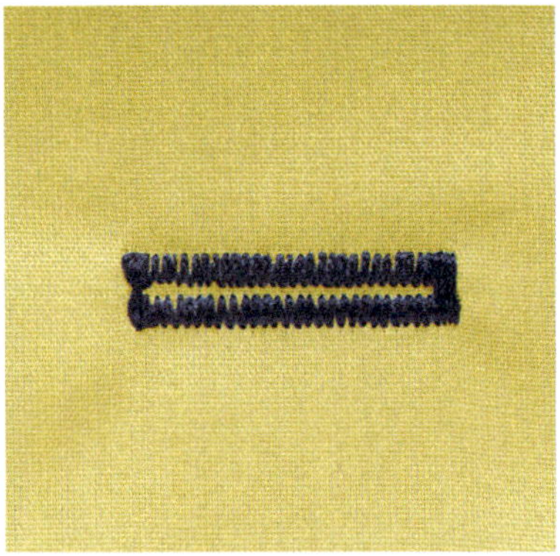

NÄHEN
SCHRITT FÜR SCHRITT

ÜBER 200 TECHNIKEN FÜR EINSTEIGER

ALISON SMITH

DK

INHALT

VORWORT

Wenn Sie als Näheinsteiger die wichtigsten Techniken erlernen möchten, ist dieses Buch genau das Richtige für Sie. Die klar gegliederten Seiten behandeln alle Grundlagen, die Sie benötigen, um einfache Heimtextilien, Kleidung und Accessoires zu nähen oder umzugestalten.

Nach einer Einführung in Werkzeuge, Kurzwaren und Stoffe veranschaulicht **Nähen Schritt für Schritt** alle Grundstiche und Techniken und erklärt verständlich, wie Sie Nähte, Säume und Kanten meistern. Außerdem erfahren Sie, wie Sie Kleidung mithilfe von einfachen Tricks wie Kräuselungen, Abnähern und Taillenabschlüssen Form geben und wie Sie Ihr Projekt mit Taschen und Verschlüssen vollenden.

Ich hoffe, dieses Buch bietet Ihnen Inspiration und animiert Sie dazu, wunderschöne Stücke zu nähen – für sich selbst oder für Familie und Freunde.

Fröhliches Nähen!

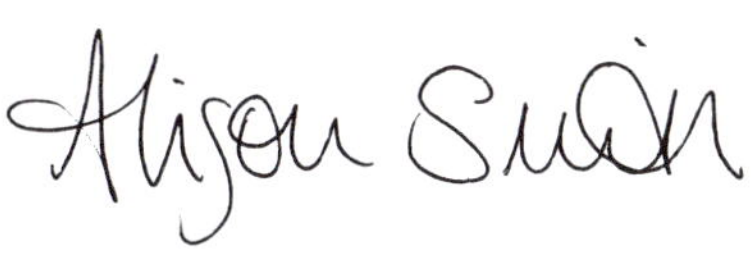

AUSSTATTUNG & BASICS

GRUNDAUSSTATTUNG

Die vorgestellten Utensilien gehören in einen gut sortierten Nähkasten. Je nachdem, was und wie oft Sie nähen, können es mehr sein. Schaffen Sie sich eine Kiste an, in der Sie Werkzeug und Kleinmaterialien übersichtlich und ordentlich aufbewahren können, damit Sie immer alles griffbereit haben.

Schneiderschere
Probieren Sie vor dem Kauf einer Schere zum Zuschneiden aus, wie sie in der Hand liegt. Sie sollte nicht zu schwer sein. **Siehe S. 13.**

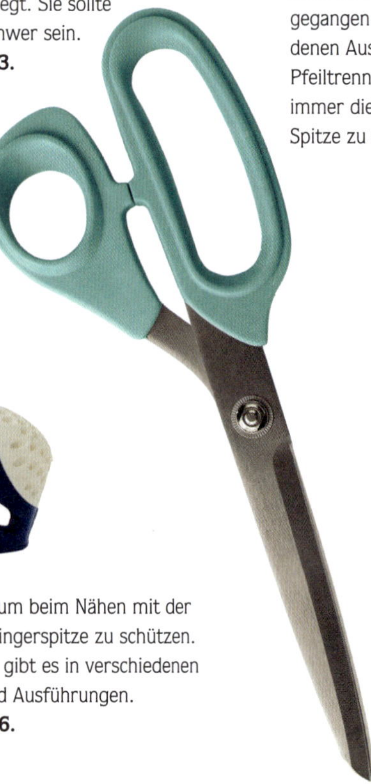

Pfeiltrenner
Solche Messer zum Auftrennen von Stichen, wenn einmal etwas schiefgegangen ist, gibt es in verschiedenen Ausführungen. Wenn der Pfeiltrenner nicht gebraucht wird, immer die Kappe aufsetzen, um die Spitze zu schützen. **Siehe S. 12.**

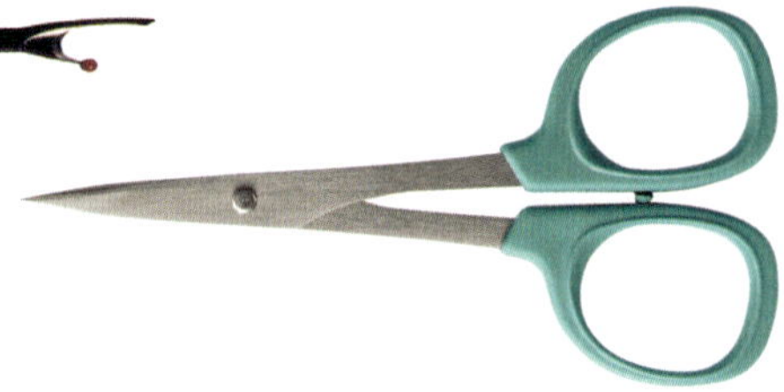

Stickschere
Kleine, spitze Schere zum Abschneiden von Fäden nahe am Stoff. **Siehe S. 12.**

Stecknadeln
Stecknadeln sind unbedingt nötig, um Stoffteile vor dem Nähen zusammenzustecken. Es gibt verschiedene Nadeltypen für unterschiedliche Zwecke. **Siehe S. 23.**

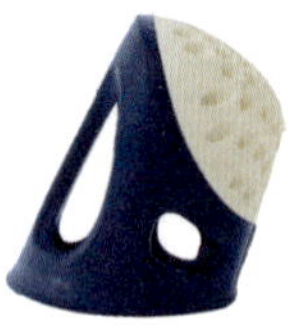

Fingerhut
Praktisch, um beim Nähen mit der Hand die Fingerspitze zu schützen. Fingerhüte gibt es in verschiedenen Größen und Ausführungen. **Siehe S. 16.**

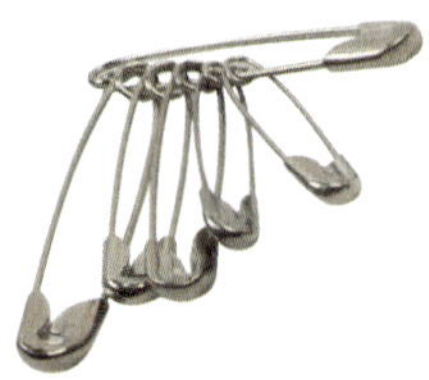

Sicherheitsnadeln
Diese Nadeln sind in verschiedenen Größen erhältlich. Praktisch für Notfallreparaturen und zum Einfädeln von Gummiband. **Siehe S. 23.**

Maßband
Unerlässlich zum Maßnehmen am Körper und zum Nachmessen von Stoffen, Nähten usw. Empfehlenswert sind Maßbänder aus Kunststoff, die sich nicht dehnen. **Siehe S. 14.**

Reißverschluss
Es ist sinnvoll, einige Reißverschlüsse in gängigen Farben, wie Schwarz, Creme und Marineblau, auf Vorrat zu kaufen. **Siehe S. 133–139.**

Garn

Ein Sortiment von Garnen zum Nähen mit der Hand und mit der Maschine ist unerlässlich. Manche Garne bestehen aus Polyester, andere aus Baumwolle, Viskose oder auch Mischfasern. **Siehe S. 20/21.**

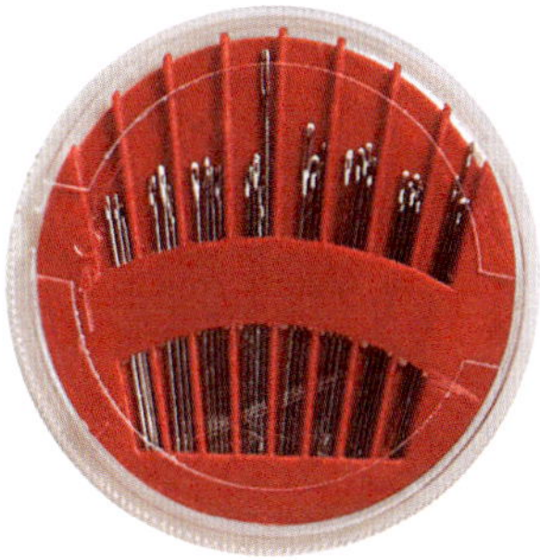

Nähnadeln

Mit einer größeren Auswahl von Nähnadeln verschiedener Größen und Typen sind Sie für alle Projekte gerüstet, die von Hand genäht werden. **Siehe S. 22.**

Nadelkissen

Praktisch, um Nadeln sicher und sauber aufzubewahren. Das Kissen sollte recht fest und mit Stoff bezogen sein. **Siehe S. 23.**

Kurzwaren

In diese Kategorie fallen Kleinigkeiten wie Knöpfe, Verschlüsse, Borten oder Gummibänder. Einige verschiedene Knöpfe und Druckknöpfe sollten Sie für schnelle Reparaturen unbedingt im Nähkasten haben. **Siehe S. 18/19.**

Knopflochschneider

Ein sehr scharfer, kleiner »Meißel« zum exakten Aufschneiden von Maschinenknopflöchern. Bei der Arbeit unbedingt eine Schneidematte unterlegen, damit die Klinge keinen Schaden nimmt. **Siehe S. 12.**

Nähmaß

Ein praktisches Werkzeug für kleine Maße. Der Schieber hilft dabei, mehrere Knopflöcher, Saumbreiten oder Durchmesser in identischer Größe anzuzeichnen. **Siehe S. 14.**

DER NÄHKASTEN IM ÜBERBLICK

Schneidewerkzeuge, S. 12/13
Schneiderschere
Schneidematte
Papierschere
Zackenschere
Fadenabschneider
Handarbeitsschere
Pfeiltrenner
Stickschere
Knopflochschneider
Zuschneideschere

Messwerkzeuge, S. 14
Flexibles Lineal
Maßbänder, z. B. Rollbandmaß in unterschiedlicher Länge und Material

Markierwerkzeuge, S. 15
Kreidestift
Kreidedruckstift
Schneiderkreide
Kopierrädchen und Kopierpapier
Textilstift (auswaschbar/verblassend)

Praktische Extras, S. 16
14-in-1-Maß
Bienenwachs
Fingerhut
Wendehilfe
Mini-Nähset
Textilflüssigkleber
Textilklebestift
Schlauchwender
Schrägbandformer
Pinzette

Bügelhilfen, S. 17
Bügeleisen
Bügelbrett
Bügeltuch
Bügelhandschuh
Bügelkissen

Einfädler, S. 22

SCHNEIDEWERKZEUGE

Es gibt viele Schneidewerkzeuge, und für alle gilt: Achten Sie auf gute Qualität und auf Klingen, die sich nachschärfen lassen. Die Zuschneideschere muss zur Größe Ihrer Hand passen, damit Sie die Klingen mit einer durchgehenden Bewegung öffnen und schließen können, was sehr wichtig für saubere Schnittkanten ist. Ein Pfeiltrenner ist unverzichtbar, um missglückte Nähte aufzutrennen und zu reparieren.

Fadenabschneider
Ein praktisches Werkzeug mit einem Federmechanismus zum Abknipsen von Fadenenden. Nicht geeignet zum Schneiden von Stoff.

Pfeiltrenner
Der spitze Haken wird unter den Faden eines Stichs geschoben, die Klinge in der Krümmung schneidet den Faden durch. Trenner gibt es in verschiedenen Ausführungen für Garne unterschiedlicher Stärke.

Stickschere
Eine kleine, sehr spitze Schere, mit der man in schmale Ecken gelangt und Fäden dicht am Stoff abschneiden kann.

Handarbeitsschere
Solche Scheren mit 10 cm langer Klinge eignen sich zum Abschneiden überstehender Stoffzipfel und Ränder nach dem Versäubern.

Knopflochschneider
Sieht aus wie ein kleines Stecheisen und dient zum akkuraten Aufschneiden von Maschinenknopflöchern. Sehr scharf – immer eine Schneidematte unterlegen.

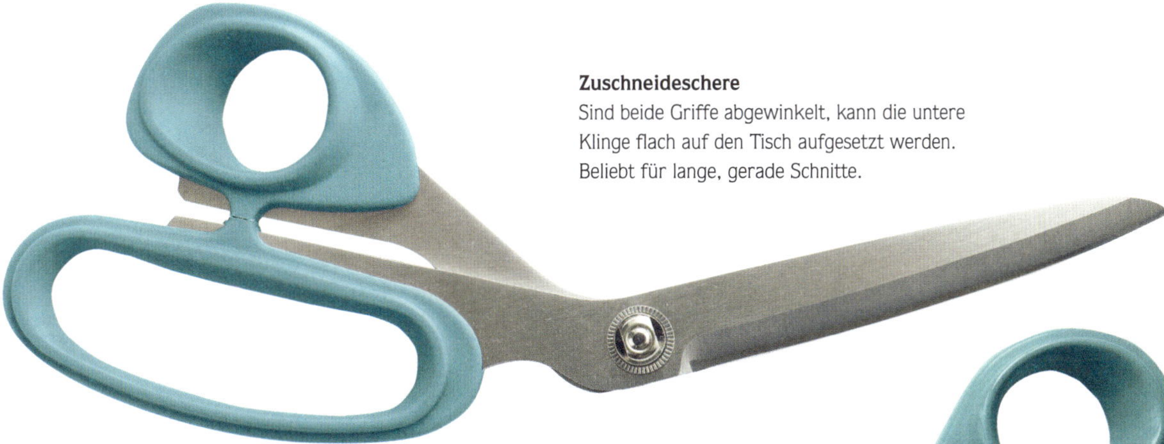

Zuschneideschere
Sind beide Griffe abgewinkelt, kann die untere Klinge flach auf den Tisch aufgesetzt werden. Beliebt für lange, gerade Schnitte.

Zackenschere
Ähnelt in der Größe einer Schneiderschere, hat aber speziell geschliffene Klingen, die Zickzackkanten schneiden. Wird zum Versäubern und für dekorative Kanten benutzt.

Schneiderschere
Der beliebteste Scherentyp zum Zuschneiden großer Stoffteile. Die Klingenlänge kann zwischen 20 und 30 cm betragen.

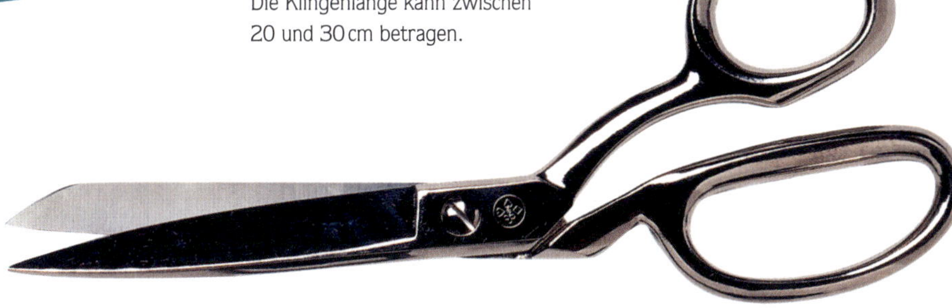

Papierschere
Zum Zuschneiden von Schnittmustern. Schneiderscheren werden schnell stumpf, wenn man Papier mit ihnen schneidet.

WERKZEUGE ZUM MESSEN & MARKIEREN

Zum exakten Messen stehen verschiedene Hilfsmittel zur Verfügung. Wählen Sie immer dasjenige aus, welches auf das jeweilige Projekt abgestimmt ist. Auf dem Stoff müssen verschiedene Markierungen angezeichnet werden. Auch hierfür gibt es unterschiedliche Methoden und Hilfsmittel.

MESSWERKZEUGE

Ob Sie die Breite eines Saums, Ihren Bauchumfang oder die Fensterhöhe messen wollen – für jeden Zweck gibt es das passende Werkzeug. Einfach zu handhaben und unentbehrlich ist ein Maßband. Es sollte unbedingt in gutem Zustand sein. Wenn es sich gedehnt hat oder an den Enden ausfranst, können Sie damit nicht mehr exakt messen und sollten es austauschen.

Stahl-Rollbandmaß für Fenster
Manche dieser Bandmaße kann man einhaken, andere lassen sich arretieren. Praktisch zum Messen von Fenstern und Polstermöbeln.

Maßband
Standardmaßbänder sind meist 2 m lang und in vielen Farben erhältlich. Sehr praktisch sind Bänder mit einer zusätzlichen 1,5-cm-Einteilung für Nahtzugaben.

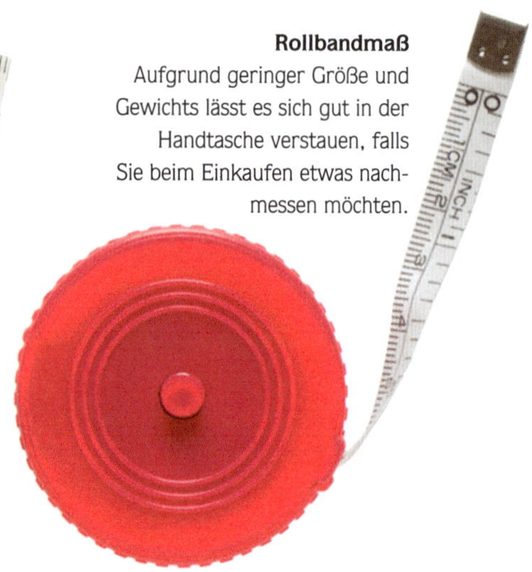

Rollbandmaß
Aufgrund geringer Größe und Gewichts lässt es sich gut in der Handtasche verstauen, falls Sie beim Einkaufen etwas nachmessen möchten.

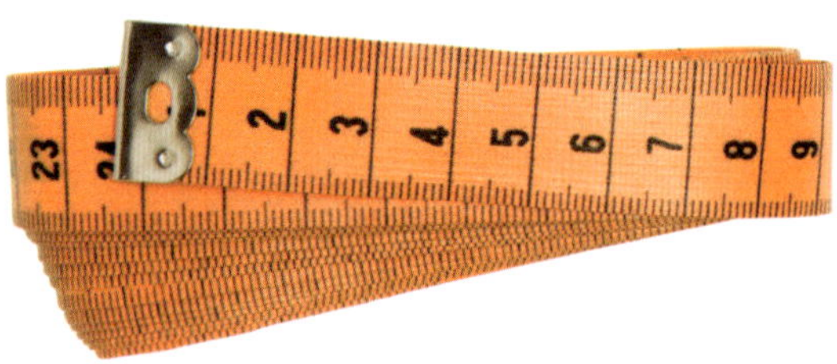

Extralanges Maßband
Maßbänder in »Überlänge« sind sehr praktisch zum Ausmessen von Vorhängen und Polsterbezügen, aber auch von Schleppen und Schleiern an Brautkleidern.

Nähmaß
Ein handliches Werkzeug von 15–20 cm Länge mit einem Schieber. Nützlich für kleinere Maße wie Saumbreiten und für wiederkehrende, gleiche Maße, zum Beispiel Falten oder Knopflöcher.

MARKIERHILFEN

Genaues Anzeichnen ist beim Nähen wichtig, damit beispielsweise Taschen und Abnäher am richtigen Platz sind und Stepplinien so gerade ausfallen wie auf dem Schnittmuster. Spezialstifte, Kopierpapier und einige andere Markierhilfen sollten Sie zuerst an einem Stoffrest ausprobieren, um sicherzugehen, dass sich die Markierungen später entfernen lassen.

Schneiderkreide
Solche quadratischen oder auch dreieckigen Kreidestücke sind in verschiedenen Farben erhältlich. Die Kreide lässt sich aus den meisten Stoffen leicht ausbürsten.

Kreidedruckstift
In diese praktischen Druckstifte können Kreideminen in verschiedenen Farben eingesetzt werden. Die Minen lassen sich anspitzen.

Kreidestift
Kreidestifte gibt es in Blau, Rosa und Weiß. Gut zum Zeichnen von akkuraten Linien, weil die Stifte wie ein Bleistift angespitzt werden können.

Kopierrädchen und Kopierpapier
Diese beiden Hilfsmittel benutzt man immer gemeinsam, um Markierungen vom Schnittmuster auf den Stoff zu übertragen. Nicht für alle Stoffarten geeignet, weil sich die Markierungen nicht immer leicht entfernen lassen.

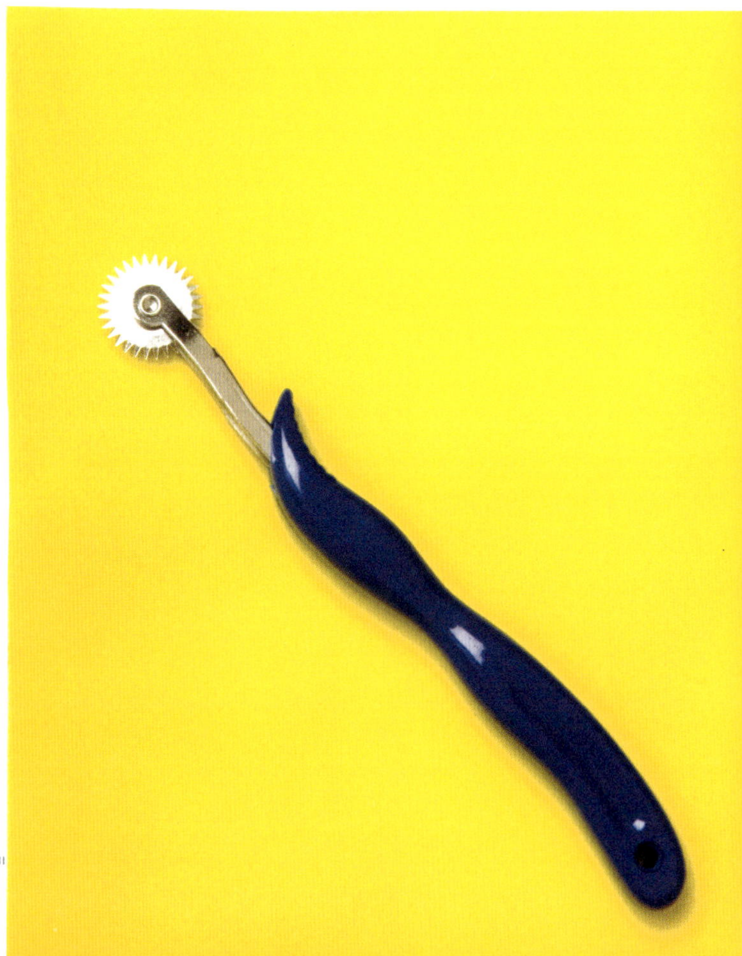

Auswaschbarer/verblassender Textilstift
Neben Stiften, deren Striche sich problemlos auswaschen oder mit einem feuchten Tuch abwischen lassen, gibt es auch solche, die ganz von allein nach einigen Stunden oder Tagen wieder verschwinden. Die Striche nicht bügeln, denn dadurch kann die Farbe fixiert werden und lässt sich dann nicht mehr entfernen.

EXTRAS

Im Fachhandel findet man noch viele andere praktische Hilfsmittel für die Schneiderei. Manchmal ist es nicht so einfach zu entscheiden, was man wirklich braucht und wofür. Ob Sie die hier gezeigten Utensilien benötigen, hängt davon ab, welche Art von Näharbeiten Sie hauptsächlich ausführen – Nähen von Kleidung oder Vorhängen, Bastelarbeiten oder laufende Reparaturen.

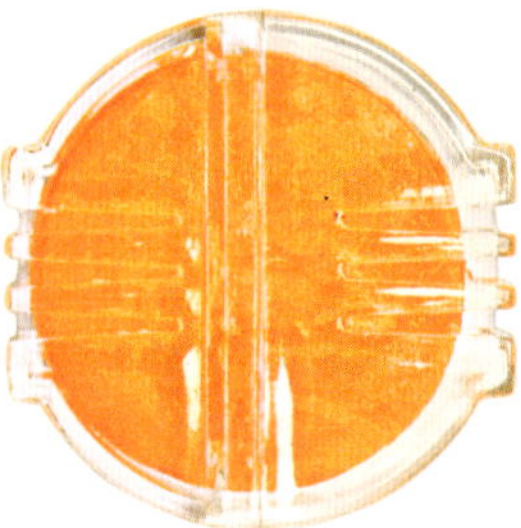

Bienenwachs
Wird beim Nähen mit der Hand benutzt, um den Faden zu stabilisieren und das Verheddern zu verhindern. Den Faden zuerst durch das Wachs und anschließend zwischen zwei Fingern durchziehen, um das Wachs in die Fasern einzureiben.

Wendehilfe
Sehr praktisch zum Herausdrücken von Ecken und Spitzen (z. B. an Kragen) nach dem Wenden.

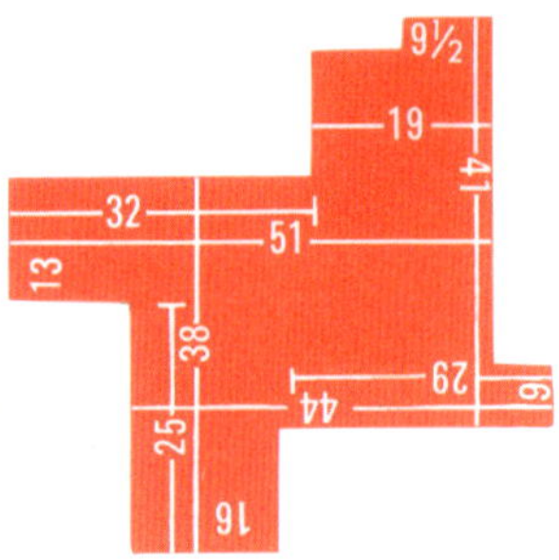

14-in-1-Maß
Ein kleines, praktisches Hilfsmittel in eigenartiger Form, auf dem 14 Maße vereint sind. Zum akkuraten Einschlagen von Säumen und Kanten.

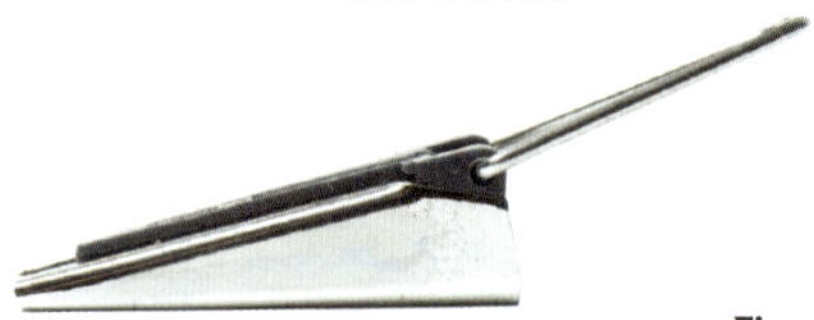

Schrägbandformer
Hilfreich, um die Kanten von Stoffstreifen sauber und präzise umzufalten. In verschiedenen Größen erhältlich.

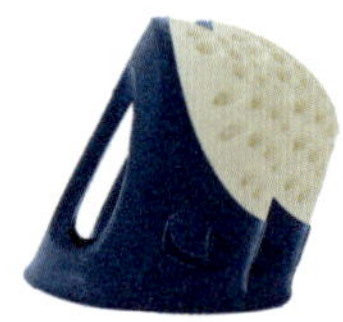

Fingerhut
Wer feste Stoffe mit der Hand näht, kann die Spitze seines Mittelfingers mit einem Fingerhut schützen. Es gibt sie in vielen Ausführungen und Größen – wählen Sie einen aus, der bequem sitzt.

Pinzette
Nützlich, um Heftstiche zu lösen, die versehentlich übersteppt wurden. Auch zum Einfädeln bei einer Overlockmaschine unverzichtbar.

Textilflüssigkleber
Wird auf die Enden von Bändern und Borten aufgetragen, um zu verhindern, dass sie ausfransen. Auch zum Sichern von Anfang und Ende einer Overlocknaht geeignet.

Textilklebestift
Ähnelt einem Klebestift für Papier und wird benutzt, um Säume oder Borten vorübergehend zu fixieren, bis sie festgesteppt werden. Beschädigt den Stoff nicht und hinterlässt keine klebrigen Spuren an der Nadel.

Mini-Nähset
Ein winziges Kästchen mit den allerwichtigsten Nähutensilien sollten Sie stets im Reisegepäck haben.

Schlauchwender
Ein dünner Metallstab zum Wenden von dünnen Stoffschläuchen, zum Beispiel für Bänder. Auch zum Durchziehen von Bändern durch Spitze oder Lochstickerei.

BÜGELHILFEN

Gut gebügelt ist halb genäht! Ohne gute Bügelhilfsmittel sieht man selbst geschneiderten Modellen leicht an, dass sie selbst gemacht sind. Durch korrektes Bügeln dagegen bekommen die Stücke eine saubere, professionelle Anmutung.

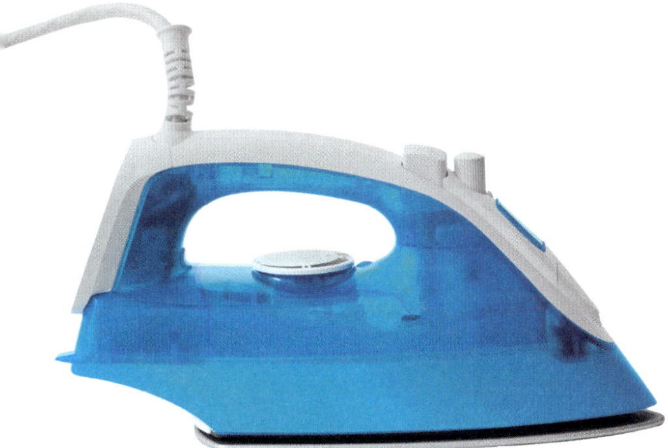

Bügeleisen
Gönnen Sie sich ein hochwertiges, nicht zu leichtes Dampfbügeleisen. Es sollte neben einer Dauerdampf-Einstellung auch eine Dampfstoß-Funktion besitzen.

Bügelhandschuh
Über die Hand ziehen, um den Stoff in der Nähe des Bügeleisens festhalten zu können, ohne sich zu verbrennen.

Bügeltuch
Ideal ist ein transparentes Tuch aus Seide, Organza oder Musselin. Das Tuch verhindert, dass das Bügeleisen Spuren auf dem Stoff hinterlässt oder dass empfindliche Stoffe versengt werden.

Bügelbrett
Ein unentbehrliches Hilfsmittel. Wichtig ist, dass es sich in der Höhe verstellen lässt.

Bügelkissen
Ein fest gestopftes, konisch geformtes Kissen zum Bügeln von Abnähern. Auch geeignet, um Rundungen von Kragen und Schultern in Form zu dämpfen. Unentbehrlich für die professionelle Schneiderei.

KURZWAREN

In die Kategorie Kurzwaren fallen all die Kleinigkeiten, die man für bestimmte Näharbeiten braucht: Knöpfe und Druckknöpfe, Haken und Ösen, Klettbänder sowie Gummibänder, Borten, Litzen oder auch Formstäbchen.

KNÖPFE

Knöpfe können aus den verschiedensten Materialien bestehen: Perlmutt, Knochen, Kokosnussschalen, Nylon, Plastik, Messing oder Silber. Die Bandbreite der Formen reicht von geometrisch über abstrakt bis figürlich. Manche Knöpfe haben Löcher, andere auf der Rückseite einen Schaft mit Öse zum Annähen.

VERSCHLÜSSE

Haken und Ösen (unten links), Druckknöpfe (unten Mitte) und Klettband (unten rechts) werden ebenfalls in verschiedenen Größen, Ausführungen und Farben angeboten. Dekorative Haken und Ösen werden sichtbar angenäht, Druckknöpfe und Klettband bringt man normalerweise verdeckt an.

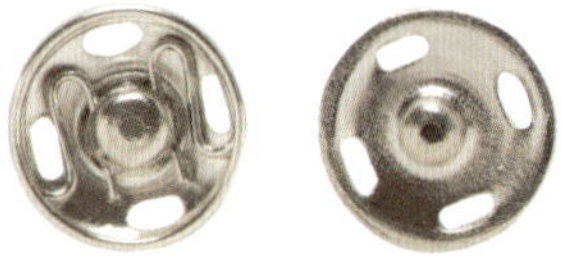

BORTEN, LITZEN UND ANDERE DEKORATIONEN

Dekorative Litzen, Pailletten- und Fransenborten, Zackenlitzen, Federn, Perlen und Schleifen eignen sich, um Kleider oder Taschen aufzupeppen oder Wohntextilien eine individuelle Note zu geben. Manche werden in Nähten mitgefasst, andere nachträglich aufgenäht.

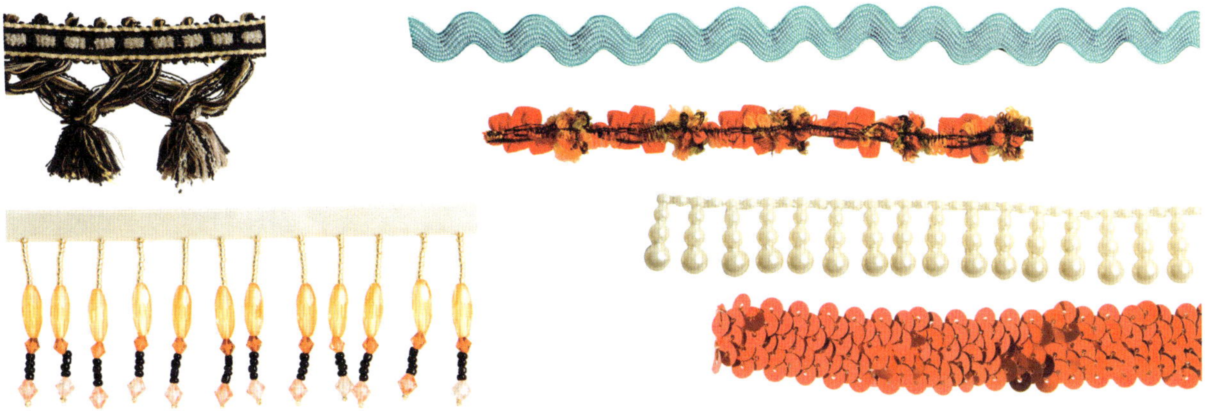

BÄNDER

Bänder, meist aus Nylon, Polyester oder Baumwolle, gibt es in vielen Breiten. Auch Versionen mit aufgedruckten Mustern oder mit Lurexkanten sind im Angebot.

GUMMIBÄNDER

Es gibt schmale und breite Gummibänder (unten links), flache und runde sowie welche mit eingearbeiteten Knopflöchern (unten rechts) und dekorativen Kanten.

STÄBCHEN

Stäbchen gibt es in unterschiedlichen Breiten und Typen. Für Korsagen verwendet man Polyesterstäbchen (ganz unten links), die direkt eingenäht werden, oder Nylonstäbchen (ganz unten rechts), die in eingesteppte Tunnel geschoben werden. Glatte, spiralförmige Metallstäbchen (unten links) werden für Korsetts und Brautkleider verwendet.

GARNE

In gut sortierten Fachgeschäften ist die Garnauswahl so groß, dass es gerade Einsteigern schwerfallen kann, das richtige auszuwählen. Es gibt viele Spezialgarne für besondere Zwecke, etwa zum Sticken mit der Maschine oder zum Quilten. Garne können aus Baumwolle, Polyester, Viskose und Fasermischungen bestehen. Manche sind sehr fein, andere dicker und grob. Das falsche Garn kann das Aussehen eines Projekts mindern oder Stich und Transport der Maschine negativ beeinflussen.

Baumwollgarn
Garn aus reiner Baumwolle ist glatt und fein. Es wird zum Nähen von Baumwollstoffen verwendet und ist zum Quilten sehr beliebt.

Gummifaden
Dünnen, ungesponnenen Gummifaden verwendet man normalerweise als Unterfaden zum Smoken oder für andere Stretch-Effekte.

Metallic-Garn
Diese Garne aus metallisierten Synthetikfasern werden für Ziersteppereien und Maschinenstickerei verwendet. Normalerweise ist zum Nähen eine spezielle Nadel erforderlich.

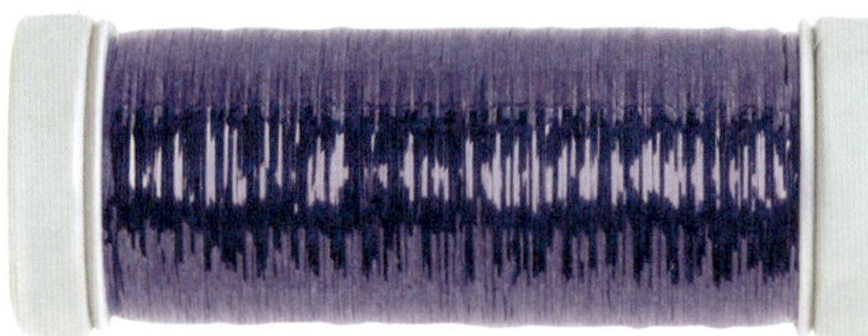

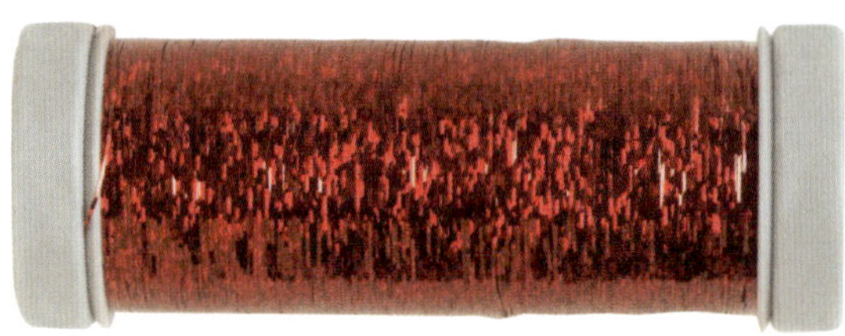

Stickgarne
Viele Stickgarne bestehen meist aus glänzenden Synthetikfasern. Für Maschinenstickerei sind recht feine Garne erforderlich, die auf großen Rollen preiswert zu kaufen sind.

Polyestergarn
Hochwertiges Polyestergarn ist minimal elastisch und darum für fast alle Arten von Kleidung und Wohntextilien geeignet. Die beliebteste aller Allzweckgarnsorten.

Knopflochgarn
Dieses dickere Polyestergarn wird für Knopflöcher und Ziersteppereien benutzt. Auch zum Annähen von Knöpfen auf dickerem Stoff und für manche Wohntextilien geeignet.

NÄH- UND STECKNADELN

Es ist wichtig, dass Sie eine für den jeweiligen Zweck passende Nadel verwenden, sonst kann der Stoff dauerhaft beschädigt werden. Näh- und Stecknadeln bestehen aus Stahl, letztere manchmal auch aus Messing. Am besten bewahren Sie Nähnadeln in einer speziellen Schachtel auf und Stecknadeln auf einem Nadelkissen, da sie in einer Schachtel zerkratzen und stumpf werden.

NÄHNADELN UND EINFÄDLER

Für jeden Stoff und jede Arbeit gibt es eine passende Nähnadel. Schaffen Sie sich ein kleines Sortiment an, damit Sie für alle Fälle gerüstet sind – zum Stopfen und für schnelle Reparaturen von Rissen, zum Annähen von Knöpfen oder von Borten für einen besonderen Anlass. Mit einer Einfädelhilfe bekommen Sie den Faden auch durch das kleinste Öhr.

Nähnadel:
Eine Universalnadel mit kleinem, rundlichem Öhr zum Nähen mit der Hand. Erhältlich in vielen Größen. Mittlere Größen sind recht vielseitig einsetzbar.

Stopfnadel:
Eine lange, dicke Nadel zur Verarbeitung von Wolle oder dickerem Stopfgarn. Auch gut zum Nähen mehrerer Stofflagen geeignet.

Perlennadel:
Sehr lang, besonders fein – zum Annähen von Perlen und Pailletten auf Stoff. Zum Aufbewahren in Seidenpapier wickeln, die Nadeln verbiegen sich leicht.

Selbst einfädelnde Nadel:
Eine Nadel mit doppeltem Öhr. Der Faden wird ins obere Öhr gelegt, durch die Lücke geführt und dann zum Nähen ins untere Öhr gezogen.

Durchziehnadel:
Eine Nadel mit großem Öhr und einer Verdickung an der Spitze. Zum Durchziehen von dünneren Kordeln/Gummibändern. In verschiedenen Größen und Ausführungen erhältlich.

Sticknadel mit Spitze:
Diese feinen langen Nadeln haben ein längliches, ovales Öhr, durch das auch mehrfädige Stickgarne passen.

Halblange Nähnadel:
Kürzer als eine normale Nähnadel. Kleines, rundliches Öhr. Zum Quilten mit der Hand besonders beliebt.

Chenille-Nadel (Sticknadel mit Spitze):
Sticknadel mit länglichem Öhr und scharfer Spitze. Für dicke Garne, für Wolle und zum Sticken und Stopfen auf dicken Stoffen.

Sticknadel ohne Spitze:
Dicke Nadel mittlerer Länge mit länglichem Öhr und abgerundeter Spitze. Für gezählte Stickereien und zum Vernähen von Overlockfäden.

Heftnadel:
Lang und dünn mit einem kleinen, runden Öhr. Mit diesen Nadeln kann man viele Vorstiche auf einmal machen. Beschädigt den Stoff nicht.

Einfädler:
Ein Einfädler ist vor allem für Nadeln mit kleinem Öhr nützlich. Auch zum Einfädeln von Maschinennadeln geeignet.

Automatischer Einfädler:
Hier wird die Nadel mit dem Öhr nach unten eingelegt. Durch Betätigung eines Hebels wird dann der Faden eingefädelt.

STECKNADELN

Stecknadeln gibt es in verschiedenen Stärken, Längen und Typen, von der einfachen Haushaltsnadel über Glaskopfnadeln bis zu Typen mit kleinen Blümchen als Kopf.

Haushaltsstecknadel:
Universalnadeln mittlerer Länge und Stärke. Für alle Näharbeiten geeignet.

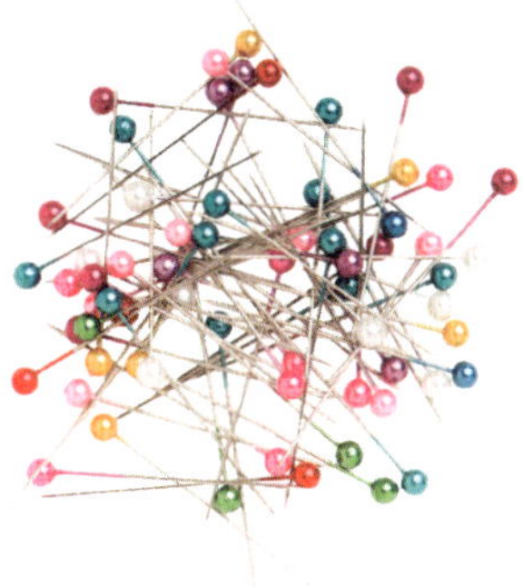

Perlkopfnadeln:
Länger als Haushaltsnadeln und mit einem perlmuttartigen Kopf. Gut zu greifen und leicht zu verwenden.

Extrafeine Nadeln:
Professionelle Schneider schätzen diese längeren, sehr dünnen Nadeln, weil sie leicht zu handhaben sind und keine Schäden am Stoff verursachen.

Schneiderstecknadeln:
In Form und Länge den Haushaltsstecknadeln ähnlich, aber etwas länger. Besonders empfehlenswert für Anfänger.

Glaskopfstecknadeln:
Ähneln Perlkopfnadeln, sind aber kürzer. Weil das Glas hitzebeständig ist, kann man sie überbügeln.

Sicherheitsnadeln:
In vielen Größen aus Edelstahl oder Messing erhältlich. Zum Zusammenhalten von zwei oder mehr Stofflagen.

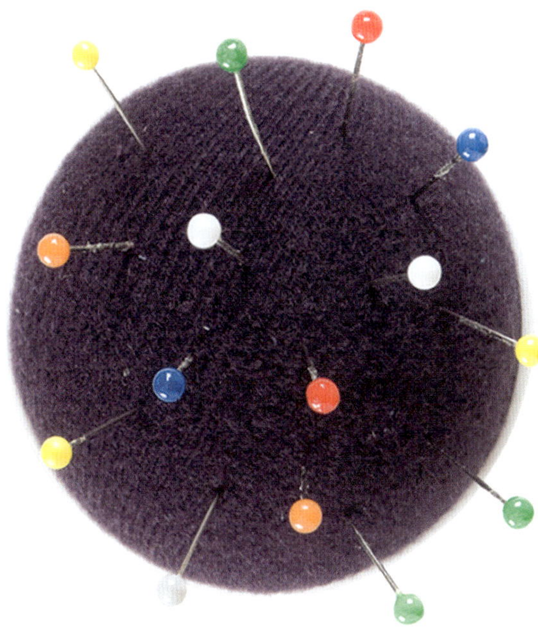

Nadelkissen:
Es sollte mit Stoff bezogen sein, denn Schaumstoff kann Nadeln mit der Zeit stumpf machen. Magnetische Nadelkissen nicht auf Computernähmaschinen ablegen.

NÄHMASCHINE

Ob Sie etwas reparieren oder ein größeres Nähprojekt planen: Mit einer Nähmaschine näht es sich schneller als mit der Hand. Viele verfügen über eine Computersteuerung zur Verbesserung der Stichqualität und Benutzerfreundlichkeit. Probieren Sie sie ausgiebig im Geschäft aus, ehe Sie sich zum Kauf entscheiden.

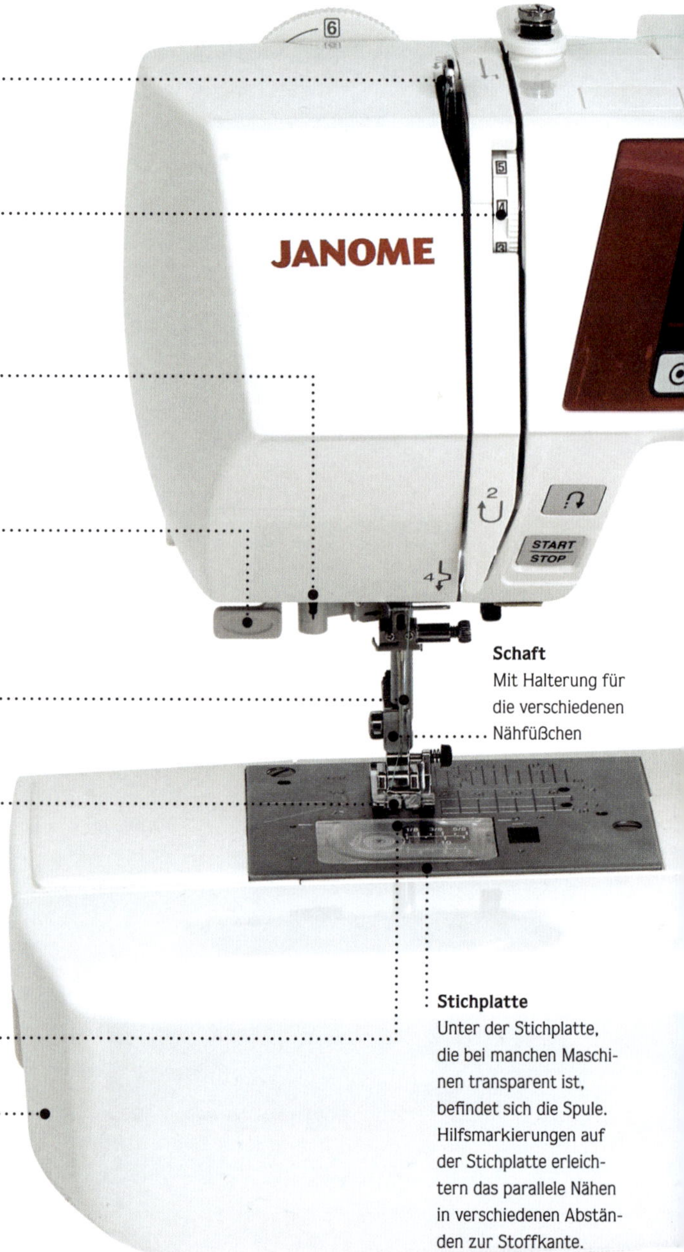

Gelenkfadenhebel
Eine »Station« beim Einfädeln des Fadens

Spannungsregler
Hier wird die Oberfadenspannung reguliert – also die Geschwindigkeit, mit der der Oberfaden nachgezogen wird.

Automatischer Einfädler
Ein absenkbares Hilfsmittel zum Einfädeln

Knopflochsensor
Ein absenkbarer Sensor, der automatisch die passende Knopflochgröße für einen gewählten Knopf ermittelt.

Nadel
Die Maschinennadel muss regelmäßig erneuert werden, damit die Stiche sauber ausfallen. **Siehe S. 26.**

Schaft
Mit Halterung für die verschiedenen Nähfüßchen

Nähfüßchen
Hält den Stoff beim Nähen fest. Für jeden Stich und jede Anwendung gibt es spezielle Füßchen zum Auswechseln. **Siehe S. 26/27.**

Transporter
Kleine Metallrippen oder -zähne, die den Stoff unter der Maschine vorwärts bewegen.

Stichplatte
Unter der Stichplatte, die bei manchen Maschinen transparent ist, befindet sich die Spule. Hilfsmarkierungen auf der Stichplatte erleichtern das parallele Nähen in verschiedenen Abständen zur Stoffkante.

Anschiebetisch und Freiarm
Nimmt man den vorderen Anschiebetisch ab, bleibt nur ein schmaler Freiarm als Arbeitsfläche stehen, auf dem sich Ärmel gut einsetzen lassen. Im Anschiebetisch kann bei den meisten Maschinen Zubehör verstaut werden.

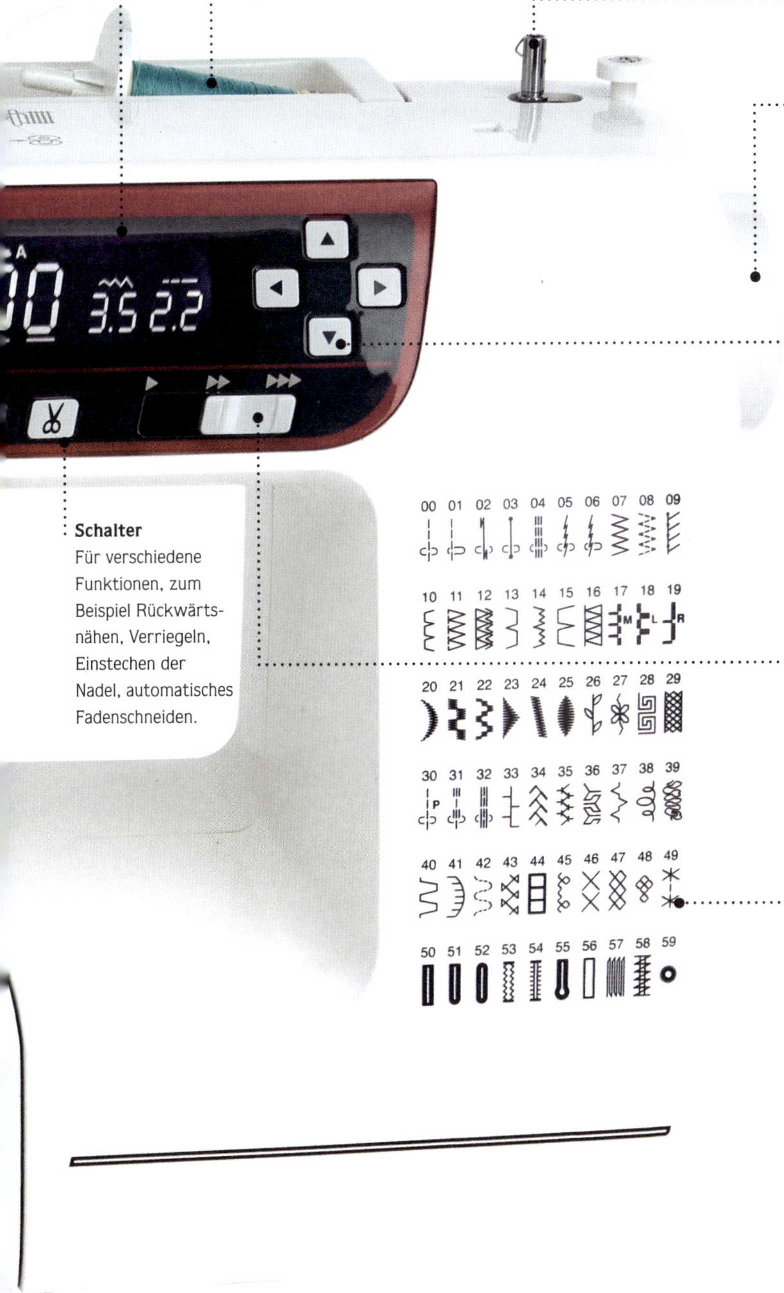

LCD-Display
Kleines Display, das den ausgewählten Stich anzeigt.

Garnhalter
Je nach Maschinentyp eine Halterung zum Einlegen oder Aufstecken der Garnrolle

Spulenhalter
Dorn zum Aufstecken der Spule, um beim Aufspulen das Garn unter Spannung zu halten. **Siehe S. 26.**

Handrad
Wird immer zum Körper hin gedreht, um die Nadel von Hand auf- oder abwärts zu bewegen.

Programm-Auswahlschalter
Zur Auswahl des Stichtyps und zum Verändern von Stichlänge und -breite

Schalter
Für verschiedene Funktionen, zum Beispiel Rückwärtsnähen, Verriegeln, Einstechen der Nadel, automatisches Fadenschneiden.

Geschwindigkeitsregler
Ein Schieberegler zum Einstellen der Geschwindigkeit der Nähmaschine

Stichübersicht
Alle Stiche, die diese Maschine nähen kann. Sie brauchen nur die Kennziffer einzugeben bzw. einzustellen.

NÄHMASCHINENZUBEHÖR

Es gibt viel Spezialzubehör für die Nähmaschine, mit dem Sie sich bestimmte Arbeitsgänge erleichtern können. Auch verschiedene Nadeln für unterschiedliche Garn- und Stoffarten werden angeboten.

Das Angebot an Nähfüßchen ist groß und wächst ständig weiter. Darum werden hier nur die gängigsten Modelle vorgestellt.

KUNSTSTOFFSPULE

Manche Maschinen führen den Unterfaden auf Kunststoffspulen, andere auf Metallspulen. Verwenden Sie immer den für Ihre Maschine passenden Spulentyp, sonst kann es zu Problemen mit der Fadenführung kommen.

METALLSPULE

Für viele Nähmaschinen eignen sich diese Metallspulen. Prüfen Sie vor dem Kauf einer Nähmaschine, welcher Spulentyp verwendet werden muss.

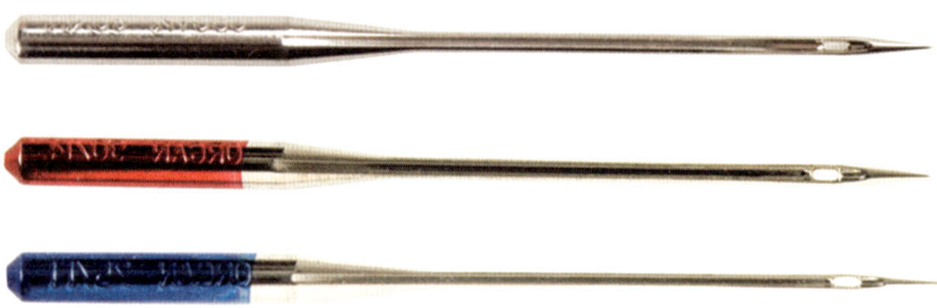

MASCHINENNADELN

Für jeden Stoff und Zweck gibt es die optimale Nadel. Die Bandbreite der Stärken reicht von 60 bis 100, wobei 60 sehr fein ist. Außerdem werden Spezialnadeln für Maschinenstickerei und die Verarbeitung von Metallic-Garnen angeboten.

STICKFUSS

Ein transparenter Plastikfuß mit einer Nut auf der Unterseite, in der gerade Maschinenstickstiche fortlaufend geführt werden.

KNOPFLOCHFUSS

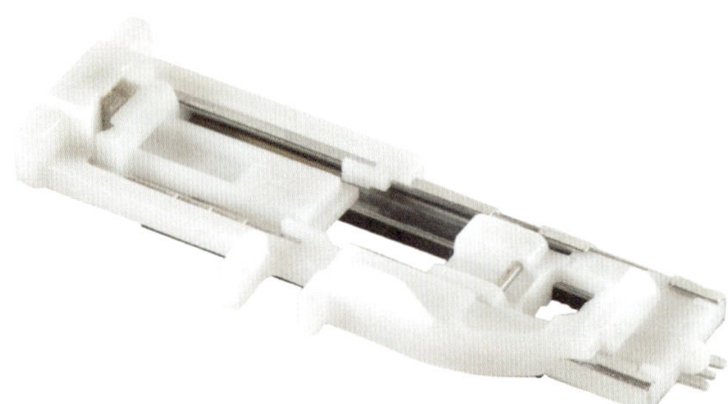

In das ausziehbare Ende des Fußes wird ein Knopf eingelegt. Die Maschine näht dann mithilfe des automatischen Knopflochsensors ein passendes Knopfloch.

SÄUMER

Der Fuß rollt beim Nähen mit einem Geradstich oder Zickzackstich die Stoffkante ein.

KANTELFUSS

Der Fuß läuft an der Stoffkante entlang und hält sie fest, während sie mit einem übergreifenden Stich versäubert wird.

BLINDSAUMFUSS

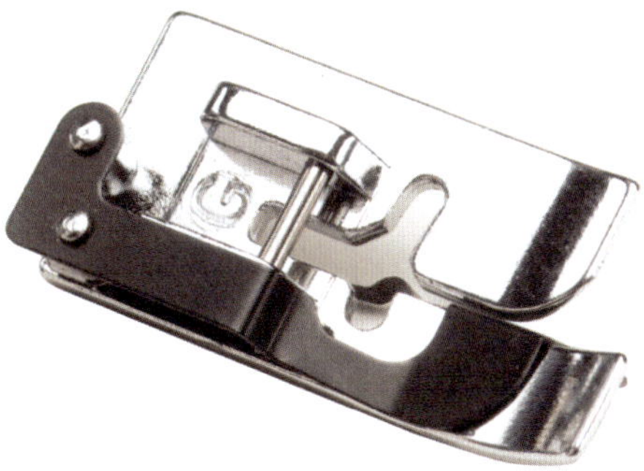

Spezialfuß für Blindsäume und unsichtbare Einschläge.
Sollte in Verbindung mit dem Blindsaumstich verwendet werden.

OBERSTOFFTRANSPORTER

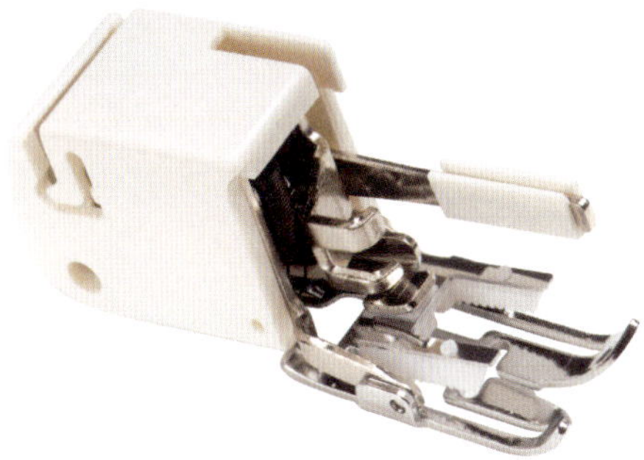

Dieser Fuß »schreitet« über den Oberstoff, sodass dieser sich nicht verschieben kann. Sehr gut geeignet, wenn Karos an Nähten exakt zusammentreffen sollen, und für rutschige Stoffe.

REISSVERSCHLUSSFUSS

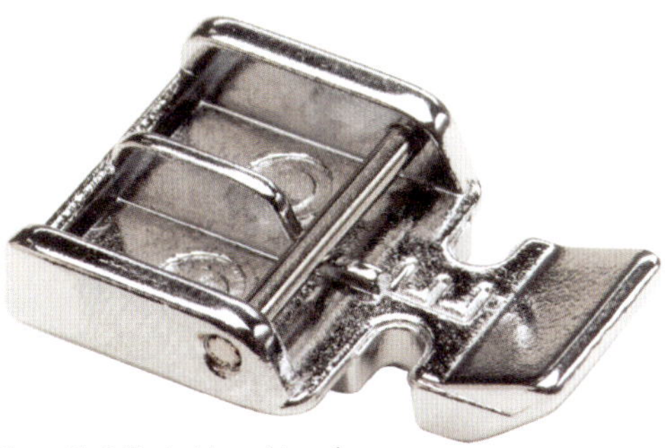

Dieser Fuß lässt sich rechts oder links von der Nadel einsetzen, sodass man auf beiden Seiten knapp neben der Reißverschlussraupe steppen kann.

FUSS FÜR VERDECKTE REISSVERSCHLÜSSE

Der Fuß wird ausschließlich zum verdeckten Einsetzen von Reißverschlüssen verwendet. Er hält den Verschluss offen, sodass man knapp neben ihm steppen kann.

STOFFE

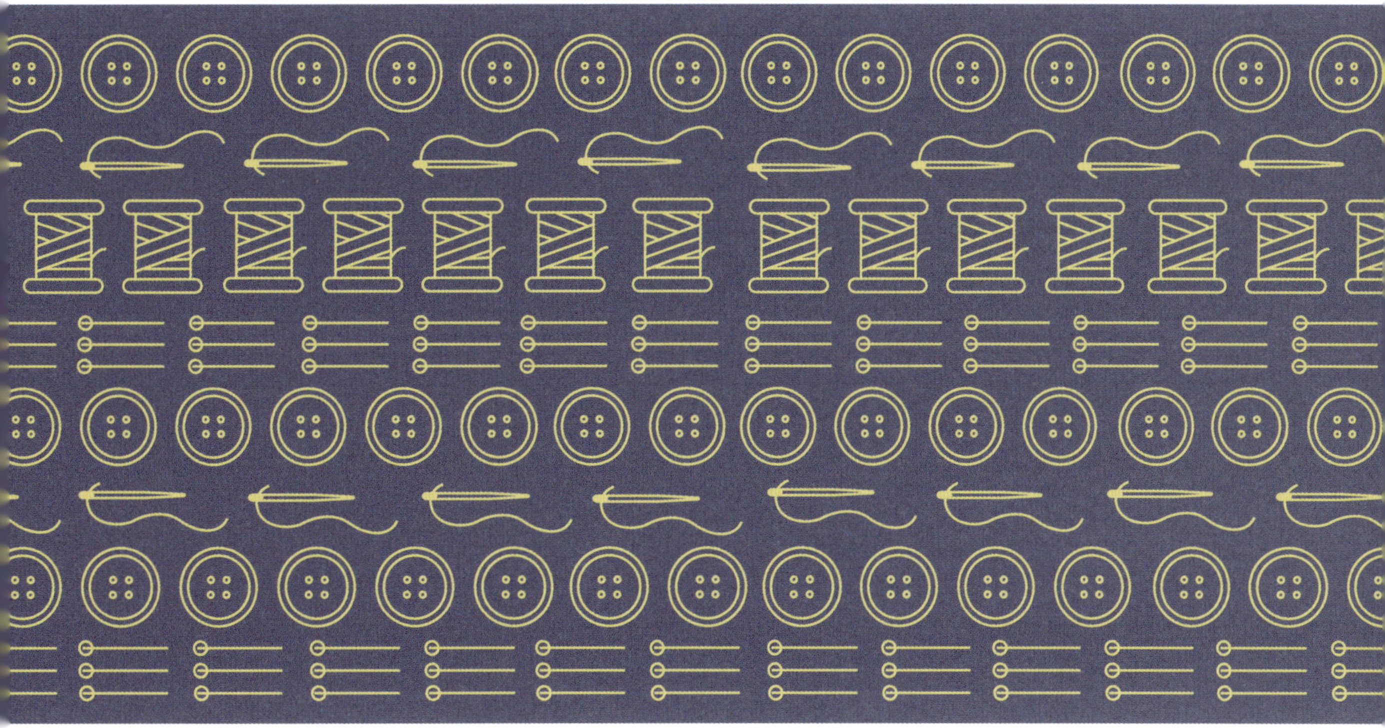

WOLLSTOFFE

Wolle ist eine Naturfaser, die vorwiegend vom Schaffell stammt. Australische Merinowolle gilt als besonders hochwertig. Daneben gibt es Wolle von Ziegen (Mohair und Kaschmir), Kaninchen (Angora), Kamelen (Kamelhaar) und Lamas (Alpaka). Wollfasern können kurz und flauschig sein, Kammgarn-Wolle dagegen ist lang, glatt und stabil. Der Begriff »Schurwolle« oder »virgin wool« sagt aus, dass die Wolle zum ersten Mal verarbeitet wurde. Wolle lässt sich wiederverwerten und recyceln, wird dabei aber oft mit anderen Fasern gemischt.

EIGENSCHAFTEN VON WOLLE

- hoher Tragekomfort bei jedem Klima, weil Wolle in vielen Stärken und Webarten erhältlich ist
- atmungsaktiv, daher warm im Winter und kühl im Sommer
- nimmt mehr Feuchtigkeit auf als andere Naturfasern Kann bis zu 30 % ihres Eigengewichts aufnehmen, ehe sie sich feucht anfühlt
- schwer entflammbar
- knittert relativ wenig
- ideal für die Schneiderei, weil sie sich gut in Form dämpfen lässt
- wird aus Kostengründen oft mit anderen Fasern gemischt
- neigt bei Beanspruchung durch starke Hitze, Feuchtigkeit und Druck zum Verfilzen
- bleicht durch anhaltende Sonnenbestrahlung aus
- anfällig für Mottenfraß

KASCHMIR
Sehr feiner, luxuriöser Wollstoff aus Ziegenhaar. Weich, aber strapazierfähig und in verschiedenen Stärken erhältlich.
Zuschnitt: Die Strichrichtung beachten, weil Kaschmir oft einen leichten Flor hat.
Nähte: Einfache Nähte, mit Overlocker versäubern oder mit der Zackenschere beschneiden. Beim Versäubern mit Zickzackstich können sich die Stoffkanten rollen.
Garn: Ideal sind Nähseide und Polyester-Maschinengarn.
Nadel: Je nach Stoffdicke Maschinennadel Größe 80–90, spitze Nähnadel zum Nähen mit der Hand.
Bügeln: Dämpfen, dabei Bügeltuch und Bügelrolle verwenden.
Geeignet für: Jacken, Mäntel, Herrenkleidung. Kaschmir-Strickstoffe für Pullover, Jacken, Unterwäsche.

CHALLY
Feiner, dicht gewebter Wollstoff aus Kammgarn mit einer strukturierten Oberfläche. Einfarbig und bedruckt erhältlich.
Zuschnitt: Nur bei bedruckten Stoffen gegebenenfalls die Laufrichtung des Musters beachten.
Nähte: Einfache Nähte, mit Overlocker oder Zickzackstich versäubern. Kappnaht ist ebenfalls möglich.
Garn: Polyester-Maschinengarn.
Nadel: Maschinennadel Größe 75–80, spitze Nähnadel zum Nähen mit der Hand.
Bügeln: Vorsichtig dämpfen und Bügeltuch verwenden: Der Stoff dehnt sich, solange er warm ist.
Geeignet für: Kleider, Jacken, Modelle mit Faltenwurf oder Drapierungen.

WOLLKREPP
Ein weicher Stoff aus gedrehten Fäden, die ihm seine strukturierte Oberfläche verleihen. Der Stoff wird auf dem Ballen gedehnt und kann noch einlaufen. Um das zu verhindern, sollte er vor dem Zuschnitt gedämpft werden.
Zuschnitt: Webrichtung muss nicht berücksichtigt werden.
Nähte: Einfache Nähte, mit dem Overlocker versäubern. Beim Versäubern mit Zickzackstich können sich die Stoffkanten einrollen.
Garn: Polyester-Maschinengarn.
Nadel: Maschinennadel Größe 80, spitze Nähnadel zum Nähen mit der Hand.
Bügeln: Bei Temperatureinstellung »Wolle« dämpfen. Ein Bügeltuch ist nicht immer notwendig.
Geeignet für: Kleidung aller Art.

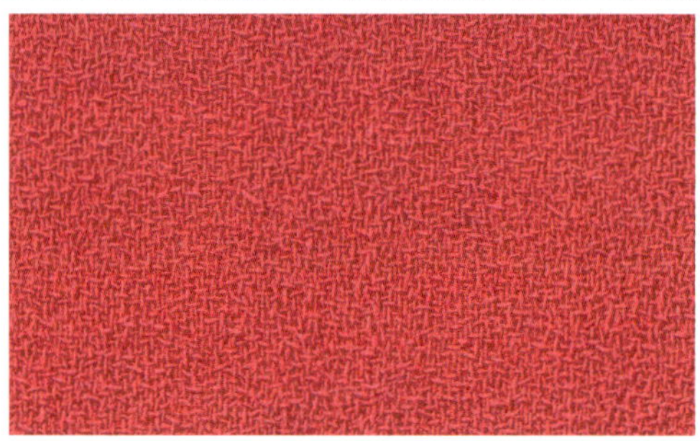

FLANELL
Wollstoff in Leinen- oder Köperbindung mit leicht angerauter Oberfläche. Wurde früher häufig für Unterwäsche verwendet.
Zuschnitt: Strichrichtung des Flors beachten.
Nähte: Einfache Nähte, mit Overlocker oder Zickzackstich versäubern. Alternativ mit Schrägstreifen einfassen.
Garn: Polyester-Maschinengarn.
Nadel: Maschinennadel Größe 90, spitze Nähnadel zum Nähen mit der Hand.
Bügeln: Bei Temperatureinstellung »Wolle« mit Bügeltuch dämpfen. Bügelrolle unterlegen, um Abdrücke zu vermeiden.
Geeignet für: Mäntel, Jacken, Hemden, Herrenkleidung.

GABARDINE
Ein strapazierfähiger Anzugstoff mit charakteristischer Webstruktur und leichtem Glanz. Nicht ganz einfach zu verarbeiten, weil dieser Stoff sperrig ist und sehr leicht ausfranst.
Zuschnitt: Wegen des Glanzes die Webrichtung beachten.
Nähte: Einfache Nähte, mit Overlocker oder Zickzackstich versäubern.
Garn: Polyester-Maschinengarn.
Nadel: Maschinennadel Größe 90, spitze Nähnadel zum Nähen mit der Hand.
Bügeln: Um Glanzflecken zu vermeiden, bei Temperatureinstellung »Wolle« mit einem Bügeltuch aus Seidenorganza dämpfen. Nur die Spitze des Bügeleisens aufsetzen.
Geeignet für: Herrenkleidung, Jacken, Hosen.

MOHAIR
Mohair wird aus Ziegenhaar hergestellt. Die langen, geraden und sehr stabilen Fasern ergeben eine flauschige Stoffoberfläche. Wird auch zu Strickgarn verarbeitet.
Zuschnitt: Strichrichtung beachten. Die Schnittmusterteile »mit dem Strich« auflegen, sodass der Flor von oben nach unten gestrichen wird.
Nähte: Einfache Nähte, mit Zackenschere beschneiden oder mit dem Overlocker versäubern.
Garn: Polyester-Maschinengarn.
Nadel: Maschinennadel Größe 90, spitze Nähnadel zum Nähen mit der Hand.
Bügeln: Bei Temperatureinstellung »Wolle« nur ganz leicht und immer in Strichrichtung über die Oberfläche streichen.
Geeignet für: Jacken, Mäntel, Herrenkleidung, Wohntextilien. Strickware aus Mohair ist für Pullover geeignet.

SCHOTTENTUCH
Früher besaß jeder schottische Clan sein eigenes Karomuster, das ausschließlich von Angehörigen dieser Großfamilie getragen wurde. Der Stoff wird aus Kammgarn in Köperbindung hergestellt.
Zuschnitt: Je nachdem, ob das Muster symmetrisch oder asymmetrisch ist, den Rapport beachten und gegebenenfalls den Stoff einlagig zuschneiden.
Nähte: Musterverlauf an den Nähten ausrichten. Einfache Nähte, mit Zickzackstich oder Overlocker versäubern.
Garn: Polyester-Maschinengarn.
Nadel: Maschinennadel Größe 90, spitze Nähnadel zum Nähen mit der Hand.
Bügeln: Bei Temperatureinstellung »Wolle« dämpfen. Zuerst auf einem Stoffrest ausprobieren, ob ein Bügeltuch erforderlich ist.
Geeignet für: Traditionell für Kilts, heute auch für Röcke, Hosen, Jacken, Wohntextilien.

TWEED, MODERN
Ein Gewebe aus verschiedenen groben und ungleichmäßigen Garnen. In schlichten und modischen Farben erhältlich, gelegentlich auch mit Effektfäden aus Metall oder Papier. Tweed wird von einigen Modedesignern sehr geschätzt.
Zuschnitt: Webrichtung beachten.
Nähte: Einfache Nähte, mit Zickzackstich oder Overlocker versäubern. Der Stoff franst leicht aus.
Garn: Polyester-Maschinengarn.
Nadeln: Maschinennadel Größe 90, spitze Nähnadel zum Nähen mit der Hand
Bügeln: Bei Temperatureinstellung »Wolle« dämpfen. Ein Bügeltuch ist nicht immer notwendig.
Geeignet für: Jacken, Mäntel, auch Röcke und Kleider, Wohntextilien.

TWEED, TRADITIONELL
Ein rauer Stoff, dessen klar erkennbare Kettfäden ein winziges Schachbrettmuster bilden. Traditioneller Tweed wirkt britisch-ländlich.
Zuschnitt: Nur bei Karomustern muss die Webrichtung beachtet werden.
Nähte: Einfache Nähte, mit Zickzackstich oder Overlocker versäubern. Alternativ mit der Zackenschere beschneiden.
Garn: Polyester-Maschinengarn oder reines Baumwollgarn.
Nadel: Maschinennadel Größe 90, spitze Nähnadel zum Nähen mit der Hand.
Bügeln: Bei Temperatureinstellung »Wolle« dämpfen. Ein Bügeltuch ist nicht immer erforderlich.
Geeignet für: Jacken, Mäntel, Röcke, Herrenkleidung, Wohntextilien.

VENETIAN
Luxuriöser, teurer Wollstoff in Satinbindung.
Zuschnitt: Die Webrichtung beachten.
Nähte: Einfache Nähte, mit Zickzackstich oder Overlocker versäubern.
Garn: Polyester-Maschinengarn oder reines Baumwollgarn.
Nadel: Maschinennadel Größe 90, spitze Nähnadel zum Nähen mit der Hand.
Bügeln: Bei Temperatureinstellung »Wolle« dämpfen und ein Bügeltuch aus Seidenorganza unterlegen, um Bügelglanz zu vermeiden. Bügelrolle unterlegen, damit sich die Nahtzugaben nicht abdrücken.
Geeignet für: Jacken, Mäntel, Herrenkleidung.

KAMMGARN
Hochwertiger, leichter und stabiler Stoff aus dicht gewebten Wollgarnen. Vor dem Zuschnitt dämpfen, weil der Stoff durch das Aufwickeln auf den Ballen gedehnt worden sein kann.
Zuschnitt: Die Webrichtung beachten.
Nähte: Einfache Nähte, mit Zickzackstich oder Overlocker versäubern. Alternativ mit Schrägstreifen einfassen.
Garn: Polyester-Maschinengarn.
Nadel: Je nach Stoffdicke Maschinennadel Größe 80–90, spitze Nähnadel oder Heftnadel zum Nähen mit der Hand.
Bügeln: Bei Temperatureinstellung »Wolle« mit Bügeltuch dämpfen. Bügelrolle unterlegen, damit sich die Nahtzugaben nicht abdrücken.
Geeignet für: Röcke, Jacken, Mäntel, Hosen.

BAUMWOLLSTOFFE

Die beliebten und sehr vielseitigen Baumwollstoffe werden aus den faserigen Samenhüllen der Baumwollpflanze hergestellt. Heute sind die wichtigsten Anbauländer für Baumwolle die USA, Indien sowie viele Länder des Nahen Ostens. Baumwollfasern können unterschiedlich lang sein und verschieden stark gedreht werden. Besonders feinfädiges Gewebe aus fest gedrehten Fasern wird für hochwertige Bettwäsche verarbeitet. Baumwollkleidung wird bevorzugt in heißen Ländern getragen, weil der Stoff sich kühl anfühlt.

EIGENSCHAFTEN VON BAUMWOLLE

- nimmt Feuchtigkeit gut auf und hält den Körper kühl
- in nassem Zustand stabiler als in trockenem
- lädt sich nicht statisch auf
- lässt sich gut einfärben
- neigt zum Einlaufen, wenn sie nicht vorbehandelt wurde
- kann durch Schimmel oder anhaltende Sonnenbestrahlung zerfallen
- knittert leicht
- nimmt Schmutz leicht an, lässt sich aber problemlos waschen

LOCHSTICKEREI

Feines Baumwollgewebe in Leinenbindung mit Mustern aus umstickten Löchern. Meist weiß oder pastellfarbig.
Zuschnitt: Musterverlauf beachten. Musterbordüren an Saumkanten zuschneiden.
Nähte: Einfache Nähte, mit Zickzackstich oder Overlocker versäubern. Alternativ Rechts-Links-Naht.
Garn: Polyester-Maschinengarn.
Nadel: Maschinennadel Größe 80–90, spitze Nähnadel zum Nähen mit der Hand.
Bügeln: Bei Temperatureinstellung »Baumwolle« dämpfen. Ein Bügeltuch ist nicht erforderlich.
Geeignet für: Babykleidung, Sommerröcke, Blusen.

NESSEL

Relativ fester Stoff aus ungebleichten Fasern in Leinenbindung. In verschiedenen Stärken erhältlich.
Zuschnitt: Webrichtung muss nicht beachtet werden.
Nähte: Einfache Nähte, mit Zickzackstich oder Overlocker versäubern.
Garn: Polyester-Maschinengarn.
Nadel: Je nach Stoffdicke Maschinennadel Größe 75–90, spitze Nähnadel zum Nähen mit der Hand.
Bügeln: Dämpfen. Ein Bügeltuch ist nicht erforderlich.
Geeignet für: Probemodelle, Wohntextilien.

CHAMBRAY

Leichter Baumwollstoff in Köperbindung mit farbigen Kett- und weißen Schussfäden. Auch mit Streifen- und Karomustern erhältlich.
Zuschnitt: Webrichtung nur bei gemusterten Stoffen beachten.
Nähte: Einfache Nähte, mit Zickzackstich oder Overlocker versäubern.
Garn: Polyester-Maschinengarn.
Nadel: Maschinennadel Größe 75, spitze Nähnadel zum Nähen mit der Hand.
Bügeln: Bei Temperatureinstellung »Baumwolle« dämpfen. Ein Bügeltuch ist nicht erforderlich.
Geeignet für: Blusen, Herrenhemden, Kinderkleidung.

CHINTZ

Der Stoff erhält durch eine Oberflächenbehandlung Glanz. Dicht gewebt und oft schmutzabweisend.
Zuschnitt: Webrichtung/Laufrichtung des Musters beachten.
Nähte: Einfache Nähte, mit Zickzackstich oder Overlocker versäubern. Alternativ Kappnähte.
Garn: Polyester-Maschinengarn oder reines Baumwoll-Nähgarn.
Nadel: Maschinennadel Größe 90, Heftnadel zum Nähen mit der Hand.
Bügeln: Bei Temperatureinstellung »Baumwolle« dämpfen. Ein Bügeltuch kann zum Schutz der Glanzbeschichtung erforderlich sein.
Geeignet für: Wohntextilien.

CORD

Stoff mit weichem Flor in klar erkennbaren Rippen. Babycord hat extrem schmale Rippen, Feincord etwas breitere. Bei Standardcord kommen auf einen Zentimeter vier bis fünf Rippen, Breitcord ist deutlich gröber gerippt.

Zuschnitt: Cord wird »gegen den Strich« zugeschnitten (Strichrichtung von unten nach oben), weil dann die Farbe intensiver wirkt.

Nähte: Einfache Nähte, mit einem Oberstofftransporter steppen. Mit Zickzackstich oder Overlocker versäubern.

Garn: Polyester-Maschinengarn.

Nadel: Maschinennadel Größe 80–100, spitze Nähnadel oder Heftnadel zum Nähen mit der Hand.

Bügeln: Bei Temperatureinstellung »Baumwolle« dämpfen. Eine Bügelrolle unter die Nähte legen und ein Bügeltuch verwenden.

Geeignet für: Hosen, Röcke, Herrenbekleidung.

CRINKLE-BAUMWOLLE

Ähnelt Seersucker (siehe S. 36), ist aber stärker geknittert. Der Crinkle-Effekt wird durch eine Hitzebehandlung erzielt. Crinkle-Stoffe müssen behutsam gewaschen und nass zusammengedreht werden, damit die typischen Knitterfältchen erhalten bleiben.

Zuschnitt: Nur bei gemusterten Stoffen muss die Laufrichtung beachtet werden.

Nähte: Einfache Nähte, mit Zickzackstich oder Overlocker versäubern.

Garn: Polyester-Maschinengarn.

Nadel: Maschinennadel Größe 80, Heftnadel zum Nähen mit der Hand.

Bügeln: Bei Temperatureinstellung »Baumwolle« dämpfen. Vorsicht: Dabei aber nicht die Knitterfältchen glätten.

Geeignet für: Blusen, Kleider, Kinderkleidung.

DAMAST

In Jacquard-Webart gewebter Stoff, bei dem auf mattem Untergrund satinartige, meist florale Muster in der gleichen Farbe erscheinen. Manchmal mit glänzender Oberfläche.

Zuschnitt: Laufrichtung des Musters beachten.

Nähte: Einfache Nähte, mit Zickzackstich oder Overlocker versäubern.

Garn: Polyester-Maschinengarn oder reines Baumwoll-Nähgarn.

Nadel: Maschinennadel Größe 90, spitze Nähnadel zum Nähen mit der Hand.

Bügeln: Bei Temperatureinstellung »Baumwolle« dämpfen. Bei Stoffen mit Glanz kann ein Bügeltuch erforderlich sein.

Geeignet für: Wohntextilien. Farbige Jacquard-Gewebe auch für Jacken und Röcke.

DENIM

Benannt nach der französischen Stadt Nîmes (verkürzte Form der frz. Bezeichnung *Serge de Nîmes*). Ein robustes Gewebe in Köperbindung mit farbigen Kett- und weißen Schussfäden, normalerweise für Jeans verwendet. Erhältlich in verschiedenen Stärken, auch in Stretch-Qualität. Klassischer Denim ist blau, aber er wird auch in anderen Farben angeboten.

Zuschnitt: Webrichtung muss nicht beachtet werden.

Nähte: Kappnähte oder einfache, abgesteppte Nähte.

Garn: Polyester-Maschinengarn. Zum Absteppen kann dickeres oder kontrastfarbiges Garn verwendet werden.

Nadel: Maschinennadel Größe 90–100, spitze Nähnadel zum Nähen mit der Hand.

Bügeln: Bei Temperatureinstellung »Baumwolle« dämpfen. Ein Bügeltuch ist nicht erforderlich.

Geeignet für: Jeans, Jacken, Kinderkleidung.

DRELL

Ein fester, robuster Stoff in Leinen- oder Köperbindung mit Kett- und Schussfäden in der gleichen Farbe. Drell franst an den Schnittkanten stark aus.

Zuschnitt: Die Webrichtung muss nicht beachtet werden.

Nähte: Einfache Nähte, mit Zickzackstich oder Overlocker versäubern. Alternativ Kappnähte.

Garn: Polyester-Maschinengarn. Zum Absteppen kann dickeres oder kontrastfarbiges Garn verwendet werden.

Nadel: Maschinennadel Größe 90, spitze Nähnadel zum Nähen mit der Hand.

Bügeln: Bei Temperatureinstellung »Baumwolle« dämpfen. Ein Bügeltuch ist nicht erforderlich.

Geeignet für: Herrenbekleidung, Freizeitjacken, Hosen.

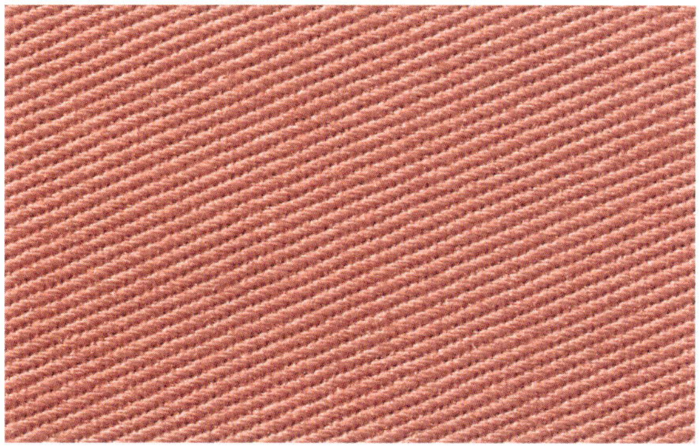

VICHYKARO

Ein leichter, feiner Baumwollstoff in Leinenbindung. Für Schuss und Kette werden Fäden in Weiß und in einer zweiten Farbe gruppenweise verarbeitet, sodass ein regelmäßiges Karomuster entsteht.

Zuschnitt: Weil das Karomuster symmetrisch ist, muss die Laufrichtung nicht beachtet werden. Allerdings sollten die Karos an den Nähten nicht versetzt sein.

Nähte: Einfache Nähte, mit Zickzackstich oder Overlocker versäubern.

Garn: Polyester-Maschinengarn.

Nadel: Maschinennadel Größe 75–80, spitze Nähnadel zum Nähen mit der Hand.

Bügeln: Bei Temperatureinstellung »Baumwolle« dämpfen. Ein Bügeltuch ist in den meisten Fällen nicht erforderlich.

Geeignet für: Kinderkleidung, Kleider, Hemden, Wohntextilien.

JERSEY

Ein gewirkter (maschinengestrickter) Stoff aus dünnem Baumwollgarn, der elastisch ist, sich angenehm trägt und schön fällt.

Zuschnitt: Die Laufrichtung der Maschen sollte beachtet werden.

Nähte: Vierfädige Overlocknähte. Mit der Haushaltsmaschine einfache Nähte mit leichtem Zickzackstich steppen und danach die Nahtzugaben zusammengefasst mit Zickzackstichen versäubern.

Garn: Polyester-Maschinengarn.

Nadel: Maschinennadel für Jersey und Strickstoffe in Größe 80–90, Heftnadel zum Nähen mit der Hand.

Bügeln: Bei Temperatureinstellung »Wolle« dämpfen. Bei höherer Bügeltemperatur kann Jersey schrumpfen.

Geeignet für: Unterwäsche, Kleider mit Drapierungen, Freizeitkleidung, Bettlaken.

MADRASKARO

Preiswerter, feinfädiger Stoff, ursprünglich in Indien hergestellt. Normalerweise unregelmäßige Karomuster in leuchtenden Farben.

Zuschnitt: Laufrichtung des Musters beachten und die Karos an den Nähten aufeinander abstimmen.

Nähte: Einfache Nähte, mit Zickzackstich oder Overlocker versäubern.

Garn: Polyester-Maschinengarn.

Nadel: Maschinennadel Größe 80–90, spitze Nähnadel zum Nähen mit der Hand.

Bügeln: Bei Temperatureinstellung »Baumwolle« dämpfen. Ein Bügeltuch ist nicht erforderlich.

Geeignet für: Röcke, Hemden, Wohntextilien.

MUSSELIN

Dünner Stoff in lockerer Leinenbindung, meist naturfarbig/ungebleicht oder weiß, aber auch in anderen Farben erhältlich. Gut als Bügeltuch und Zwischenfutter. Vor der Verarbeitung waschen.
Zuschnitt: Webrichtung muss nicht beachtet werden.
Nähte: Vierfädige Overlocknähte. Mit der Haushaltsmaschine einfache Nähte, mit Zickzackstich oder Overlocker versäubern. Alternativ Rechts-Links-Nähte.
Garn: Polyester-Maschinengarn.
Nadel: Maschinennadel Größe 75, Heftnadel zum Nähen mit der Hand.
Bügeln: Bei Temperatureinstellung »Baumwolle« dämpfen. Ein Bügeltuch ist nicht erforderlich.
Geeignet für: Vorhänge und andere Wohntextilien.

SEERSUCKER

Ein leichter Stoff, bei dem glatte und kraus gewebte Streifen oder Karos miteinander abwechseln. Nicht zu stark bügeln, sonst geht der gewünschte unregelmäßige Effekt verloren.
Zuschnitt: Webrichtung beachten, damit die unebenen Streifen gleichmäßig angeordnet werden.
Nähte: Einfache Nähte. Mit Zickzackstich oder Overlocker versäubern.
Garn: Polyester-Maschinengarn.
Nadel: Maschinennadel Größe 75–80, Heftnadel zum Nähen mit der Hand.
Bügeln: Bei Temperatureinstellung »Baumwolle« dämpfen. Dabei nicht die Struktur glätten.
Geeignet für: Sommerkleidung, Röcke, Hemden, Kinderkleidung.

SCHWESTERNSTREIFEN

Dünner, dicht gewebter Stoff aus weißen und farbigen Schuss- und Kettfäden, die eingewebte Streifen- oder Karomuster ergeben.
Zuschnitt: Laufrichtung und Rapport beachten.
Nähte: Einfache Nähte, mit Zickzackstich oder Overlocker versäubern. Alternativ Kappnähte.
Garn: Polyester-Maschinengarn.
Nadel: Maschinennadel Größe 80–90, spitze Nähnadel zum Nähen mit der Hand.
Bügeln: Bei Temperatureinstellung »Baumwolle« dämpfen. Ein Bügeltuch ist nicht erforderlich.
Geeignet für: Herrenhemden und Damenblusen.

FROTTEE

Baumwollstoff mit Schlingenflor auf einer Seite oder – bei besonders hochwertiger Qualität – beidseitig. Sehr saugfähig. Vor der Verarbeitung waschen, damit er einläuft und flauschig wird.
Zuschnitt: Strichrichtung beachten.
Nähte: Vierfädige Overlocknähte. Mit der Haushaltsmaschine einfache Nähte, mit Zickzackstich oder Overlocker versäubern.
Garn: Polyester-Maschinengarn.
Nadel: Maschinennadel Größe 90, spitze Nähnadel zum Nähen mit der Hand.
Bügeln: Bei Temperatureinstellung »Baumwolle« dämpfen. Ein Bügeltuch ist nicht erforderlich.
Geeignet für: Bademäntel und Strandkleidung.

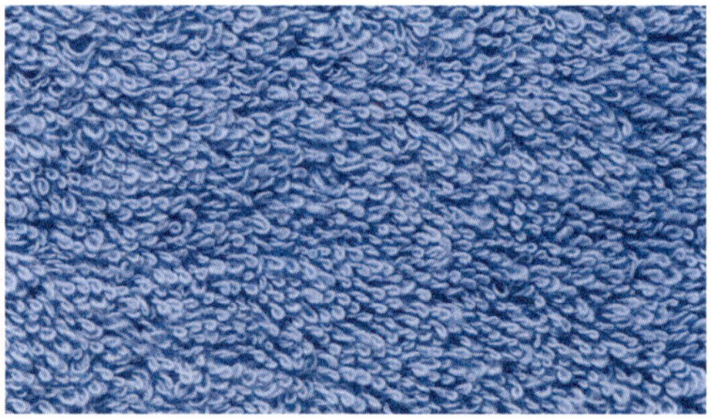

SAMT

Gewebe mit dichtem Flor, der aus einem zusätzlich verarbeiteten, geschorenen Garn besteht. Schwierig zu verarbeiten. Bein Auftrennen von Nähten leicht zu beschädigen.
Zuschnitt: Samt wird »gegen den Strich« zugeschnitten (Strichrichtung von unten nach oben), so leuchten die Farben intensiver.
Nähte: Einfache Nähte. Mit Oberstofftransporter, immer von unten nach oben steppen. Mit Zickzackstich oder Overlocker versäubern.
Garn: Polyester-Maschinengarn.
Nadel: Maschinennadel Größe 90, Heftnadel zum Nähen mit der Hand.
Bügeln: Nur bügeln, wenn es sein muss. Das Bügeleisen nur mit der Spitze aufsetzen, schwache Dampfleistung einstellen. Bügeltuch und Samt-Unterlage verwenden.
Geeignet für: Jacken, Mäntel.

SEIDENSTOFFE

Seide wird aus den Fäden hergestellt, aus denen Seidenraupen ihre Kokons spinnen. Der edle und dennoch langlebige Stoff ist in China schon seit Jahrtausenden bekannt. Bis ins 3. Jahrhundert wahrten die Chinesen das Geheimnis seiner Herstellung. Seide kann sehr fein oder auch dick und grob sein. Manche Seidenstoffe sind sehr empfindlich und müssen darum behutsam behandelt werden.

EIGENSCHAFTEN VON SEIDE

- wärmend im Winter und kühlend im Sommer
- nimmt Feuchtigkeit gut auf und trocknet schnell
- lässt sich sehr gut färben, auch in intensiven, leuchtenden Tönen
- kann sich statisch aufladen, manche Stoffe »klettern«
- bleicht durch längere Sonnenbestrahlung aus
- kann einlaufen
- sollte chemisch gereinigt werden
- in trockenem Zustand stabiler als in nassem
- empfindlich für Wasserflecken

CHIFFON

Sehr feine, transparente, aber stabile Seide in Leinenbindung. Schön für Rüschen und Kräuselungen, aber schwierig zu verarbeiten.
Zuschnitt: Seidenpapier unter den Stoff legen und feststecken. Falls nötig, Stoff und Papier gemeinsam zuschneiden. Extrafeine Stecknadeln verwenden.
Nähte: Rechts-Links-Nähte.
Garn: Polyester-Maschinengarn.
Nadel: Maschinennadel Größe 65–70, dünne Heftnadel zum Nähen mit der Hand.
Bügeln: Ohne Dampf bei Temperatureinstellung »Wolle«.
Geeignet für: Festliche Kleidung, Blusen (zum Tragen über Tops).

CRÊPE DE CHINE

Mittelschwerer Stoff, der durch die Verarbeitung gedrehter Garne eine unebene Oberfläche hat. Fällt gut und wird gern und häufig für schräg zugeschnittene Kleidungsstücke verwendet.
Zuschnitt: Bei Zuschnitt im schrägen Fadenlauf den Stoff ausbreiten, ansonsten im Stoffbruch zuschneiden. Webrichtung beachten.
Nähte: Rechts-Links-Nähte oder andere Nähte für schwierige Stoffe.
Garn: Polyester-Maschinengarn.
Nadel: Maschinennadel Größe 75, Heftnadel oder halblange Nähnadel zum Nähen mit der Hand.
Bügeln: Ohne Dampf bei Temperatureinstellung »Wolle« bügeln.
Geeignet für: Blusen, Kleider, festliche Kleidung.

DUCHESSE

Ein schwerer, teurer Seidensatin, der fast ausschließlich für Abendmode verarbeitet wird.
Zuschnitt: Webrichtung beachten.
Nähte: Einfache Nähte, mit der Zackenschere beschneiden.
Garn: Polyester-Maschinengarn.
Nadel: Maschinennadel Größe 80–90, Heftnadel zum Nähen mit der Hand.
Bügeln: Bei Temperatureinstellung »Wolle« dämpfen. Bügeltuch verwenden und eine Bügelrolle unter die Nähte legen, damit sich die Nahtzugaben nicht abdrücken.
Geeignet für: Abendmode.

DUPIONSEIDE, MASCHINENGEWEBT

Ähnelt der handgewebten Dupionseide (siehe S. 38). Wird aus glatterem Garn hergestellt, um die Unebenheiten in den Schussfäden zu vermeiden.
Zuschnitt: Webrichtung beachten, wegen der Farbschattierungen.
Nähte: Einfache Nähte, mit Zickzackstich oder Overlocker versäubern.
Garn: Polyester-Maschinengarn.
Nadel: Maschinennadel Größe 80, Heftnadel zum Nähen mit der Hand.
Bügeln: Bei Temperatureinstellung »Wolle« dämpfen. Ein Bügeltuch verwenden, um Flecken durch den Wasserdampf zu vermeiden.
Geeignet für: Kleider, Röcke, Jacken, festliche Kleidung, Wohntextilien.

DUPIONSEIDE, HANDGEWEBT
Eines der beliebtesten Seidengewebe mit ausdrucksvoller Oberfläche durch Unebenheiten in den Schussfäden. In zahllosen Farben erhältlich. Sie franst leicht aus, lässt sich aber ansonsten gut verarbeiten.
Zuschnitt: Webrichtung beachten, sonst erscheinen die Farbschattierungen unterschiedlich.
Nähte: Einfache Nähte, mit Zickzackstich oder Overlocker versäubern.
Garn: Polyester-Maschinengarn.
Nadel: Maschinennadel Größe 80, Heftnadel zum Nähen mit der Hand.
Bügeln: Bei Temperatureinstellung »Wolle« dämpfen. Ein Bügeltuch verwenden, um Flecken durch den Wasserdampf zu vermeiden.
Geeignet für: Kleider, Jacken, Abendmode, Wohntextilien.

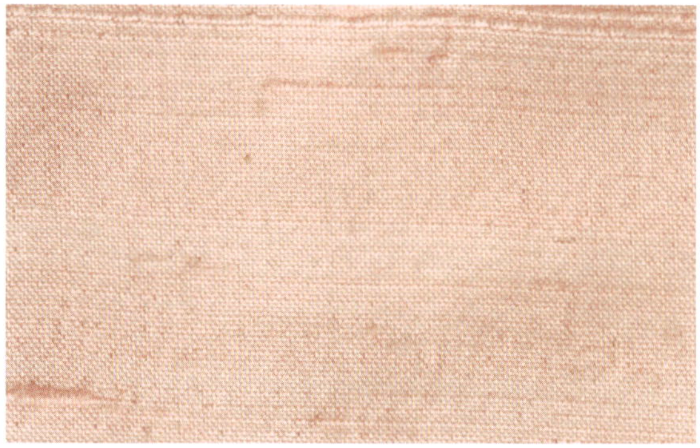

GEORGETTE
Weicher, leicht transparenter Stoff mit geringer Knitterneigung. Wird aus fest gezwirnten Fäden gewebt.
Zuschnitt: Seidenpapier unter den Stoff legen und feststecken. Falls nötig, Papier und Stoff gemeinsam zuschneiden. Extrafeine Stecknadeln verwenden.
Nähte: Rechts-Links-Nähte.
Garn: Polyester-Maschinengarn.
Nadel: Maschinennadel Größe 75, Heftnadel zum Nähen mit der Hand.
Bügeln: Ohne Dampf bei Temperatureinstellung »Wolle« bügeln. Durch Dampf kann der Stoff Schaden nehmen.
Geeignet für: Abendmode, lockere Blusen (zum Tragen über Tops).

HABOTAI-SEIDE
Diese feine, weiche Seide in Leinen- oder Köperbindung kommt ursprünglich aus Japan. Sie wird gern für die Seidenmalerei verwendet.
Zuschnitt: Die Webrichtung muss nicht beachtet werden.
Nähte: Rechts-Links-Nähte.
Garn: Polyester-Maschinengarn.
Nadel: Maschinennadel Größe 65–75, sehr feine Heftnadel oder halblange Nähnadel zum Nähen mit der Hand.
Bügeln: Bei Temperatureinstellung »Wolle« dämpfen.
Geeignet für: Blusen, Hemden, Futter.

MATKASEIDE
Ein kräftiges Seidengewebe aus gröberen Fäden in Leinenbindung. Sieht ähnlich aus wie Leinen.
Zuschnitt: Webrichtung beachten, um unterschiedliche Farbschattierungen zu vermeiden.
Nähte: Einfache Nähte, mit Zickzackstich oder Overlocker versäubern. Alternativ die Nahtzugaben mit Schrägstreifen einfassen.
Garn: Polyester-Maschinengarn.
Nadel: Maschinennadel Größe 80–90, Heftnadel zum Nähen mit der Hand.
Bügeln: Bei Temperatureinstellung »Wolle« dämpfen. Ein Bügeltuch verwenden und zudem eine Bügelrolle unterlegen, damit die Nahtzugaben sich nicht abdrücken.
Geeignet für: Kleider, Jacken, Hosen.

ORGANZA

Feiner, leicht transparenter und etwas steifer Stoff, der zum Knittern neigt.
Zuschnitt: Webrichtung muss nicht beachtet werden.
Nähte: Rechts-Links-Nähte oder andere Nähte, die für schwierige Stoffe geeignet sind.
Garn: Polyester-Maschinengarn.
Nadel: Maschinennadel Größe 75, Heftnadel oder halblange Nähnadel zum Nähen mit der Hand.
Bügeln: Bei Temperatureinstellung »Wolle« dämpfen. Ein Bügeltuch ist in den meisten Fällen nicht erforderlich.
Geeignet für: Zarte Blusen, modische Ärmeljäckchen (Shrugs), Zwischenfutter und Einlagen.

SATIN

Seide in Satinbindung, die in vielen unterschiedlich schweren Qualitäten angeboten wird.
Zuschnitt: Webrichtung beachten. Einlagig zuschneiden, weil der Stoff bei doppellagigem Zuschnitt leicht verrutscht.
Nähte: Rechts-Links-Nähte. Bei dickeren Qualitäten eine Naht für schwierige Stoffe.
Garn: Polyester-Maschinengarn. Keine Nähseide verwenden, weil sie durch die Beanspruchung beim Tragen spröde wird.
Nadel: Maschinennadel Größe 75–80, Heftnadel oder halblange Nähnadel zum Nähen mit der Hand.
Bügeln: Bei Temperatureinstellung »Wolle« dämpfen. Ein Bügeltuch verwenden, um Flecken durch den Wasserdampf zu vermeiden.
Geeignet für: Blusen, Kleider, Abendmode.

SEIDE MIT WOLLE

Mischgewebe aus Fasern oder Fäden von Seide und Wolle. In dünnen, feinen Qualitäten erhältlich, aber auch als dicke Mantelware.
Zuschnitt: Die Webrichtung muss beachten werden.
Nähte: Einfache Nähte, mit Zickzackstich oder Overlocker versäubern.
Garn: Polyester-Maschinengarn.
Nadel: Maschinennadel Größe 75–90 je nach Stoffdicke, spitze Nähnadel zum Nähen mit der Hand.
Bügeln: Bei Temperatureinstellung »Wolle« dämpfen. Nähte sehr sorgfältig dämpfen, damit sie flach liegen.
Geeignet für: Anzüge und Kostüme, Röcke, Hosen, Mäntel.

TAFT

Ein glatter, dicht gewebter, etwas steifer, glänzender Stoff. Knittert leicht, muss meist chemisch gereinigt werden und ist nicht sehr strapazierfähig.
Zuschnitt: Webrichtung beachten. Sehr feine Stecknadeln verwenden und nur im Bereich der Nahtzugaben einstecken, weil selbst diese dauerhafte Einstichspuren hinterlassen können.
Nähte: Einfache Nähte. Der Stoff kann sich verschieben, darum immer vom Saum nach oben nähen und den Stoff leicht gestrafft unter die Maschine führen. Nahtzugaben mit der Zackenschere beschneiden oder mit dem Overlocker versäubern.
Garn: Polyester-Maschinengarn.
Nadel: Maschinennadel Größe 75, Heftnadel oder halblange Nähnadel zum Nähen mit der Hand.
Bügeln: Mit kühlem Bügeleisen glätten, eine Bügelrolle unter die Nähte schieben.
Geeignet für: Abendmode.

LEINENSTOFFE

Leinen ist eine Naturfaser, die aus den Stängeln der Flachspflanze gewonnen wird. Der Stoff ist härter als Baumwolle, aber in vielen verschiedenen Qualitäten und Stärken erhältlich – von hauchzartem Gewebe bis zu derbem, festem Stoff. Auch Mischgewebe aus Leinen mit Baumwolle oder Seide sind erhältlich.

EIGENSCHAFTEN VON LEINEN

- kühl, angenehm zu tragen
- nimmt Feuchtigkeit gut auf
- läuft ein
- kann etwas steif sein
- knittert leicht
- franst leicht aus
- unempfindlich gegen Motten, kann aber durch Schimmel Schaden nehmen

LEINEN MIT BAUMWOLLE, HALBLEINEN

Beide Fasern sind im Garn kombiniert oder separat als Baumwollkettfaden und Leinenschuss verwebt. Schöne Oberflächenstruktur.
Zuschnitt: Die Webrichtung muss meist nicht beachtet werden.
Nähte: Einfache Nähte, mit Zickzackstich oder Overlocker versäubern.
Garn: Polyester-Maschinengarn.
Nadel: Maschinennadel Größe 90, spitze Nähnadel zum Nähen mit der Hand.
Bügeln: Dämpfen, Bügeltuch aus Seidenorganza verwenden.
Geeignet für: Leichte Sommerjacken, maßgeschneiderte Kleider.

CRASHLEINEN

Mittelschwerer Stoff in Leinenbindung, oft unregelmäßiges Garn, daher strukturierte Oberfläche.
Zuschnitt: Die Webrichtung muss nicht beachtet werden.
Nähte: Einfache Nähte, mit Zickzackstich oder Overlocker versäubern. Alternativ Nahtzugaben mit Schrägstreifen einfassen.
Garn: Polyester-Maschinengarn.
Nadel: Maschinennadel Größe 90, spitze Nähnadel zum Nähen mit der Hand.
Bügeln: Bei Temperatureinstellung »Baumwolle« dämpfen. Dampf ist notwendig, um Knitterfalten zu beseitigen.
Geeignet für: Kleider, Hosen, Röcke.

LEINENDRUCK

Leinenstoffe mit gedruckten oder sogar gestickten Mustern haben meist leichte bis mittelschwere Qualitäten aus glattem oder nur leicht unregelmäßigem Garn.
Zuschnitt: Laufrichtung beachten.
Nähte: Einfache Nähte, mit Zickzackstich oder Overlocker versäubern.
Garn: Polyester-Maschinengarn.
Nadel: Maschinennadel Größe 90, spitze Nähnadel zum Nähen mit der Hand.
Bügeln: Bei Temperatureinstellung »Baumwolle« dämpfen. Dampf ist erforderlich, um Knitterfalten zu beseitigen.
Geeignet für: Kleider, Röcke.

ANZUGLEINEN

Aus dickeren Fäden wird Leinen in festerer oder lockerer Webart gefertigt, das sich für Anzüge und Kostüme eignet.
Zuschnitt: Die Webrichtung muss nicht beachtet werden.
Nähte: Einfache Nähte, mit Zickzackstich oder Overlocker versäubern.
Garn: Polyester-Maschinengarn.
Nadel: Maschinennadel Größe 90, spitze Nähnadel zum Nähen mit der Hand.
Bügeln: Bei Temperatureinstellung »Baumwolle« dämpfen. Dampf ist notwendig, um Knitterfalten zu beseitigen.
Geeignet für: Anzüge, Kostüme, Hosen, Mäntel.

LEDER UND WILDLEDER

Leder und Wildleder sind Naturmaterialien, die aus den Häuten von Rindern oder Schweinen gewonnen werden. Die Bearbeitungsweise bestimmt, ob es glatt oder rau ist. Bei der Verarbeitung ist einiges zu beachten.

LEDER UND WILDLEDER
Schnittmusterteile nicht auf das Leder stecken, sonst bleiben dauerhafte Einstichspuren sichtbar. Die Konturen der Teile mit Schneiderkreide nachzeichnen. Nach dem Zuschneiden lässt sich die Kreide leicht abwischen.

Zuschnitt: Alle Teile (rechte und linke Seiten) aus Papier zuschneiden. Bei Rauleder Strichrichtung beachten.
Nähte: Überlappende oder einfache Nähte mit Oberstofftransporter oder Teflonfuß nähen. Versäubern ist nicht nötig.
Garn: Polyester-Maschinengarn.

Nadel: Maschinennadel Größe 90. Eine Lederspezialnadel kann das Leder beschädigen! Das Nähen mit der Hand ist nicht empfehlenswert.
Bügeln: Dämpfen mit einem Bügeltuch aus Seidenorganza.
Geeignet für: Röcke, Jacken, Wohnaccessoires.

SYNTHETISCHE STOFFE

Als Synthetiks bezeichnet man alle Stoffe, die nicht zu 100 Prozent aus Naturfasern bestehen. Viele dieser Stoffe wurden in den letzten hundert Jahren entwickelt, sie sind also viel jünger als Naturfasergewebe. Einige Synthetiks setzen sich aus einer Mischung aus natürlichen und künstlichen Bestandteilen zusammen, andere bestehen nur aus Kunstfasern. Die Eigenschaften unterscheiden sich von Produkt zu Produkt.

ACETAT
Der Stoff aus Zellulose und Chemiefasern wurde 1924 entwickelt. Leicht glänzend, wird meist als Futterstoff verwendet. Auch als Taft, Satin sowie Jersey erhältlich.
Eigenschaften von Acetat:
- lässt sich gut färben
- Falten können durch Hitze dauerhaft eingeprägt werden.
- gut waschbar

Zuschnitt: Wegen des Glanzes die Webrichtung beachten.
Nähte: Einfache Nähte, mit Zickzackstich oder Overlocker versäubern. Alternativ vierfädige Overlocknähte.
Garn: Polyester-Maschinengarn.
Nadel: Maschinennadel Größe 75, spitze Nähnadel zum Nähen mit der Hand.
Bügeln: Bei sehr niedriger Temperatur dämpfen. Der Stoff kann schmelzen.
Geeignet für: Abendmode, Futter.

POLYACRYL
Acrylfasern aus Acrylnitril und Äthylen wurden 1950 eingeführt. Das Material ähnelt Wolle, ist aber waschmaschinenfest. Wird meist für Strickstoffe verwendet. Auch Polyacryl-Woll-Mischungen sind erhältlich.
Eigenschaften von Polyacryl:
- geringe Saugfähigkeit
- nimmt Gerüche auf.
- nicht sehr strapazierfähig

Zuschnitt: Bei Strickstoffen die Maschenlaufrichtung beachten.
Nähte: Vierfädige Overlocknähte für Strickstoffe. Einfache Nähte für gewebte Qualitäten.
Garn: Polyester-Maschinengarn.
Nadel: Maschinennadel Größe 80–90, für Strickstoffe eine Spezialnadel mit abgerundeter Spitze verwenden. Spitze Nähnadel zum Nähen mit der Hand.
Bügeln: Bei Temperatureinstellung »Wolle« dämpfen. Größere Hitze kann die Fasern schädigen.
Geeignet für: Strickstoffe für Pullover, gewebte Stoffe für Röcke und Blusen.

POLYAMID
Der Markenname »Nylon« des entwickelten Stoffs setzt sich aus den Anfangsbuchstaben der Städte New York und London zusammen. Polymer-Flocken werden eingeschmolzen und in einem Extrusionsverfahren zu Fasern verarbeitet, die gewebt oder gestrickt werden können.

Eigenschaften von Polyamid:
- sehr strapazierfähig
- nimmt keine Feuchtigkeit auf
- leicht zu waschen
- sehr stabil

Zuschnitt: Nur bei bedruckten Stoffen muss die Laufrichtung beachtet werden.
Nähte: Einfache Nähte, mit Zickzackstich oder Overlocker versäubern.
Garn: Polyester-Maschinengarn.
Nadel: Maschinennadel Größe 90, für Strickstoffe eine Nadel mit abgerundeter Spitze verwenden. Spitze Nähnadel zum Nähen mit der Hand.
Bügeln: Bei Temperatureinstellung »Seide« dämpfen (der Stoff kann schmelzen).
Geeignet für: Sportkleidung, Unterwäsche.

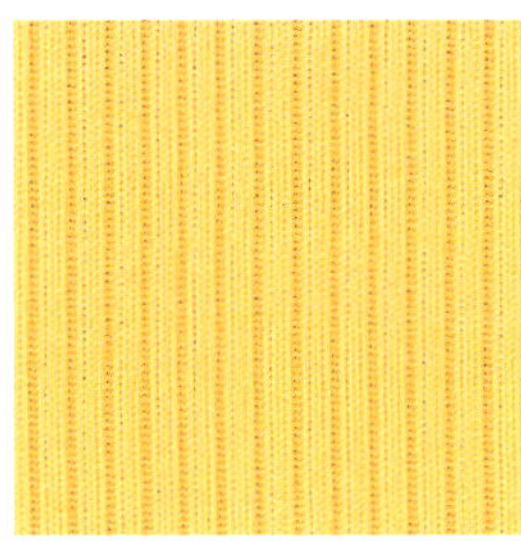

POLYESTER

Polyester ist eine der beliebtesten Synthetikfasern, die in den 1950er-Jahren für waschbare Herrenanzüge eingeführt wurde. Polyesterfasern werden aus Mineralöl-Nebenprodukten gewonnen und eignen sich zur Herstellung ganz verschiedener Textilien – von feinen, transparenten Geweben bis zu dicken, schweren Stoffen.

Eigenschaften von Polyester:

- nicht saugfähig
- knittert nicht
- kann sich statisch aufladen
- neigt zur Knötchenbildung

Zuschnitt: Bei gemusterten Stoffen auf Laufrichtung achten.
Nähte: Je nach Stoffqualität Rechts-Links-Nähte, einfache Nähte oder vierfädige Overlocknähte.
Garn: Polyester-Maschinengarn.
Nadel: Maschinennadel Größe 75–90, spitze Nähnadel zum Nähen mit der Hand.
Bügeln: Bei Temperatureinstellung »Wolle« dämpfen.
Geeignet für: Arbeitskleidung, Uniformen.

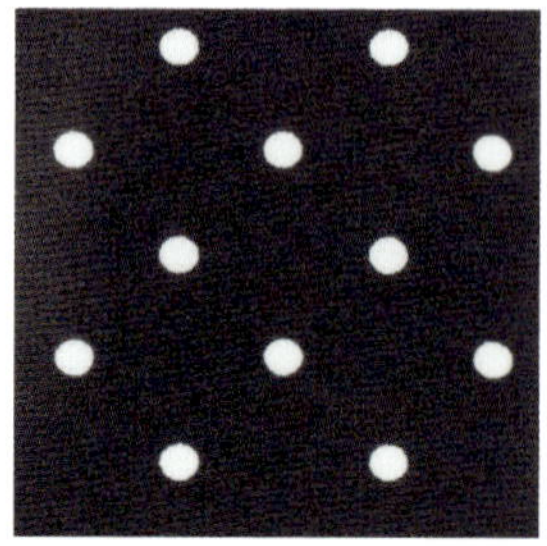

VISKOSE

Diese Faser wurde Ende des 19. Jahrhunderts entwickelt und wird auch Kunstseide genannt. Sie besteht aus chemisch behandelten Zellulosefasern oder Baumwollabfällen, ist also eigentlich eine »natürliche Kunstfaser«. Viskose wird oft mit anderen Fasern gemischt und kann gewebt oder gestrickt werden.

Eigenschaften von Viskose:

- saugfähig
- lädt sich nicht statisch auf
- lässt sich gut färben
- franst stark aus

Zuschnitt: Bei gemusterten Stoffen auf Laufrichtung und/oder Rapport achten.
Nähte: Einfache Nähte, mit Zickzackstich oder Overlocker versäubern.
Garn: Polyester-Maschinengarn.
Nadel: Maschinennadel Größe 80–90, spitze Nähnadel zum Nähen mit der Hand.
Bügeln: Bei Temperatureinstellung »Seide« dämpfen.
Geeignet für: Kleider, Blusen, Jacken.

ELASTAN

Die leichte, weiche Faser wurde Ende der 1950er-Jahre entwickelt. Man kann sie um bis zu 500 Prozent dehnen, ohne dass sie reißt. Vielen gewebten Stoffen wird ein kleiner Anteil Elastan beigemischt, um sie dehnbar zu machen.

Eigenschaften von Elastan:

- schwierig zu nähen
- kann durch Hitze Schaden nehmen
- widerstandsfähig gegen Körperfette, Waschmittel, Sonne, Meerwasser und Sand
- zum Nähen von Hand nicht geeignet

Zuschnitt: Webrichtung beachten.
Nähte: Vierfädige Overlocknähte. Mit der Haushaltsmaschine einfache Nähte mit leichter Zickzackeinstellung.
Garn: Polyester-Maschinengarn.
Nadel: Spezialmaschinennadel für Stretch-Stoffe.
Bügeln: Bei Temperatureinstellung »Wolle« dämpfen. Durch höhere Temperaturen kann das Material beschädigt werden.
Geeignet für: Badekleidung, Miederwaren.

KUNSTFELL

Synthetische Fellstoffe werden aus Nylon- oder Acrylfasern hergestellt und bestehen aus einem gewebten oder gestrickten Grund mit Schlaufen, die meist aufgeschnitten werden. Die Qualitätsunterschiede dieser Stoffe sind enorm. Manche hochwertigen Kunstfelle sind von echtem Pelz kaum zu unterscheiden.

Eigenschaften von Kunstfell:

- leicht zu nähen
- sorgfältig verarbeitet
- kann durch Bügelhitze Schaden nehmen
- nicht so warm wie echtes Fell

Zuschnitt: Wird »mit dem Strich« (Strichrichtung von oben nach unten) zugeschnitten. Nur das Grundgewebe durchschneiden, nicht den Flor.
Nähte: Einfache Nähte, mit langen Stichen und einem Oberstofftransporter. Versäubern nicht notwendig.
Garn: Polyester-Maschinengarn.
Nadel: Maschinennadel Größe 90, spitze Nähnadel zum Nähen mit der Hand.
Bügeln: Falls nötig, mit kühlem Eisen bügeln. Die Synthetikfasern können durch Hitze schmelzen.
Geeignet für: Jacken und Mäntel.

KUNSTLEDER

Synthetisches Glatt- und Wildleder sind Polymer-Produkte, die nicht gewebt werden. Hochwertige Ware ist von echtem Leder kaum zu unterscheiden.

Eigenschaften von Kunstleder:

- franst nicht aus
- etwas steif und sperrig
- Nähen mit der Hand schwierig und nicht zu empfehlen

Zuschnitt: Auf die einheitliche Auflagerichtung der Schnittmusterteile achten.
Nähte: Einfache Nähte, mit Ober-stofftransporter nähen. Nahtzugaben mit der Zackenschere beschneiden. Überlappende und abgesteppte Nähte sind ebenfalls möglich.
Garn: Polyester-Maschinengarn.
Nadel: Maschinennadel Größe 75–90.
Bügeln: Bei Temperatureinstellung »Wolle« dämpfen. In jedem Fall ein Bügeltuch verwenden.
Geeignet für: Jacken, Röcke, Hosen, Wohntextilien.

GEWEBEARTEN

Die meisten Stoffe sind gewebt oder gewirkt (gestrickt). Strickstoffe bestehen aus Maschen, die ineinander verschlungen sind. Gewebte Stoffe werden aus Längs- und Querfäden (Kett- und Schussfäden) hergestellt, die einander überkreuzen. Außerdem gibt es nicht gewebte Stoffe, die aus feinen, gepressten und gewalzten Fasern bestehen.

LEINENBINDUNG
Dies ist die einfachste aller Webarten. Der Schussfaden wird abwechselnd über und unter den Kettfäden geführt.

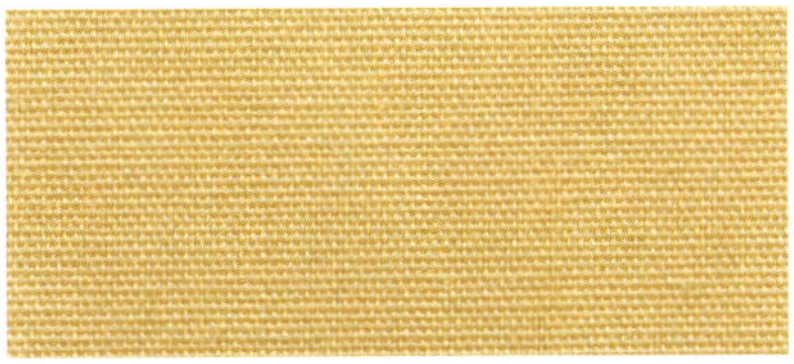

SATINBINDUNG
Der Schussfaden verläuft jeweils unter vier Kettfäden und dann über einem. Dieses Muster wird von Reihe zu Reihe um einen Faden versetzt. Dadurch sind längere Abschnitte der Kettfäden zu sehen. Dies verleiht Stoffen in Satinbindung ihren Glanz.

FISCHGRATBINDUNG
Das markante Muster entsteht dadurch, dass der Schussfaden in einer versetzten Abfolge unter und über den Kettfäden geführt wird.

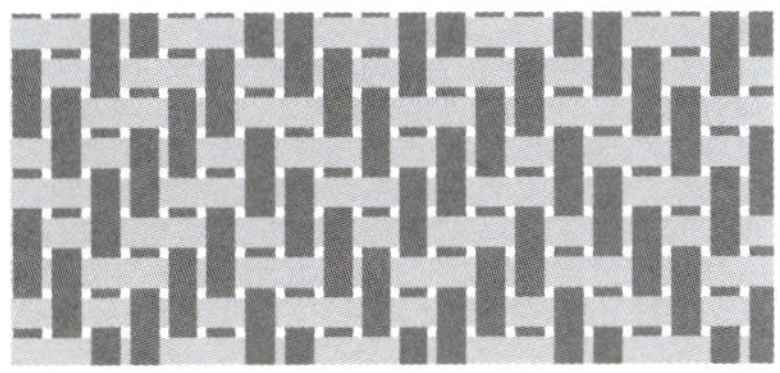

KÖPERBINDUNG
Der diagonale Streifeneffekt entsteht dadurch, dass der Schussfaden jeweils über und unter zwei Kettfäden geführt wird. Dieses Muster wird von Reihe zu Reihe um einen Faden versetzt.

KETTENWIRKWARE
Dieser Stoff wird maschinell gestrickt. Dabei liegt auf jeder Nadel ein Faden, und die Maschen verlaufen diagonal und vertikal.

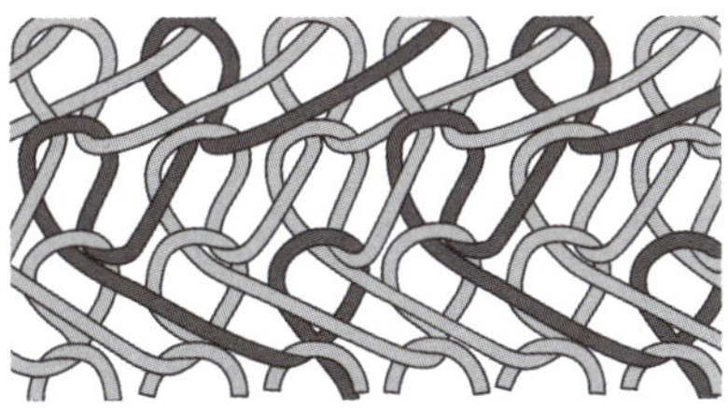

WIRKWARE/STRICKSTOFF/JERSEY
Das Herstellungsverfahren entspricht dem Stricken von Hand. Gearbeitet wird mit einem Faden, aus dem Maschen in waagerechten Reihen gestrickt werden.

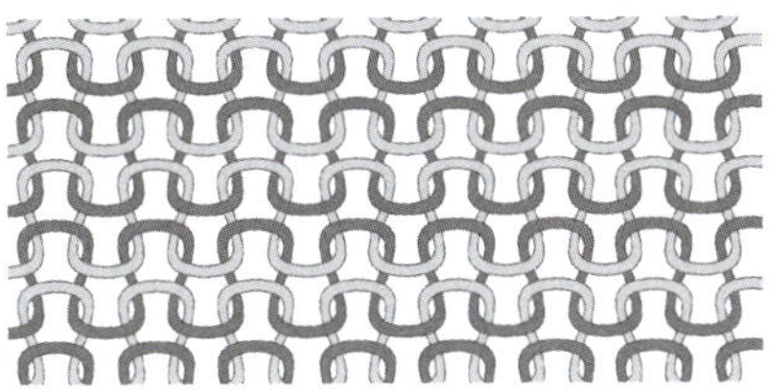

EINLAGEMATERIALIEN

Als Einlagen bezeichnet man Materialien, die am Oberstoff befestigt werden, um ihm mehr Stabilität oder Struktur zu verleihen. Es gibt gewebte, gewirkte und vliesartige Einlagen, außerdem unterscheidet man Bügeleinlagen und lose Einlagen. Bügeleinlagen werden durch Hitzeeinwirkung flächig mit dem Stoff verbunden. Lose Einlagen müssen mit Heftstichen am Oberstoff fixiert werden. Einlagematerialien werden immer im selben Fadenlauf wie der Oberstoff zugeschnitten, unabhängig von dessen Webart.

BÜGELEINLAGEN

Kaufen Sie unbedingt Bügeleinlagen für die Hobbyschneiderei, solche für professionelle Schneider lassen sich mit einem Haushaltsdampfbügeleisen nicht aufbügeln. Zeichnen Sie die Markierungen auf den zugeschnittenen Teilen erst nach dem Aufbügeln der Einlage auf.

EINLAGEN AUFBÜGELN

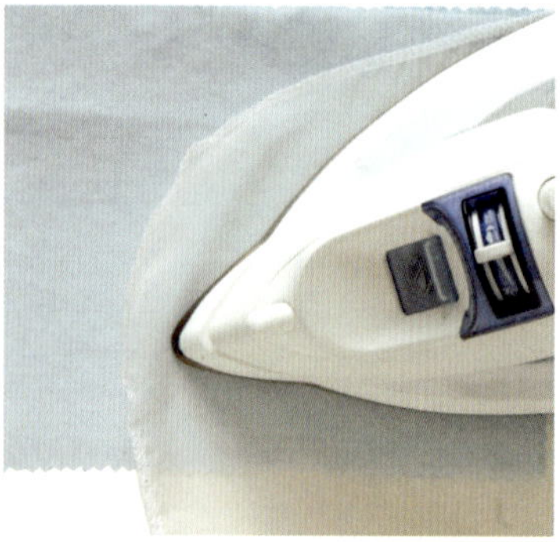

1 Den Stoff mit der linken Stoffseite nach oben glatt und faltenfrei auf ein Bügelbrett legen.
2 Die Einlage mit der beschichteten Seite (fühlt sich körnig an) nach unten auf den Stoff legen.
3 Ein trockenes Bügeltuch auflegen und mit wenig Wasser besprühen.
4 Ein Bügeleisen mit eingeschalteter Dampffunktion auf das Bügeltuch setzen.
5 Das Bügeleisen mindestens 10 Sekunden leicht andrücken, erst dann seine Position verändern.
6 Vorsichtig prüfen, ob die Einlage flächig aufgebügelt ist. Wenn sie noch lose ist, den Vorgang wiederholen.
7 Wenn die Einlage haftet, den Stoff abkühlen lassen. Dann das Schnittmuster noch einmal auf den verstärkten Stoff stecken und alle Markierungen übertragen.

GEWEBT
Gewebte Bügeleinlagen empfehlen sich für gewebte Oberstoffe, weil die beiden Gewebe zusammenwirken. Einlagen immer im selben Fadenlauf zuschneiden wie den Oberstoff. Gewebte Einlagematerialien eignen sich vor allem für Bastelarbeiten und Kleidungsstücke mit festeren Formelementen.

LEICHT UND GEWEBT
Diese sehr leichte, gewebte Bügeleinlage ist beinahe transparent. Das Zuschneiden ist etwas mühsam, weil sie oft an der Schere kleben bleibt. Geeignet für alle leichten bis mittelschweren Stoffe.

GEWIRKT
Gewirkte oder gestrickte Bügeleinlagen empfehlen sich für Strickstoffe, weil sie deren Dehnbarkeit kaum beeinträchtigen. Manche dieser Einlagen sind nur in einer Richtung elastisch, andere in alle. Dehnbare Einlagen sind für Stoffe mit einem geringen Stretch-Anteil vorteilhaft.

VLIES
Vliesbügeleinlagen sind in verschiedenen Festigkeitsgraden erhältlich. Wählen Sie eine Qualität, die sich etwas weicher anfühlt als Ihr Stoff. Falls sich die Einlage als zu weich erweist, bügeln Sie einfach eine zweite Lage auf. Sie eignen sich vor allem für Kragen, Manschetten und Belege.

LOSE EINLAGEN

Diese Einlagematerialien werden auf der linken Seite von Belegen oder an den Nahtzugaben des Oberstoffs festgeheftet. Sie eignen sich besonders gut für feine oder transparente Stoffe, durch die Bügeleinlagen durchscheinen könnten.

LOSE EINLAGEN ANBRINGEN

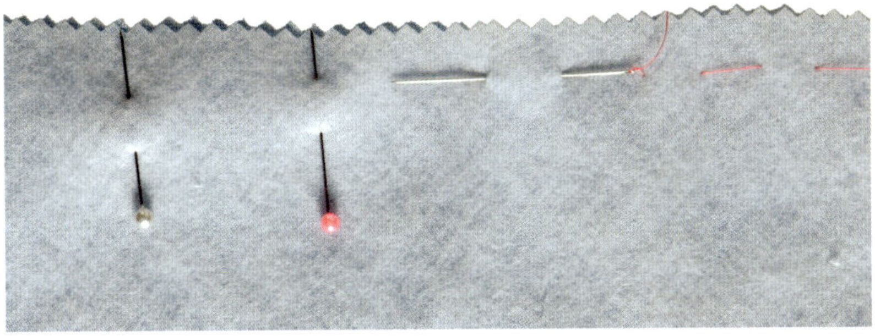

1 Die Einlage auf die linke Stoffseite legen und die Schnittkanten aufeinander ausrichten.
2 Einlage und Stoff zusammenstecken.
3 Beide Stofflagen mit einfachen Vorstichen (Heftstichen) etwa 1 cm von der Stoffkante entfernt auf der Nahtzugabe zusammenheften.

HAAR-EINLAGEN
Eine schwere Einlage in Leinenbindung, meist aus Wolle und Alpaka. Ideal für schwierige Stoffe wie Samt, weil sich die Einlage gut in Form dämpfen lässt.

VOILE UND BATIST (BILD)
Voile ist ein leichter, halbdurchsichtiger Stoff aus reiner Baumwolle. Er eignet sich als Innenfutter oder Einlagematerial für Seide und Baumwollbatist sowie für dekorative Näharbeiten und zum Smoken. Batist ist ein ähnlicher Stoff, jedoch etwas fester, und wird genauso verwendet.

MULL
Ein Baumwollmaterial, das Musselin ähnelt und vor allem für Sommerkleider und Abendgarderobe verwendet wird. Auch als Futter für dünne Baumwollkleider gut geeignet.

ORGANZA
Reiner Seidenorganza ist ein ausgezeichnetes Einlagematerial, um zarten, transparenten Stoffen mehr Stabilität und Struktur zu geben. Auch zur Strukturgebung großer Stoffmengen geeignet, wie in Röcken von Brautkleidern.

LOSE VLIESEINLAGEN
Vliese ohne aufbügelbare Beschichtung eignen sich gut für Bastelarbeiten und kleine Teile von Kleidungsstücken, etwa Manschetten oder Kragen. Verwenden Sie diese Einlagenart, wenn eine passende gewebte oder aufbügelbare Einlage nicht zur Verfügung steht.

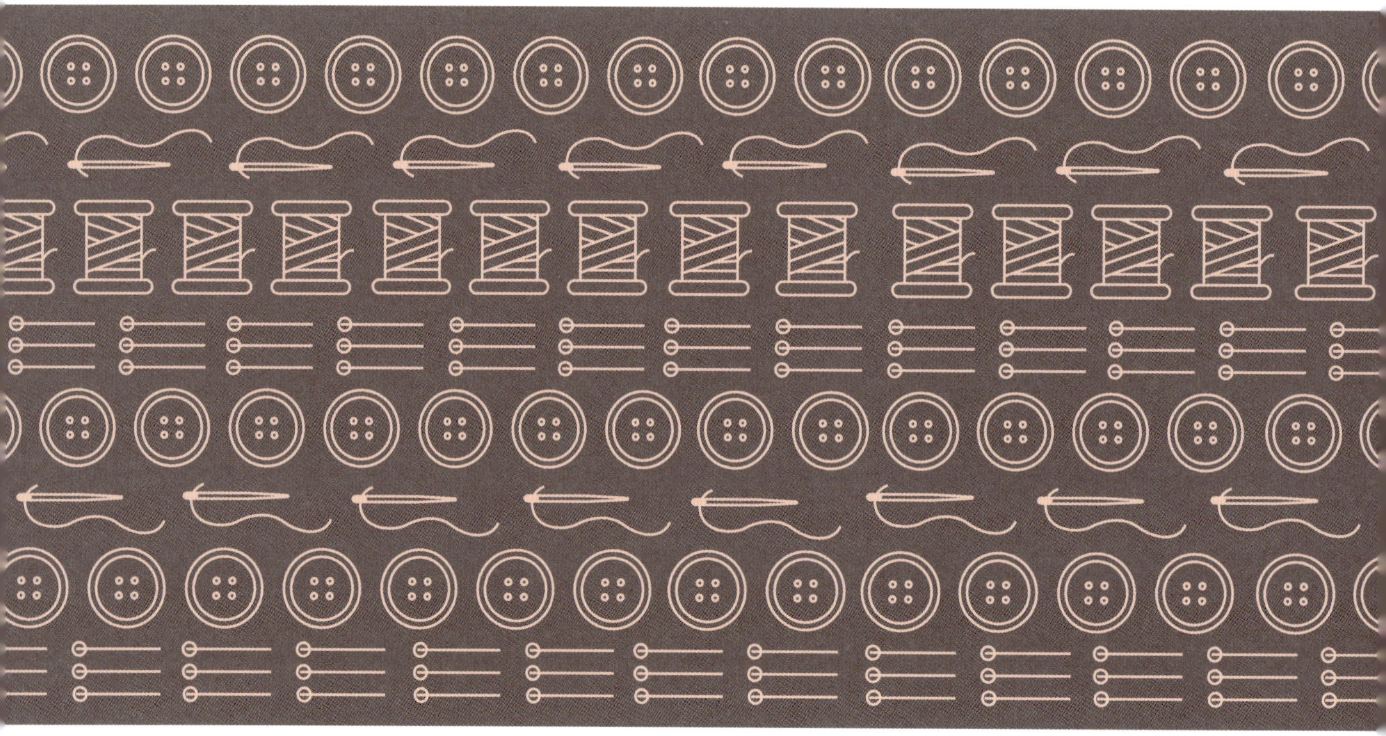

STICHE & NÄHTE

NÄHEN MIT DER HAND

Dank moderner Nähmaschinen muss man kaum noch mit der Hand nähen. Als Vorbereitung sind Handstiche allerdings notwendig. Diese sogenannten Markierungs- und Heftstiche werden später wieder entfernt. Dauerhafte Stiche können bei der Fertigstellung anfallen, beim Anbringen von Verschlüssen oder für Reparaturen.

SO FÄDELN SIE EIN

Zum Nähen mit der Hand schneiden Sie den Faden nicht länger als die Entfernung von Ihren Fingerspitzen bis zum Ellbogen. Längere Fäden können sich beim Nähen verdrehen und verknoten.

FADEN EINFÄDELN

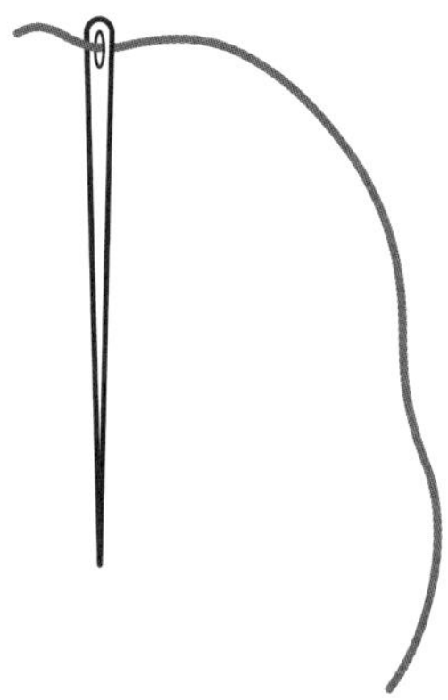

1 Die Nadel in der rechten Hand halten, das Fadenende in der linken. Den Faden ruhig halten und das Nadelöhr über das Fadenende schieben.

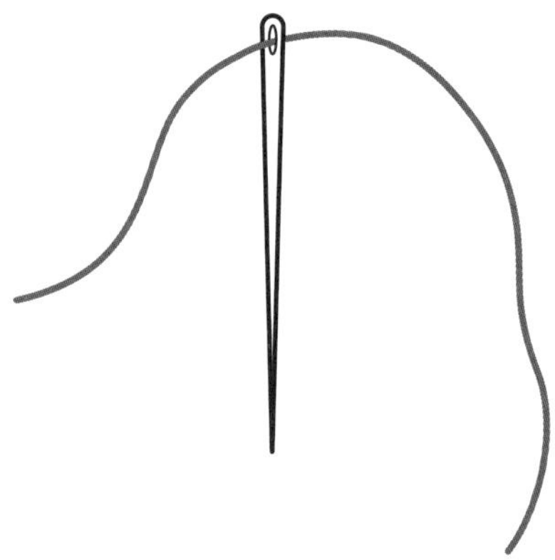

2 Gleitet das Öhr nicht über den Faden, feuchten Sie die Finger an und streichen damit über das Nadelöhr. Nun den Faden durch das Öhr fädeln.

3 Ins andere Fadenende einen Knoten schlingen (siehe oben) oder das Fadenende sichern (siehe rechte Seite).

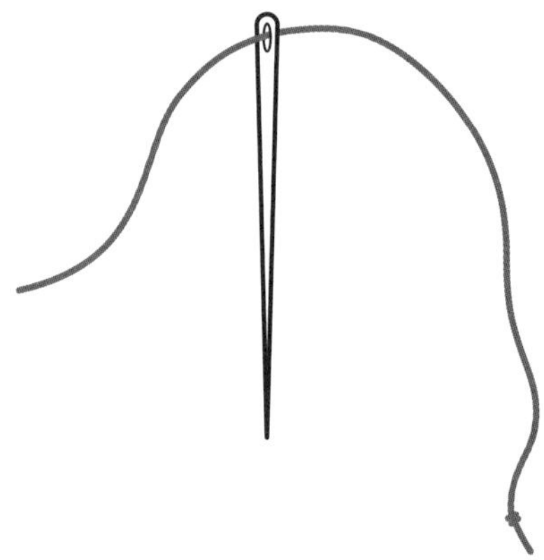

4 Fertig zum Nähen.

NAHTANFÄNGE SICHERN

Fadenenden müssen gut gesichert sein, vor allem in dauerhaften Nähten. Knoten (siehe linke Seite) sind für provisorische Nähte üblich. Für dauerhafte Nähte ist ein kleiner, doppelter Rückstich die bessere Lösung.

DOPPELTER RÜCKSTICH

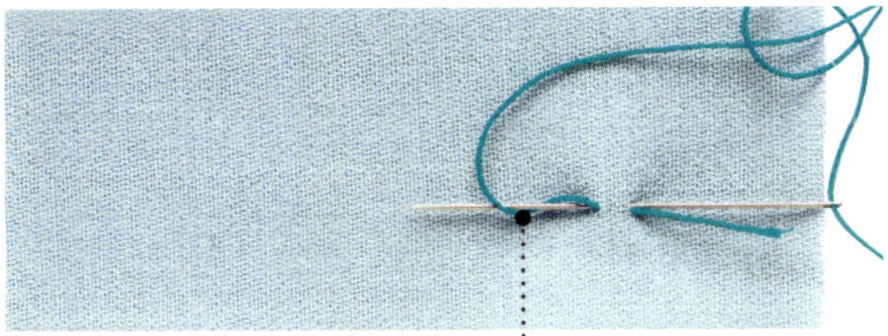

1 Einen Stich nähen.

2 Die Nadel nochmals an denselben Stellen ein- und ausstechen, dabei den Faden unter die Nadel legen.

3 Durchziehen – es entsteht ein Knoten.

RÜCKSTICH

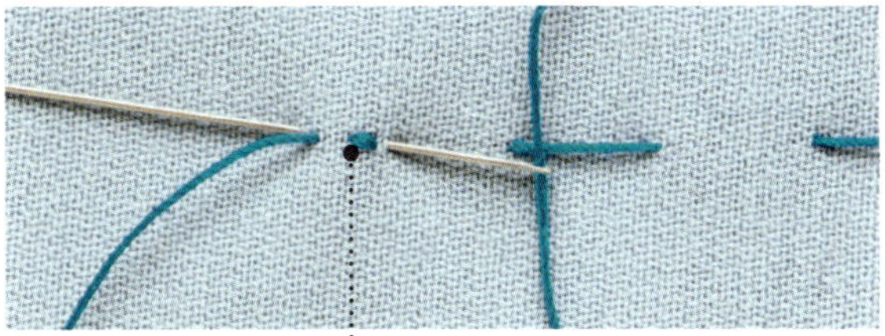

Zwei kleine Stiche an derselben Stelle.

HEFTSTICHE

Es gibt verschiedene Heftstiche für unterschiedliche Zwecke. Manche dienen dazu, Markierungen auf den Stoff zu übertragen, mit anderen hält man Stofflagen zusammen. Wechselstiche aus kurzen und langen Vorstichen werden gern gearbeitet, wenn die Fäden längere Zeit im Werkstück bleiben sollen. Schräge Heftstiche sind nützlich, um Stofflagen flächig aufeinander zu fixieren. Mit dem hohlen Heftstich wird eine umgebrochene Stoffkante angeheftet.

EINFACHER HEFTSTICH

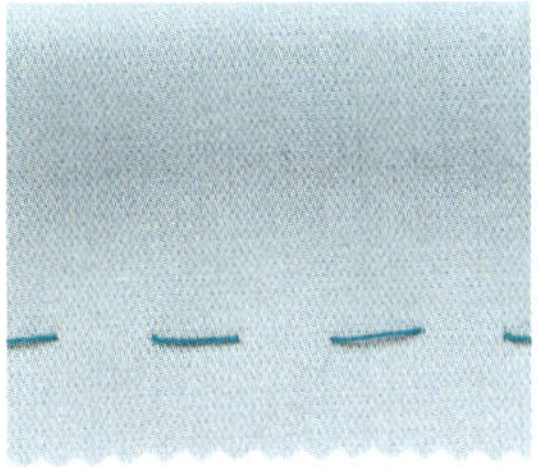

Mit einem Knoten beginnen, mit einfachem Faden gleichmäßige Vorstiche nähen.

WECHSELSTICH

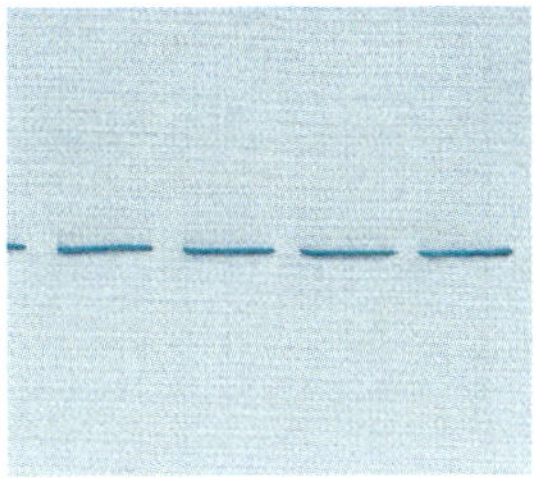

Abwechselnd lange und kurze Vorstiche nähen.

SCHRÄGER HEFTSTICH

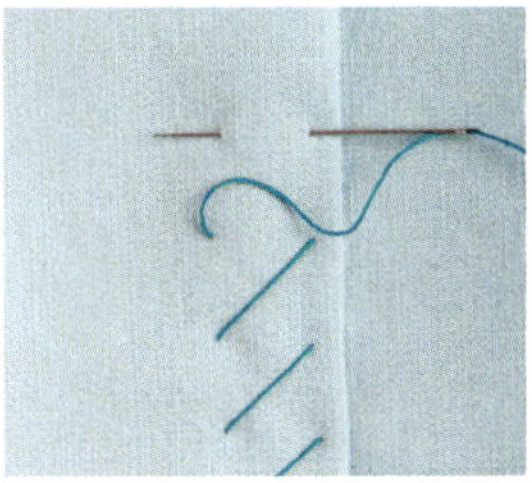

Schräge Stiche werden senkrecht von unten nach oben genäht.

HOHLER HEFTSTICH

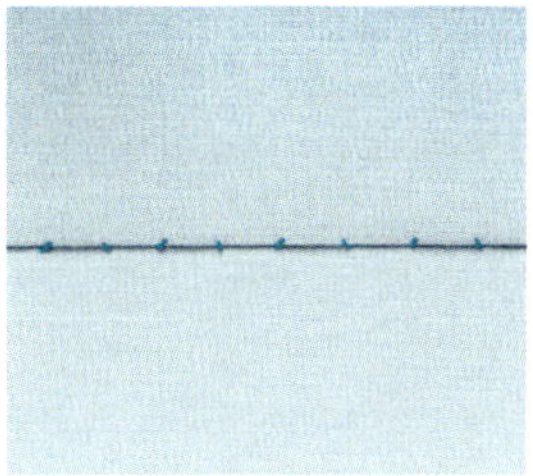

Mit kurzen, geraden Stichen abwechselnd durch die Bruchkante und den Grundstoff stechen.

RIEGEL

1 Mit doppeltem Faden zwei oder drei lockere Stiche zwischen den Stofflagen nähen.

2 Die Fäden zwischen den Stofflagen mit Knopflochstichen (siehe S. 50) umsticken.

HANDSTICHE

Einige Handstiche werden für die Herstellung bzw. Fertigstellung von Kleidung oder anderen Stücken verwendet und sind funktional, andere dienen nur als schöne Dekoration.

RÜCKSTICH (STEPPSTICH)

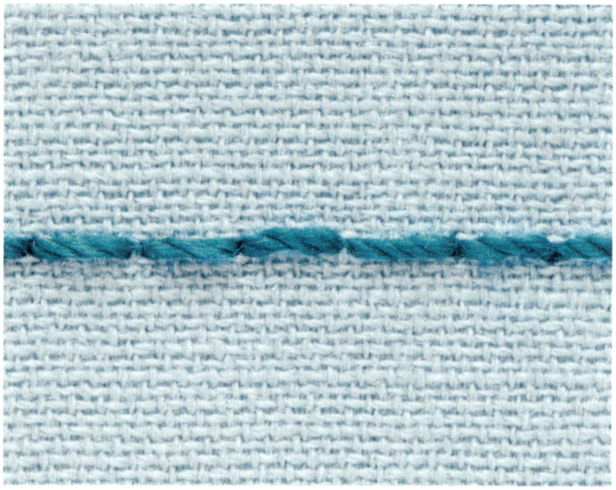

Ein haltbarer Stich zum Zusammenhalten von Stofflagen. Arbeiten Sie von rechts nach links. Einen kleinen Vorstich nähen, dann die Nadel am Anfang des Stichs nochmals einstechen und ein Stück hinter dem ersten Ausstich wieder ausstechen. Wiederholen Sie den Vorgang.

VORSTICH

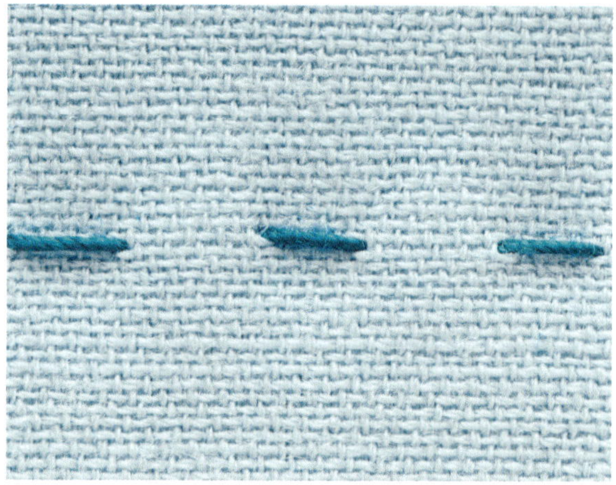

Wird wie der Heftstich (siehe S. 49) gearbeitet, in diesem Fall aber zur Dekoration. Von rechts nach links arbeiten. Die Nadel in gleichmäßigen Abständen ein- und ausstechen.

ÜBERWENDLICHER STICH

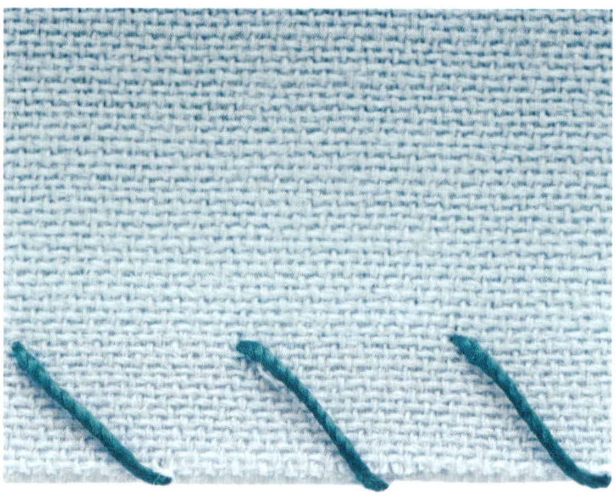

Ein schräger Stich, der mit einfachem Faden genäht wird, um das Ausfransen von Stoffkanten zu verhindern. Von rechts nach links arbeiten und immer durch die Stoffkante stechen. Tiefe und Abstand der Stiche richten sich nach der Stoffdicke. In dünnen Stoffen werden flache Stiche gearbeitet.

KNOPFLOCHSTICH

1 Ein Stich für Knopflöcher sowie für einige Verschlüsse. Sie nähen enge Stiche von rechts nach links über die Stoffkante. Die Nadel sticht dabei senkrecht von oben durch die Stoffkante.

2 Den Faden hinter das obere Ende der Nadel und unter die Nadelspitze legen. Beim Durchziehen entsteht so ein Knoten an der Stoffkante. Diesen praktischen Stich sollten Sie unbedingt beherrschen.

HEXENSTICH

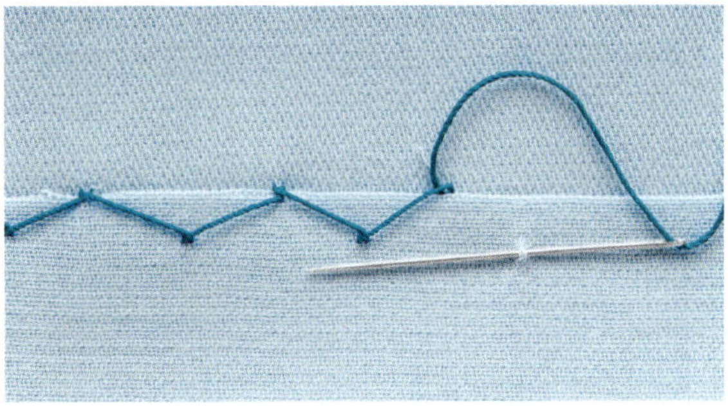

Ein nützlicher Stich, der haltbar und dabei etwas elastisch ist. Wird meist zum Befestigen von Säumen und losen Einlagen verwendet. Von rechts nach links arbeiten. Abwechselnd kleine waagerechte Stiche so durch die Stofflagen nähen, dass der Faden sich überkreuzt.

SENKRECHTER SAUMSTICH

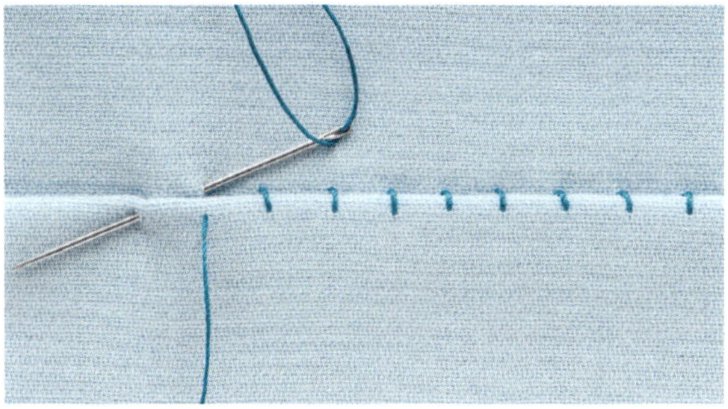

Ein stabiler Stich, um zwei Stofflagen dauerhaft zu verbinden. Wird gern zum Fixieren von Schrägstreifen und Futtern verwendet. Von rechts nach links mit kurzen, senkrechten Stichen durch die umgebrochene Stoffkante nähen.

EINFACHER SAUMSTICH

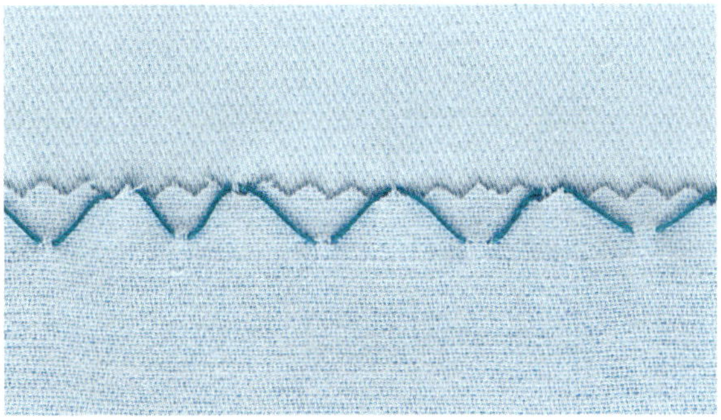

Dieser Stich ähnelt dem Hexenstich (siehe oben), jedoch ohne Überkreuzungen. Von links nach rechts kurze waagerechte Stiche abwechselnd durch beide Stofflagen nähen.

BLINDSAUMSTICH

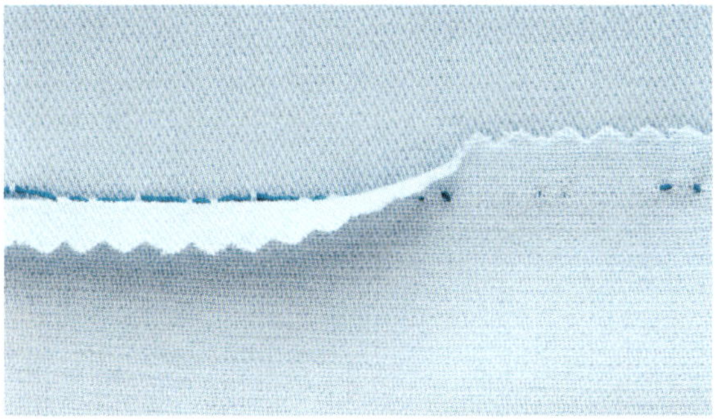

Diesen Stich nähen Sie wie den einfachen Saumstich (siehe links), jedoch unter der Stoffkante, sodass er von außen kaum zu sehen ist.

LANGETTENSTICH (SCHLINGSTICH)

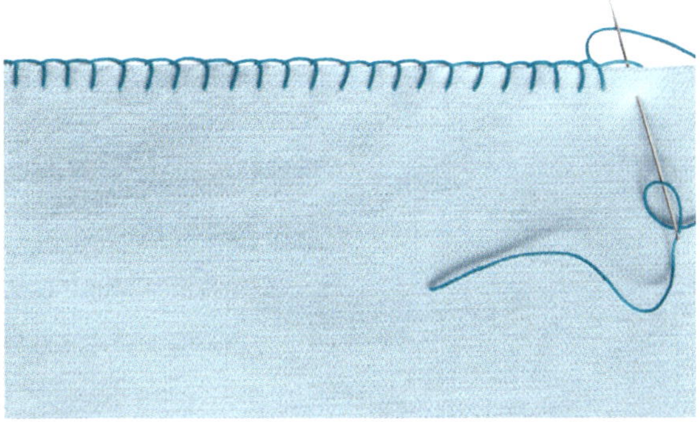

Ähnlich wie der Knopflochstich (s. S. 50), aber ohne Knoten. Er wird zur Dekoration oder zum Versäubern von Stoffkanten verwendet. Auf gleichmäßige Stichabstände achten. Die Nadel einstechen, den Faden unter die Spitze legen und dann die Nadel durchziehen.

KREUZSTICH

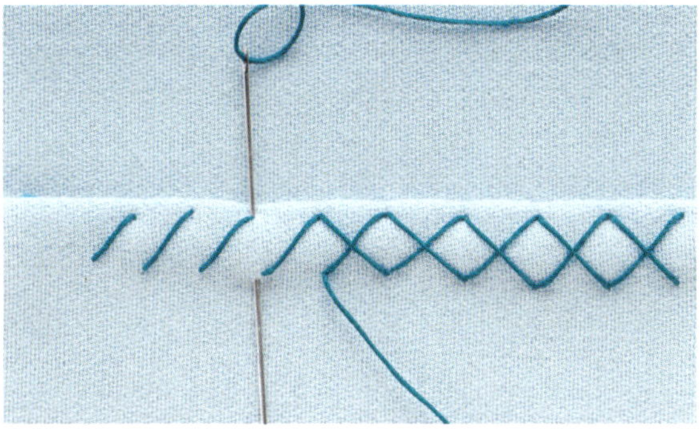

Der Kreuzstich dient zum provisorischen Fixieren von Falten und losen Einlagen. Zuerst eine Reihe gleichmäßiger, schräger Stiche in eine Richtung nähen, dann ebenso in entgegengesetzter Richtung wiederholen, sodass sich Kreuze bilden.

MASCHINENSTICHE & -NÄHTE

Nähte dienen dazu, Stofflagen zu verbinden – bei Kleidungsstücken, Bastelarbeiten und Wohntextilien. Die gängigste Naht, die einfache Steppnaht, eignet sich für viele Zwecke. Je nach Stoff und Projekt können Sie aber auch andere Nahttypen einsetzen. Manche haben eine bestimmte Funktion, andere dienen vorwiegend der Dekoration.

NAHTENDEN SICHERN

Damit die Enden von Maschinennähten sich bei Belastung nicht öffnen, müssen sie gesichert werden. Das kann von Hand durch Verknoten der Fäden geschehen, aber auch durch einige Rückstiche oder, wenn die Maschine über diese Funktion verfügt, Verriegelungsstiche.

FADENENDEN VERKNOTEN

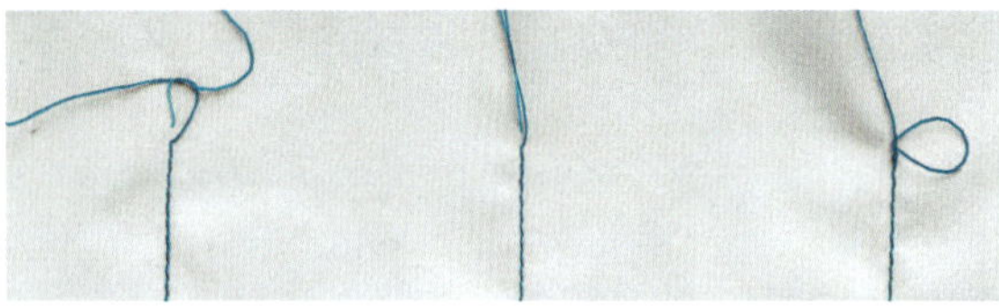

1 Am Oberfaden ziehen, bis eine Schlaufe des Unterfadens auf der Stoffoberseite erscheint.

2 Die Unterfadenschlaufe ganz durchziehen.

3 Beide Fäden fest verknoten.

RÜCKSTICHE

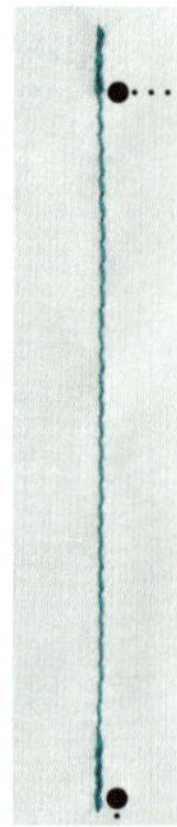

1 Am Anfang der Naht einige Stiche vorwärts nähen, dann die Rückwärtstaste drücken und einige Stiche rückwärts nähen. Vorwärts fortfahren.

2 Am Ende der Naht wieder einige Stiche rückwärts, dann vorwärts nähen.

VERRIEGELUNG

1 Am Nahtanfang die Verriegelungstaste drücken, dann vorwärts weiter nähen.

2 Am Nahtende wieder die Verriegelungstaste drücken.

MASCHINENSTICHE

Die meisten modernen Nähmaschinen können verschiedene Nutz- und Zierstiche sowie Knopflöcher nähen. Länge und Breite der Knopflöcher lassen sich entsprechend der Stoffdicke und Knopfgröße variieren. Stichlänge und -breite können ebenfalls angepasst werden. Die Einstellungen an den meisten Maschinen beziehen sich auf Millimeter (in diesem Buch verwendet), einige aber auch auf Stiche pro Zoll.

STEPPSTICH

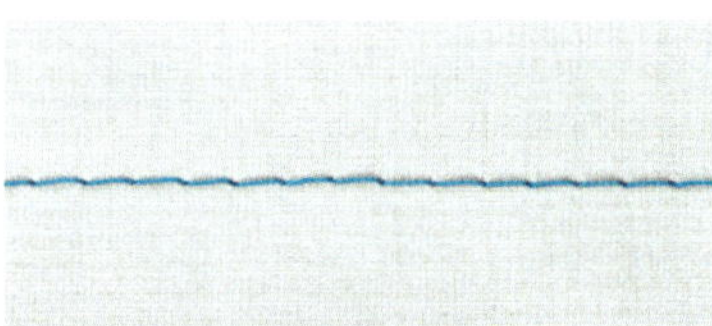

Geeignet für die meisten Zwecke. Die Stichlänge kann bei vielen Nähmaschinen zwischen circa 0,5 und 5 mm eingestellt werden.

ZICKZACKSTICH

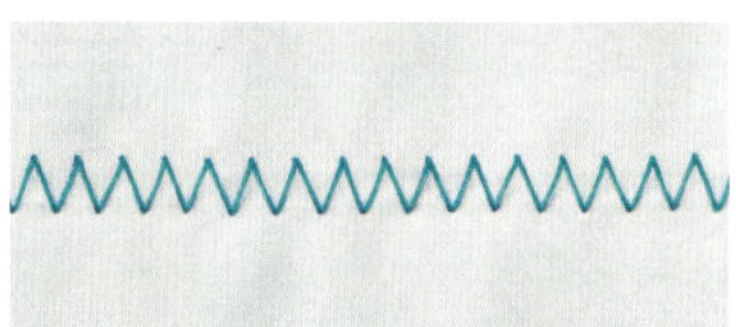

Zum Versäubern von Stoffkanten, zum Fixieren und zur Dekoration. Länge und Breite der Zacken können eingestellt werden.

ELASTIK-ZICKZACKSTICH

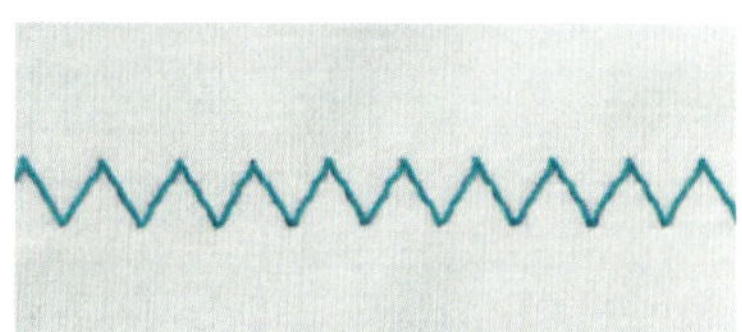

Dieser dekorative Stich besteht aus kleinen Geradstichen. Er ist für elastische Stoffe nützlich und wird gern für Wäsche verwendet. Länge und Breite können Sie variieren.

BLINDSAUMSTICH

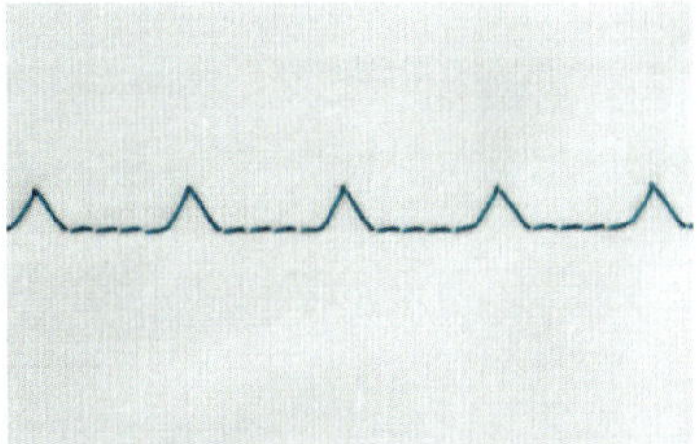

Diese Kombination aus Geradstichen und Zickzackstichen (siehe links) wird in Verbindung mit dem Blindsaumfuß zum Annähen von Säumen verwendet.

KANTELSTICH

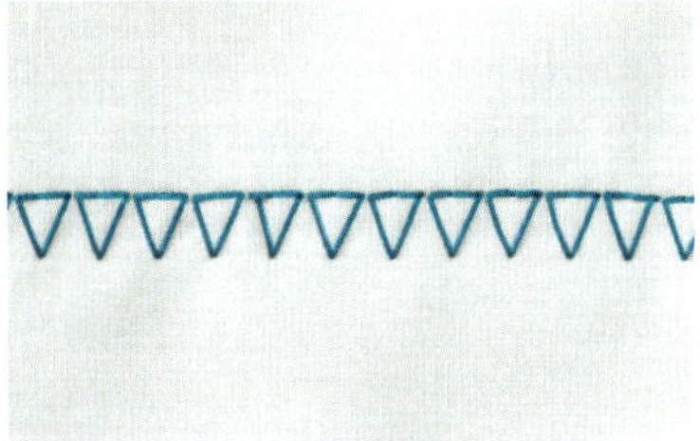

Wird meist in Verbindung mit dem Kantelfuß eingesetzt und dient zum Versäubern von Stoff-Schnittkanten. Länge und Breite sind einstellbar.

ELASTIK-GERADSTICH

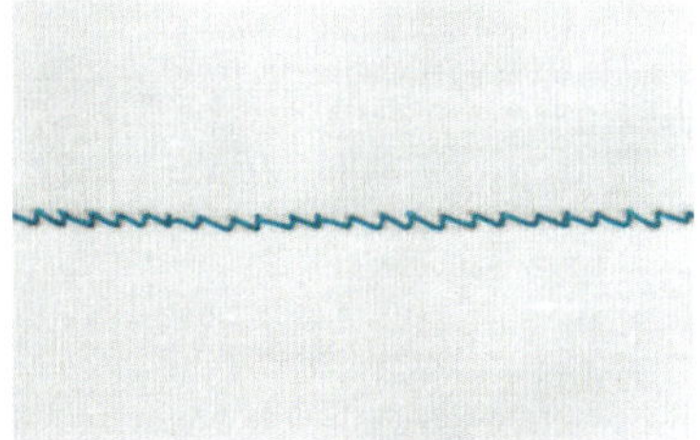

Ein dehnbarer Geradstich, der sich für elastische Stoffe eignet, aber auch vorteilhaft für andere schwierige Stoffe ist.

EINFACHES KNOPFLOCH

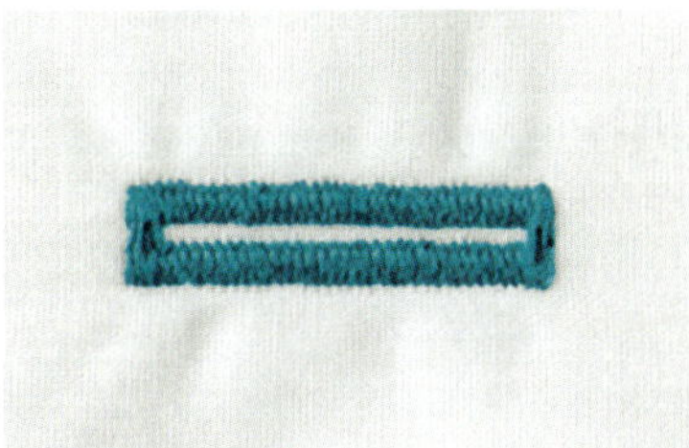

Knopfloch mit geraden Riegeln an beiden Enden. Für Kleidung aller Art geeignet.

ABGERUNDETES KNOPFLOCH

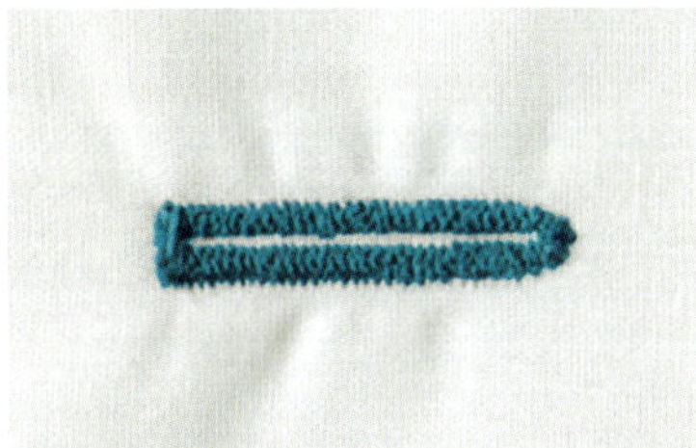

Knopfloch mit einem geraden Riegel und einem abgerundeten Ende. Für Jacken.

AUGENKNOPFLOCH

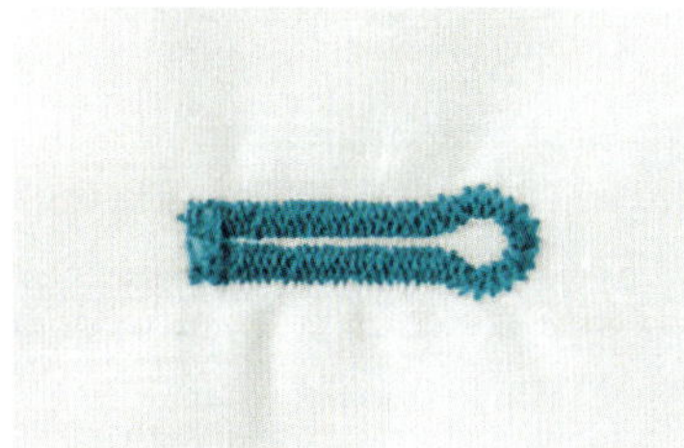

Gerader Riegel an einem Ende, erweiterte Rundung am anderen. Für Jacken und Mäntel.

ZIERSTICHE

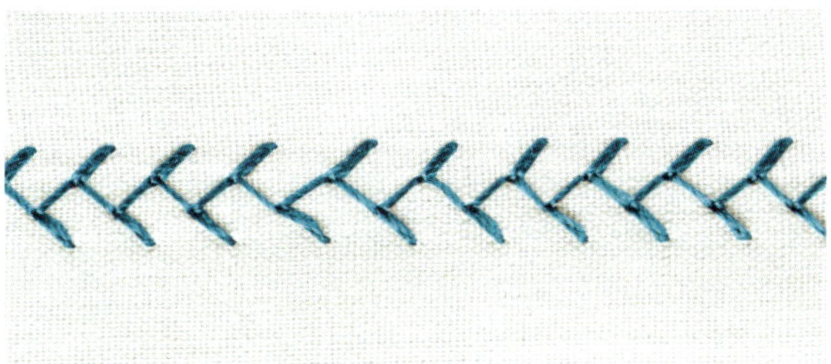

FAGOTTSTICH

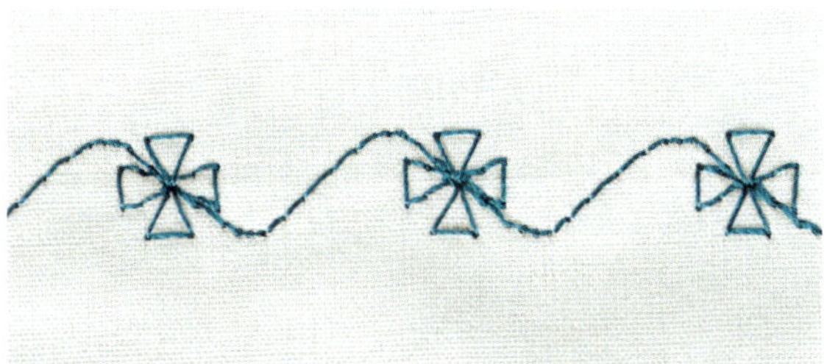

BLUMENSTICH

Viele Nähmaschinen verfügen über Programme für Zierstiche, mit denen man die Oberfläche eines Werkstücks oder seine Kanten verzieren kann. Um den Effekt einer flächigen Stickerei zu erzielen, nähen Sie mehrere parallele Reihen solcher Zierstiche in dichten Abständen.

STERNSTICH

EINFACHE MASCHINENNAHT

Eine einfache Maschinennaht wird meist in 1,5 cm Abstand zur Stoffkante genäht, sie kann aber auch in 1 cm oder 6 mm Abstand genäht werden. Der auf dem Schnittmuster angegebene Abstand, die sogenannte Nahtzugabe, muss eingehalten werden, damit Form und Größe des fertigen Stücks exakt ausfallen.

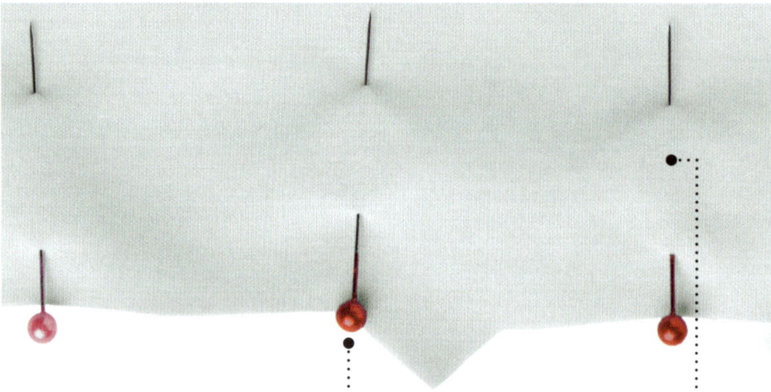

1 Die beiden Stofflagen aufeinanderstecken, dabei die Knipse (siehe S. 77) aufeinander ausrichten.

2 Die Stecknadeln in Abständen von 5 bis 8 cm rechtwinklig zur Stoffkante einstechen.

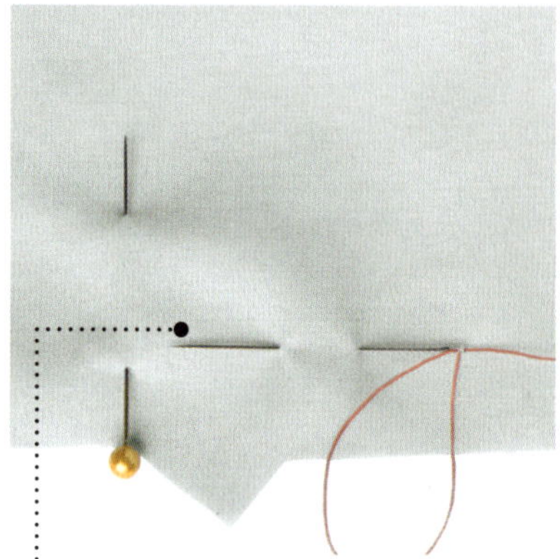

3 Die Stofflagen in circa 1 cm Abstand zur Stoffkante zusammenheften und dabei die Stecknadeln entfernen.

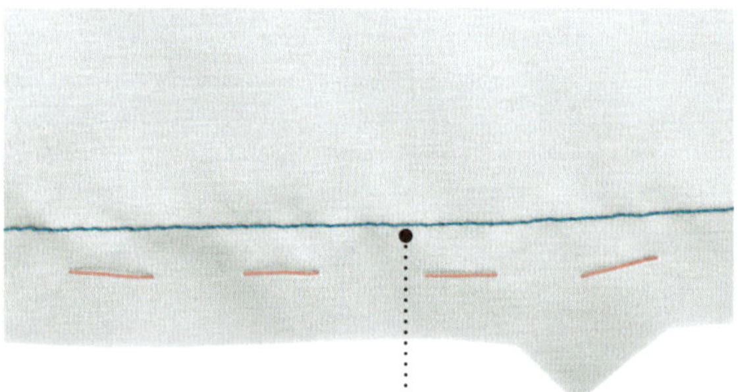

4 Den Stoff unter den Nähfuß schieben und an einer Führungsrille auf der Stichplatte anlegen. 1,5 cm Abstand zwischen Stoffkante und Nadel einhalten.

5 Das Handrad zum Körper hin drehen, um die Nadel einzustechen. Dann den Nähfuß absenken. 1,5 cm neben der Stoffkante entlangsteppen.

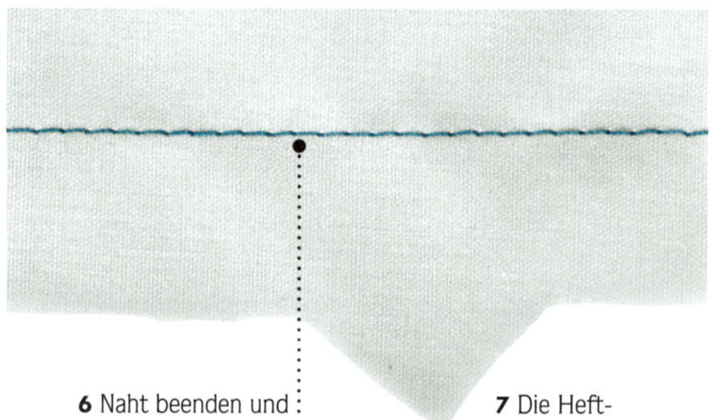

6 Naht beenden und anschließend Anfang und Ende mit einer Technik Ihrer Wahl schließen.

7 Die Heftfäden vorsichtig entfernen.

8 Die Naht zuerst glatt bügeln, dann die Nahtzugaben auseinanderbügeln.

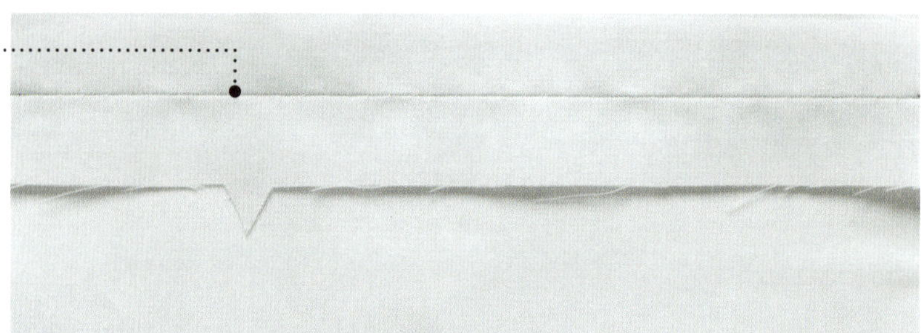

NÄHTE VERSÄUBERN

Die offenen Schnittkanten der Nahtzugaben müssen versäubert werden, damit sie nicht ausfransen und haltbar sind. Welche Methode Sie wählen, hängt vom jeweiligen Projekt und vom verwendeten Stoff ab.

ZACKENSCHERE

Diese Methode eignet sich nur für Stoffe, die kaum ausfransen. 5 mm neben der Stoffkante entlangnähen, dann die Stoffkanten knapp mit der Zackenschere abschneiden.

ZICKZACK

Moderne Maschinen verfügen über eine Zickzackfunktion. Der Stich verhindert das Ausfransen und eignet sich für alle Stoffarten. Knapp neben der Stoffkante steppen, dann die Kante direkt an den Stichen abschneiden. Stichbreite 2 und Stichlänge 1,5 ist empfehlenswert.

BEKANTELN

Auch dieser Stich findet sich auf den meisten Haushaltsmaschinen. Den Kantelfuß einsetzen, den Stich auswählen, Länge und Breite entsprechend der Stoffart einstellen und entlang der Stoffkante nähen.

KANTEN EINSCHLAGEN

Eine strapazierfähige Versäuberungsmethode für Baumwolle und dünne Stoffe. Die Schnittkanten 3 mm breit einschlagen und mit Geradstich feststeppen.

HONGKONG-METHODE

Diese Methode eignet sich vor allem für ungefütterte Jacken aus Wolle und Leinen. Die Stoffkanten werden mit Schrägstreifen eingefasst.

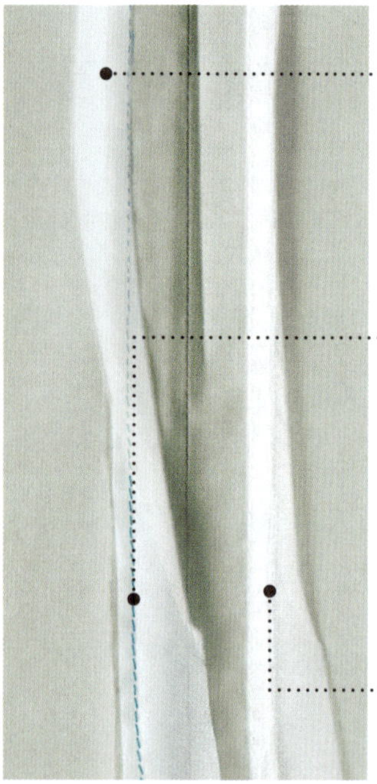

1 Einen 2 cm breiten Schrägstreifen aus Seidenorganza oder hochwertigem Futterstoff zuschneiden.

2 Eine Kante des Schrägstreifens rechts auf rechts an die Nahtzugabe steppen, mit einer Nahtzugabe von 5 mm.

3 Die Kante umbügeln.

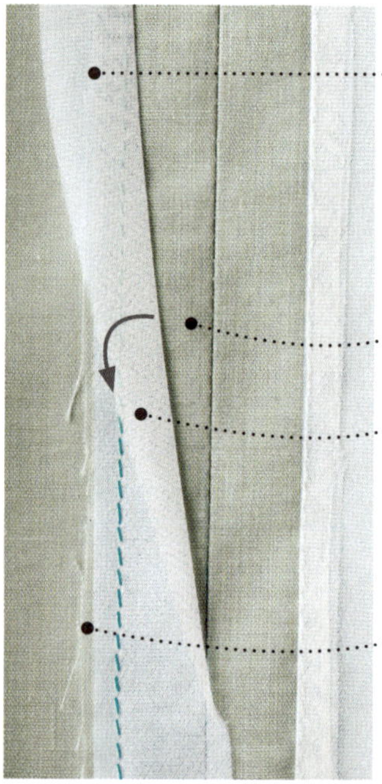

4 Den Schrägstreifen um die Nahtzugabe falten. Seine freie Kante 2 mm breit einschlagen und an der Ansatznaht anlegen.

Rechte Seite der Nahtzugabe

Schrägstreifen

Schnittkante der Nahtzugabe

Linke Seite der Nahtzugabe

Gefalteter Schrägstreifen

5 Den Schrägstreifen feststecken und die Bruchkante nachbügeln.

6 Den Schrägstreifen von der Oberseite der Nahtzugabe aus feststeppen. Dabei knapp neben seiner Kante nähen.

Naht auf rechter Seite der Nahtzugabe

RECHTS-LINKS-NAHT

Eine Rechts-Links-Naht, auch französische Naht genannt, wird in zwei Arbeitsgängen genäht: zuerst auf der rechten Stoffseite, dann nochmals auf der linken, sodass die Nahtzugabe eingeschlossen wird. Traditionell verwendet man diese Art der Versäuberung für Seide und andere dünne Stoffe sowie für feine Wäsche.

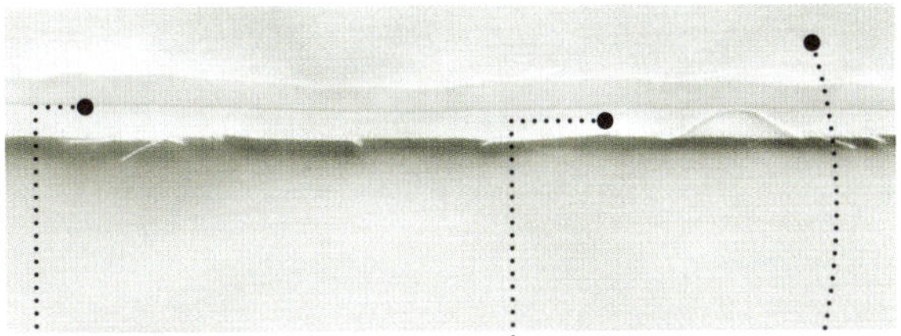

1 Die Stoffteile links auf links legen und die Naht in 5 mm Abstand zur Stoffkante steppen. Die Naht liegt jetzt auf der Außenseite des Werkstücks.

2 Die Nahtzugabe begradigen und auseinanderbügeln.

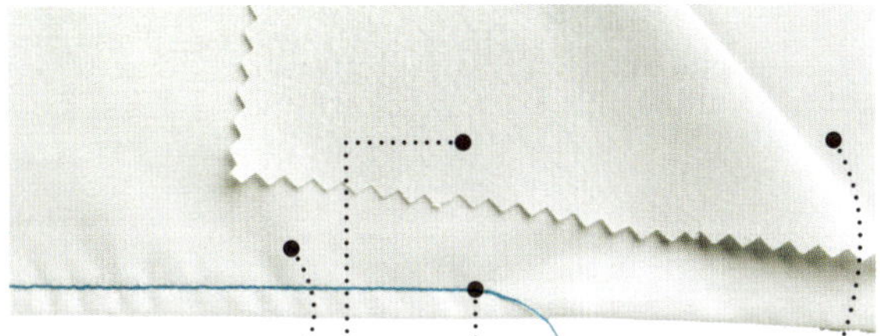

3 Nun den Stoff rechts auf rechts legen.

4 In 1 cm Abstand zur bereits genähten Kante nochmals steppen.

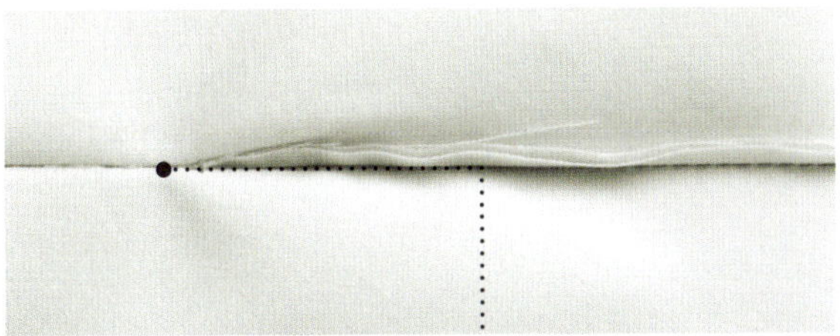

5 Die Nahtzugabe der ersten Naht wird beim zweiten Steppen eingeschlossen.

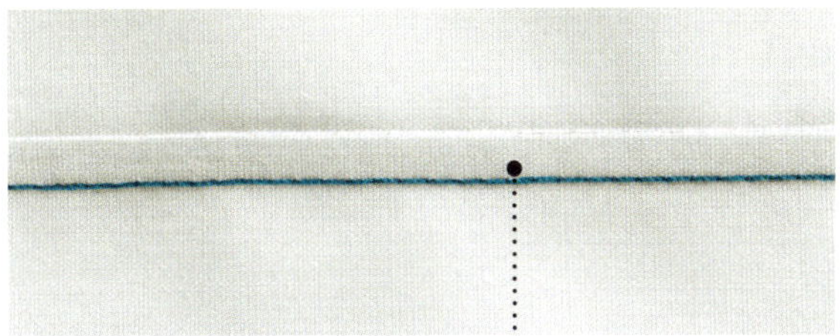

6 Die fertige Naht von der rechten Stoffseite aus flach bügeln. So sieht das Ergebnis auf der linken Stoffseite aus.

KAPPNAHT

Für manche Kleidungsstücke sind stabile Nähte erforderlich, die starke Beanspruchung und viele Wäschen verkraften. Kappnähte erfüllen diese Anforderungen. Sie werden auf der rechten Stoffseite gearbeitet, etwa an geschneiderten Herrenhemden oder – ganz typisch – an der Beininnenseite von Jeans.

1 Die Teile links auf links legen und in 1,5 cm Abstand zur Kante zusammensteppen. Auseinanderbügeln.

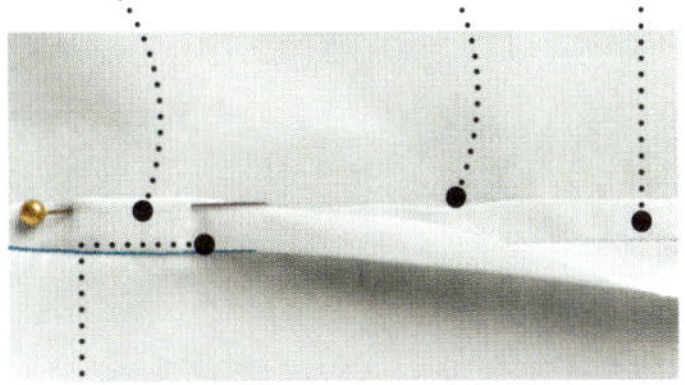

2 Die zur Rückseite des Kleidungsstücks zeigende Nahtzugabe auf ein Drittel ihrer Breite zurückschneiden.

3 Die andere Nahtzugabe über die beschnittene schlagen und feststecken.

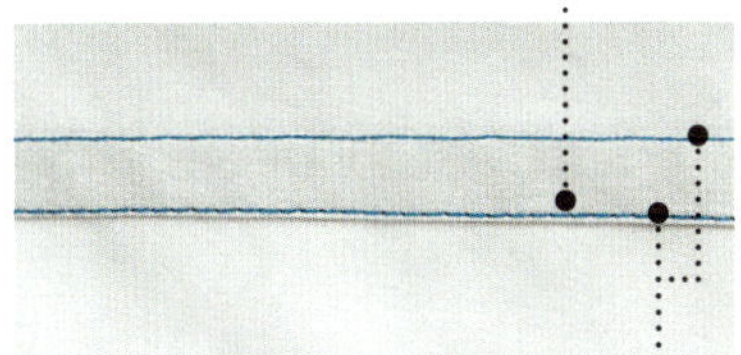

4 Knapp neben der Bruchkante durch alle Stofflagen steppen. Bügeln.

5 Auf der rechten Seite sind nun zwei parallele Steppnähte sichtbar.

ABGESTEPPTE NAHT

Abgesteppte Nähte sind praktisch, stabil und dekorativ. Sie eignen sich für Kleidungsstücke, Wohntextilien und Bastelarbeiten.

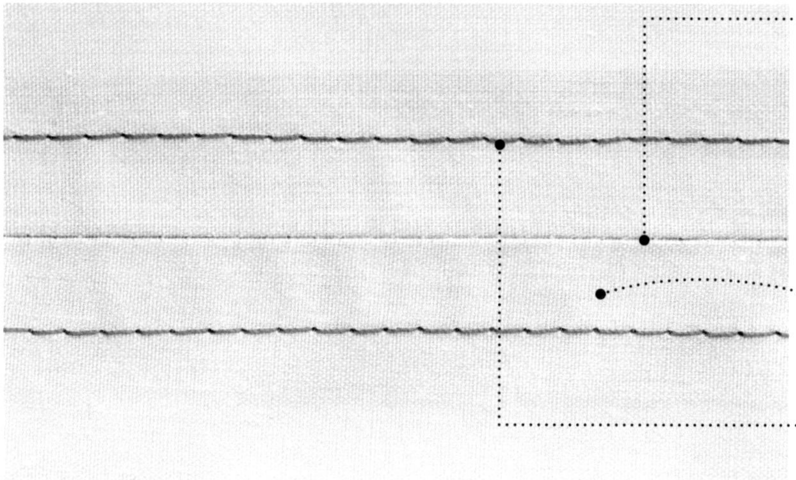

1 Auf der linken Stoffseite eine Naht mit 1,5 cm Zugabe steppen. Die Nahtzugaben auseinanderbügeln.

Rechte Stoffseite

2 Auf der rechten Seite beiderseits der Naht absteppen. Nochmals bügeln.

ÜBERLAPPENDE STEPPNAHT

Diese Naht wird auf der rechten Seite des Werkstücks gearbeitet und ist nach der Fertigstellung sehr flach.

1 An einem Teil die Nahtzugabe 1,5 cm breit nach links umbügeln.

Linke Stoffseite

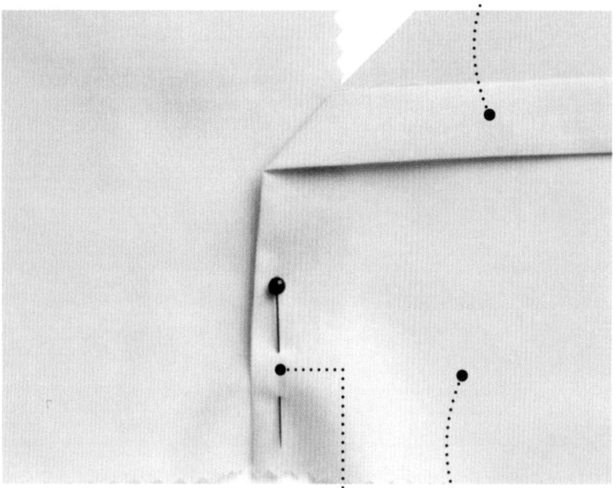

2 Die Bruchkante auf das andere Teil legen und an der Nahtlinie ausrichten. Feststecken.

Rechte Stoffseite

3 Knapp neben der Bruchkante feststeppen.

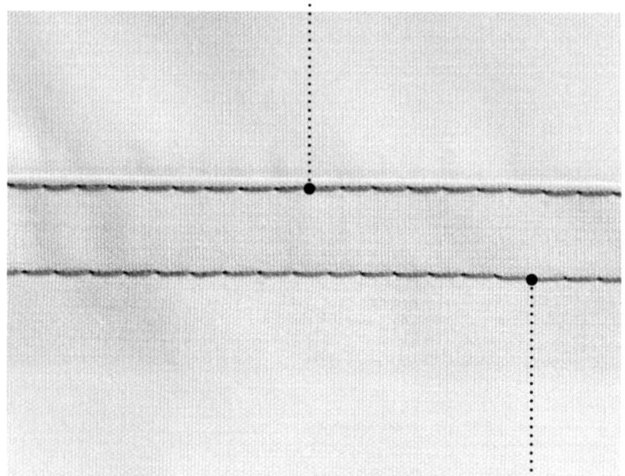

4 Nochmals 1 cm neben der ersten Steppnaht steppen. Bügeln.

ECKEN UND RUNDUNGEN NÄHEN

Nicht alle Nähte sind gerade. Ecken und Rundungen müssen so genäht werden, dass sie auf der rechten Seite akkurat und sauber aussehen. Die unten erklärte Technik für Ecken gilt nicht nur für rechte Winkel, sondern für Ecken aller Art. Bei dicken Stoffen wird in der Ecke ein schräger Stich genäht. Bei Stoffen, die stark ausfransen, verstärkt man die Ecke mit einer zweiten Stepplinie.

EINE ECKE NÄHEN

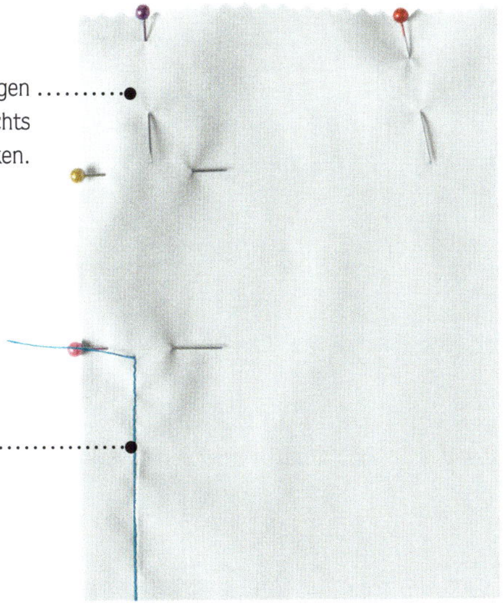

1 Die Stofflagen rechts auf rechts zusammenstecken.

2 Eine Naht mit 1,5 cm Nahtzugabe steppen.

3 An der Ecke die Nadel in den Stoff einstechen.

4 Den Nähfuß anheben und den Stoff bei eingestochener Nadel um 90 Grad drehen.

5 Den Fuß wieder absenken und die Naht in der neuen Richtung fortsetzen.

6 Die Stepplinie beschreibt einen sauberen Winkel. Nach dem Wenden sieht die Ecke ebenso spitz aus.

ECKEN IN DICKEN STOFFEN

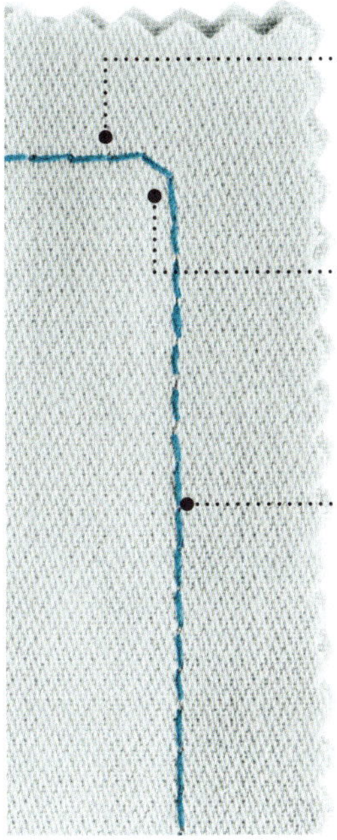

1 In dicken Stoffen lassen sich spitze Ecken schwer erzielen. Darum näht man an der Ecke einen einzelnen Stich in schräger Richtung. Zuerst bis zur Ecke nähen.

2 Die Nadel einstechen, den Fuß heben und den Stoff um 45 Grad drehen. Den Fuß absenken und einen Stich nähen.

3 Wieder die Nadel einstechen, den Fuß heben und den Stoff um 45 Grad drehen. Den Fuß senken und die Naht fortsetzen.

VERSTÄRKTE ECKE

1 Auf der linken Stoffseite eine Kante mit 1,5 cm Nahtzugabe steppen.

2 Die Naht über die Ecke hinaus bis zur Stoffkante fortsetzen.

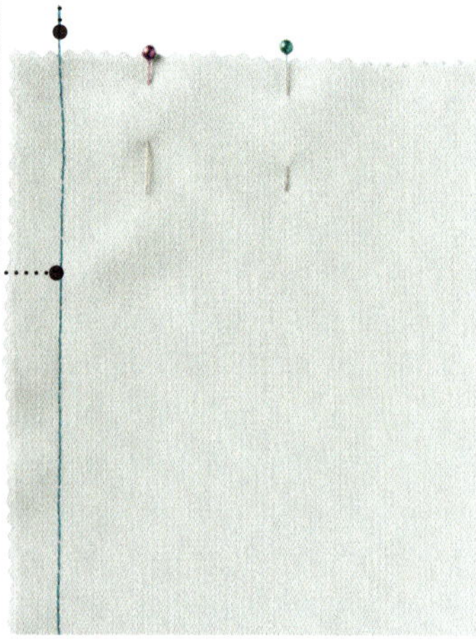

3 Die andere Kante ebenso mit 1,5 cm Zugabe und bis zur Stoffkante steppen.

4 Die beiden Stepplinien kreuzen sich im Eckpunkt.

5 Nun ein Stück Naht exakt auf diesen Linien steppen, aber diesmal mit eingestochener Nadel an der Ecke wenden (siehe S. 59, Schritte 3–5).

6 Die über die Ecke hinausreichenden Stiche auftrennen.

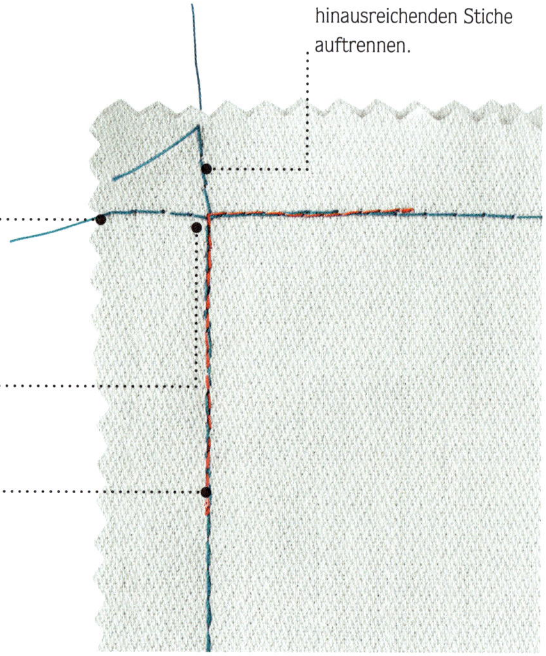

INNENECKE

1 Exakt im Abstand von 1,5 cm zur Stoffkante steppen und in der Ecke mit eingestochener Nadel wenden (siehe S. 59, Schritte 3–5).

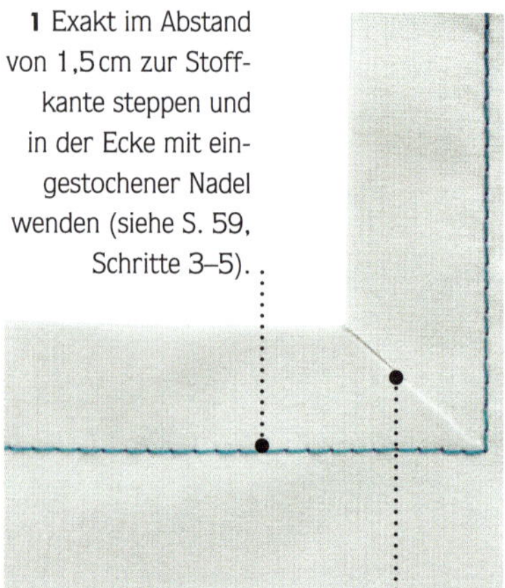

2 Die Nahtzugabe in der Ecke einschneiden.

INNENRUNDUNG

1 Die Stoffteile rechts auf rechts legen.

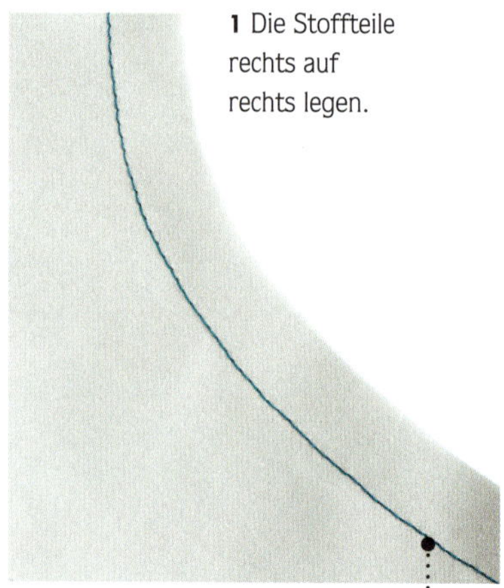

2 In 1,5 cm Abstand zur Stoffkante entlang der Rundung steppen. Die Hilfslinien auf der Stichplatte erleichtern es, beim Steppen den Verlauf der Rundung genau einzuhalten.

AUSSENRUNDUNG

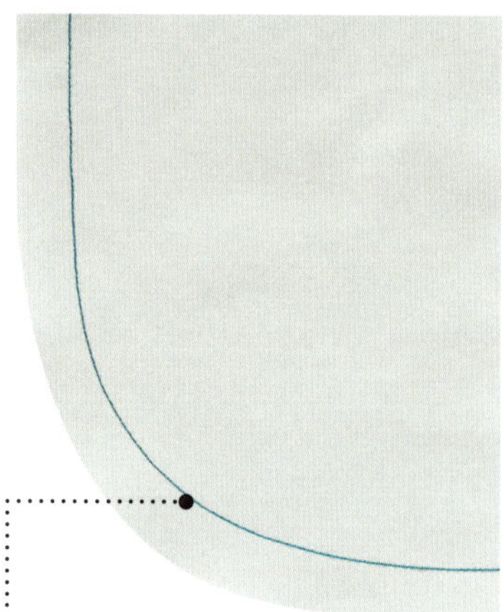

1 Die Stoffteile rechts auf rechts legen und in 1,5 cm Abstand zu den Stoffkanten steppen.

2 Dem Verlauf der Kurve folgen und auf gleichmäßigen Abstand zur Stoffkante achten.

NAHTZUGABEN ZURÜCKSCHNEIDEN

Damit sich die Nahtzugaben auf der Außenseite nicht wulstartig abzeichnen, schneidet man sie zurück. Rundungen liegen nur glatt, wenn man die Nahtzugaben in Abständen einknipst oder bei Innenrundungen v-förmig einschneidet.

ABGESTUFT ZURÜCKSCHNEIDEN

Bei den meisten Stoffen sollten Nahtzugaben, die im Randbereich des Werkstücks liegen, zurückgeschnitten werden. Bei Kleidungsstücken ist es besonders wichtig, die Nahtzugaben, die dem Körper nahe sind, zu reduzieren, damit das Modell gut sitzt. Manchmal genügt es, nur eine der beiden Nahtzugaben zurückzuschneiden.

Die Nahtzugabe sauber auf die Hälfte bzw. bis zu einem Drittel ihrer ursprünglichen Breite zurückschneiden.

NAHTZUGABEN AN INNENRUNDUNGEN

Damit Innenrundungen glatt liegen, wird zuerst eine Nahtzugabe zurückgeschnitten (siehe oben). Dann aus der Nahtzugabe v-förmige Keile herausschneiden, um das Stoffvolumen zu verringern. Zum Schluss wird die Kante abgesteppt (siehe S. 62).

1 Die Naht entlang der Innenrundung steppen.

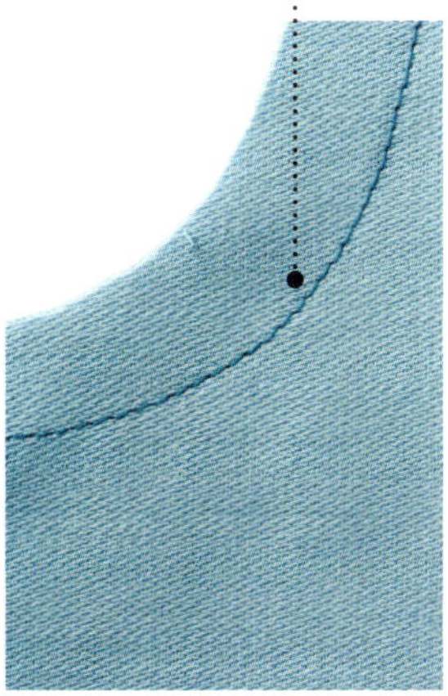

2 Eine Nahtzugabe zurückschneiden (siehe oben), dann v-förmige Keile herausschneiden, um das Volumen zu verringern.

3 Auf rechts wenden und bügeln.

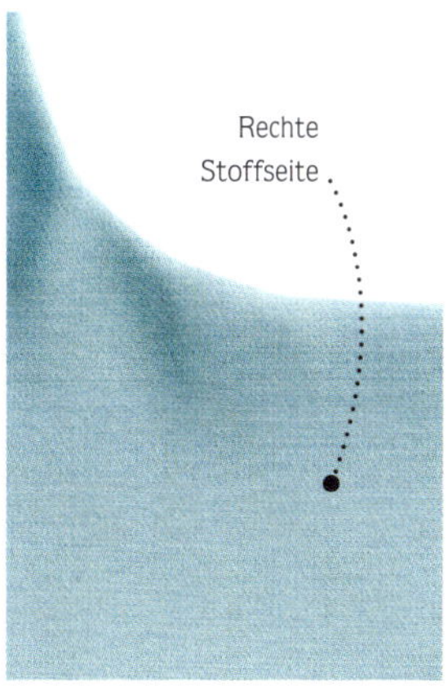

4 Wieder auf links wenden und die Rundung absteppen.

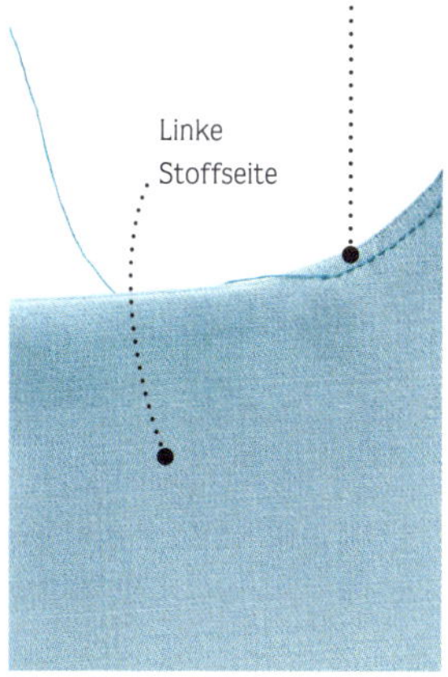

NAHTZUGABEN AN AUSSENRUNDUNGEN

An Außenrundungen werden die Nahtzugaben zuerst abgestuft zurückgeschnitten, anschließend eingeschnitten und nach dem Wenden abgesteppt.

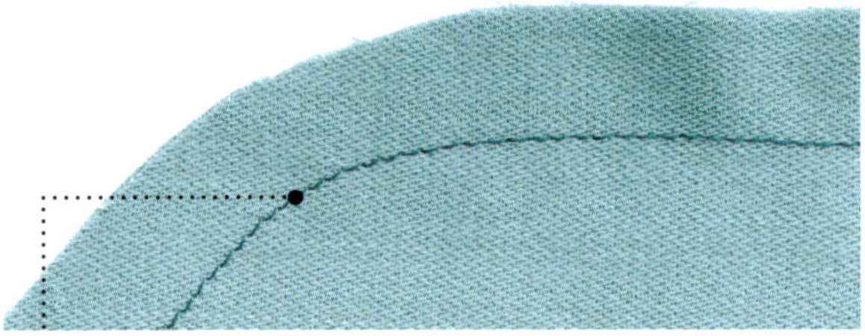

1 Die Naht entlang der Außenrundung steppen.

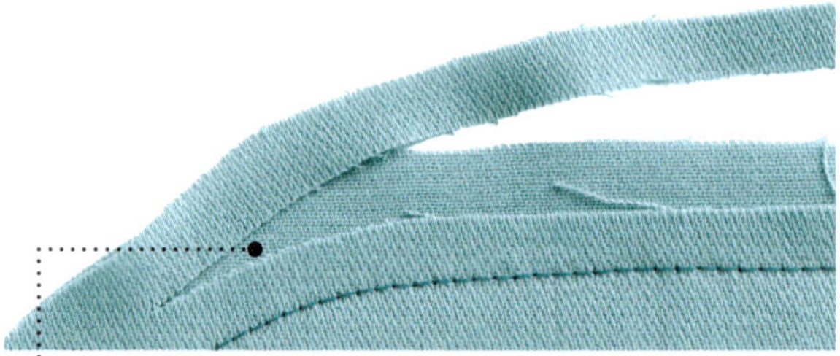

2 Eine Nahtzugabe zurückschneiden (siehe S. 61).

3 Beide Nahtzugaben einschneiden, damit sie sich beim Wenden spreizen.

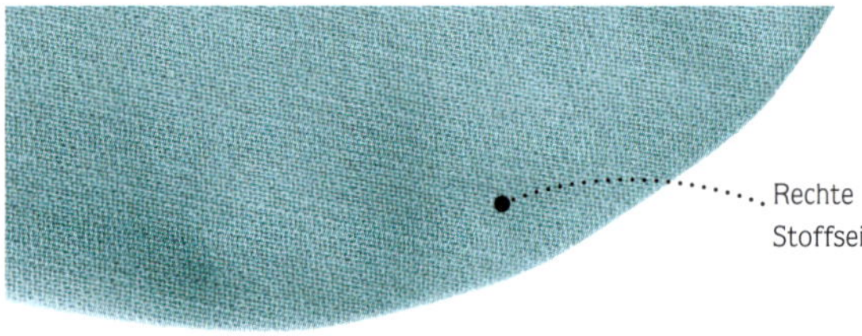

4 Auf rechts wenden und bügeln.

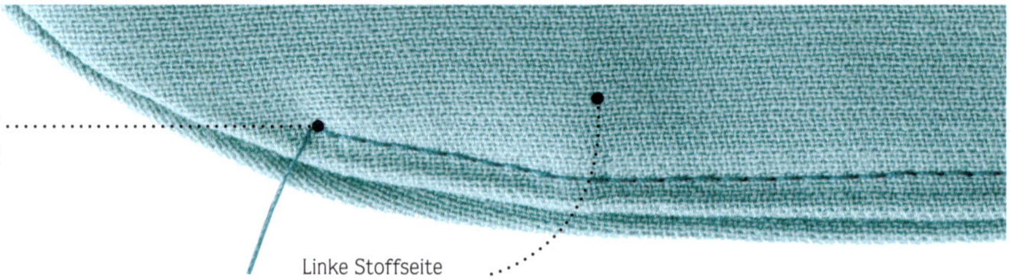

5 Die Rundung von der linken Seite des Werkstücks absteppen (siehe unten).

KANTEN ABSTEPPEN

Kanten können aus funktionalen oder dekorativen Gründen abgesteppt werden. Je nach Zweck der Steppnaht arbeitet man auf der rechten oder auf der linken Seite des Werkstücks.

ABSTEPPEN VON OBEN

Für Ziersteppungen liegt die rechte Seite des Werkstücks oben. Mit einem relativ langen Geradstich (Stichgröße 3–3,5) steppen und dabei die Stoffkante am seitlichen Rand des Nähfußes führen.

ABSTEPPEN VON UNTEN

Auf der linken Seite steppt man, um Nähte an der Kante eines Werkstücks zu fixieren oder um zu verhindern, dass sich die Nahtzugabe aufrollt oder die Nahtlinie auf der rechten Seite zu sehen ist. Die Naht steppen, die Nahtzugabe beschneiden. Wenden und bügeln. Wieder ausbreiten. Die breite Nahtzugabe über die schmale legen und feststeppen.

NÄHTE IN SCHWIERIGEN STOFFEN

Manche Stoffe lassen sich schwer nähen, weil sie dick sind, wie Kunstpelz, rutschig und dünn wie feine Seide oder rau wie Wildleder. Für dünne Stoffe eignet sich eine Naht, die sehr schmal ist und sich flach bügeln lässt. Wildleder und -imitat werden immer überlappend zusammengenäht. Das ist vor allem wichtig, wenn die Rückseite aus Kunstpelz besteht und das Werkstück wendbar sein soll.

NÄHTE IN DÜNNEN STOFFEN

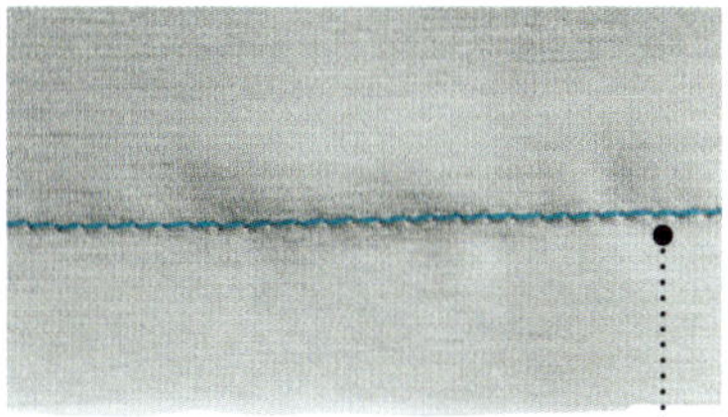

1 Auf der linken Seite des Werkstücks eine Naht mit 1,5 cm Zugabe nähen.

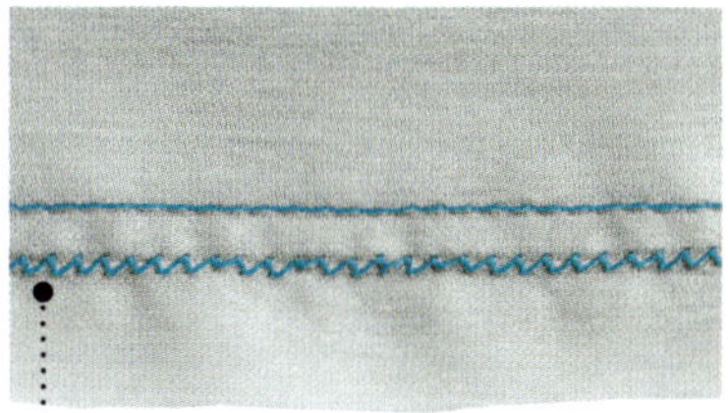

2 Nun 5 mm neben der Naht mit einem schmalen, engen Zickzack- oder Elastikstich steppen. Bügeln.

3 Die Stoffkante knapp neben der Zickzacknaht abschneiden.

NÄHTE IN WILDLEDER ODER WILDLEDERIMITAT

1 Alle Nahtlinien in 1,5 cm Abstand zu den Kanten mit Heftstichen markieren.

2 Weitere Markierungen in 1,5 cm Abstand zu den ersten anbringen.

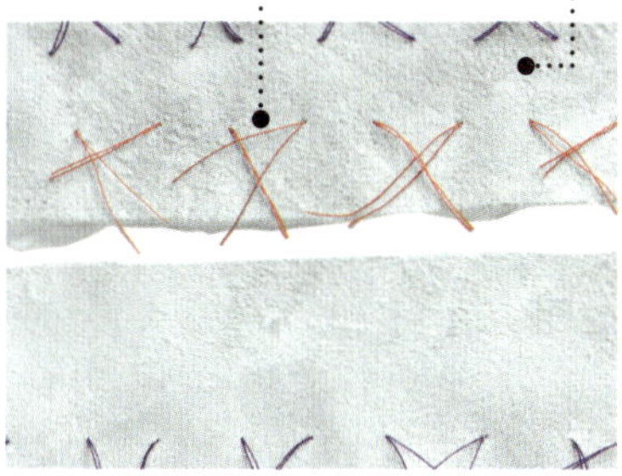

3 Die Teile überlappend aufeinanderlegen und die ersten 1,5-cm-Markierungslinien aufeinander ausrichten. Die Stoffkante stößt dann an die zweite Markierungslinie.

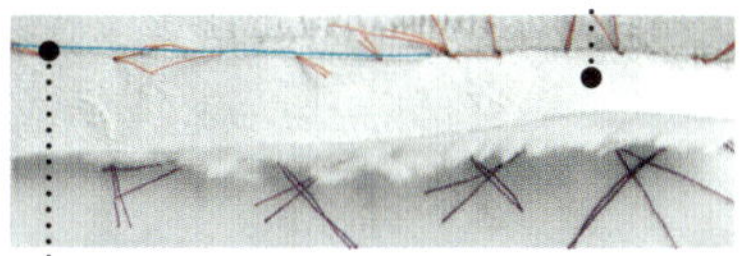

4 Mit einem Oberstofftransporter und einem Geradstich in Größe 3,5 beide Lagen auf der ersten Markierungslinie zusammensteppen.

5 Nun 1 cm neben der ersten Stepplinie nochmals absteppen.

6 Die Stoffkante auf 3 mm zurückschneiden.

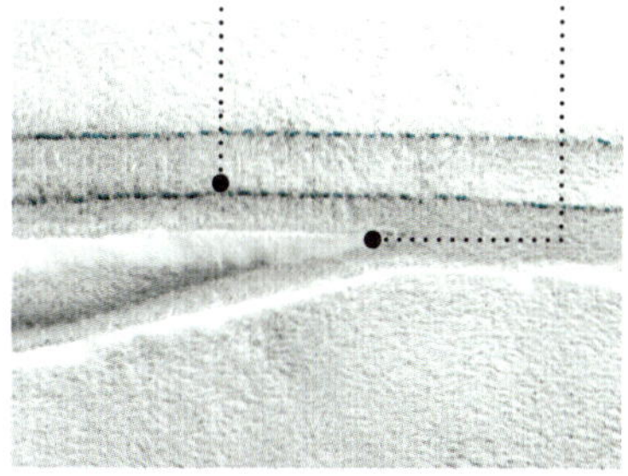

NÄHTE IN KUNSTPELZ

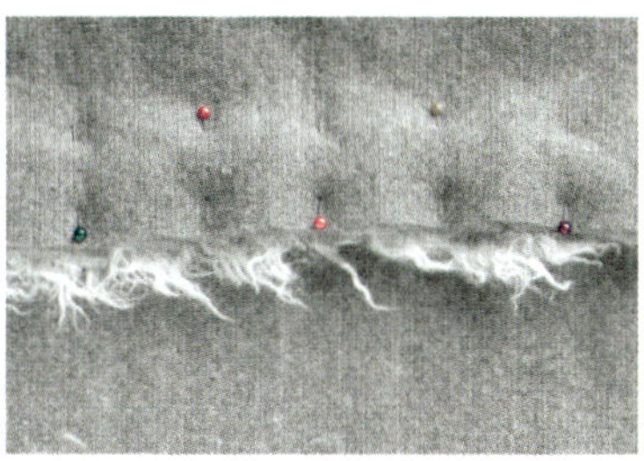

1 Die Stoffteile rechts auf rechts legen und zusammenstecken. Dabei die Nadeln abwechselnd auf- und abwärts einstecken.

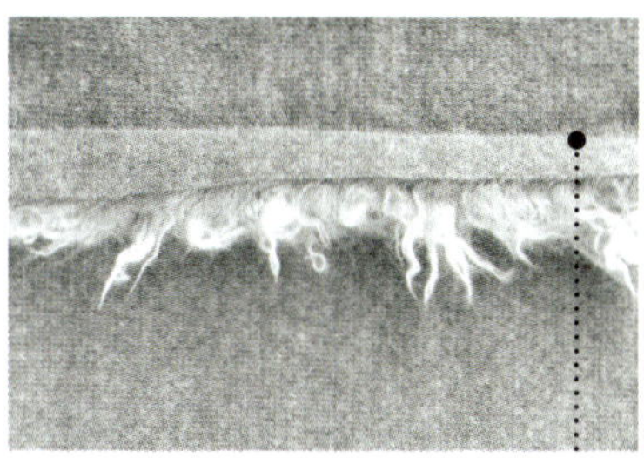

2 Mit einem Oberstofftransporter und einem langen Geradstich die Naht steppen.

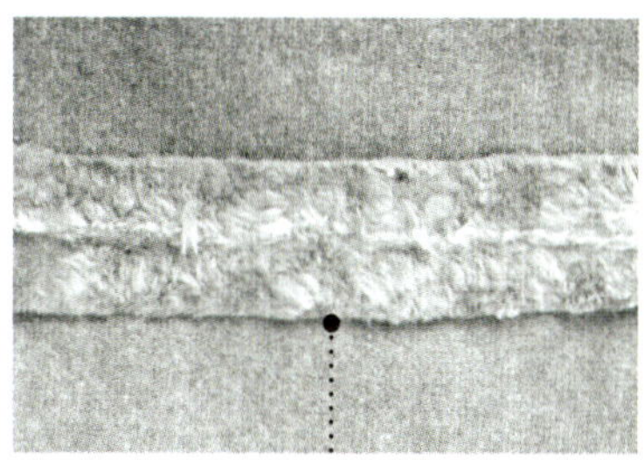

3 Die Naht mit einem Fingernagel auseinanderstreichen.

4 Den Flor auf den Nahtzugaben kurz zurückschneiden.

SCHNITTMUSTER

SCHNITTMUSTER LESEN

Schnittmuster bestehen normalerweise aus drei Teilen: dem Umschlag, dem Schnittmuster selbst und der Anleitung. Auf dem Umschlag finden Sie eine Abbildung des Modells und Angaben zu Stoffart und -verbrauch. Der Schnittmusterbogen selbst enthält viele Informationen, und in der Anleitung wird die Vorgehensweise beim Nähen erklärt.

DIE ÜBERSICHT AUF DEM UMSCHLAG

Die Vorderseite des Umschlags zeigt eine Zeichnung oder ein Foto des Modells bzw. Projekts. Bei Schnittmustern von kleineren Firmen sind diese Informationen eventuell anders angegeben. Auf der Rückseite des Umschlags finden sich meist eine Illustration der Rückenansicht, die Standard-Körpermaße, anhand derer das Schnittmuster konstruiert wurde, sowie eine Tabelle zur Ermittlung des Stoffbedarfs für die verschiedenen Modelle und Größen. Auch geeignete Stoffarten und das nötige Zubehör sind hier aufgeführt.

Anzahl der Schnittmuster-Teile

Bestell-nummer

Beschreibung des Modells mit Angaben zum Stil und den Einzelteilen, die das Schnittmuster umfasst.

Liste der Konfektionsgrößen mit Maßangaben für Brust-, Taillen- und Hüftweite

Stoff-Vorschläge sowie Angaben zu ungeeigneten Stoffen

Benötigte Kurzwaren und Zubehör

5678
15 Teile

Damenjacke, -rock und -hose (kurz und lang)
Die antaillierte Jacke ist einreihig geknöpft, hat kurze Ärmel, Taillenabnäher und eine Brusttasche. Der gerade geschnittene Rock ist knielang. Die Hosen haben gerade geschnittene Beine, einen Taillenbund, Bundfalten vorne, seitliche Nahttaschen und einen Reißverschluss hinten.

Stoffempfehlung: Wollkrepp, weiche Baumwollstoffe, Leinen, Seide, seidenartige Stoffe und leichte Wollstoffe. Für Rock und beide Hosen außerdem: Chally, Jacquardstoffe und Krepp. Ungeeignet sind Druckstoffe mit auffallenden Diagonalen. Bei Stoffen mit Rapport zusätzlich Stoff für den Versatz einrechnen.

Bei changierenden Stoffen, Stoffen mit Strich oder einem Muster mit eindeutiger Richtung die entsprechenden Maßangaben und Auflagepläne verwenden: * mit Strich, ** ohne Strich.
Nähzubehör: Jacke: 3 Knöpfe, Ø 12 mm; Schulterposter, 6 mm dick. Rock/Hosen: Bundeinlage, 32 mm breit; Reißverschluss, 18 cm lang; Haken und Öse.

KÖRPERMASSE

Konfektionsgröße	32	34	36	38	40	42	44	46	48	
Brust	78	80	83	87	92	97	102	107	112	cm
Taille	58	61	63.5	66	71	76	81	86	94	cm
Hüfte	81	84	86	91	96.5	102	107	112	117	cm

Stoffverbrauch		32	34	36	38	40	42	44	46	48	
Jacke	115 cm*/**	1.70	1.70	1.70	1.80	1.80	2.10	2.20	2.20	2.20	m
	150 cm*/**	1.30	1.30	1.30	1.40	1.70	1.70	1.70	1.80	1.80	m
Einlage		110cm leichte Einlage, lose oder aufbügelbar									
Rock A	115 cm*/**	1.6	1.6	1.6	1.6	1.9	1.9	1.9	1.9	2	m
	150 cm*/**	1.2	1.2	1.3	1.3	1.3	1.3	1.4	1.4	1.5	m
Hose B, kurz	115 cm*/**	1.6	1.6	1.6	1.6	1.9	1.9	1.9	1.9	2	m
	150 cm*/**	1.2	1.2	1.3	1.3	1.3	1.3	1.4	1.4	1.5	m
Hose B, lang	115 cm*/**	2.4	2.4	2.4	2.4	2.4	2.4	2.4	2.7	2.7	m
	150 cm*	2	2	2	2	2.1	2.1	2.2	2.3	2.3	m
	150 cm**	1.6	1.6	1.8	2	2	2.1	2.2	2.3	2.3	m

Fertigmaße	32	34	36	38	40	42	44	46	48	
Jacke, Oberweite	92	94.5	97	101	106	111	116	121	126	cm
Jacke, Taillenweite	81	83	86	89.5	94.5	100	105	110	116	cm
Jacke, rückwärtige Länge	73	73.5	74	75	75.5	76	77	77.5	78	cm
Rock A, Länge	61	61	61	63	63	63	65	65	65	cm
Hose B, kurz, Weite	71	73.5	76	81	86.5	94	99	104	109	cm
Hose B, kurz, seitliche Länge	49.5	50	51	51.5	52	52.5	53.5	54	54.5	cm
Hose B, lang, Weite	53.5	53.5	56	56	58.5	58.5	61	61	63.5	cm
Hose B, lang, seitliche Länge	103	103	103	103	103	103	103	103	103	cm

Zeichnung der enthaltenen Modelle in Vorder- und Rückansicht mit Positionen von Abnähern und Reißverschlüssen

Tabelle mit Maßangaben der fertigen Modelle (nach Konfektionsgrößen)

Tabelle des Stoffverbrauchs für die einzelnen Modelle (nach Konfektionsgrößen)

EINGRÖSSENSCHNITTE

Bei manchen Schnittmustern ist das Modell nur in einer Größe auf dem Bogen aufgedruckt. Schneiden Sie die Papierteile entlang der dicken, schwarzen Linie aus, ehe Sie Änderungen vornehmen.

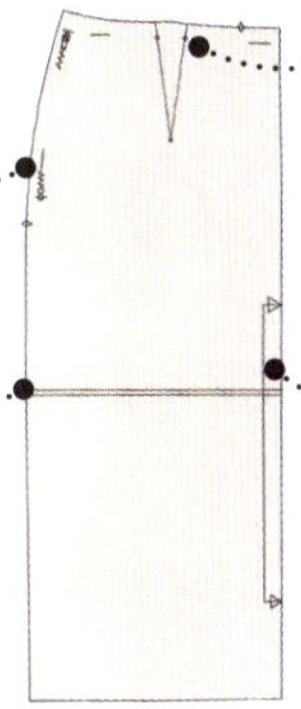

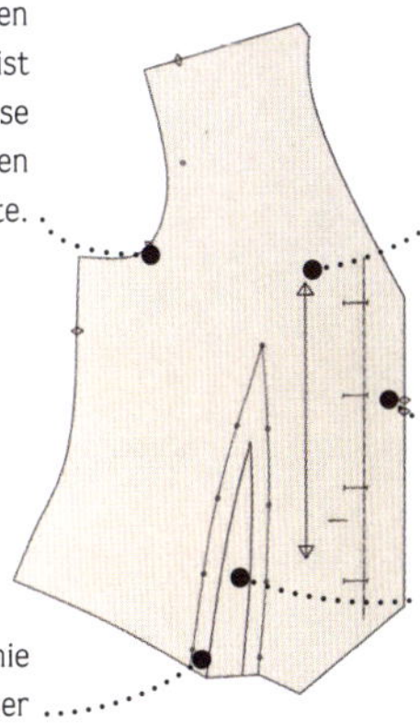

MEHRGRÖSSENSCHNITTE

Auf den meisten Schnittmusterbogen sind die Umrisslinien für mehrere Modellgrößen aufgedruckt. Die Linien sind oft verschieden gestaltet und zusätzlich beschriftet.

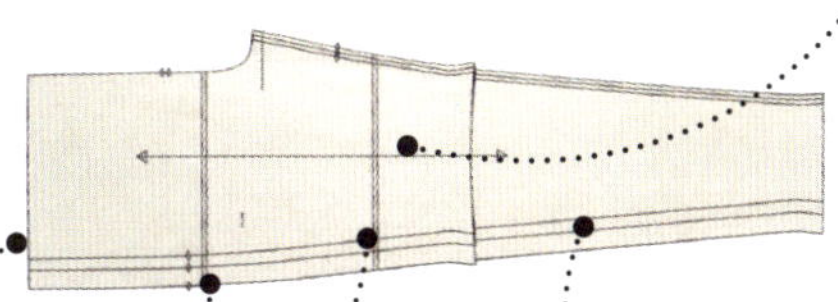

MARKIERUNGSZEICHEN

Verschiedene Symbole auf den Schnittmusterbogen geben Ihnen zusätzliche Informationen, etwa für Änderungen oder zum korrekten Zusammenfügen. Die meisten Schnittmuster arbeiten mit denselben Symbolen.

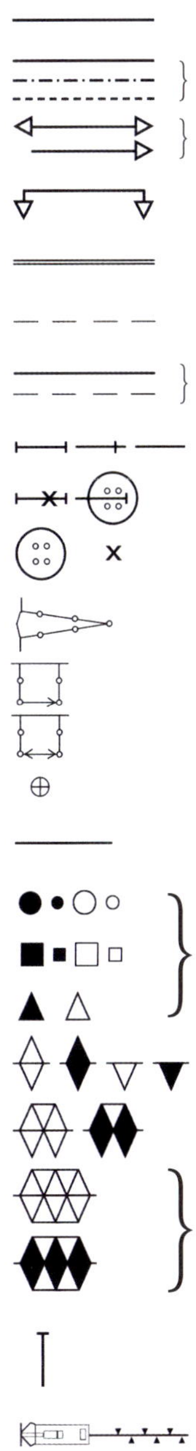

RICHTIG MASS NEHMEN

Um Ihre Konfektionsgröße zu ermitteln und Änderungen an Schnitten vorzunehmen, müssen Sie Ihre Körpermaße kennen. In der Regel wählt man Schnittmuster anhand der Brust- oder Hüftweite aus: Für Oberteile ist die Brustweite maßgeblich, für Röcke und Hosen die Hüftweite. Bei einem Schnittmuster für ein Kleid orientieren Sie sich an dem Maß, das der höheren Konfektionsgröße entspricht.

VORBEREITUNG ZUM MASSNEHMEN

1 Lassen Sie sich beim Maßnehmen unbedingt von einer zweiten Person helfen. Sie brauchen ein Maßband, ein Lineal und einen einfachen Stuhl oder Hocker.

2 Tragen Sie gut sitzende Unterwäsche, besonders wichtig ist ein gut sitzender BH.

3 Binden Sie ein Gummiband oder ein anderes elastisches Band eng um Ihre Taille. Das Gummiband hilft Ihnen, die schmalste Stelle Ihrer Taille zu finden.

4 Tragen Sie keine Schuhe beim Maßnehmen.

DIE KÖRPERGRÖSSE ERMITTELN

Die meisten Schnittmuster sind für Frauen mit einer Körpergröße von 165 bis 168 cm entworfen. Wenn Sie größer oder kleiner sind, müssen Sie vor dem Zuschneiden des Stoffs das Schnittmuster entsprechend ändern.

1 Ziehen Sie die Schuhe aus.

2 Stellen Sie sich aufrecht mit dem Rücken gegen eine Wand.

3 Legen Sie ein Lineal flach auf Ihren Kopf, sodass es an die Wand stößt. Zeichnen Sie dort einen Punkt an.

4 Messen Sie nun den Abstand vom Boden bis zum angezeichneten Punkt.

OBERBRUST

Legen Sie das Maßband direkt unter den Armen oberhalb der Brust an und führen Sie es gerade über den Rücken.

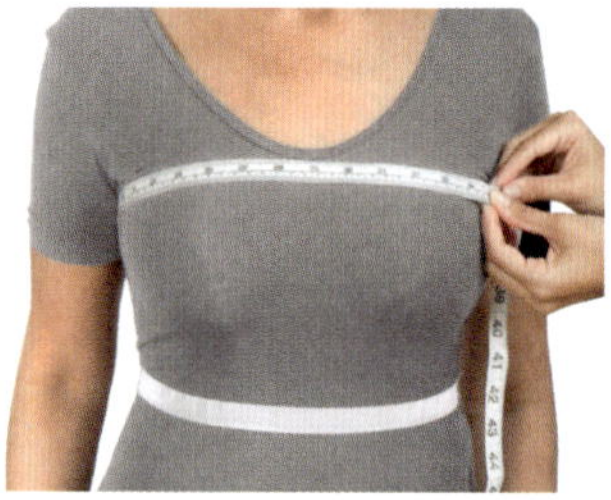

BRUST

Achten Sie darauf, einen gut sitzenden BH zu tragen, und messen Sie an der stärksten Stelle der Brust. Wenn Ihre Körbchengröße mehr als B beträgt, müssen Sie eventuell das Schnittmuster ändern. Einige Modelle sind jedoch so konstruiert, dass sie auch bei stärkerer Brust gut sitzen.

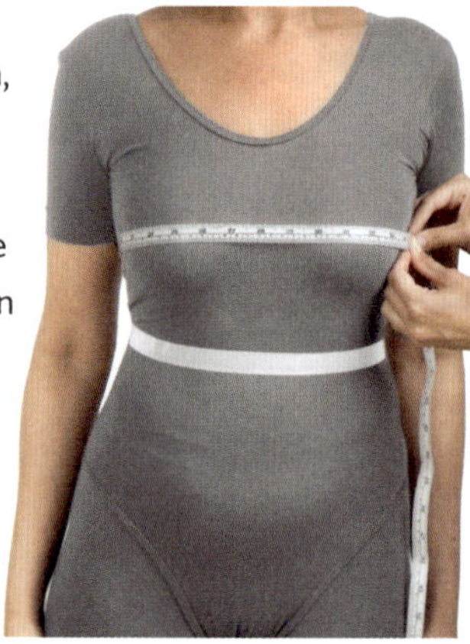

TAILLE

Legen Sie ein Band um Ihre Körpermitte, ziehen Sie es etwas strammer und »ruckeln« Sie es auf und ab. Wenn es nicht mehr verrutscht, sitzt es genau auf Ihrer Taille. Nehmen Sie Maß.

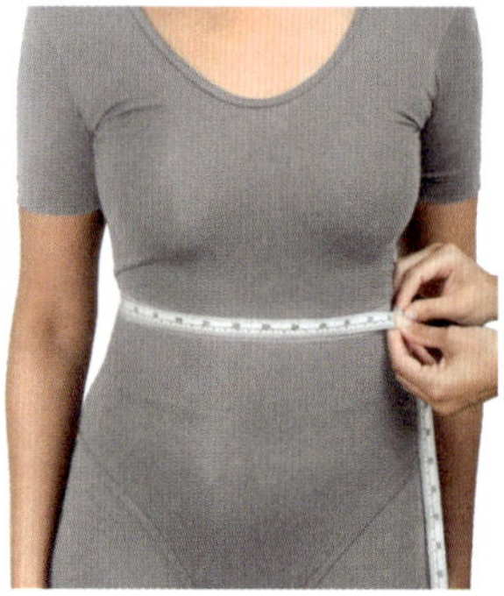

HÜFTEN

Messen Sie an der breitesten Stelle Ihres Beckens zwischen Taille und Beinansatz.

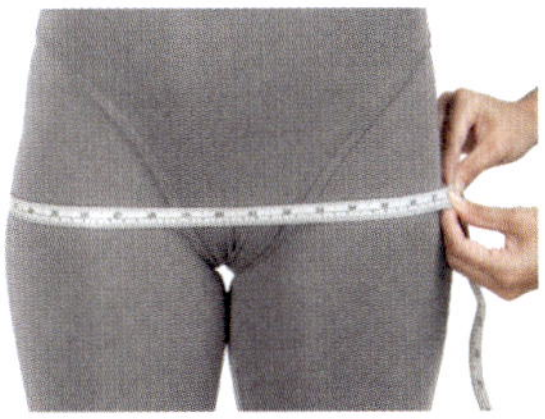

OBERE HÜFTE

Messen Sie unterhalb der Taille und knapp über den Hüftknochen über dem Bauch.

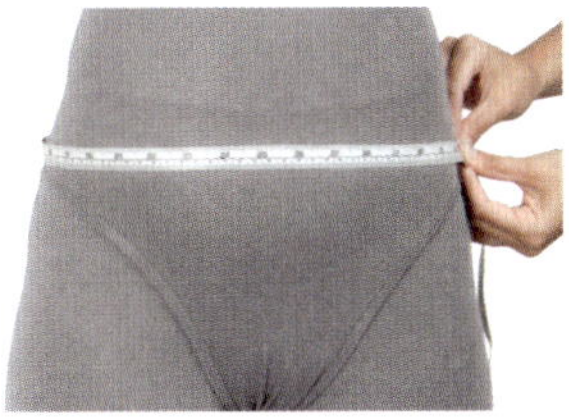

SCHULTER

Legen Sie ein Ende des Maßbandes am Halsansatz an (dort, wo eine Kette aufliegen würde) und messen Sie von hier bis zur äußeren Schulterrundung. Um diese zu finden, heben Sie Ihren Arm leicht an.

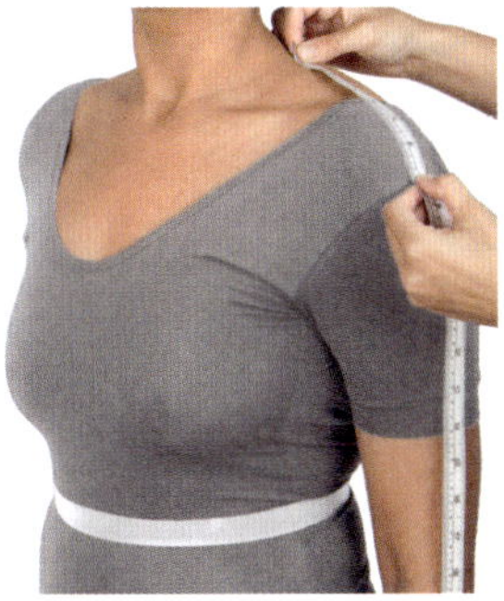

HALS

Um die Kragenweite zu ermitteln, legen Sie das Maßband um den Hals – nicht zu eng!

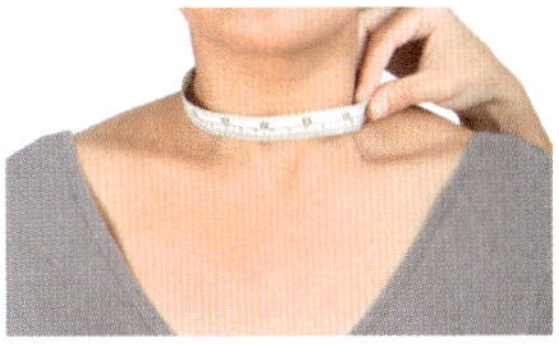

ARM

Beugen Sie den Arm und legen Sie die Hand auf Ihre Hüfte. Dann wird von der Schulterkugel über den Ellbogen bis hinunter zum Handgelenk gemessen.

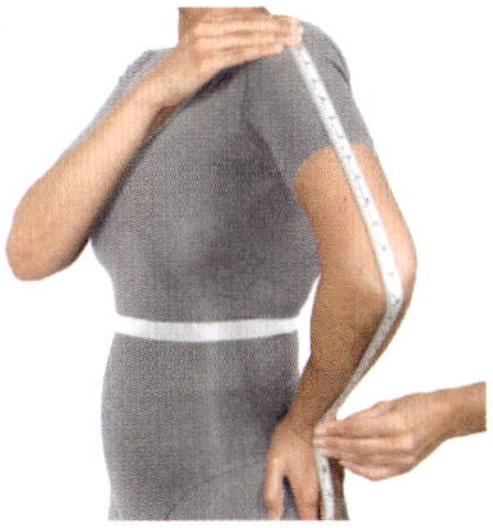

RÜCKENLÄNGE

Messen Sie die Länge vom untersten Halswirbel entlang der Wirbelsäule bis hinunter zum Taillenband.

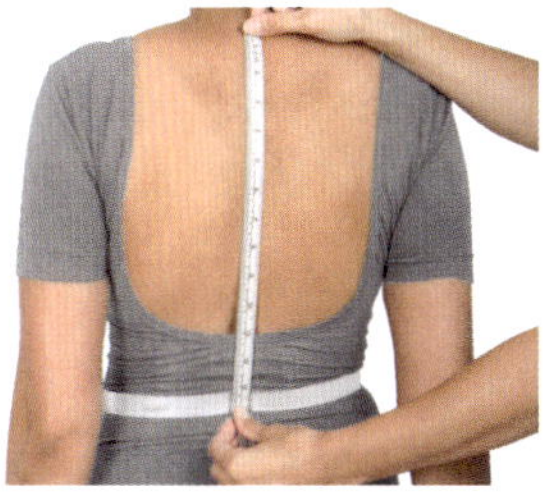

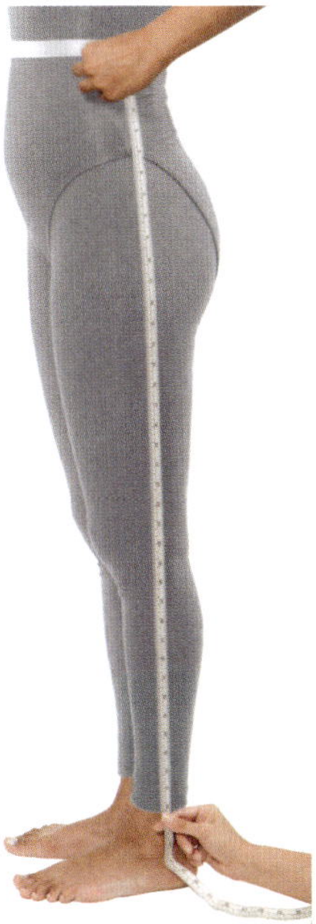

ÄUSSERE BEINLÄNGE

Messen Sie vom Taillenband über die Hüfte gerade abwärts bis hinunter zum Fußknöchel.

INNERE BEINLÄNGE

Messen Sie vom Schritt auf der Innenseite des Beins gerade abwärts bis zum Knöchel.

LEIBHÖHE

Setzen Sie sich aufrecht auf einen harten Hocker und messen Sie vom Taillenband senkrecht abwärts bis zur Sitzfläche.

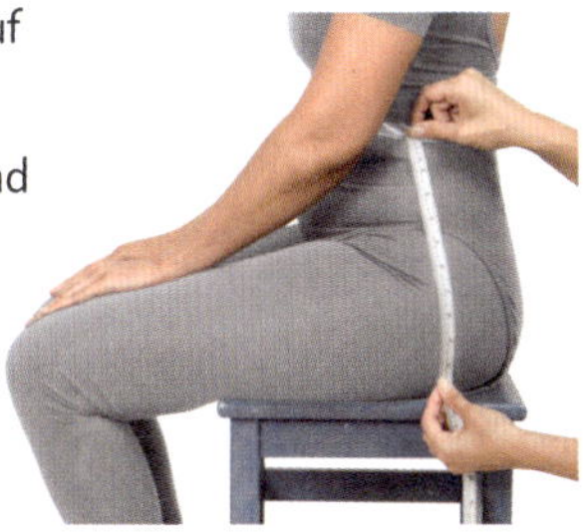

ZUSCHNEIDEN

Das Gelingen eines Modells steht und fällt mit dem richtigen Zuschnitt. Sehen Sie sich schon im Geschäft den Stoff genau an. Achten Sie auf Web- oder Musterfehler und darauf, ob er rechtwinklig zur Webkante vom Ballen abgeschnitten wurde. Ist er schief, müssen Sie ihn zuerst begradigen. Ist er faltig, dann bügeln. Waschbare Stoffe waschen Sie vor dem Zuschnitt, damit sie später nicht mehr einlaufen. Anschließend können Sie die Schnittmusterteile auflegen, feststecken und zuschneiden.

FADENLAUF UND STRICH

Es ist sehr wichtig, alle Teile im richtigen Fadenlauf zuzuschneiden, denn nur so fällt der Stoff schön und das Modell hält lange. Als Fadenlauf bezeichnet man die Richtung, in der die Kettfäden und die Webkanten verlaufen. Viele Schnittmusterteile werden so aufgelegt, dass der lange Pfeil, der den Fadenlauf markiert, parallel zur Webkante liegt. Stoffe mit Flor haben eine »Strichrichtung« und changieren farblich, je nachdem, ob man sie mit dem Strich oder gegen den Strich sieht. Auch Muster und Streifen können eine erkennbare Richtung aufweisen, die beim Zuschnitt beachtet werden muss.

FADENLAUF BEI GEWEBTEN STOFFEN

Die Webkante ist die feste, nicht ausfransende Kante des Stoffballens. Sie verläuft in Richtung der Kettfäden.

Die in Längsrichtung verlaufenden Kettfäden sind meist stabiler als die Schussfäden und weniger dehnbar.

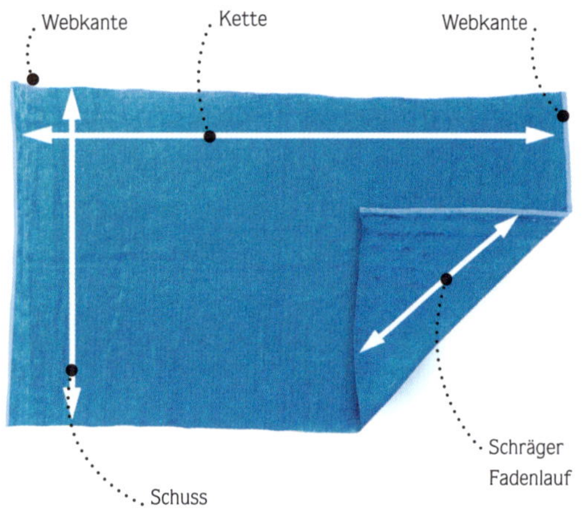

Schussfäden verlaufen quer zu den Kettfäden, über und unter diesen.

Der »schräge Fadenlauf« liegt im Winkel von 45 Grad zu Schuss- und Kettfäden. Im schrägen Fadenlauf zugeschnittene Kleidungsstücke schmiegen sich an den Körper.

FADENLAUF BEI GESTRICKTEN STOFFEN

Auch Strickstoffe haben einen Fadenlauf. Manche sind nur in einer Richtung elastisch, andere in beiden. Modelle aus Strickstoff werden oft in der Richtung der größeren Dehnbarkeit zugeschnitten.

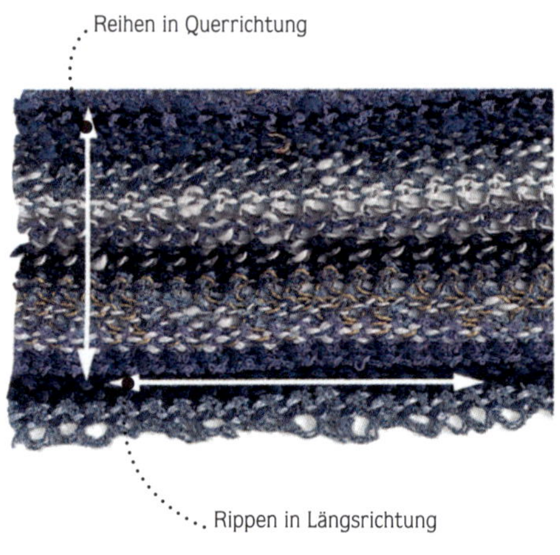

STOFFE MIT STRICH

Die Farben von Samt (Bild), Cord und Velours wirken »mit dem Strich« anders als »gegen den Strich«.

MUSTER MIT LAUFRICHTUNG

Bei solchen Mustern müssen alle Teile in derselben Richtung zugeschnitten werden, damit das Muster nicht auf dem Kopf steht.

STREIFEN-RAPPORT

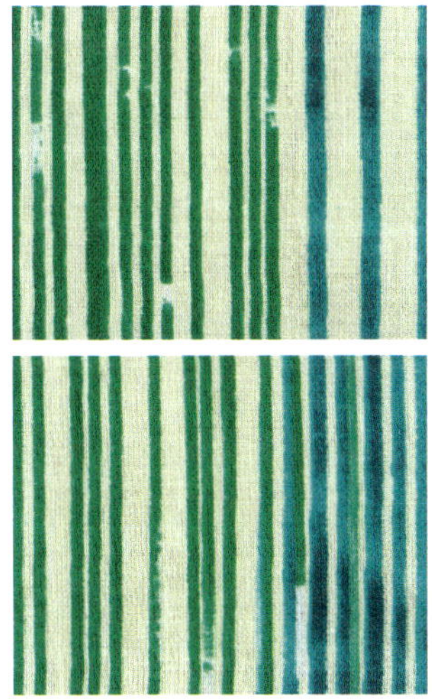

Auch Streifen, die keinen regelmäßigen oder symmetrischen Rapport aufweisen, müssen in einheitlicher Richtung zugeschnitten werden.

VORBEREITUNG DES SCHNITTMUSTERS

Legen Sie alle Schnittmusterteile bereit, die Sie für Ihr Modell brauchen. Achten Sie auf besondere Zuschnittanweisungen und auf die Angaben des Herstellers zu Nahtzugaben. Nehmen Sie falls nötig Änderungen an den Schnittmustern vor, ehe Sie die Stoffteile in Ihrer Größe zuschneiden.

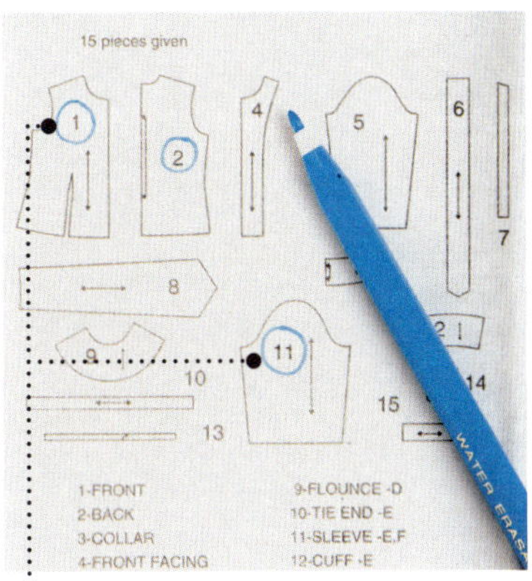

1 Markieren Sie alle Teile, die Sie brauchen, deutlich auf der Schnittübersicht.

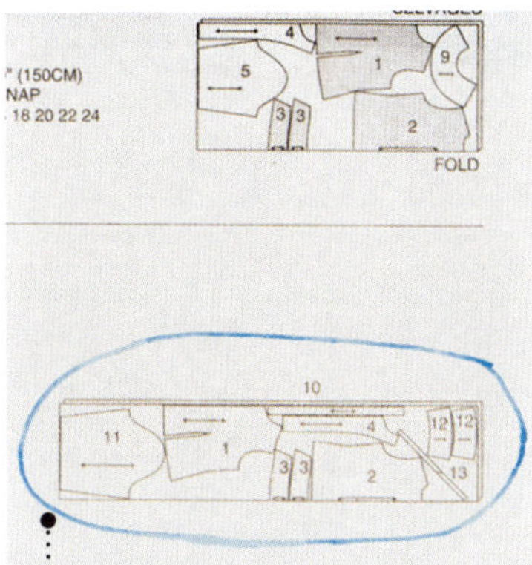

2 Auf dem Anleitungsbogen gibt es Auflagepläne für unterschiedliche Stoffbreiten und Stoffe mit und ohne Strich. Markieren Sie den Plan, den Sie verwenden wollen.

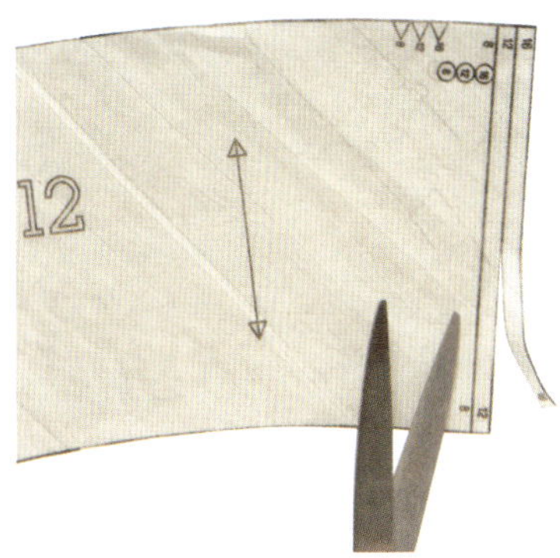

3 Achten Sie bei Mehrgrößenschnitten darauf, alle Teile in der richtigen Größe auszuschneiden.

DER SCHNITTAUFLAGEPLAN

Stoff wird meist Webkante auf Webkante gefaltet. Darauf stecken Sie dann die Schnittmuster, sodass Sie jeweils rechte und linke Teile in einem Arbeitsgang zuschneiden. Wenn Sie aus einlagigem Stoff zuschneiden, dann denken Sie daran, gegengleiche Teile zuzuschneiden. Gemusterte Stoffe sollten Sie mit der rechten Stoffseite nach außen legen, damit Sie die Teile vorteilhaft auf dem Muster anordnen können. Sind rechte und linke Schnittmusterteile vorhanden, legen Sie Stoff und Schnittmuster mit der rechten Seite nach oben.

DEN PAPIERSCHNITT AUFSTECKEN

1 Das Symbol »Stoffbruch« zeigt an, dass diese Kante des Schnittmusterteils an der gefalteten Stoffkante angelegt und festgesteckt wird.

2 Bei anderen Schnittmusterteilen achten Sie darauf, dass der gerade, lange Pfeil (markiert den Fadenlauf) parallel zu den Webkanten verläuft. Ein Ende des Pfeils feststecken.

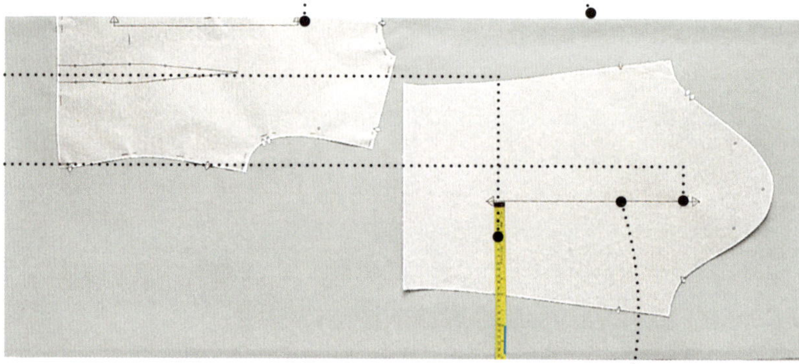

3 Vom festgesteckten Pfeilende zur Webkante messen.

4 Auch vom anderen Pfeilende zur Webkante messen.

5 Den Papierschnitt verschieben, bis das zweite Pfeilende denselben Abstand zur Webkante hat wie das erste. Dann auch diesen feststecken.

6 Anschließend den Papierschnitt ringsherum an den Kanten auf dem Stoff feststecken.

GRUNDREGELN ZUM AUFLEGEN DES SCHNITTES

Auf einfach gelegtem Stoff

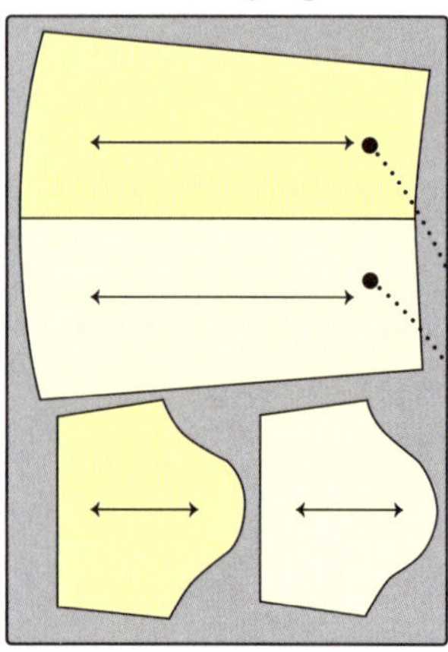

Bei der Arbeit mit einfach gelegtem Stoff schneiden Sie alle Teile zu, dann drehen Sie sie um und schneiden sie nochmals zu.

Rechte Schnittmusterseite

Linke Schnittmusterseite

Die Papierschnitte mit der bedruckten Seite nach oben auf den Stoff legen.

Bei der Arbeit mit doppelt gelegtem Stoff erhalten Sie zwei Zuschnitte pro Schnittmusterteil oder vier, wenn Sie es zweimal zuschneiden. Einige Teile müssen am Stoffbruch angelegt werden, wodurch die Zuschnitte die doppelte Breite erhalten.

Auf doppelt gelegtem Stoff

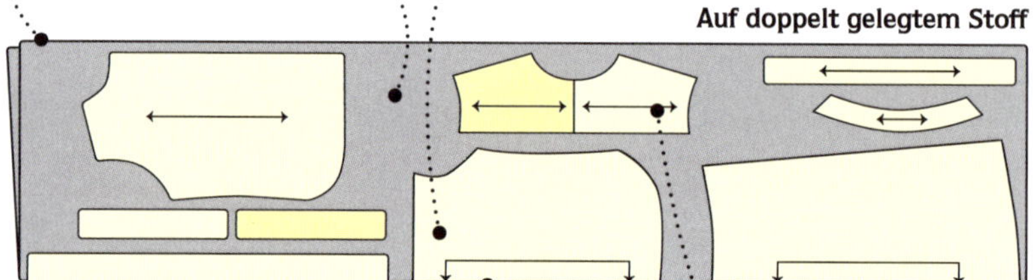

SCHNITTAUFLAGEPLAN FÜR STOFFE MIT STRICH ODER MUSTER-LAUFRICHTUNG

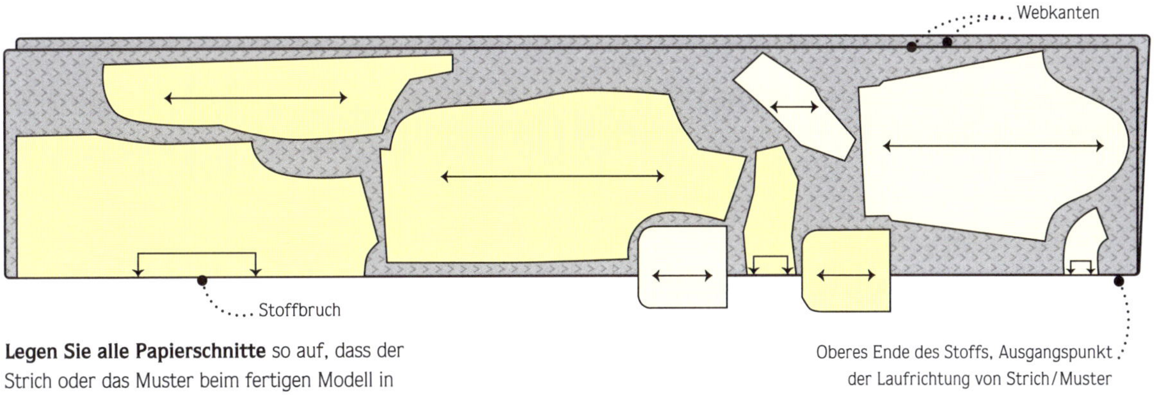

Legen Sie alle Papierschnitte so auf, dass der Strich oder das Muster beim fertigen Modell in einer einheitlichen Richtung verlaufen.

QUER LIEGENDER STOFFBRUCH

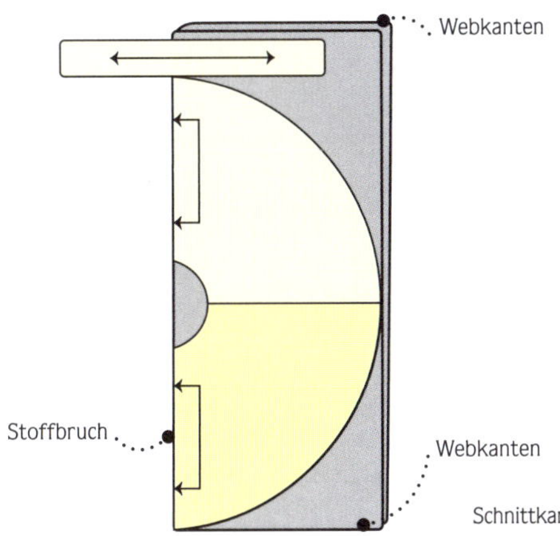

Für sehr große Schnittmusterteile ist es manchmal nötig, den Stoff quer zum Fadenlauf doppelt zu legen.

QUER LIEGENDER STOFFBRUCH UND STRICH

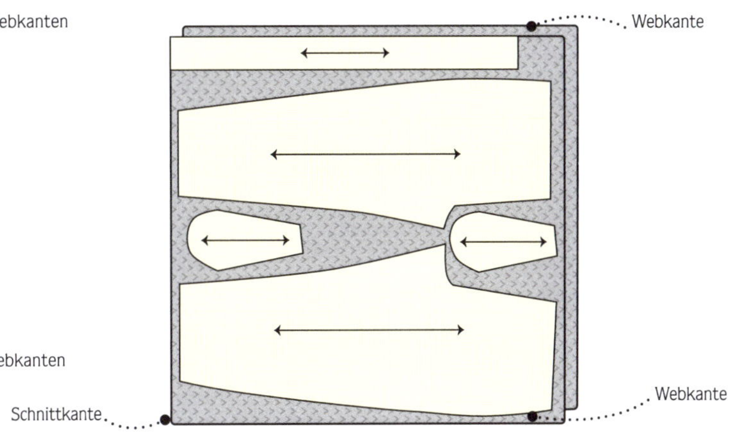

Wenn ein Stoff mit Strich im quer liegenden Stoffbruch zugeschnitten werden soll, falten Sie den Stoff links auf links zur Hälfte und schneiden ihn in zwei Teile. Drehen Sie die obere Stofflage um, sodass bei beiden der Strich (oder das Muster) in derselben Richtung verläuft. Zum Zuschneiden die beiden Stoffstücke links auf links aufeinanderlegen.

ASYMMETRISCHER STOFFBRUCH

Der Stoffbruch muss nicht unbedingt in der Mitte des Stoffs liegen. Verschiebt man ihn zur Seite, kann man einige Teile im Stoffbruch und andere aus einfach liegendem Stoff zuschneiden.

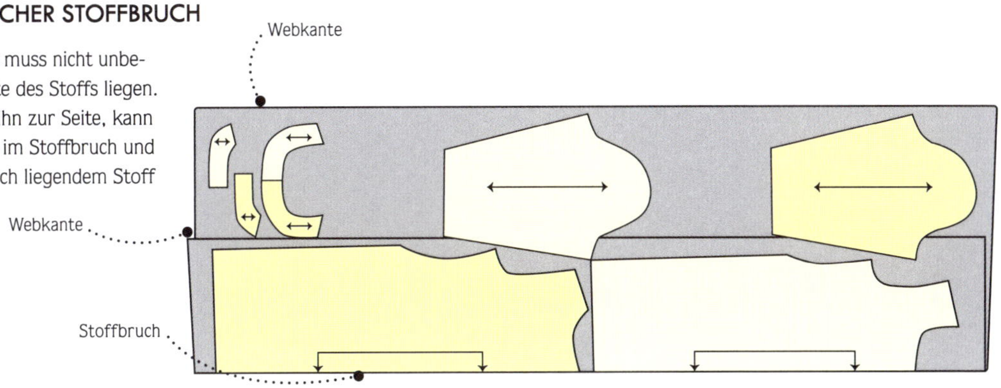

STREIFEN UND KAROS

Auf gestreifte und karierte Stoffe müssen die Papierschnitte mit Bedacht aufgelegt werden. Die Auflagerichtung bestimmt beispielsweise, ob Karos und Streifen auf dem fertigen Kleidungsstück längs oder quer laufen. Achten Sie außerdem darauf, dass die Muster an den Nähten sauber zusammenpassen. Bei Längsstreifen sollte möglichst einer durch die Mitte jedes Teils verlaufen. Auf Karostoffen richten Sie die Saumlinien einheitlich am Muster aus.

REGELMÄSSIGE STREIFEN

Faltet man eine Ecke des Stoffs diagonal um, treffen die Streifen an der Faltlinie aufeinander.

UNREGELMÄSSIGE STREIFEN

Faltet man eine Ecke des Stoffs diagonal um, treffen die Streifen an der Faltlinie nicht aufeinander.

REGELMÄSSIGE KAROS

Faltet man eine Ecke des Stoffs diagonal um, ergibt sich auf beiden Seiten der Faltlinie ein symmetrisches Bild.

UNREGELMÄSSIGE KAROS

Faltet man eine Ecke des Stoffs diagonal um, ergibt sich kein symmetrisches Bild auf beiden Seiten der Faltlinie.

SYMMETRISCHE KAROS IM STOFFBRUCH

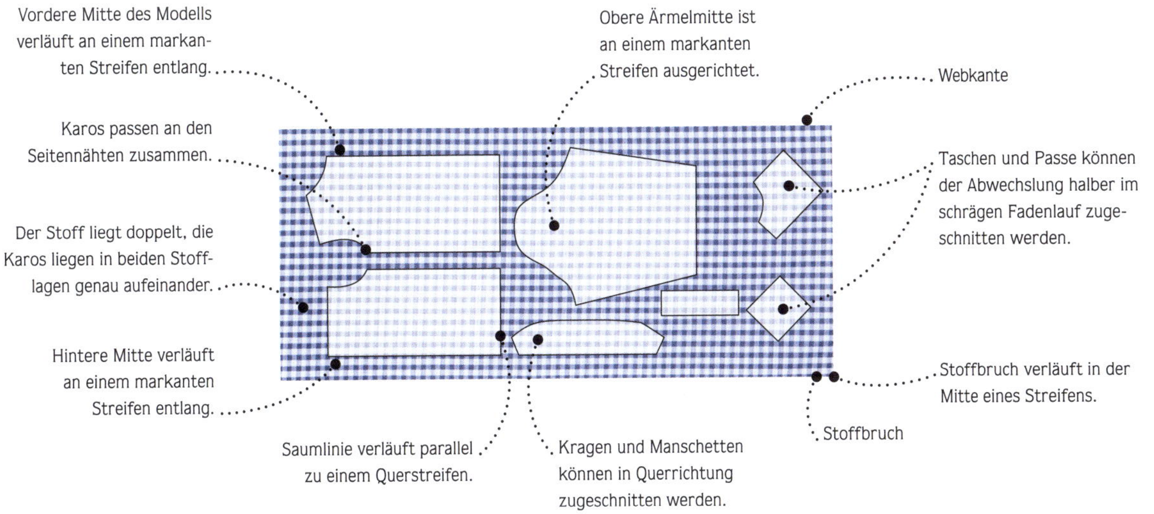

GLEICHMÄSSIGE STREIFEN IM STOFFBRUCH

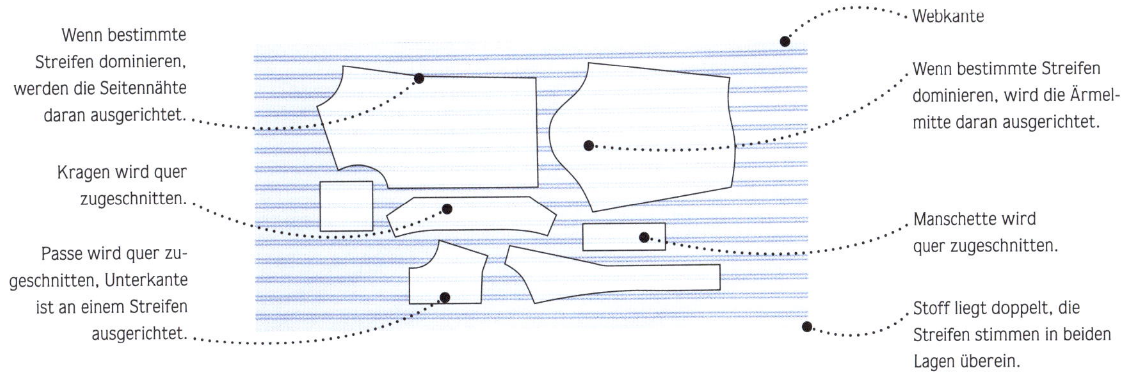

UNREGELMÄSSIGE STREIFEN ODER KAROS AUF EINFACH LIEGENDEM STOFF

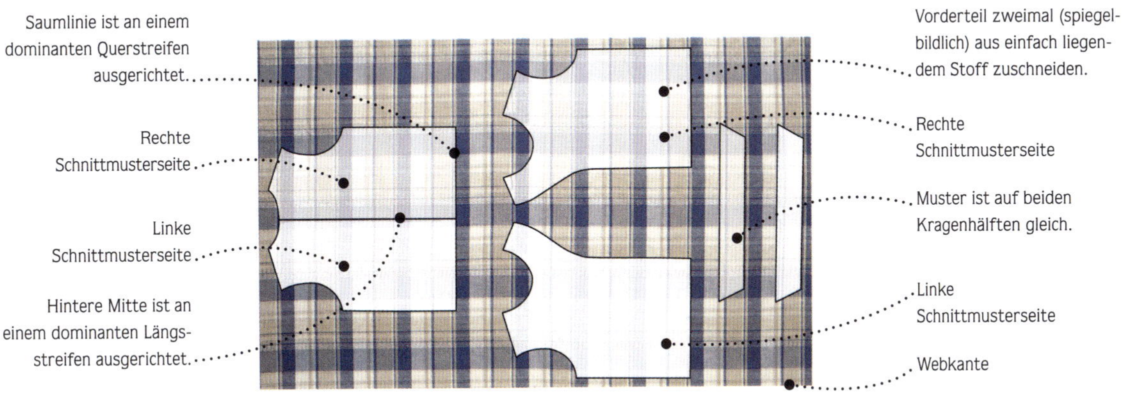

KAROS UND STREIFEN AN EINEM ROCK

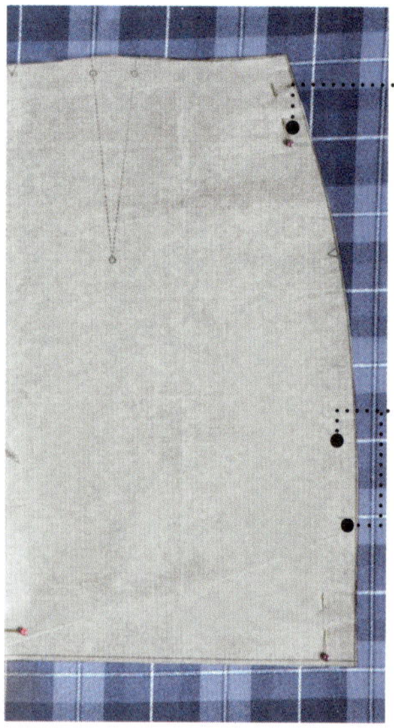

1 Stecken Sie einen Papierschnitt auf den Stoff.

2 Auf dem Papier die Position eines auffälligen Musterelements anzeichnen.

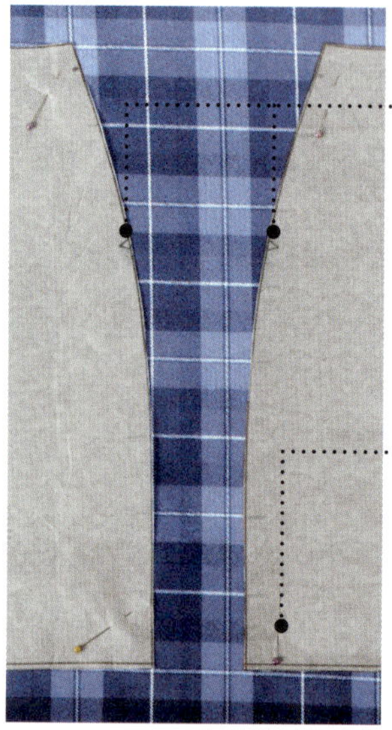

3 Den zweiten Papierschnitt danebenlegen, Seitennähte parallel und Knipse gegenüber ausrichten. Die Mustermarkierung übertragen.

4 Den zweiten Papierschnitt nun so verschieben, dass er an ein gleiches Musterelement trifft. Dort feststecken.

STREIFEN ODER KAROS AN DER SCHULTER

1 Markante Musterelemente am Armausschnitt des Papierschnitts für das Vorderteil anzeichnen.

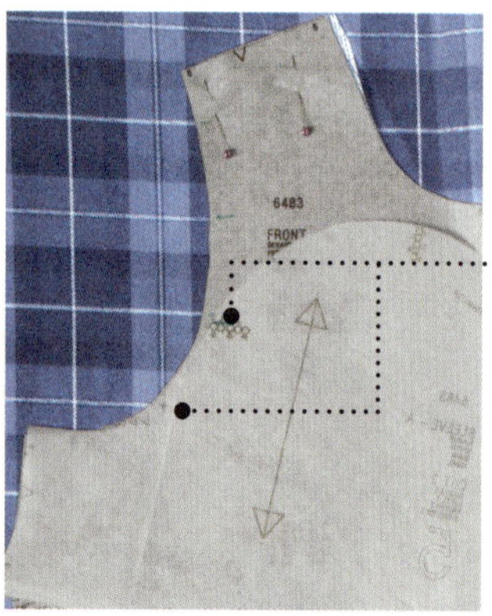

2 Den Ärmel-Papierschnitt auflegen, die Knipse ausrichten und die Markierung übertragen.

3 Den Ärmel-Papierschnitt auf den Stoff legen und die Markierungen an entsprechenden Musterelementen ausrichten. Feststecken.

AKKURAT ZUSCHNEIDEN

Zeichnen Sie vor dem Zuschneiden falls nötig die Nahtzugabe mit Maßband und Schneiderkreide an (Herstellerangaben beachten). Schneiden Sie auf einer großen, ebenen Fläche zu, etwa auf einem Tisch. Arbeiten Sie mit einer scharfen Schere: an geraden Kanten mit langen, fließenden Schnitten, an Rundungen mit kürzeren. Bei allzu kurzen Schnitten werden die Kanten zackig.

RICHTIG ZUSCHNEIDEN

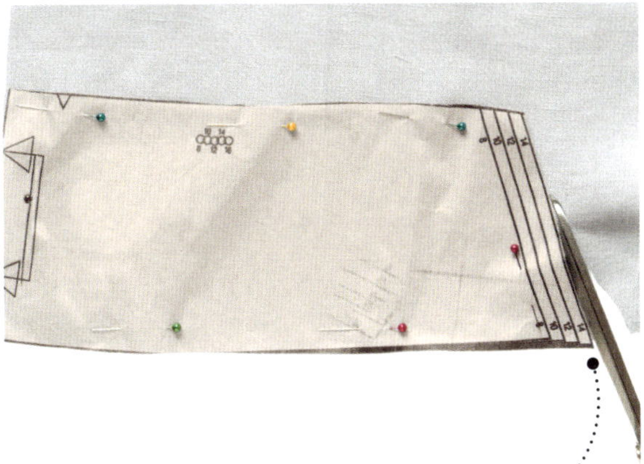

Rechtshänder legen die linke Hand auf Schnittmuster und Stoff. Dann mit glatten Schnitten schneiden, dabei die Klingen der Schere rechtwinklig zum Stoff halten.

PUNKTMARKIERUNGEN

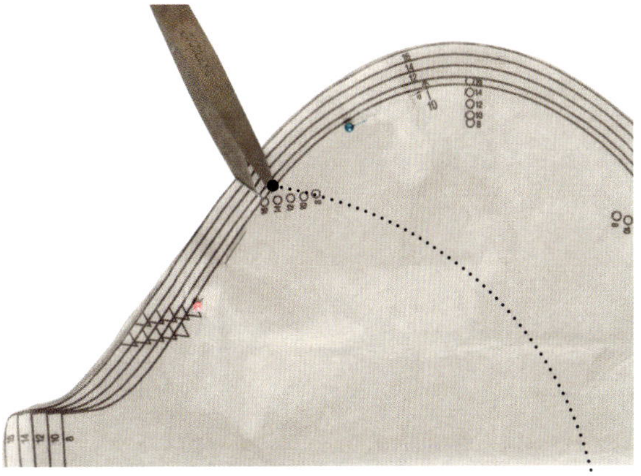

Um an einem Ärmel die Mitte der Armkugel zu kennzeichnen, können Sie die Nahtzugabe leicht einschneiden oder den Punkt mit einem andersfarbigen Heftfaden markieren (siehe S. 78).

KNIPSE

Übertragen Sie diese Zeichen auf den Stoff, sie markieren Ansatzstellen. Am einfachsten ist es, hier die Nahtzugabe etwas zu verbreitern und dann, bei mehrfachen Knipsen, kleine Ecken aus dem Überstand herauszuschneiden.

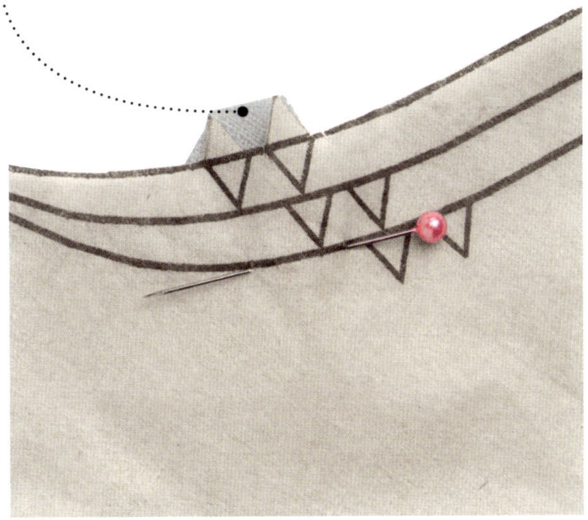

EINSCHNITTE

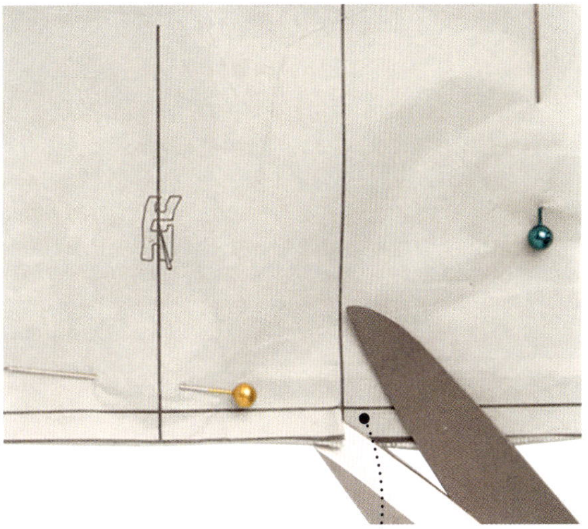

Markierungen für Umbrüche, vordere Mitte und andere Linien werden mit einem kleinen Einschnitt in der Nahtzugabe gekennzeichnet.

MARKIERUNGEN ÜBERTRAGEN

Wenn alle Teile zugeschnitten sind, müssen die verschiedenen Markierungen von den Papierschnitten übertragen werden. Es gibt verschiedene Methoden. Kreise und Punkte zeichnet man am besten mit Heftstichen oder einem auswaschbaren/selbst verblassenden Stift an (auf einem Stoffrest ausprobieren). Linien kann man mit Heftstichen oder Schneider-Kopierpapier und Kopierrädchen übertragen.

MARKIERUNGSFÄDEN

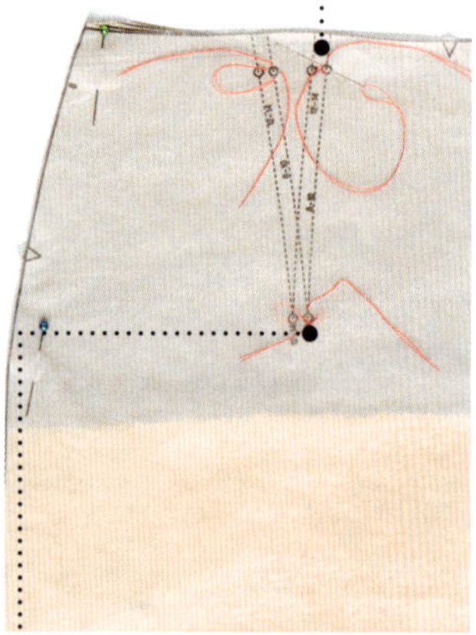

1 Weil oft Punkte in verschiedenen Größen berücksichtigt werden müssen, nehmen Sie für jede Punktgröße einen Faden in einer anderen Farbe. Das erleichtert es, zusammengehörige Punkte zu finden. Einen doppelten Faden einfädeln und nicht verknoten. Von rechts nach links einen Stich durch den Punkt (durch Papierschnitt und Stoff) nähen. Das Fadenende lang hängen lassen.

2 Nochmals durch den Punkt stechen, aber von oben nach unten. Die Schlaufe durchschneiden. Das Fadenende nicht zu kurz abschneiden.

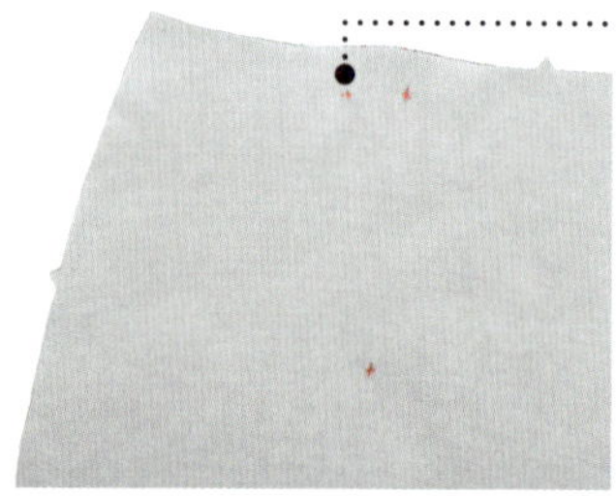

3 Den Papierschnitt vorsichtig abnehmen. Auf der Oberseite hängen vier Fadenenden, die den Punkt markieren. Drehen Sie den Stoff um, Sie sehen auf der anderen Seite ein X.

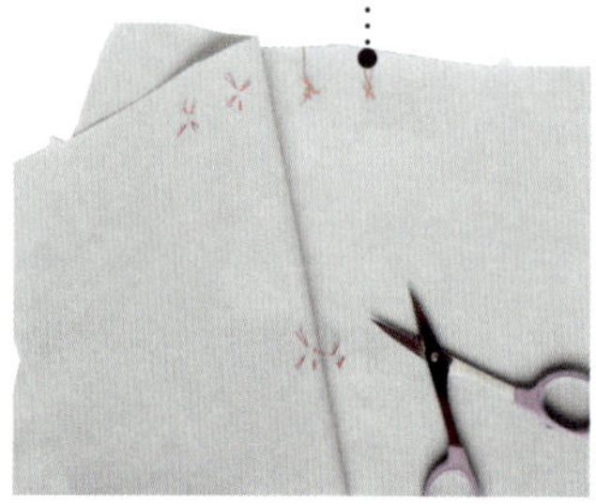

4 Die beiden Stofflagen vorsichtig auseinanderziehen und die Fäden zwischen ihnen so durchschneiden, dass in jeder Stofflage Fadenenden zurückbleiben.

KOPIERRÄDCHEN UND KOPIERPAPIER

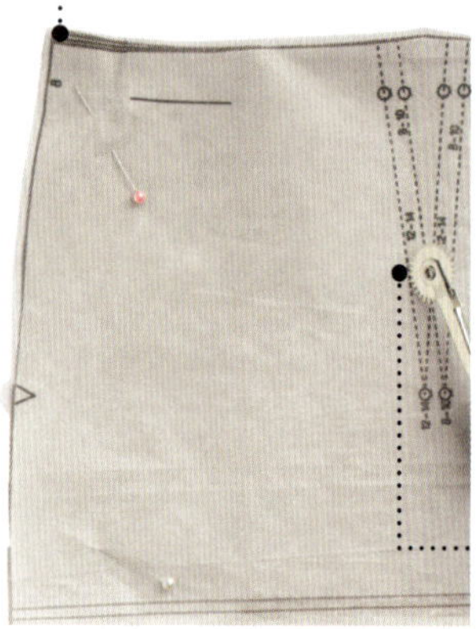

1 Diese Methode eignet sich nicht für alle Stoffe, weil die Markierungen manchmal schwierig zu entfernen sind. Schneider-Kopierpapier wird mit der beschichteten Seite auf die linke Stoffseite gelegt.

2 Die Markierungslinien auf dem Papierschnitt mit dem Kopierrädchen nachfahren. Bei geraden Linien ein Lineal zu Hilfe nehmen.

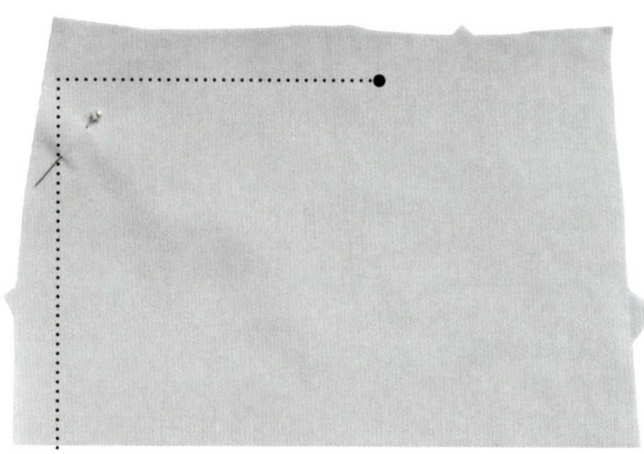

3 Das Kopierpapier abnehmen und vorsichtig den Papierschnitt entfernen. Auf dem Stoff sind nun punktierte Linien zu sehen.

TEXTILSTIFTE

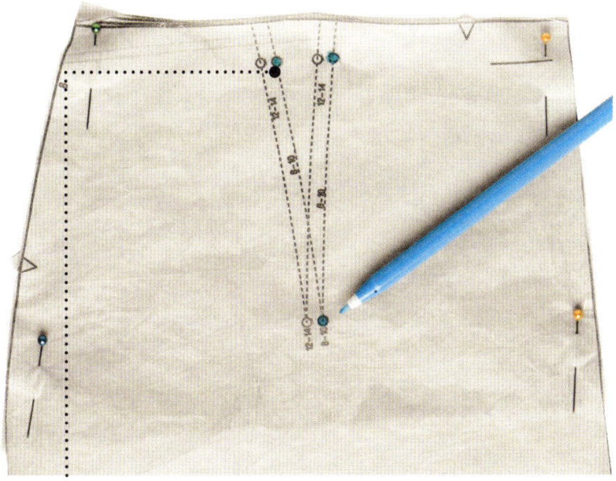

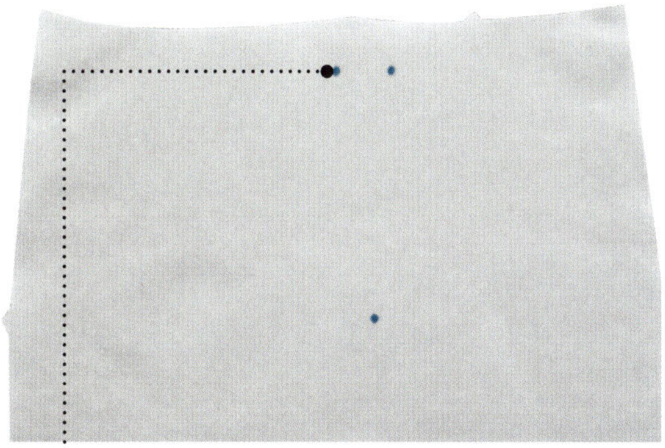

1 Diese Methode eignet sich nur für einfach liegenden Stoff. Die Stiftspitze fest durch die Mitte des Punkts auf dem Papierschnitt drücken.

2 Den Papierschnitt abnehmen. Die Punkte sind auf dem Stoff zu sehen. Nicht bügeln, bevor die Markierungen entfernt sind, weil manche Stifte durch Bügeln dauerhaft fixiert werden.

FORTLAUFENDE MARKIERUNGSFÄDEN

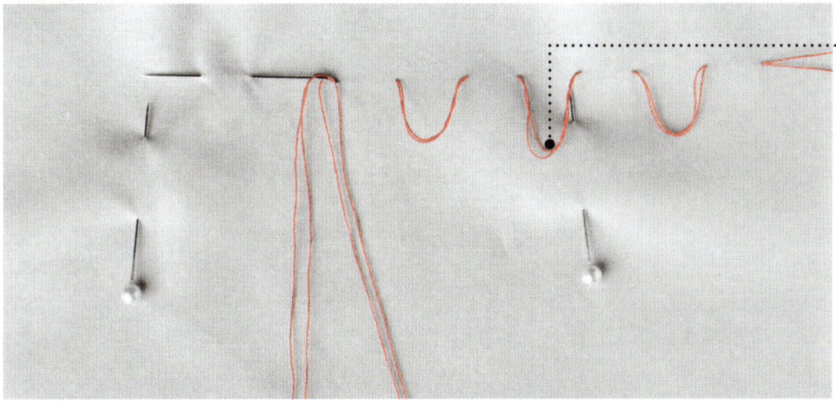

1 Geignet zum Markieren von vorderer Mitte, Umbrüchen oder Positionslinien. Mit doppeltem Faden eine Reihe sehr lockerer Vorstiche auf der gewünschten Linie durch beide Stofflagen und gegebenenfalls den Papierschnitt heften.

2 Die Stiche durchschneiden, gegebenenfalls den Papierschnitt abnehmen und behutsam die Stofflagen auseinanderziehen, sodass die Heftfäden sichtbar werden. Die Fäden zwischen den Stofflagen durchschneiden – es bleiben in beiden Stofflagen Fadenstücke zurück.

KRÄUSELUNGEN, FALTEN & ABNÄHER

KRÄUSELUNGEN

Kräuselungen sind eine unkomplizierte Methode, um Stoffweite einzuhalten. An Kleidungsstücken verwendet man sie oft in der Taille oder im Halsbereich. Kräuselfäden werden eingezogen, nachdem die Hauptnähte geschlossen sind. Am besten näht man sie mit der Maschine mit einem sehr lang eingestellten Geradstich. Bei den meisten Stoffen empfiehlt es sich, zwei parallele Kräuselreihen zu nähen, bei dicken Stoffen sind drei Reihen sinnvoll. Die Stiche der Kräuselreihen sollten genau untereinander liegen.

ÜBERSICHT

KRÄUSELUNG **(S. 82/83)**

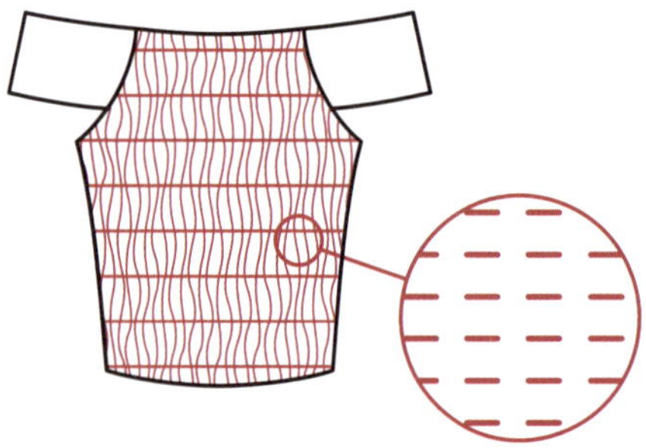

MEHRFACHKRÄUSELUNG **(S. 84)**

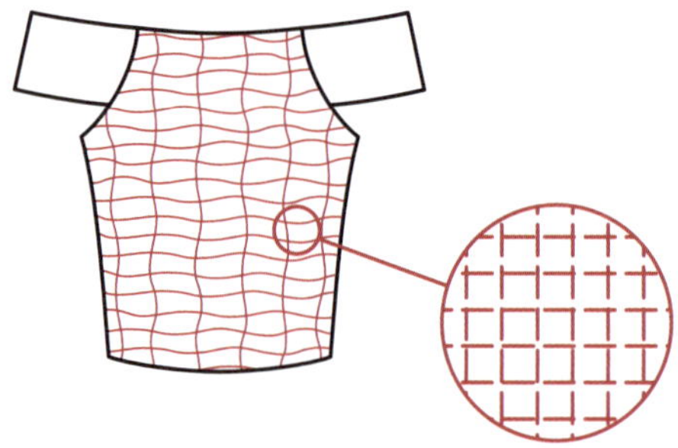

WAFFELKRÄUSELUNG **(S. 84)**

KRÄUSELUNGEN UND GEKRÄUSELTE KANTEN ANPASSEN

Nachdem die Hauptnähte geschlossen sind, nähen Sie zwei Kräuselreihen innerhalb der Nahtzugabe. Auf diese Weise müssen Sie die Fäden nach dem Kräuseln nicht entfernen und vermeiden zudem Beschädigungen des Stoffs.

1 Eine Kräuselreihe 1 cm unterhalb der Stoffkante nähen, die zweite 2 mm daneben. Die Kräuselreihen an quer verlaufenden Nähten unterbrechen. Die Fadenenden lang hängen lassen.

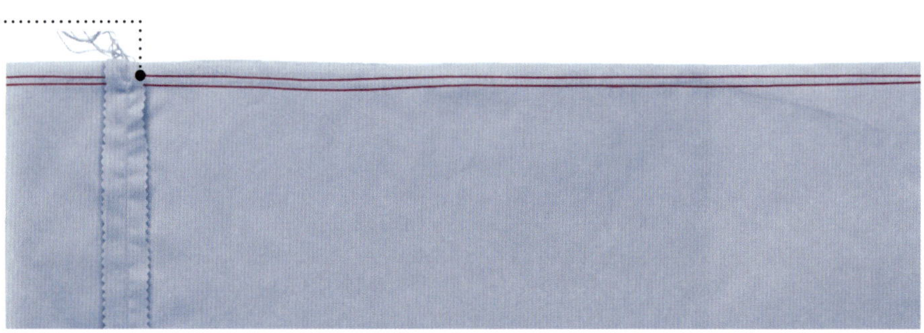

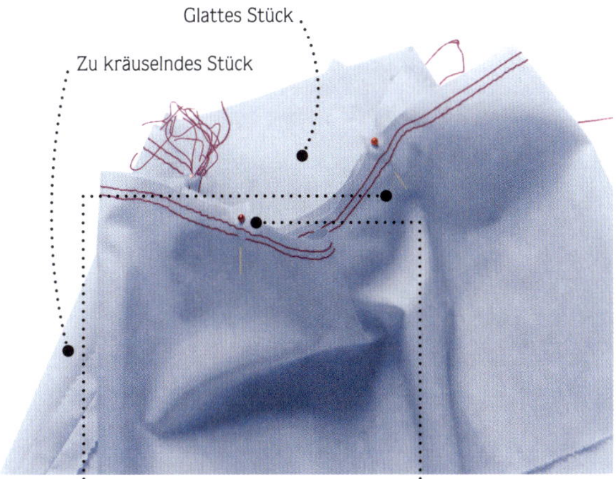

2 Das zu kräuselnde Stück rechts auf rechts an das glatte Gegenstück legen.

3 Markierungen und Nähte aufeinander ausrichten und diese zuerst feststecken.

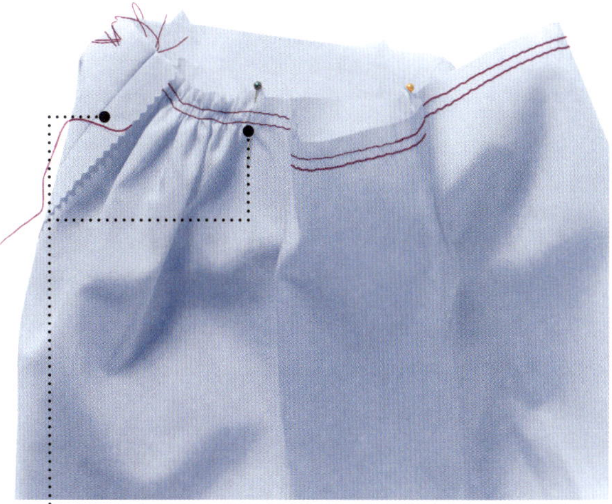

4 Vorsichtig an den beiden Unterfäden ziehen, um den Stoff einzukräuseln.

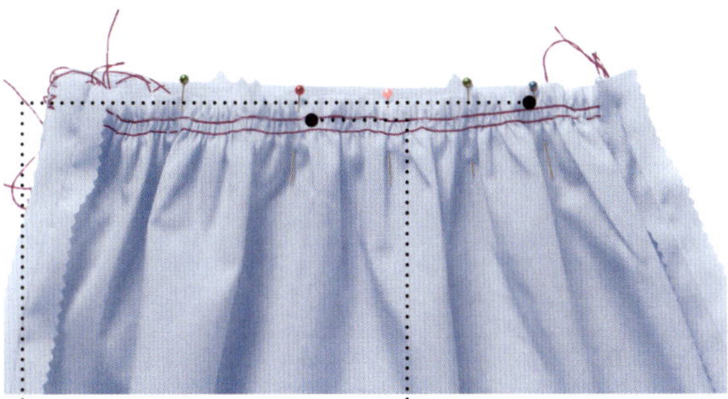

5 Die Fadenenden an einem Ende fixieren, damit sie nicht versehentlich herausgezogen werden.

6 Die Kräuselungen gleichmäßig verteilen und feststecken.

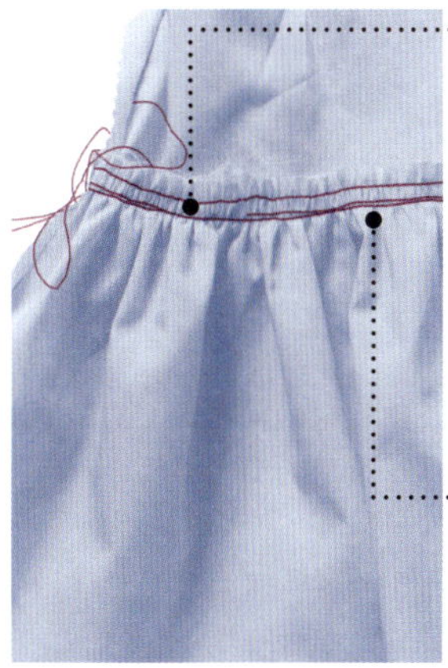

7 Dann die beiden Kanten mit 1,5 cm Nahtzugabe zusammensteppen. Dabei liegt der gekräuselte Stoff oben.

8 Beim Steppen die Kräuselungen zur Seite streichen, damit sie sich nicht zu Fältchen zusammenschieben.

9 Das glatte Stück des Kleidungsstücks nach innen umlegen und die gekräuselte Kante vorsichtig bügeln. Keine Fältchen einbügeln.

10 Beide Nahtzugaben zusammengefasst mit einem Zickzackstich oder einer dreifädigen Overlocknaht versäubern.

11 Die Nahtzugabe ins Oberteil bügeln.

12 Die Kräuselung nochmals mit der Spitze eines Bügeleisens bügeln.

MEHRFACHKRÄUSELUNG

Durch mehrere Kräuselreihen lässt sich die Stoffweite eines Kleidungsstücks sehr schön einhalten. Verwendet man einen dehnbaren Unterfaden, ist die Kräuselung obendrein elastisch. Für dicke Stoffe und Wohntextilien ist es sinnvoller, mithilfe einer stabilen Kordel zu kräuseln.

ELASTISCHE KRÄUSELUNG

1 Den elastischen Nähfaden von Hand auf die Spule wickeln.

2 Die Spule einsetzen und den Unterfaden durch den Spannungsregler an der Spulenkapsel nach oben holen. Allzwecknähgarn als Oberfaden verwenden.

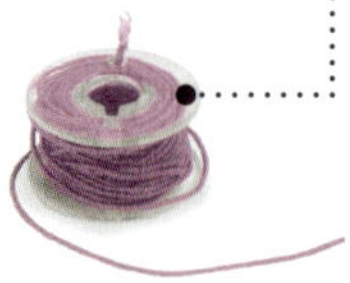

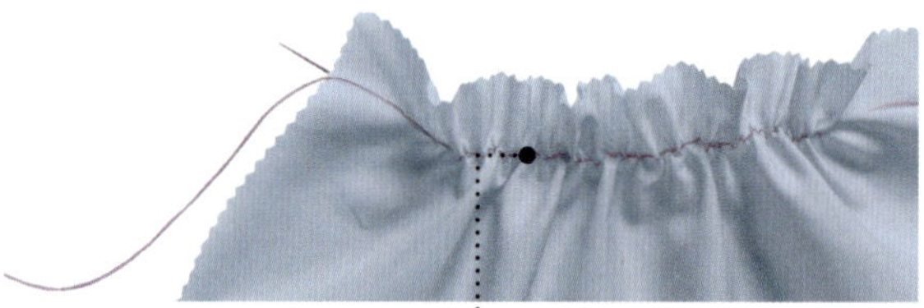

3 Auf der Maschine den größten Geradstich einstellen. Eine gerade Naht durch den Stoff steppen.

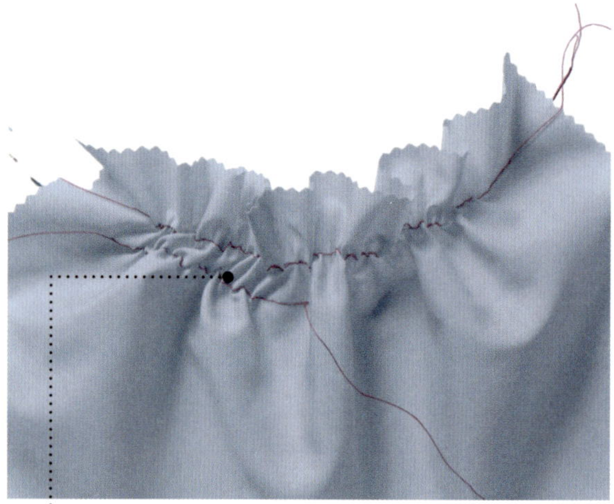

4 Eine zweite Naht parallel zur ersten steppen.

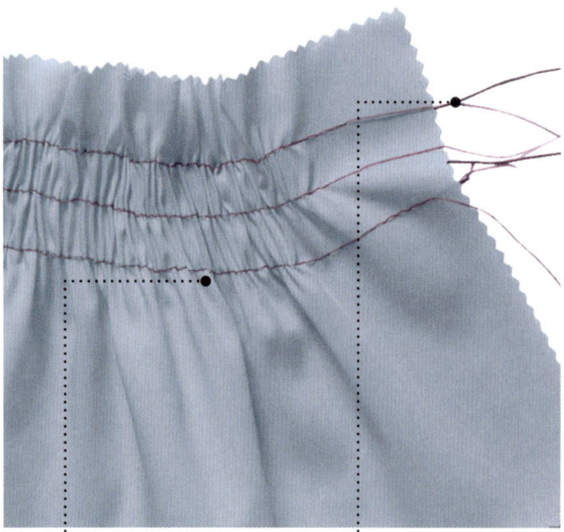

5 Nach Wunsch weitere parallele Linien steppen.

6 Die Enden des elastischen Fadens verknoten.

WAFFELKRÄUSELUNG

1 In diesem Fall überkreuzen sich die Kräusellinien im rechten Winkel. Zuerst mit elastischem Unterfaden (siehe oben) die waagerechten Reihen steppen.

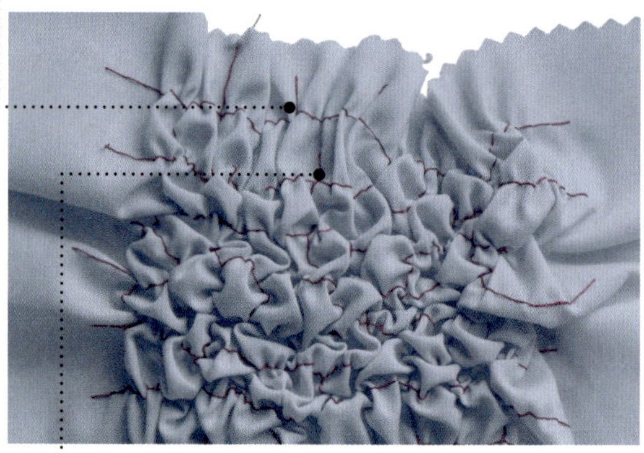

2 Dann senkrechte Reihen rechtwinklig über die waagerechten hinwegnähen.

RÜSCHEN

Ein- oder mehrlagige Rüschen werden als dekoratives Element eingesetzt. Die Fülle einer Rüsche hängt vom verwendeten Stoff ab. Damit eine Rüsche sich schön bauscht, braucht man von dünnen Stoffen etwa doppelt so viel wie von festeren.

ÜBERSICHT

EINFACHE RÜSCHE **(S. 85)**

DOPPELTE RÜSCHE **(S. 86)**

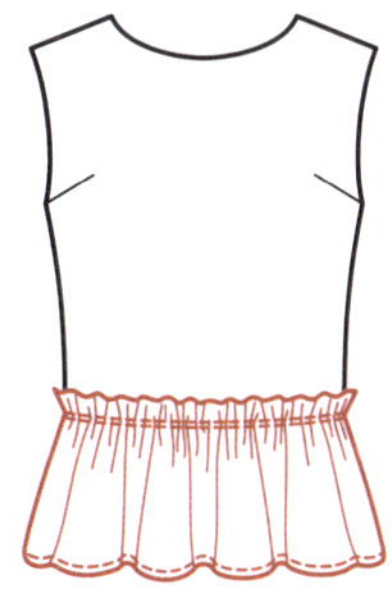

RÜSCHE MIT KÖPFCHEN **(S. 86)**

EINFACHE RÜSCHE

Einfache Rüschen werden normalerweise aus einlagigem, im geraden Fadenlauf zugeschnittenem Stoff genäht. Die Stofflänge der Rüsche sollte mindestens zweieinhalbmal so groß sein wie die der Kante oder Naht, an der sie angesetzt wird. Die Breite der Rüsche hängt von ihrer Position ab.

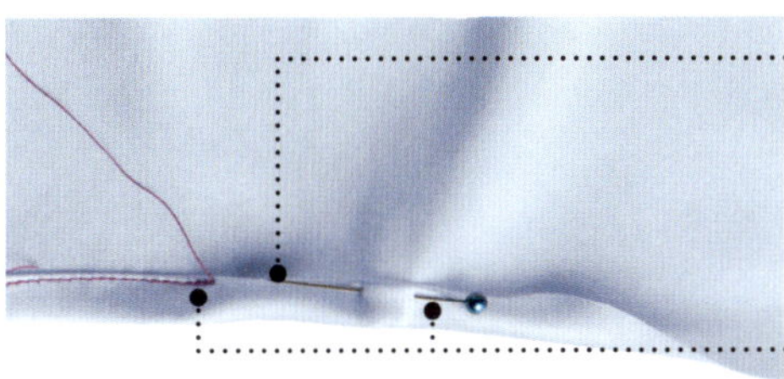

1 Eine Längsseite des Stoffstreifens 5 mm umfalten, dann nochmals ebenso breit umfalten.

2 Den Saum feststecken und mit der Maschine knappkantig feststeppen.

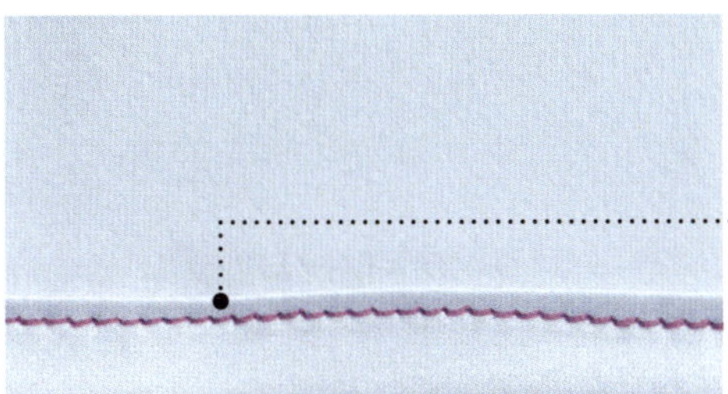

3 Den gesteppten Saum bügeln.

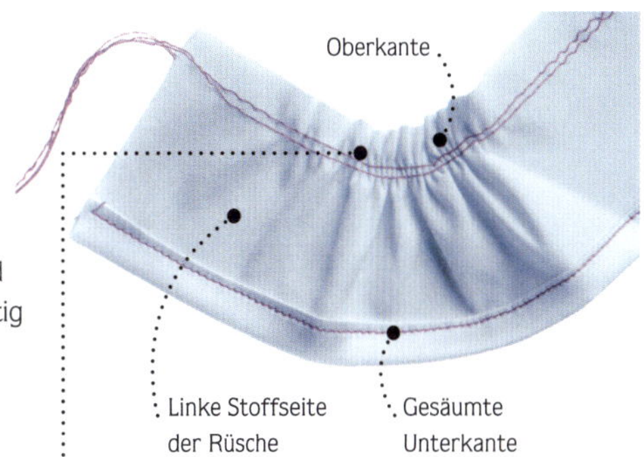

4 In 1 cm Abstand zur Oberkante eine Kräuselreihe nähen, 2 mm darunter eine zweite. An den Unterfäden ziehen, um den Stoff zu kräuseln. Danach kann die Rüsche angesetzt werden.

DOPPELTE RÜSCHE

Dieser Typ empfiehlt sich für Stoffe, die leicht ausfransen.

1 Den Stoff doppelt so breit zuschneiden, wie die fertige Rüsche werden soll.

2 Den Stoff links auf links der Länge nach zur Hälfte falten.

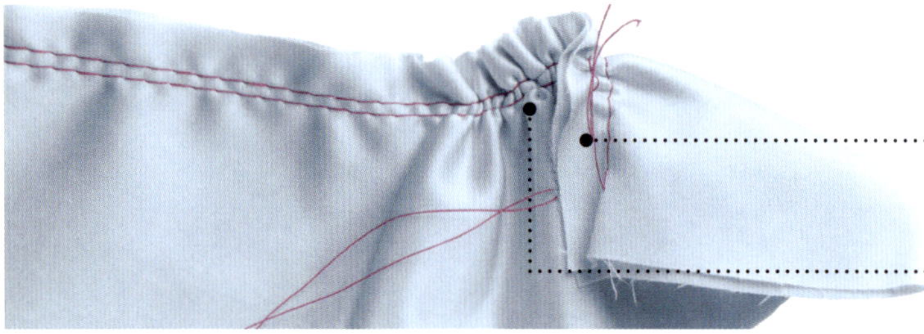

3 Die Schnittkanten zusammenstecken.

4 Entlang der Schnittkanten Kräuselreihen nähen.

5 Auf die gewünschte Weite einkräuseln.

RÜSCHE MIT KÖPFCHEN

Rüschen dieses Typs sehen an Kleidungsstücken und Wohntextilien dekorativ aus.

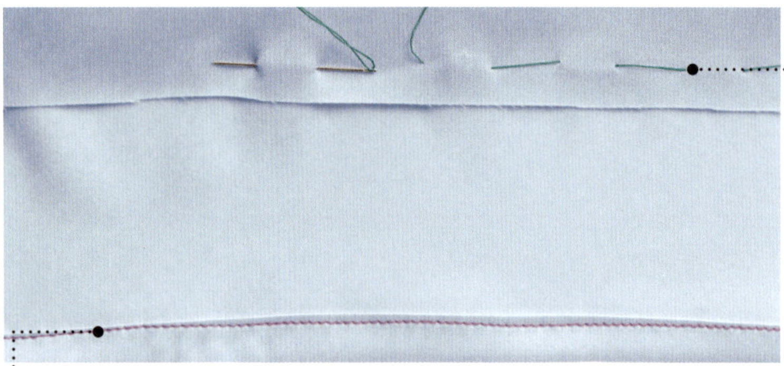

3 Den oberen Umschlag festheften.

1 Eine Längsseite des Stoffstreifens säumen (siehe S. 85, Schritte 1–3).

2 Die andere Längsseite um die vorgesehene Köpfchenbreite zuzüglich 1,5 cm einschlagen.

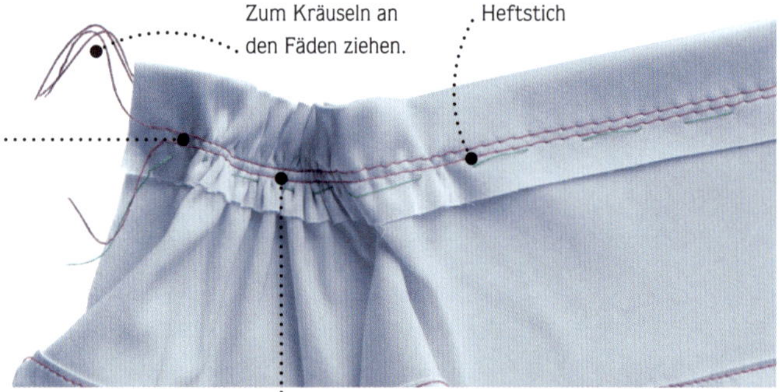

Zum Kräuseln an den Fäden ziehen.

Heftstich

4 Zwei Kräuselreihen nähen.

5 An den Unterfäden ziehen, um den Stoff zu kräuseln.

6 Nun kräuselt sich sowohl die Rüsche als auch der schmalere, nach oben liegende Streifen, das sogenannte Köpfchen. Die Heftfäden entfernen.

RÜSCHE IN EINER NAHT

Wenn eine Rüsche gekräuselt ist, kann sie in einer Naht mitgefasst oder an eine Stoffkante gesetzt werden (siehe S. 88). Die hier gezeigten Methoden eignen sich für einfache und doppelte Rüschen.

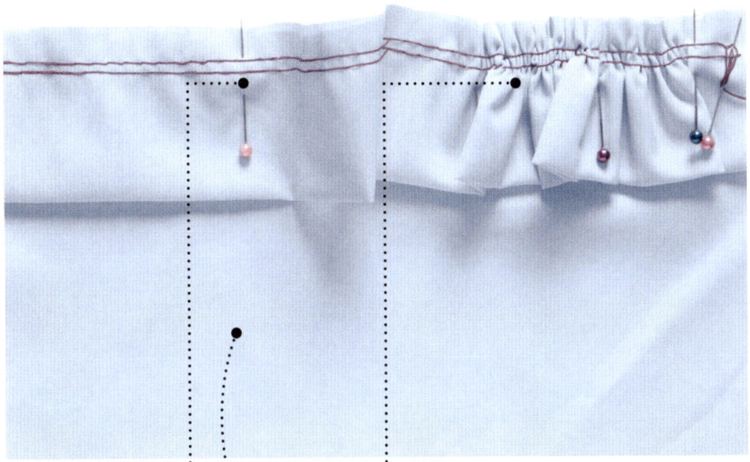

1 Am Rand der Rüsche zwei Kräuselreihen nähen.

Rechte Stoffseite

2 An den Fäden ziehen, um die Rüsche auf die Länge der Naht einzukräuseln. Feststecken.

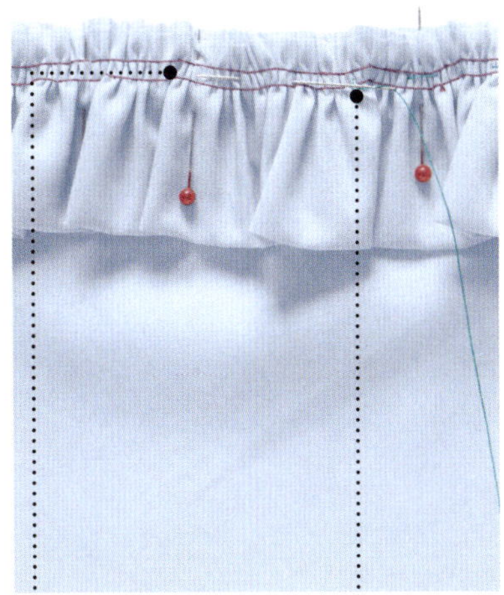

3 Die Kräuselungen gleichmäßig verteilen und erneut feststecken.

4 Die Rüsche anheften.

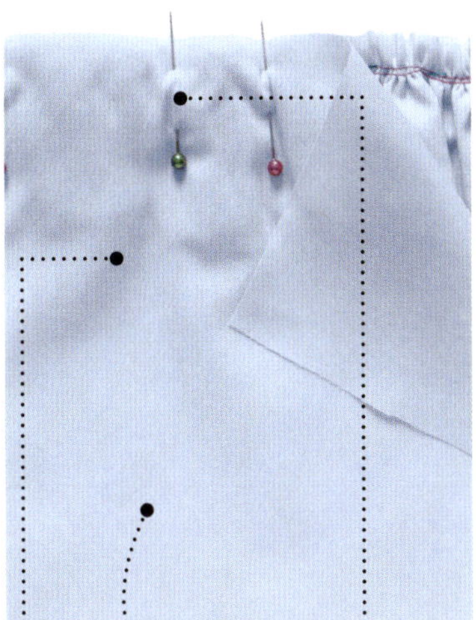

Linke Stoffseite

5 Das zweite Schnittteil rechts auf rechts auf das erste und die angeheftete Rüsche legen.

6 Alle Stofflagen zusammenstecken.

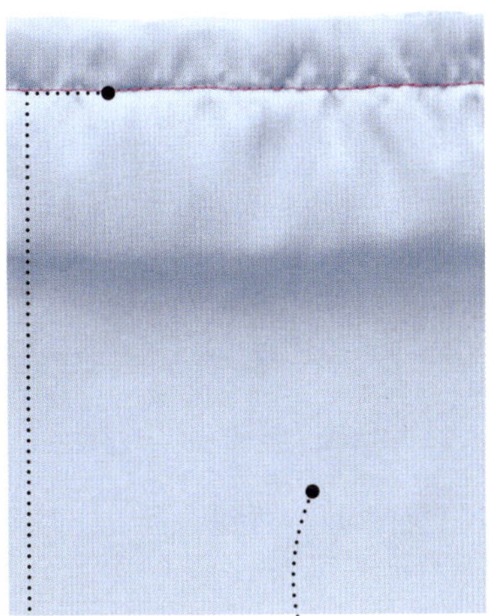

Linke Stoffseite

7 Mit 1,5 cm Abstand zur Kante durch alle Stofflagen steppen.

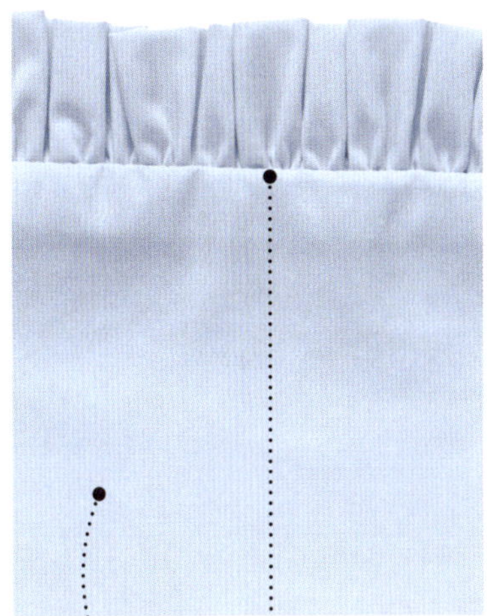

Rechte Stoffseite

8 Die Nahtzugabe abgestuft zurückschneiden.

9 Hauptstoff und Rüsche auf rechts wenden.

EINE RÜSCHE AN EINE KANTE SETZEN

Wird eine Rüsche an eine Stoffkante gesetzt, muss die Nahtzugabe gut versäubert werden. Besonders unauffällig sieht es aus, wenn die Nahtzugabe eingefasst wird. Bei dünneren Stoffen kann zum Einfassen die Nahtzugabe des glatten Stoffteils benutzt werden. Bei dickeren Stoffen ist es vorteilhafter, einen Schrägstreifen zu verwenden.

EINFASSUNG AUS DER NAHTZUGABE

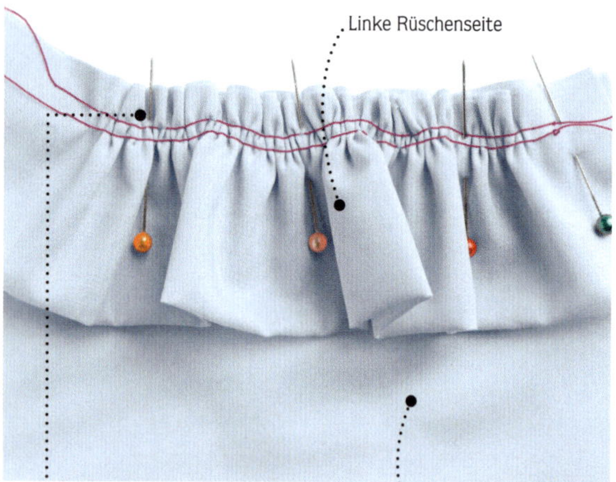

1 Die gekräuselte Rüsche rechts auf rechts an das glatte Gegenstück legen und feststecken.

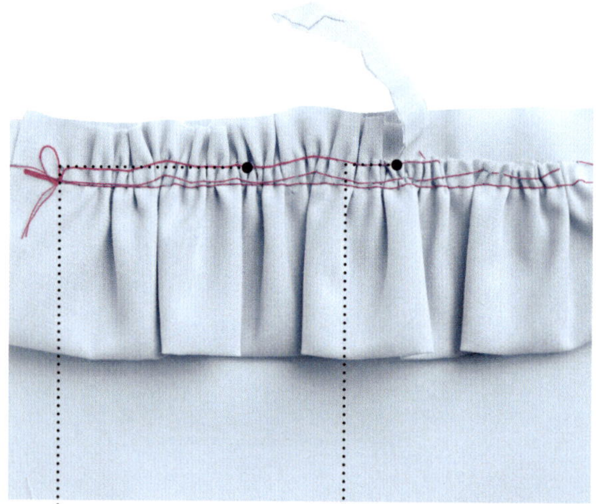

2 Die Rüsche in 1,5 cm Abstand zur Stoffkante aufsteppen.

3 Nur die gekräuselte Nahtzugabe auf die halbe Breite zurückschneiden.

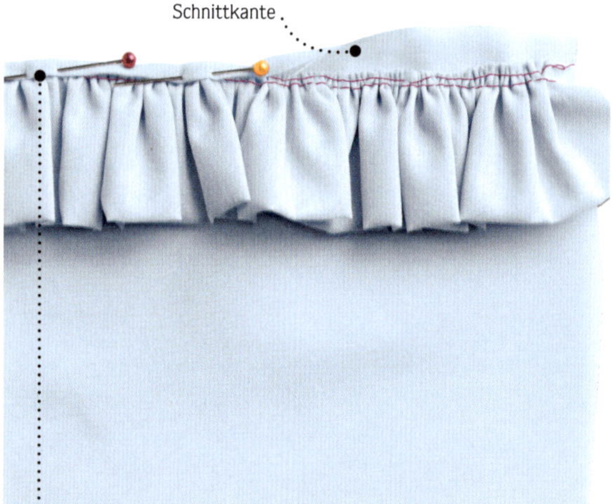

4 Die breitere Nahtzugabe des glatten Stoffs schmalkantig einschlagen und über die Nahtzugabe der Rüsche legen. Feststecken.

5 Die festgesteckte Nahtzugabe knappkantig absteppen. Dabei nicht den Oberstoff mitfassen.

EINFASSUNG MIT SCHRÄGSTREIFEN

1 Die gekräuselte Rüsche rechts auf rechts mit 1,5 cm Nahtzugabe an das glatte Gegenstück steppen (siehe links, Schritte 1 und 2).

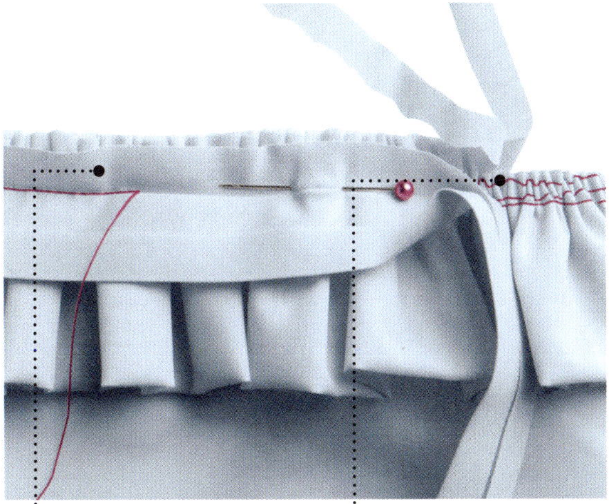

2 Einen Falz eines 2 cm breiten Schrägstreifens genau auf die eben genähte Naht steppen.

3 Beide Nahtzugaben des Hauptstoffs zurück schneiden.

Linke Stoffseite

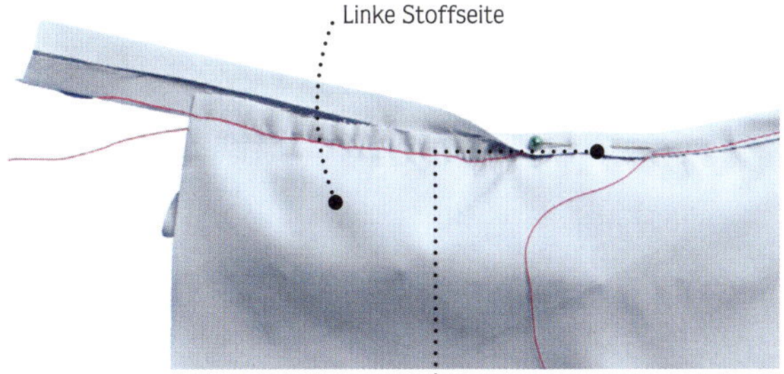

4 Den Schrägstreifen über die Nahtzugabe zur linken Seite der Naht falten und feststecken.

Rechte Stoffseite

5 Die lose Seite des Schrägstreifens knappkantig feststeppen.

ECKE MIT RÜSCHE

Beim Mitfassen einer Rüsche ist es schwierig, eine akkurate, spitze Ecke zu arbeiten. Einfacher ist es, die Ecke beim Aufsteppen der Rüsche leicht abzurunden.

1 Die Rüsche auf die Länge des glatten Gegenstücks einkräuseln und feststecken.

2 Rüsche in einem engen Bogen um die Ecke legen.

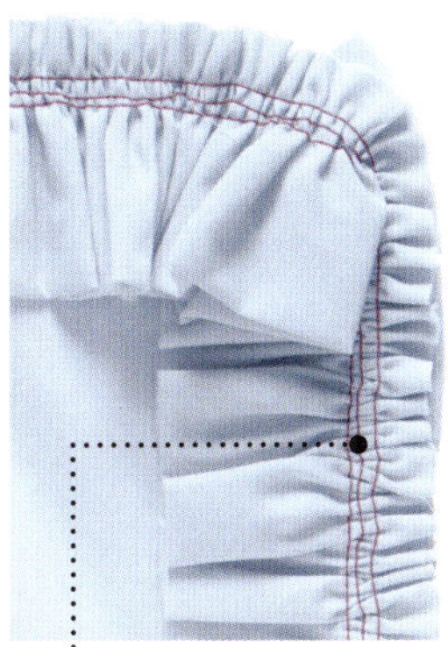

3 Die Rüsche aufsteppen.

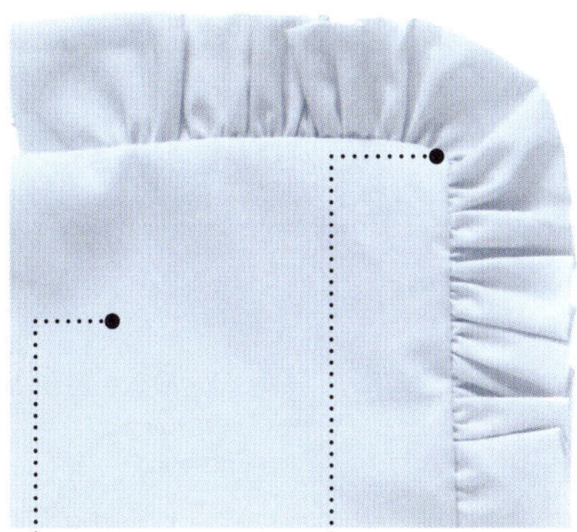

4 Zweites Stoffteil auflegen und feststeppen. Nahtzugaben abgestuft zurückschneiden.

5 Hauptstoff und Rüsche auf rechts wenden. Die Ecke ist leicht abgerundet.

FÄLTCHEN & BIESEN

Eingesteppte Fältchen, ob breit oder schmal, dienen oft nur der Dekoration. Sie werden auf der rechten Seite meist im geraden Fadenlauf eingesteppt. Weil sich dadurch die Stoffbreite reduziert, empfiehlt es sich, Fältchen vor dem Zuschneiden einzusteppen.

ÜBERSICHT

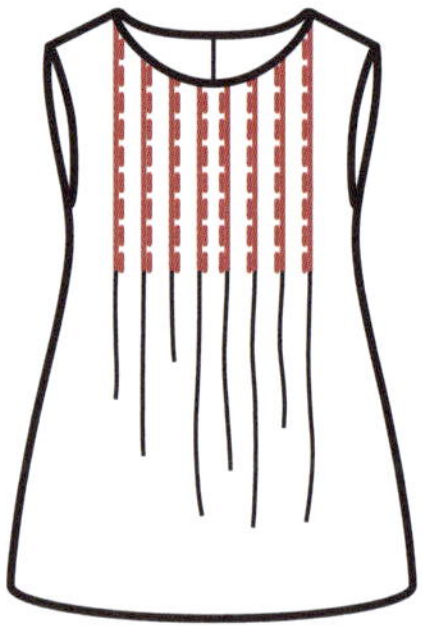

EINFACHE FÄLTCHEN UND BIESEN **(S. 91)**

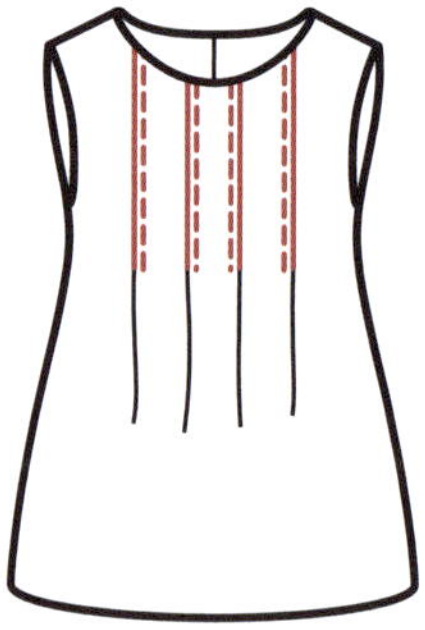

FÄLTCHEN IN GRÖSSEREN ABSTÄNDEN **(S. 91)**

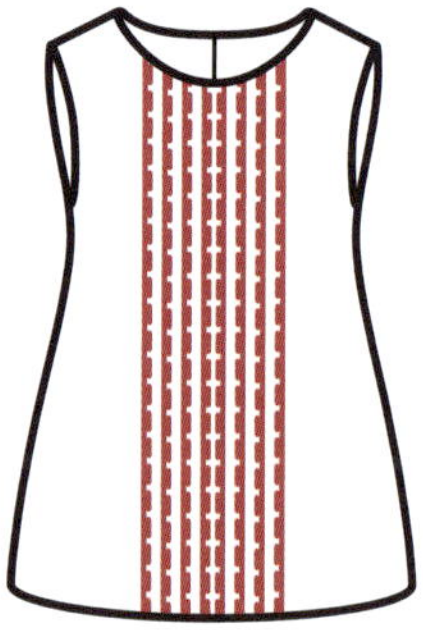

NADELBIESEN **(S. 91)**

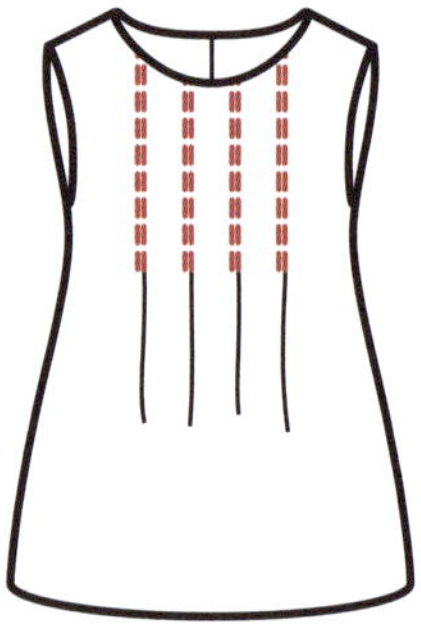

»FALSCHE« NADELBIESEN **(S. 91)**

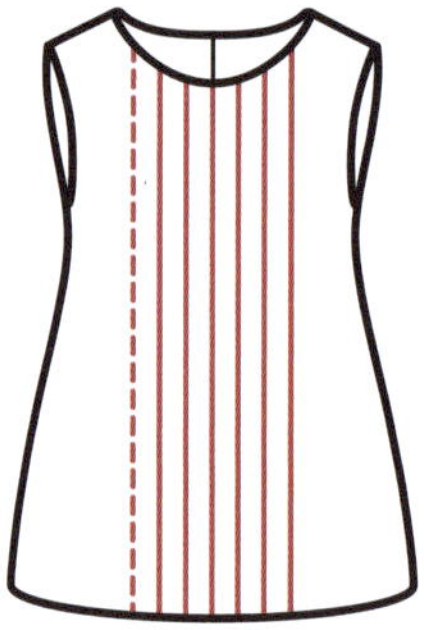

GEDECKTE FÄLTCHEN **(S. 91)**

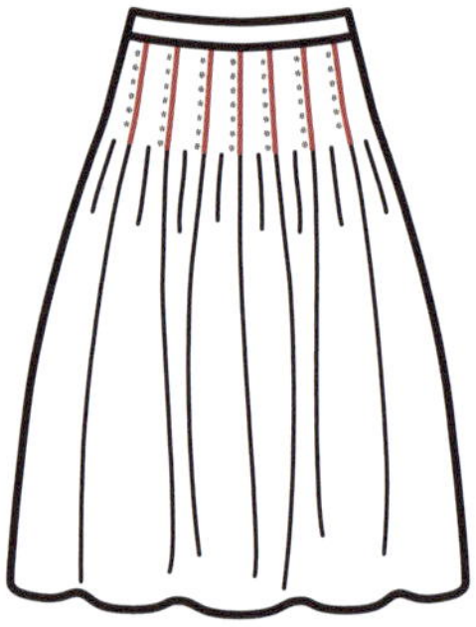

ABNÄHERFÄLTCHEN **(S. 92)**

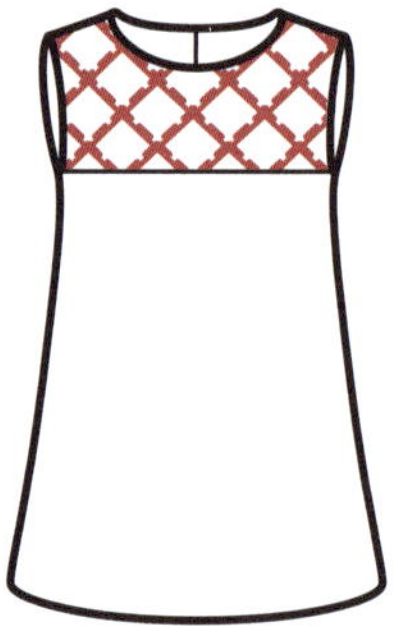

KAROBIESEN **(S. 92)**

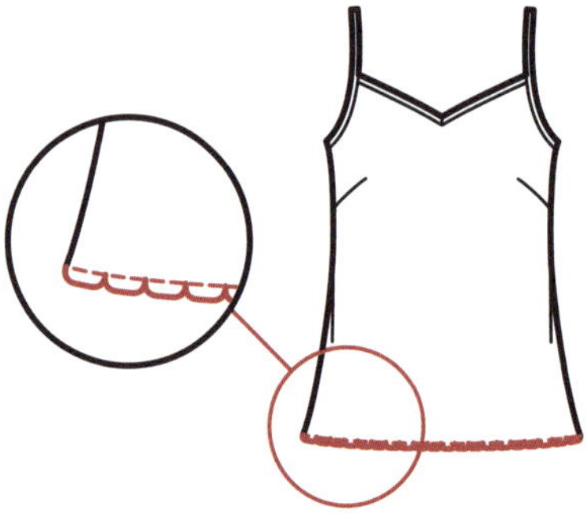

MUSCHELSAUM **(S. 93)**

EINFACHE FÄLTCHEN UND BIESEN

Einfache Fältchen und Biesen werden auf dieselbe Weise gearbeitet, sie unterscheiden sich aber in Breite und Nahtabstand. Jedes Fältchen hat zwei Nahtlinien, die aufeinandergelegt und gesteppt werden.

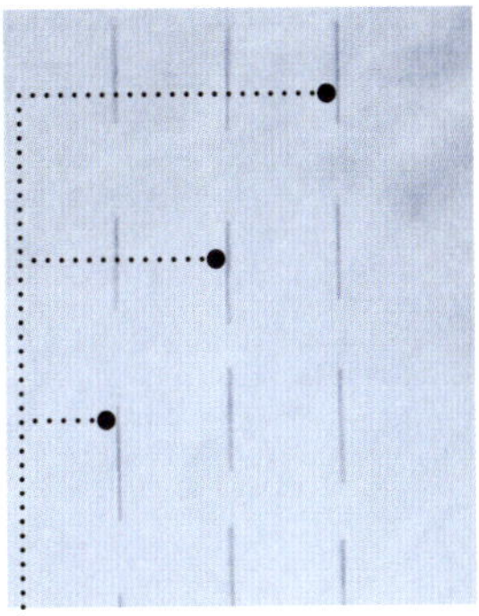

1 Die Linien der Fältchen dünn mit Schneiderkreide auf der rechten Stoffseite anzeichnen. Wichtig ist, dass die Linien exakt parallel verlaufen.

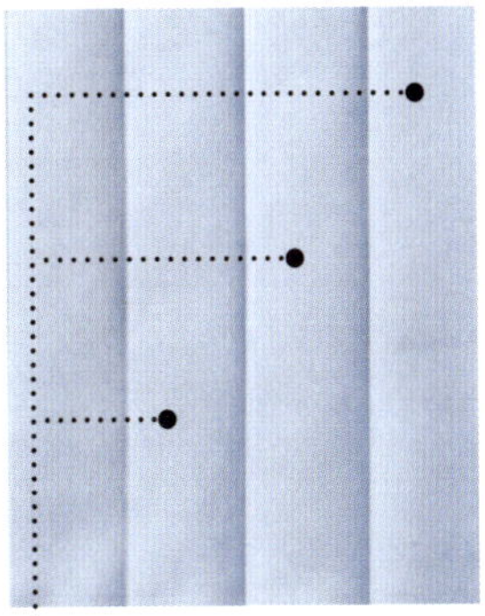

2 Den Stoff an den Markierungslinien falten. Darauf achten, dass alle Falten gerade verlaufen, dann bügeln.

3 Steppfußbreit neben der Bruchlinie nähen, falls keine anderen Angaben im Schnittmuster gemacht werden.

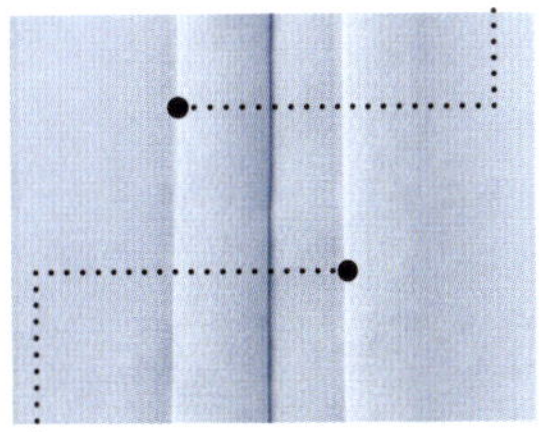

4 Die nächste Falte auf dieselbe Weise steppen. Wiederholen, bis alle Fältchen gesteppt sind.

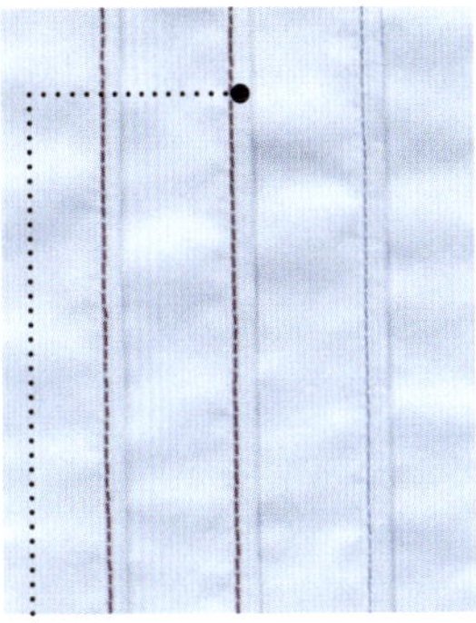

5 Alle Fältchen in dieselbe Richtung bügeln.

ANDERE EINFACHE FÄLTCHEN

Auch diese Fältchen und Biesen werden zuerst angezeichnet und eingelegt. Die Position der Stepplinie bestimmt das Aussehen.

FÄLTCHEN IN GRÖSSEREN ABSTÄNDEN

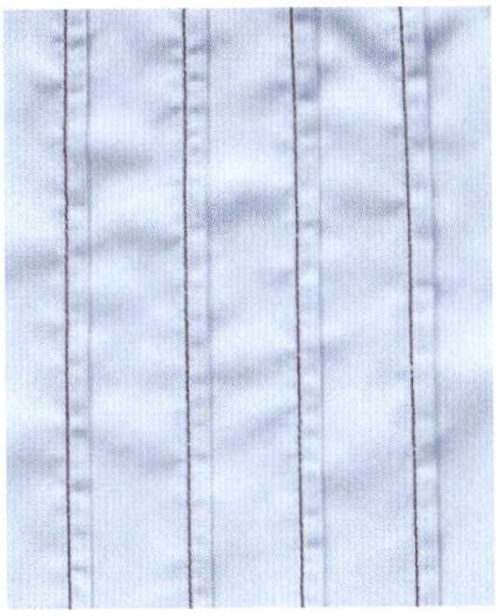

Gehen Sie ebenso vor wie bei einfachen Fältchen, legen Sie die Abstände jedoch größer an. Die Falten an den Bruchlinien bügeln und feststecken. Dann jeweils 1 cm neben den Bruchlinien steppen. Alle Fältchen in dieselbe Richtung bügeln.

NADELBIESEN

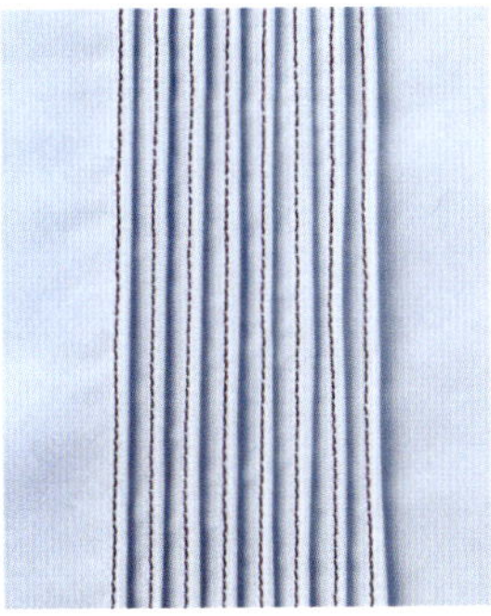

Ganz schmale Fältchen von etwa 3 mm Breite bezeichnet man als Nadelbiesen. Sie werden wie andere Biesen gearbeitet. Weil sie so schmal sind und sehr nah an der Bruchlinie abgesteppt werden, verwendet man den Biesenfuß.

»FALSCHE« NADELBIESEN MIT DER ZWILLINGSNADEL

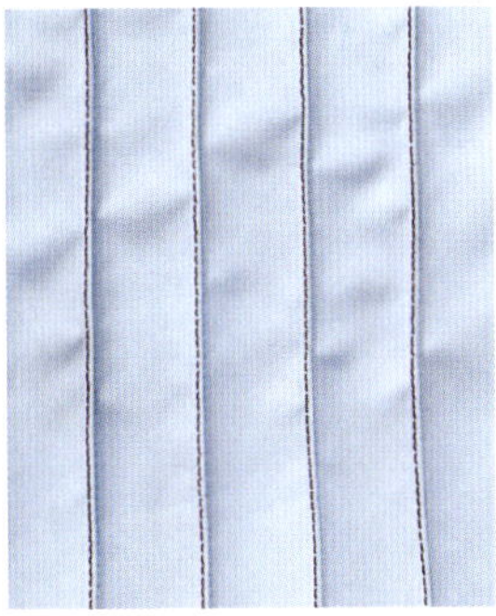

Für diese schnellen Biesen steppen Sie einfach mit der Zwillingsnadel auf den Markierungslinien entlang. Zwischen den beiden Stepplinien hebt sich der Stoff leicht an und wirkt wie eine Mini-Biese. Besonders schön in mehreren Reihen.

GEDECKTE FÄLTCHEN

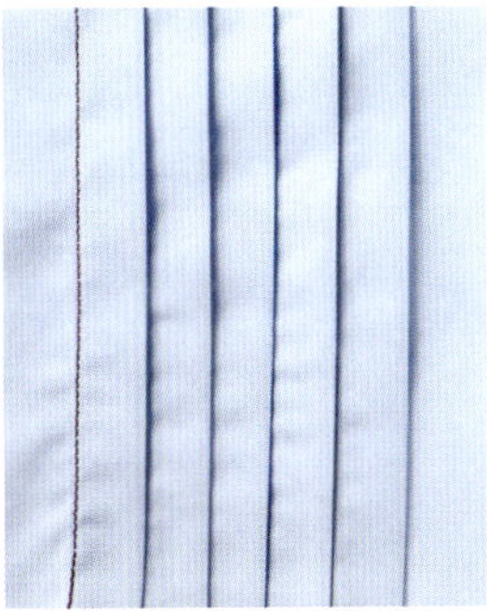

Diese breiteren Fältchen, auch Blindfältchen genannt, sind so gearbeitet, dass keine Nähte zu sehen sind – die Bruchkante des einen Fältchens verdeckt die Nahtlinie des vorherigen.

ABNÄHERFÄLTCHEN

Fältchen, die der Formgebung dienen, nennt man Abnäherfältchen. Man kann sie an der Brust oder Hüfte einsetzen (s. S. 94–97). Einfache Abnäherfältchen werden im Fadenlauf gesteppt. Steppt man sie schräg wie einen Abnäher, springen sie am Ende weniger füllig auf.

SCHRÄGE ABNÄHERFÄLTCHEN

1 Alle Markierungen vom Schnittmuster auf den Stoff übertragen.

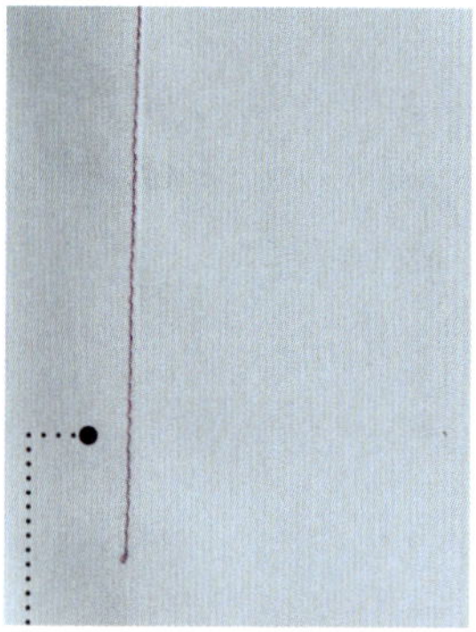

2 Den Stoff rechts auf rechts falten und auf der linken Stoffseite schräg zur Bruchkante steppen.

3 Am markierten Endpunkt anhalten.

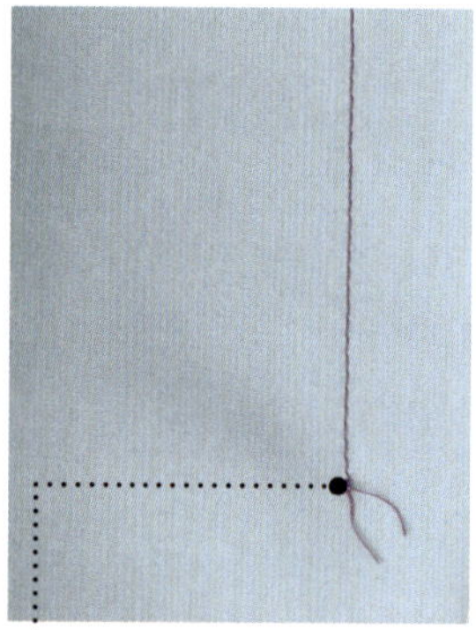

4 Das Nahtende verriegeln.

GERADE ABNÄHERFÄLTCHEN

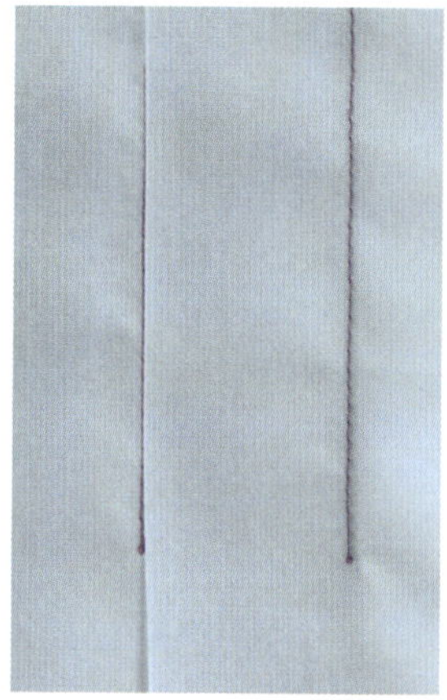

1 Ebenso wie beim schrägen Abnäherfältchen (links) vorgehen, aber parallel zur Bruchkante steppen.

2 Am markierten Endpunkt anhalten.

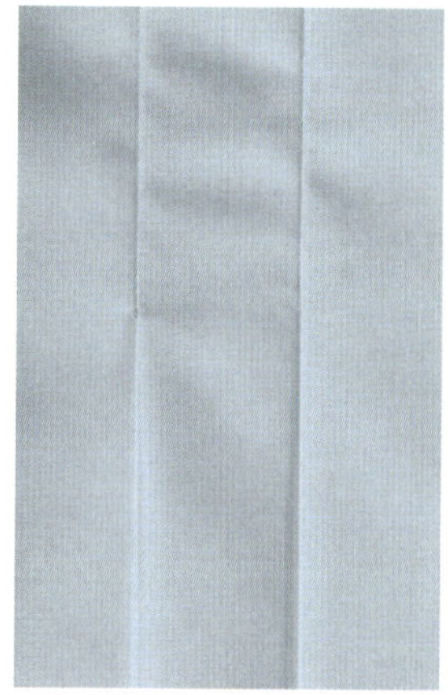

3 So sehen die Fältchen von der rechten Seite des Werkstücks aus.

KAROBIESEN

Diese Biesen werden in Längs- und Querrichtung gesteppt, sodass sich ein Raster ergibt.

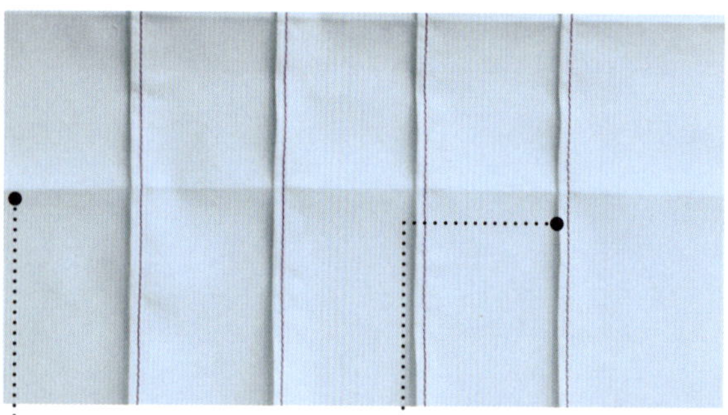

1 Die waagerechten und senkrechten Linien einbügeln.

2 Zuerst alle senkrechten Fältchen nähen. Den Stoff rechts auf rechts falten und 5 mm neben jeder Bruchlinie steppen.

3 Alle waagerechten Fältchen ebenso arbeiten.

4 Alle senkrechten oder waagerechten Fältchen in eine Richtung bügeln.

MUSCHELSAUM

Ein Muschelsaum sieht mit seiner weichen Bogenkante sehr dekorativ aus. Er lässt sich leicht mit der Maschine nähen. In dickeren oder zarten Stoffen gelingt er allerdings besser, wenn man ihn mit der Hand arbeitet.

MUSCHELSAUM MIT DER MASCHINE

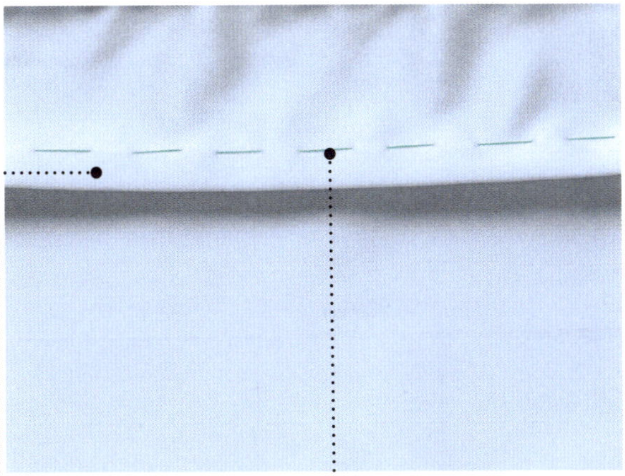

1 Die Bruchlinien anzeichnen, dann den Stoff falten und bügeln.

2 Die Fältchen festheften.

3 Den Stickfuß in die Nähmaschine einsetzen und das Nähprogramm für den Muschelsaum einstellen.

4 So an der Falte entlangsteppen, dass die Bruchlinie an der Innenseite der Füßchenöffnung geführt wird.

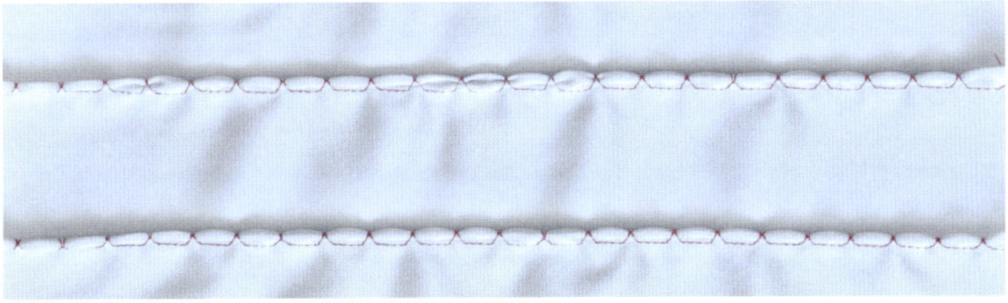

5 So sieht der fertige Muschelsaum mit kleinen Raffungen in regelmäßigen Abständen aus.

MUSCHELSAUM VON HAND

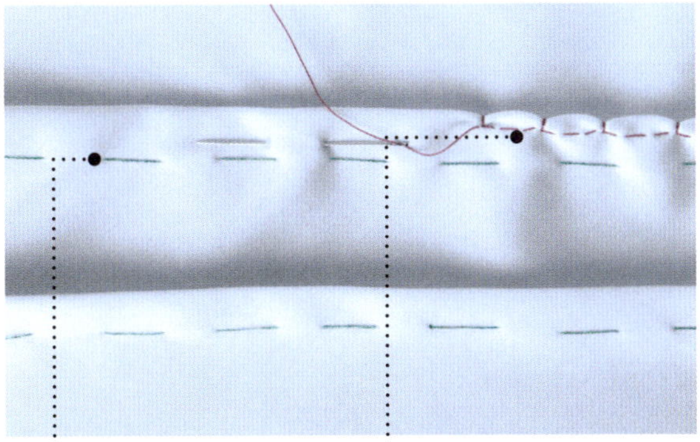

1 Die Fältchen einlegen und heften.

2 Mit doppeltem Faden zwei oder drei Vorstiche nähen.

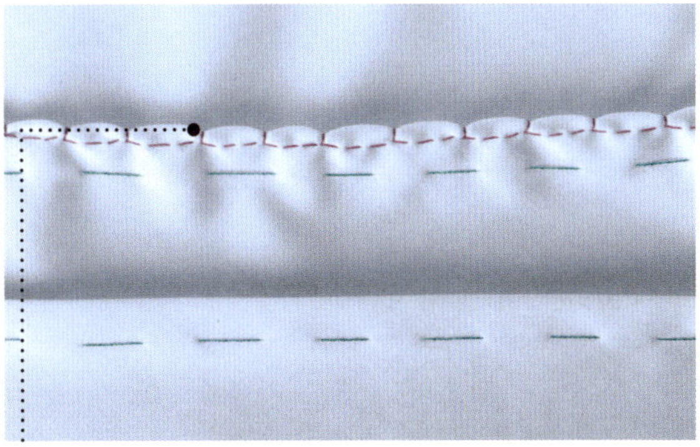

3 In Abständen von 1 cm einen Stich über die Bruchkante führen, um die kleine Raffung zu erhalten.

ABNÄHER

Abnäher werden eingesetzt, um ein Stück Stoff den Konturen des Körpers anzupassen. Manche Abnäher werden gerade gesteppt, andere beschreiben eine leichte Rundung. Es empfiehlt sich, von der Spitze zum breiten Ende hin zu nähen, da die Nadel an der Spitze exakt eingestochen werden muss.

ÜBERSICHT

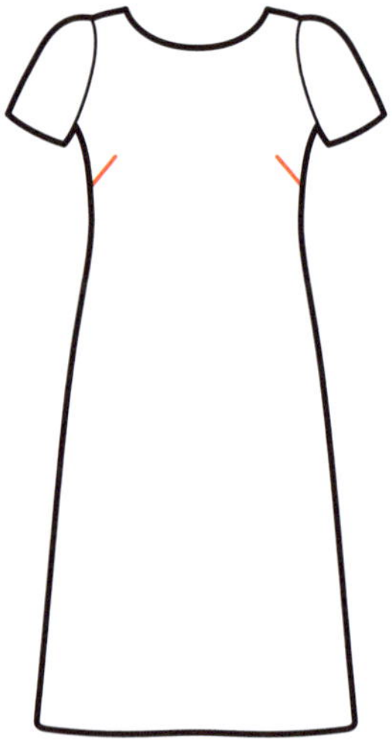

EINFACHE ABNÄHER AN DER BRUST **(S. 95)**

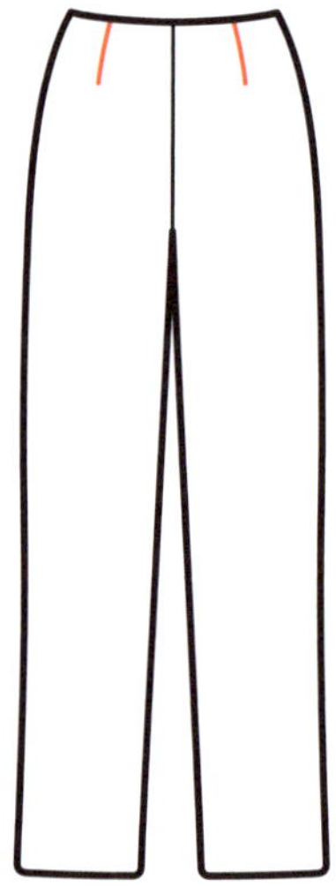

EINFACHE ABNÄHER AN DER TAILLE **(S. 95)**

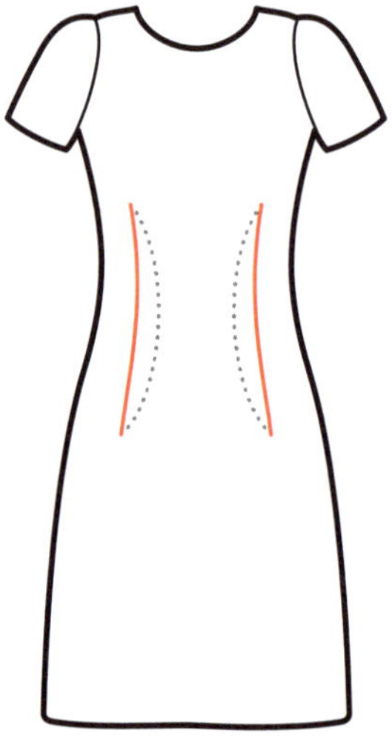

TAILLENABNÄHER **(S. 96)**

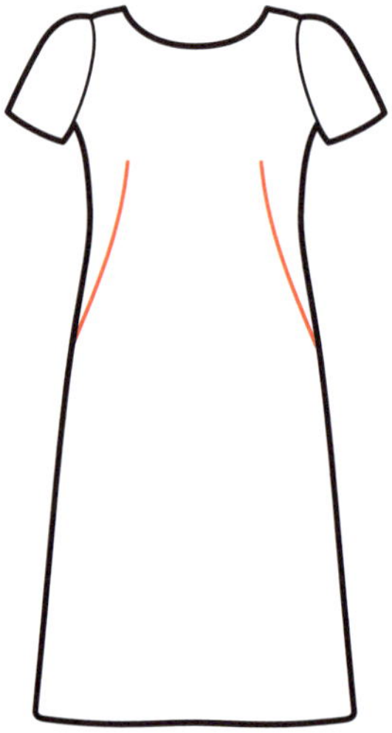

FRANZÖSISCHE ABNÄHER **(S. 97)**

EINFACHER ABNÄHER

Das ist der gängigste Abnähertyp, der zum Beispiel zum Ausformen der Brust in Oberteilen verwendet wird. Man benötigt ihn auch, um die Taillen- und Hüftpartie von Hosen und schmalen Röcken auf Figur zu bringen.

Spitze des Abnähers

Rechte Stoffseite

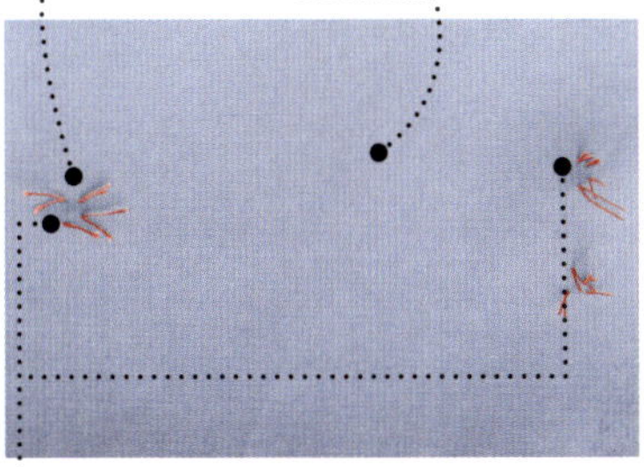

1 Die Spitze des Abnähers gemäß Schnittmuster mit einem Heftfaden markieren, das breite Ende mit zwei Fäden markieren.

2 Den Stoff rechts auf rechts falten und die Markierungen aufeinander ausrichten.

Linke Stoffseite

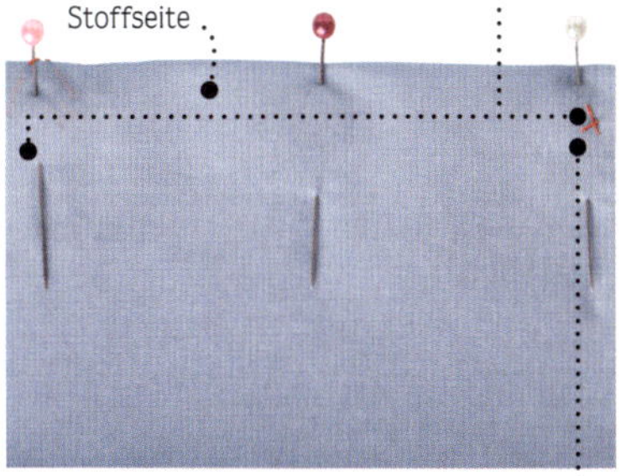

3 Die Stoffkante feststecken, damit die Markierungen nicht verrutschen.

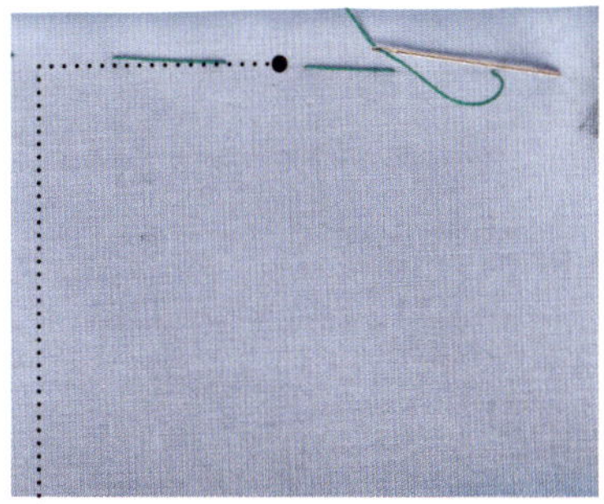

4 Entlang der Nahtlinie von Markierung zu Markierung heften. Die Stecknadeln entfernen.

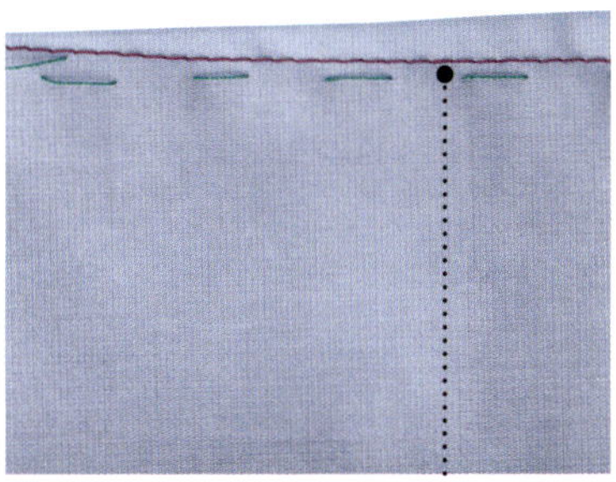

5 Entlang der Heftlinie steppen. Den Heftfaden dann entfernen.

6 Den Faden in der Stepplinie vernähen, um ihn zu fixieren.

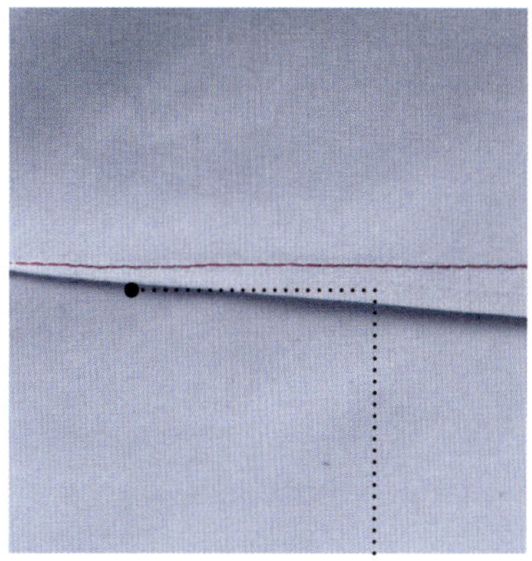

7 Den Abnäher zu einer Seite bügeln (siehe S. 97).

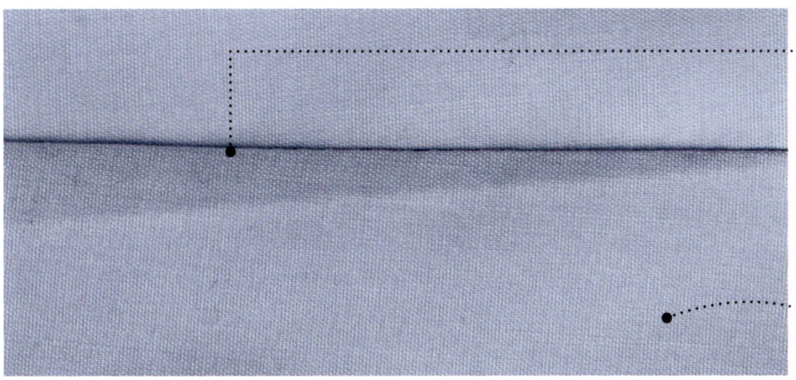

8 Der fertige Abnäher, von der rechten Seite des Werkstücks aus gesehen.

Rechte Stoffseite

TAILLENABNÄHER

Mit diesen Abnähern formen Sie die Taillenpartie. Sie sehen aus wie zwei normale Abnäher, die an den breiten Enden ineinander übergehen. Sie beginnen an der Brust, verengen sich in der Taille und laufen an der Hüfte wieder spitz aus.

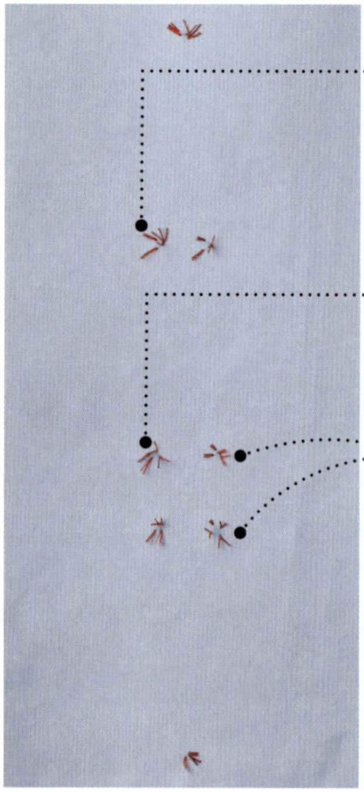

1 Alle Markierungen vom Schnittmuster mit Heftfäden auf den Stoff durchschlagen.

2 Die Fäden durchschneiden und das Schnittmuster abnehmen.

Heftfäden rücken zusammen in der Taille

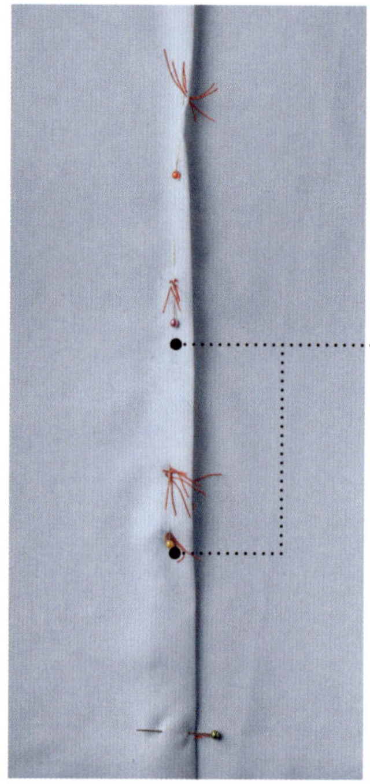

3 Den Stoff rechts auf rechts falten, die Markierungen ausrichten und stecken.

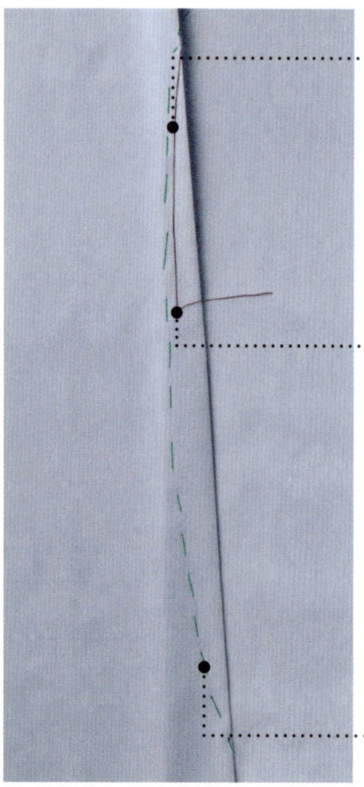

4 Den Abnäher knapp neben den Stecknadeln heften.

5 Nun den Abnäher steppen – von einer Spitze fließend bis zur breitesten Stelle in der Taille und weiter zur unteren Spitze. Die Fadenenden an beiden Spitzen gut vernähen.

6 Die Heftfäden entfernen.

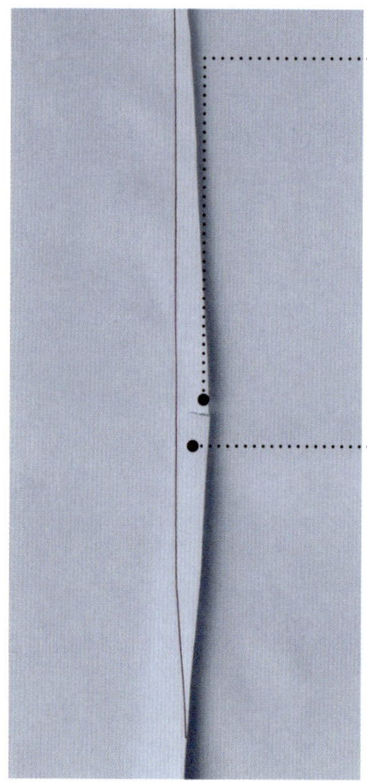

7 Die Bruchkante an der breitesten Stelle einschneiden, damit sich der Abnäher zu einer Seite bügeln lässt.

8 Den Abnäher zu einer Seite bügeln. Taillenabnäher werden normalerweise zur vorderen oder hinteren Mitte gebügelt.

FRANZÖSISCHE ABNÄHER

Französische Abnäher werden nur in den vorderen Oberteilen von Kleidungsstücken verwendet. Diese gerundeten Abnäher reichen von der Seitennaht in Taillenhöhe bis zum Brustpunkt. Der Stoff muss vor dem Steppen eingeschnitten werden, damit die Abnäherkanten zusammenpassen und nach dem Bügeln flach liegen.

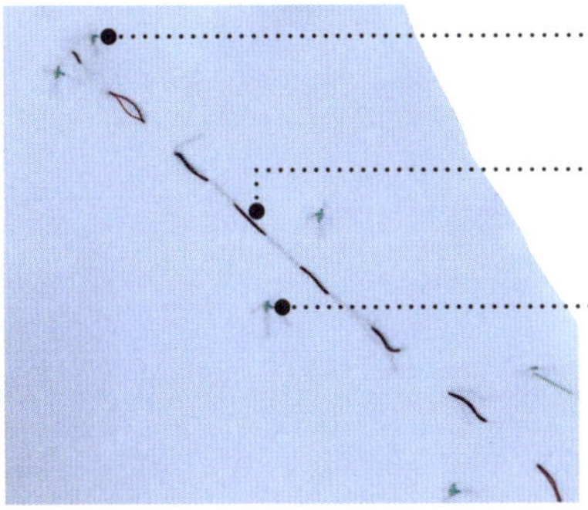

1 Alle Markierungen vom Schnittmuster mit Heftfäden übertragen.

2 Die Einschnittlinie mit Vorstichen in einer anderen Farbe markieren.

3 Die Fäden der Punktmarkierungen durchschneiden, dann das Schnittmuster abnehmen.

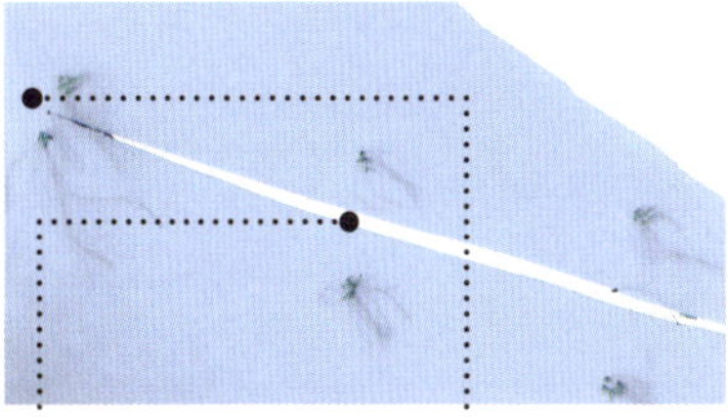

4 Den Stoff entlang der Einschnittlinie zwischen den Markierungspunkten einschneiden.

5 Am Ende der Einschnittlinie anhalten.

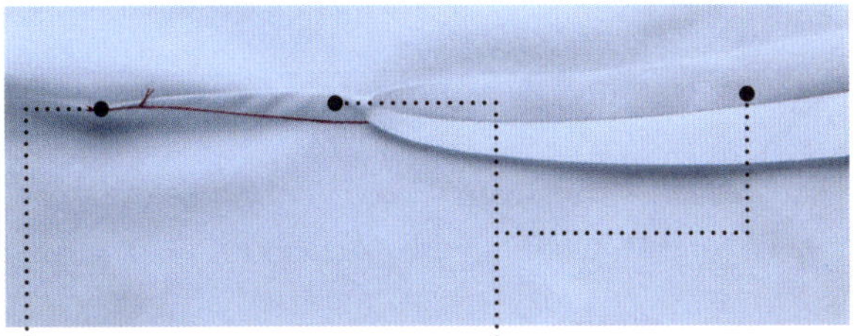

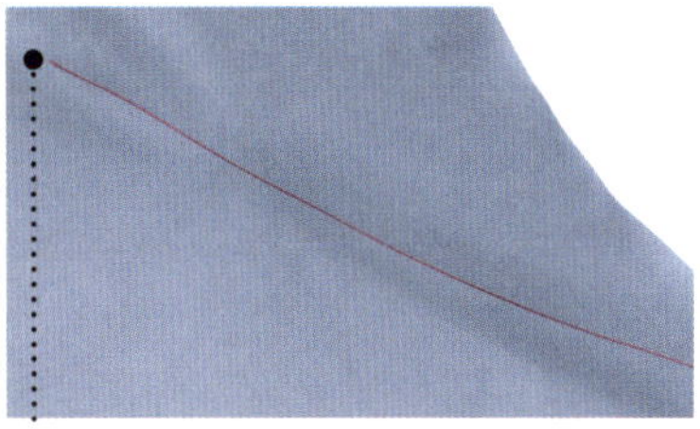

6 Den Stoff rechts auf rechts legen, die Markierungspunkte aufeinander ausrichten und feststecken.

7 Den Abnäher von der Spitze zum breiten Ende steppen. Beide Nahtenden sorgfältig verriegeln.

8 Die aufgeschnittenen Nahtzugaben auseinanderbügeln, die restliche Nahtzugabe zu einer Seite.

9 Auf der rechten Seite sorgt die Spitze des gebügelten Abnähers für die nötige Brustweite.

ABNÄHER BÜGELN

Ein falsch gebügelter Abnäher kann das Aussehen eines Kleidungsstücks verpfuschen. Am besten dämpfen Sie Abnäher auf einem Bügelkissen. Für empfindliche Stoffe wie Seide, Satin, Chiffon und Futterstoffe sollten Sie ein Bügeltuch verwenden.

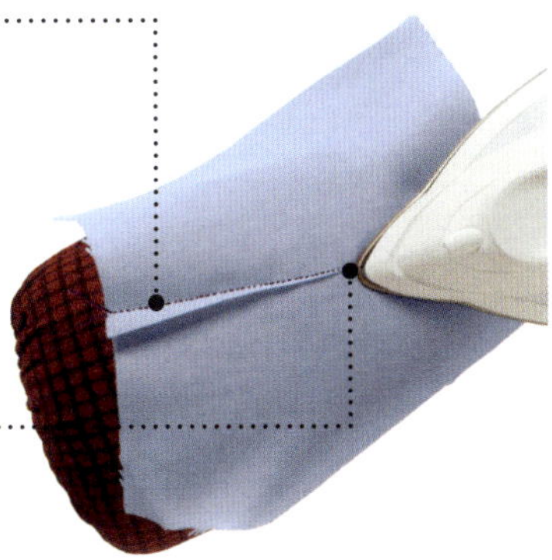

1 Das Werkstück mit der rechten Stoffseite nach unten auf das Bügelkissen legen. Die Spitze des Abnähers liegt auf dem Ende des Kissens.

2 Zuerst rings um die Abnäherspitze dämpfen.

3 Das Bügeleisen zum breiten Ende schieben und den Abnäher, je nach Typ, auseinander- oder zu einer Seite bügeln.

FALTEN

Falten verwendet man meist an Röcken, damit diese im Hüftbereich schmal sitzen und zum Saum hin weit, aber mit klar eingebügelten Kanten aufspringen. Sie können einzeln, in Gruppen oder ringsherum eingelegt werden. Falten müssen sehr akkurat gearbeitet werden, damit sie gut sitzen und gleichmäßig aussehen. Bruch- und Anstoßlinien werden vom Schnittmuster auf den Stoff übertragen. Diese Linien und die Abstände zwischen ihnen sind wichtig zum genauen Einlegen der Falten.

ÜBERSICHT

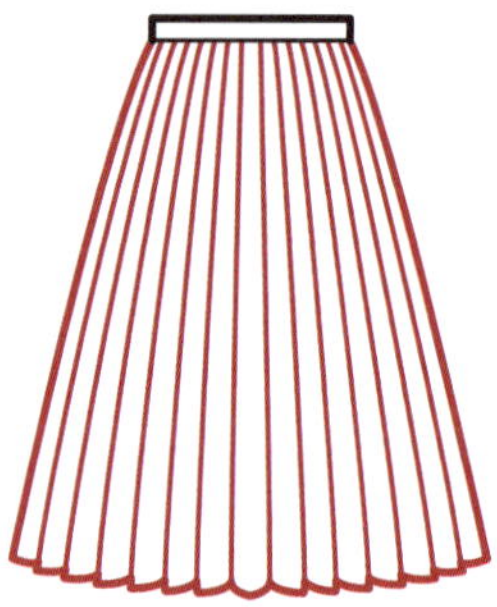

MESSERFALTEN **(S. 99, 101)**

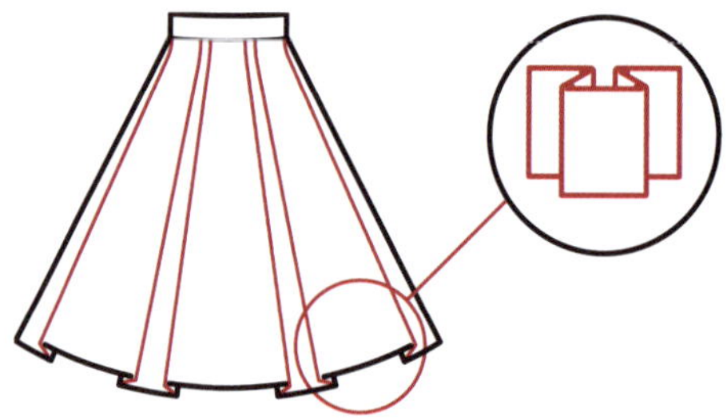

KELLERFALTEN **(S. 100–101)**

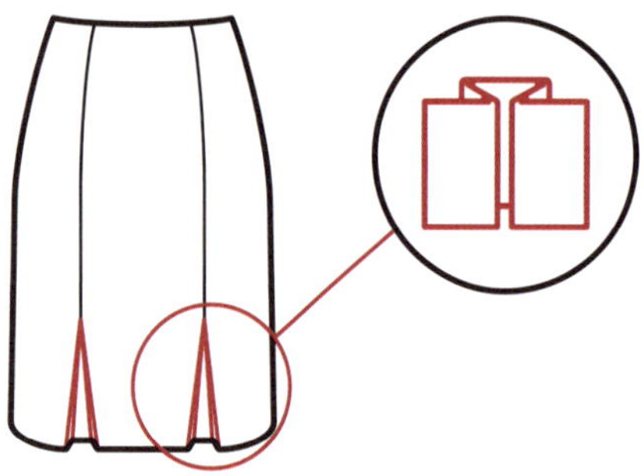

QUETSCHFALTEN **(S. 100–101)**

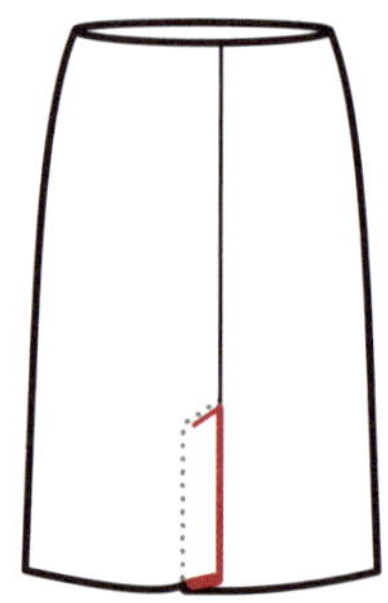

GEHFALTE **(S. 101)**

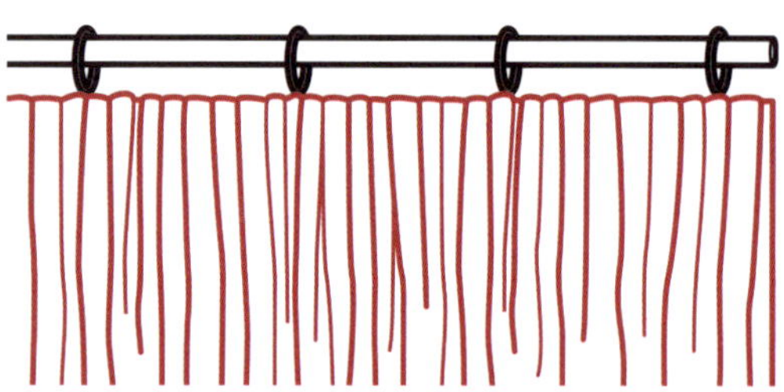

GLEICHMÄSSIGE FALTEN **(S. 103)**

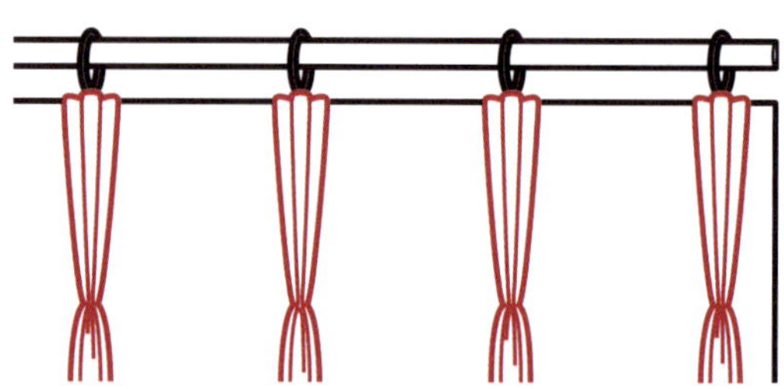

FALTENGRUPPEN **(S. 103)**

VON RECHTS EINGELEGT: MESSERFALTEN

Messerfalten werden meist auf der rechten Stoffseite eingelegt. Sie können in die gleiche Richtung oder von der Mitte aus in entgegengesetzte Richtungen zeigen.

Für Messerfalten müssen Bruchlinien und Anstoßlinien angezeichnet werden.

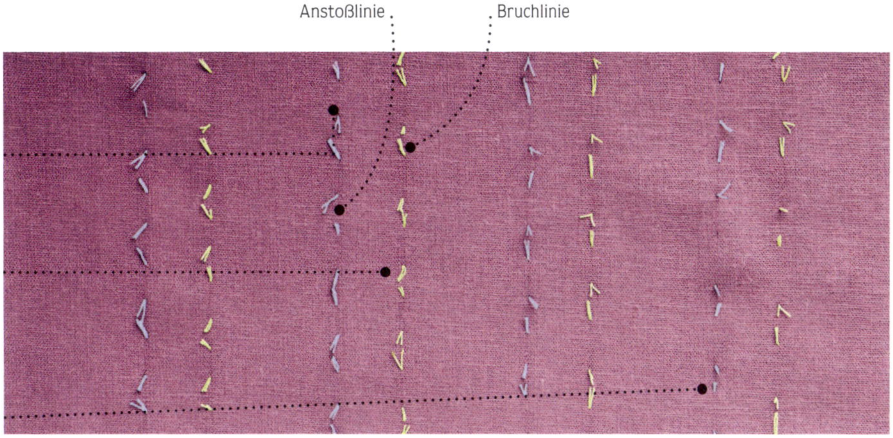

1 Die Hilfslinien auf den Stoff übertragen. Für alle Bruchlinien Heftgarn in einer einheitlichen Farbe verwenden (zum Beispiel Hellblau).

2 Für die Anstoßlinien Heftgarn in einer anderen Farbe benutzen (zum Beispiel Gelb).

3 Die Fadenschlaufen durchschneiden und das Schnittmuster vorsichtig abnehmen.

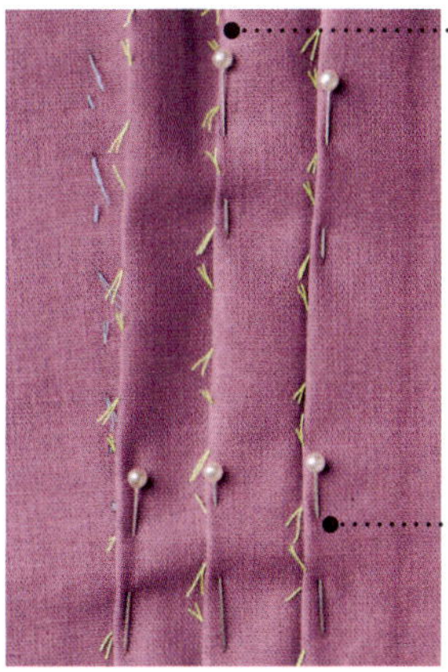

4 Den Stoff exakt an den markierten Bruchlinien falten.

5 Die Bruchlinien auf die Anstoßlinien legen und feststecken.

8 Das Werkstück mit der rechten Seite nach oben auf ein Bügelbrett legen und mit einem Bügeltuch aus Seidenorganza bedecken.

9 Die Falten dämpfen. Das Bügeleisen nicht verschieben, sondern senkrecht anheben und an einer anderen Stelle wieder absetzen. So fortfahren, bis alle Falten gedämpft sind.

6 Nun 2 mm neben jeder Bruchlinie durch alle Stofflagen hindurch heften.

7 Die Stecknadeln und Markierungsfäden in diesem Bereich der Falte entfernen.

10 Das Werkstück umdrehen. In jede Falte einen Streifen dünnen Karton schieben.

11 Wieder mit dem Bügeltuch dämpfen. Die Kartonstreifen verhindern, dass sich die Rückseiten der Falten auf der Vorderseite abdrücken.

VON LINKS EINGELEGT: KELLERFALTEN UND QUETSCHFALTEN

Kellerfalten und Quetschfalten (siehe unten) werden von links eingelegt. Das hat den Vorteil, dass Sie die Markierungslinien mit Kopierrädchen und Schneider-Kopierpapier auf der linken Stoffseite anzeichnen können. Damit die Falten ganz gerade ausfallen, führen Sie das Rädchen an einem Lineal entlang.

1 Die Bruchlinien und Anstoßlinien mit Heftfäden in verschiedenen Farben auf der linken Stoffseite über die ganze Länge des Werkstücks markieren.

Anstoßlinie

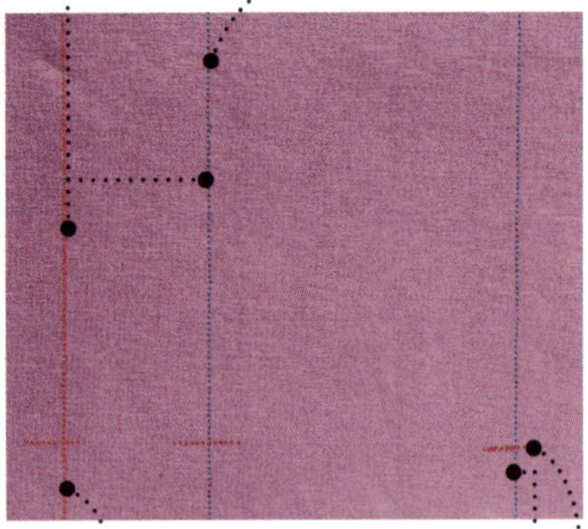

Bruchlinie

2 Auch das Ende jeder Stepplinie anzeichnen. Die Schnittmusterteile abnehmen.

Ende der Stepplinie

3 Die beiden Anstoßlinien rechts und links einer Bruchlinie aufeinanderlegen und feststecken.

4 Der Bruch muss exakt entlang der Bruchlinie im Fadenlauf und parallel zu den Anstoßlinien verlaufen.

5 Die Falte in ganzer Länge entlang der gesteckten Anstoßlinien zusammenheften.

Bruchlinie

6 Entlang der gehefteten Linie steppen.

7 An der Endmarkierung der Stepplinie anhalten und das Nahtende verriegeln.

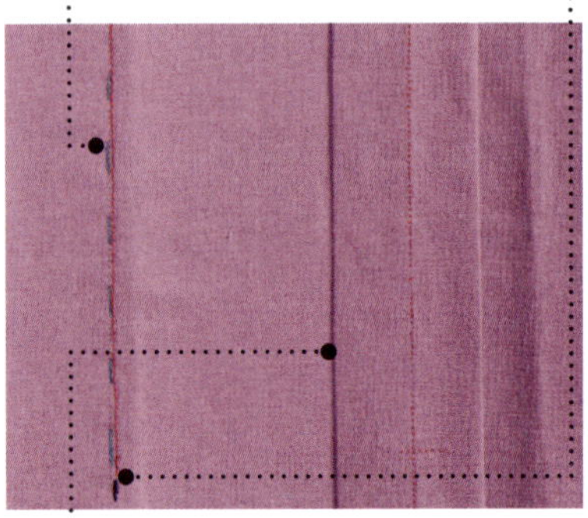

8 Die Falte auf der linken Seite so glatt streichen, dass die Bruchlinie auf der Stepplinie liegt. Die Stoffbreite muss auf beiden Seiten der Bruchlinie gleich sein.

9 Die Falten auf der linken Seite mit einem Bügeltuch aus Seidenorganza abdecken und dämpfen.

10 Beim Dämpfen das Bügeleisen nicht schieben, sondern jeweils anheben und ein Stück weiter wieder absetzen.

11 Falls die Gefahr besteht, dass sich die Falten auf der rechten Seite abdrücken, schieben Sie vor dem Dämpfen Karton- oder Packpapierstreifen in die Falten.

FALTEN ZUSTEPPEN UND ABSTEPPEN

Wenn Falten fest zugesteppt oder entlang ihrer Bruchkanten abgesteppt werden, fallen sie immer akkurat und verziehen sich an Röcken auch nicht beim Sitzen.

MESSERFALTEN ZUSTEPPEN

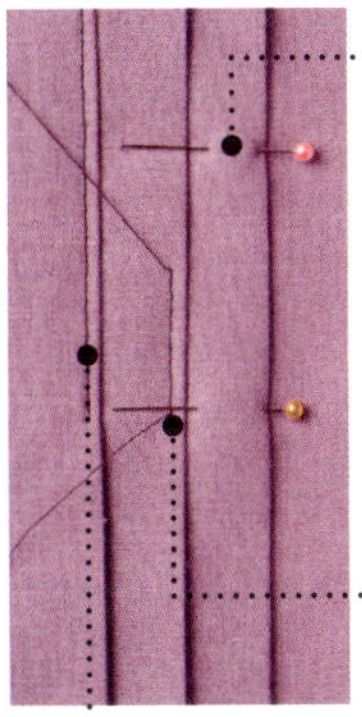

1 Die Falten dämpfen, Heft- und Markierungsfäden entfernen. Einige Stecknadeln quer einstecken, damit sich die Falten nicht verschieben.

2 Jede Falte auf der rechten Seite des Werkstücks etwa 2 mm neben der Bruchkante feststeppen.

3 Steppen Sie immer von der Endmarkierung der Stepplinie aus aufwärts zur Taille.

KELLERFALTEN MIT GERADEM ENDE ZUSTEPPEN

1 Dieser Faltentyp wird beidseitig gesteppt. Zuerst auf einer Seite in 5 mm Abstand zur Bruchkante abwärts steppen.

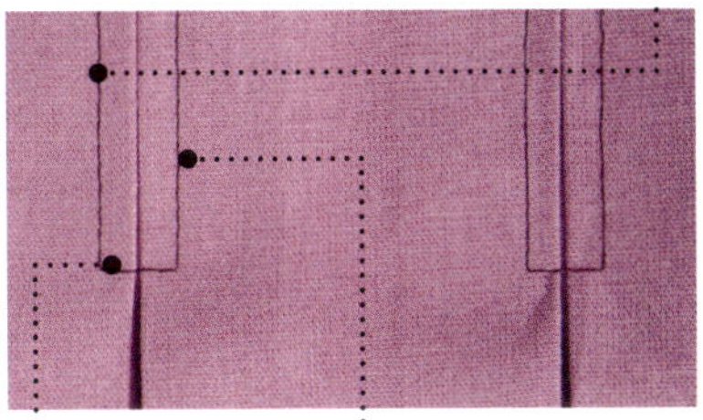

2 Wenden und einige Stiche quer über die Falte nähen.

3 Nochmals wenden und in 5 mm Abstand zur Bruchkante wieder aufwärts steppen.

KELLERFALTEN MIT SPITZEM ENDE ZUSTEPPEN

1 Mit 5 mm Abstand zur Bruchkante abwärts steppen. Wenden und schräg bis zur Mitte steppen.

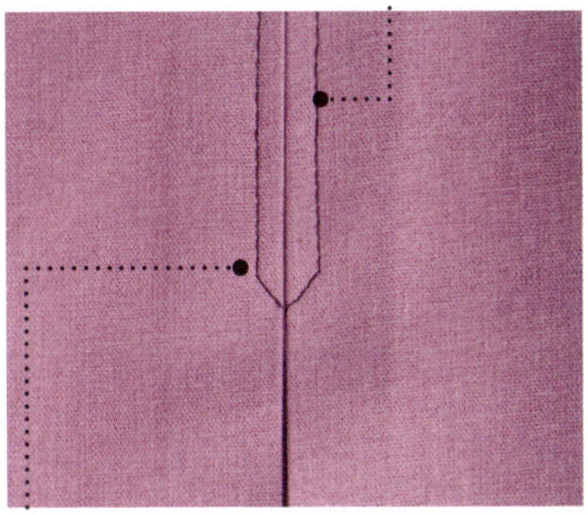

2 Wieder wenden, ein kurzes Stück schräg und dann aufwärts bis zur Taille steppen.

MESSERFALTEN ABSTEPPEN

1 Nach dem Dämpfen in 2 mm Abstand zur Bruchkante nur durch die Falte steppen.

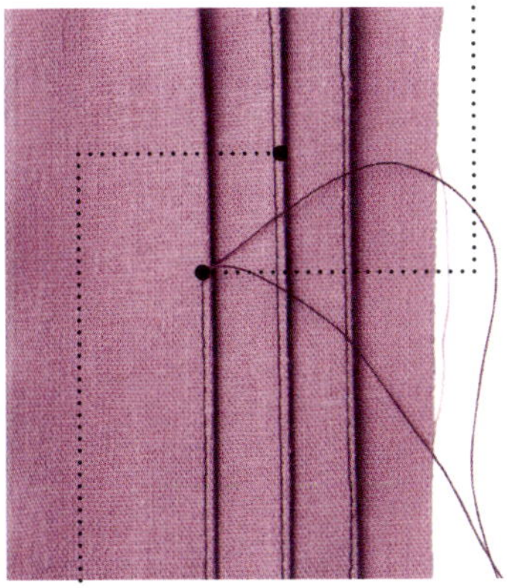

2 Die Bruchkante auf der gesamten Länge absteppen.

FALTEN FESTSTEPPEN UND ABSTEPPEN

1 Zuerst die Falte in 2 mm Abstand zur Bruchkante absteppen.

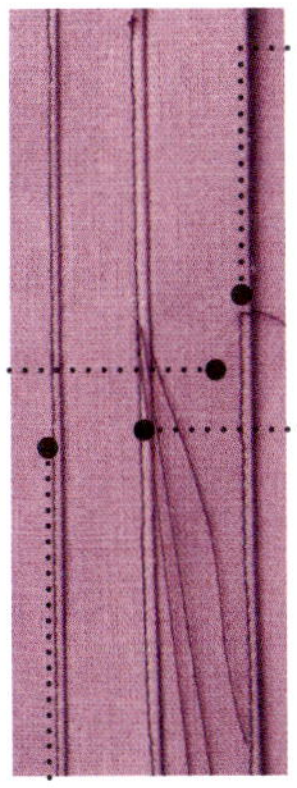

2 An dem Punkt anhalten, ab dem die Falte festgesteppt werden soll.

3 Die Maschinennadel im vierten oder fünften Stich der Stepplinie durch alle Stofflagen hindurch einstechen.

4 Nun in 2 mm Abstand zur Bruchkante die Falte bis zur Taille durch alle Lagen hindurch feststeppen.

GEHFALTEN ABSTEPPEN

1 Diese Falte ist nach rechts gebügelt. Direkt unter der Nahtlinie der Falte wird eine schräge Linie gesteppt, um die unteren Stofflagen der Falte zu fixieren.

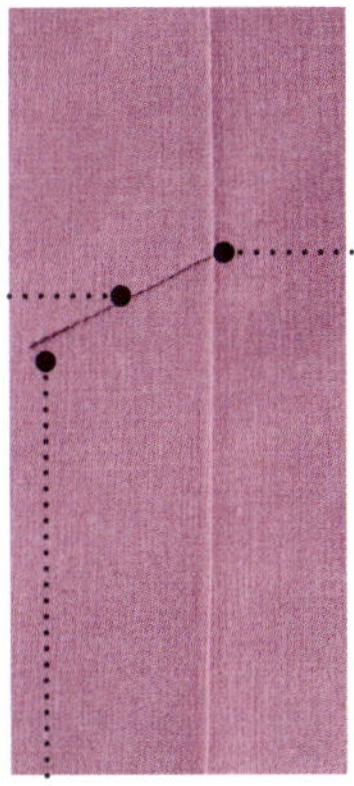

2 Die Stepplinie endet genau an der Bruchkante.

3 Die Enden der Steppfäden zur Innenseite des Werkstücks ziehen.

FALTEN IN VORHÄNGEN

Vorhänge legt man oft in Falten, um die Stofffülle einzuhalten und sie der Stange oder Schiene und dem Fenster anzupassen. Am einfachsten lassen sich Vorhänge mit Faltenband einhalten, das in verschiedenen Ausführungen erhältlich ist und auf den oberen Rand gesteppt wird, beispielsweise für gleichmäßige Falten und Faltengruppen. Die Stoffbreite für Vorhänge entspricht normalerweise der zweieinhalbfachen Fensterbreite. Diese Breite wird durch das Faltenband auf Fensterbreite eingehalten.

VORBEREITEN DES VORHANGS

1 An beiden Seitenkanten des Vorhangs einen 2,5 cm breiten doppelten Saum einschlagen (d. h. die Schnittkante 2,5 cm breit einschlagen, dann nochmals in derselben Breite).

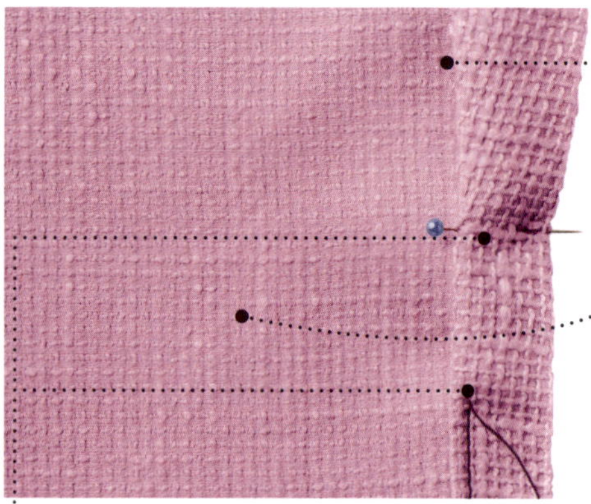

Linke Stoffseite

2 Den Saum feststecken und knappkantig feststeppen.

Seitenkante des Vorhangs

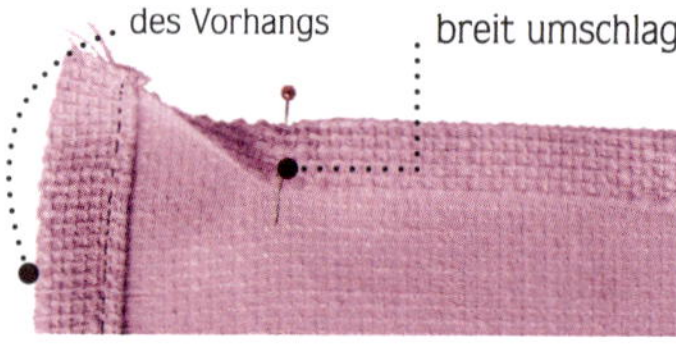

3 Die Oberkante des Vorhangs 2,5 cm breit umschlagen und feststecken.

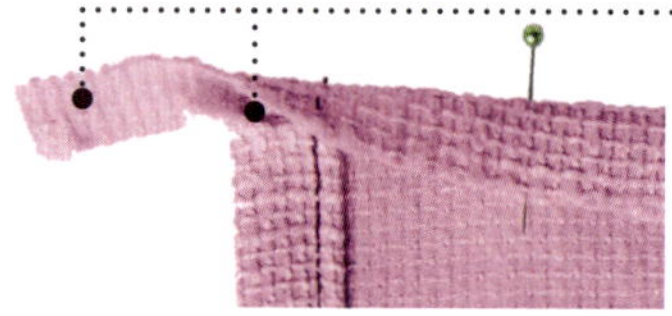

4 Den seitlichen Saumeinschlag an den Ecken abschneiden, um die Stoffdicke zu reduzieren.

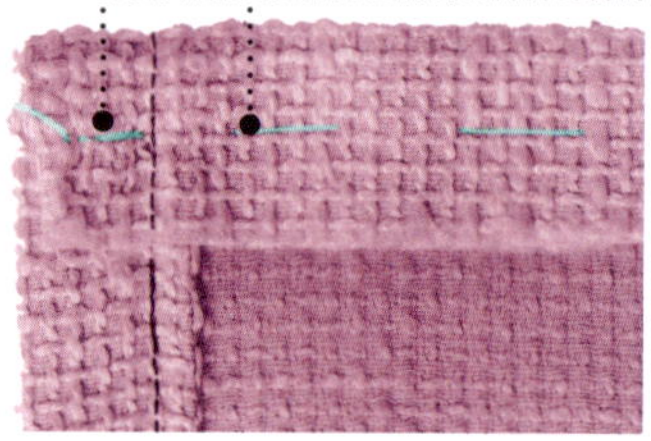

5 Die Oberkante des Vorhangs festheften.

TASCHEN FÜR DIE ZUGSCHNÜRE NÄHEN

1 Ehe das Faltenband aufgenäht wird, nähen Sie eine kleine Tasche, in der die Zugschnur später verstaut wird. Dafür aus einem Stoffrest ein Rechteck von 15 x 8 cm Größe zuschneiden.

2 Eine Schmalseite nach links umschlagen und mit der Maschine feststeppen.

3 Das Rechteck rechts auf rechts falten, dabei die ungesäumte Kante vorstehen lassen.

4 Beide Seiten zusteppen und die unteren Ecken schräg abschneiden.

5 Die Tasche wenden und bügeln.

GLEICHMÄSSIGE FALTEN

1 An einem Ende des Faltenbandes die Zugschnüre ein Stück weit herausziehen. Alle müssen auf derselben Seite des Bandes liegen.

2 Die Oberkante des Bandes 5 mm unterhalb der umgehefteten Vorhang-Oberkante feststecken. Dabei das Band straffen. Die Schmalseiten nach links einschlagen und feststecken. Die Zugschnüre müssen lose bleiben.

3 Die Oberkante des Faltenbandes an den Vorhang steppen. Die Zugschnüre nicht mitfassen.

4 Vor dem Aufsteppen der Unterkante die Tasche unter das Ende mit den gelösten Zugbändern schieben.

5 Tasche und Unterkante des Bandes feststecken und aufsteppen.

6 Am anderen Ende die Zugschnüre mit Heftstichen fixieren, damit sie nicht herausgezogen werden können.

7 An dem Ende, an dem sich die Tasche befindet, an den Zugschnüren ziehen, um den Vorhang in Falten zu legen.

8 Die Zugschnüre aufwickeln und in die Tasche stecken.

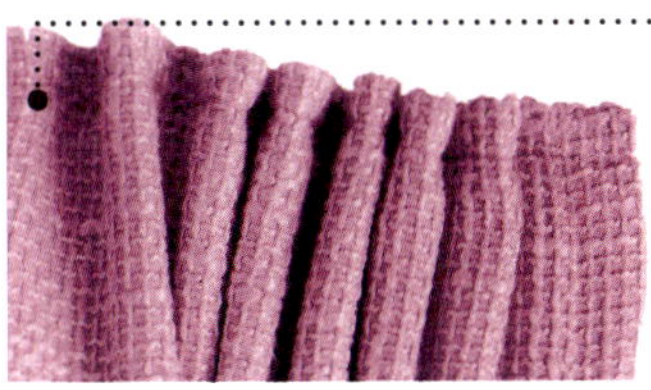

9 Den Vorhang umdrehen, die Verteilung der Falten kontrollieren und bei Bedarf korrigieren.

FALTENGRUPPEN

1 Manche Faltenbänder ziehen den Stoff zu Faltengruppen zusammen, die an der Unterkante des Bandes sehr dicht stehen und nach oben leicht aufspringen. Dafür zunächst den Vorhang vorbereiten und eine Tasche nähen (siehe links).

2 Das Faltenband aufsteppen (siehe links).

3 Den Vorhangstoff in Falten ziehen und das Zugband in die Tasche stecken.

4 Die Falten am oberen hinteren Rand mit kleinen Handstichen fixieren.

SÄUME & KANTEN

SÄUME & KANTEN

Stoffkanten werden normalerweise gesäumt. Für Kleidungsstücke wählt man oft dezente Säume, für Wohntextilien, Bastelprojekte und einige Arten von Kleidung sind auch dekorative Säume möglich. Welchen Saumtyp man wählt, richtet sich entweder nach dem Stil des Modells oder nach dem Stoff.

ÜBERSICHT

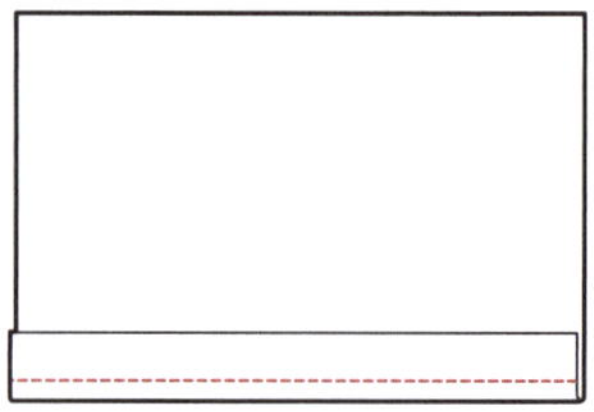

EINFACHER SAUM **(S. 110)**

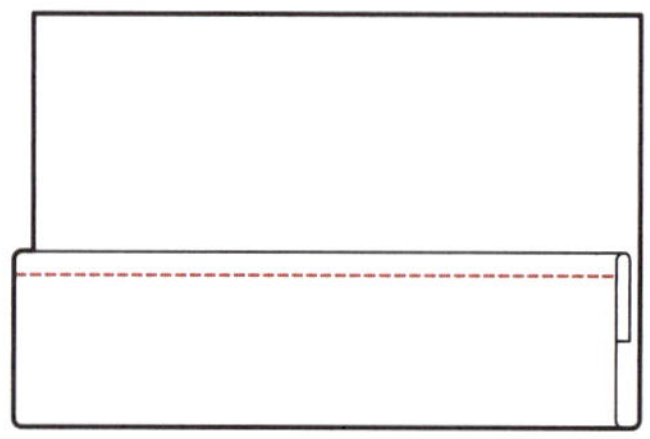

DOPPELTER UMSCHLAGSAUM **(S. 110)**

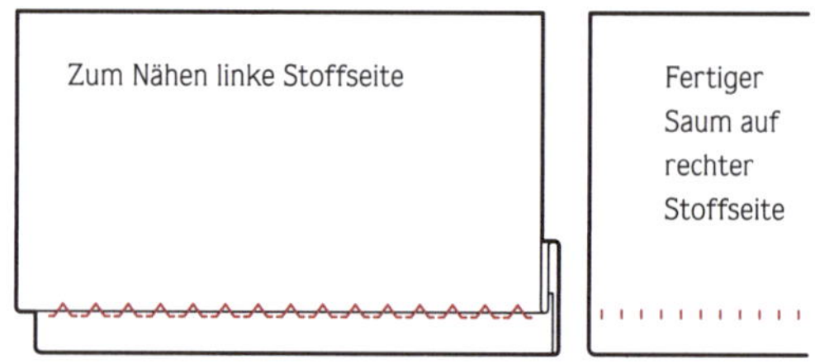

BLINDSAUMSTICH **(S. 111)**

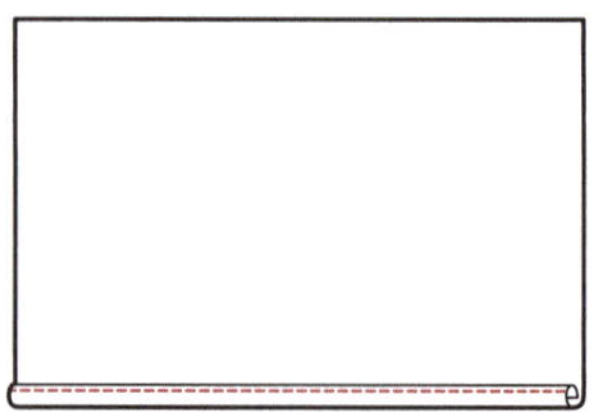

ROLLSAUM **(S. 112)**

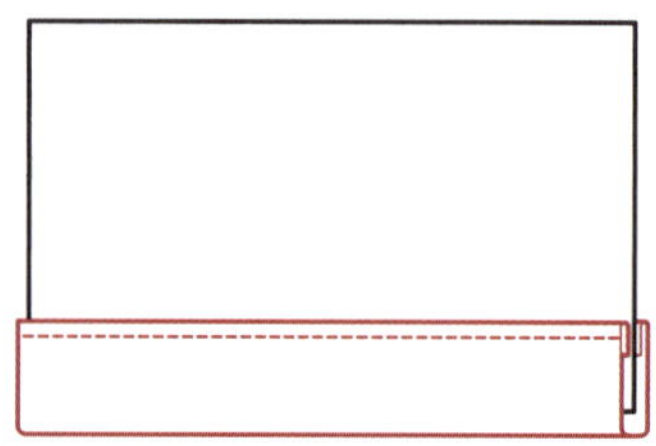

EINFASSEN MIT SCHRÄGSTREIFEN **(S. 113)**

SAUMLINIE ANZEICHNEN

Bei einem Rock oder Kleid ist es wichtig, dass die Saumlinie rundum auf gleicher Höhe liegt. Auch wenn der Stoff gerade zugeschnitten ist, »zipfeln« manche Röcke. Die Saumkante hängt an manchen Stellen höher, an anderen tiefer, weil sich der Stoff überall dort dehnt, wo Kanten nicht genau im Fadenlauf liegen. Auch eine schlechte Körperhaltung kann zu einer unebenen Saumkontur führen.

MIT LINEAL ODER METERSTAB

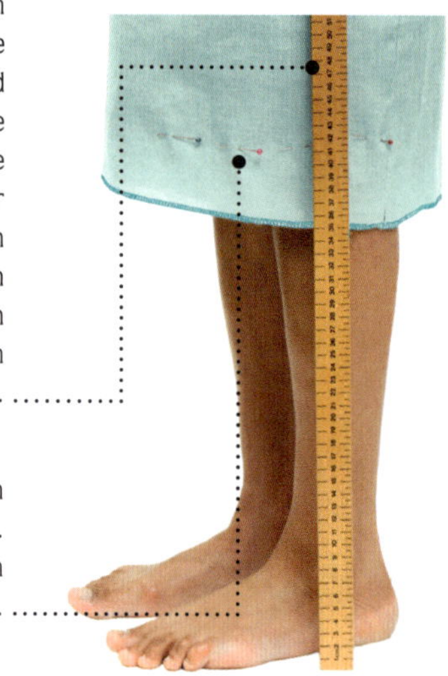

1 Für diese Methode brauchen Sie einen Helfer. Ziehen Sie Rock oder Kleid an (aber keine Schuhe). Das Ende des Lineals oder Meterstabs auf den Boden aufsetzen und gerade hoch zum Rocksaum messen.

2 Die gewünschte Faltlinie für den Saum mit Stecknadeln markieren. Stecken Sie die Nadeln rundherum am selben Punkt des Lineals ein.

EINFACHER UMSCHLAGSAUM

Wenn die Bruchlinie für den Saum durch Stecknadeln markiert ist, müssen Sie die Saumzugabe auf eine angemessene Breite zurückschneiden. Die meisten einfachen Umschlagsäume sind etwa 4 cm breit.

1 Die Bruchlinie für den Saum vorsichtig bügeln. Nicht zu stark aufdrücken, damit kein scharfer Knick entsteht.

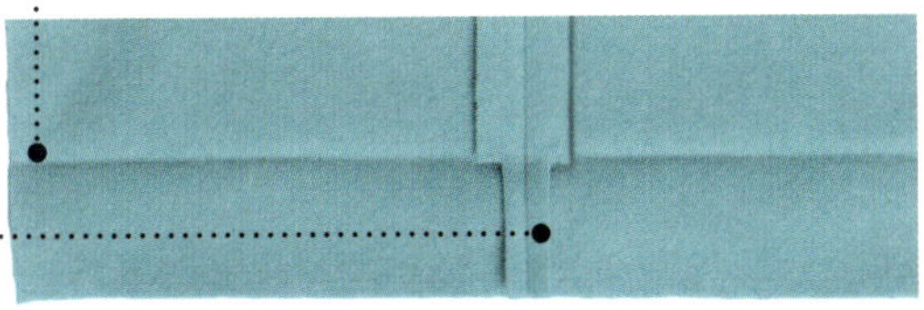

2 Die Nahtzugabe zurückschneiden, damit sie nicht zu stark aufträgt. Falls nötig, die Schnittkante versäubern.

3 Den Saum an der Bruchkante umschlagen. Die vertikalen Nahtlinien müssen dabei aufeinandertreffen.

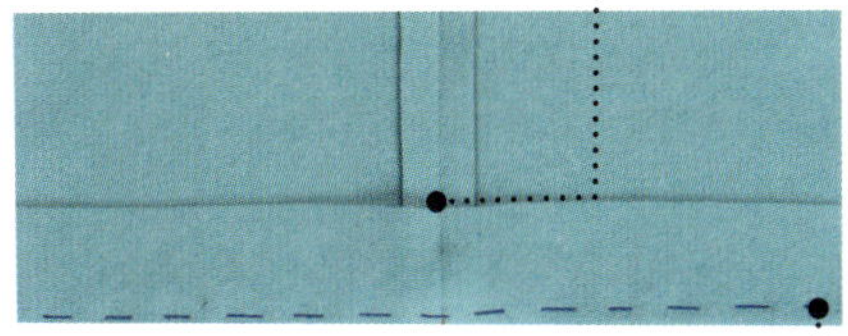

4 Den Saum knapp neben der Bruchkante heften. Nun kann er von Hand oder mit der Maschine angenäht werden.

HANDGENÄHTE SÄUME

Säume arbeitet man häufig von Hand: So gelingen sie besonders unauffällig. Die Stiche sind von der rechten Seite aus nicht zu sehen, wenn man eine feine Nähnadel verwendet.

TIPPS FÜR DAS SÄUMEN VON HAND

1 Arbeiten Sie stets mit einfachem Faden. Ein Allzwecknähgarn aus Polyester eignet sich besonders gut zum Säumen.
2 Wenn die offene Schnittkante der Saumzugabe nach einer der unten vorgestellten Methoden versäubert ist, wird sie mit Blindsaumstichen befestigt. Dabei die eine Hälfte des Stichs in die versäuberte Kante, die andere in die linke Seite des Oberstoffs arbeiten.
3 Die Handnaht mit einem doppelten Stich beginnen und beenden. Verzichten Sie auf Knoten, da sie sich verhaken und den Saum verziehen könnten.
4 Arbeiten Sie jeweils nach 10 cm einen Rückstich. So löst sich nicht sofort die ganze Saumnaht auf, wenn der Saum sich an einer Stelle löst.

SAUBERER ABSCHLUSS

1 Diese Methode eignet sich für feine und dünne Stoffe. Den Saum in die richtige Position bügeln.

2 Die Schnittkante der Nahtzugabe nach links einschlagen und die Kante heften.

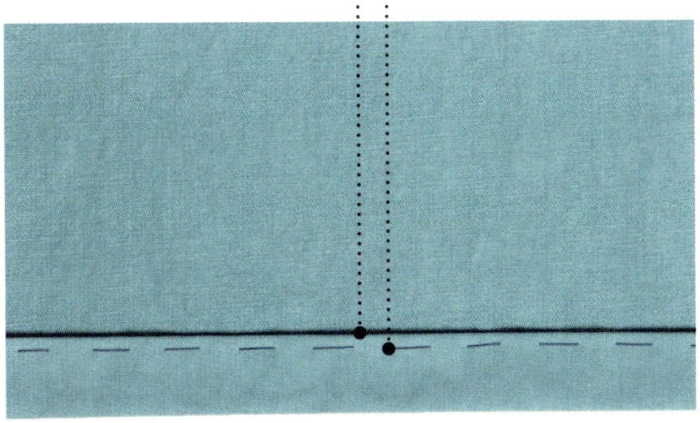

3 Den Saum auffalten und die geheftete Kante steppen.

4 Den Saum wieder umschlagen und heften.

5 Die Kante entlang der Stepplinie nach außen klappen und den Saum darunter annähen.

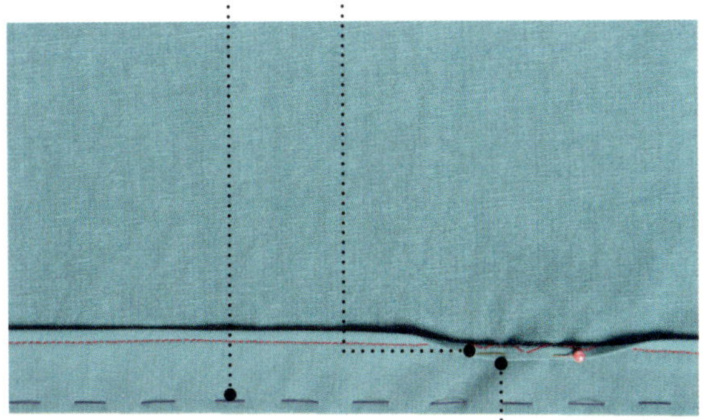

6 Die Saumkante mit kleinen Blindsaumstichen an der linken Stoffseite annähen. Dann die Kante wieder zurückklappen.

7 Heftfäden entfernen und den Saum leicht bügeln.

VERSÄUBERN MIT SCHRÄGSTREIFEN

1 Empfehlenswert für Stoffe, die leicht ausfransen oder besonders dick sind. Den Saum zur linken Seite des Kleidungsstücks umschlagen und knapp neben der Bruchkante heften.

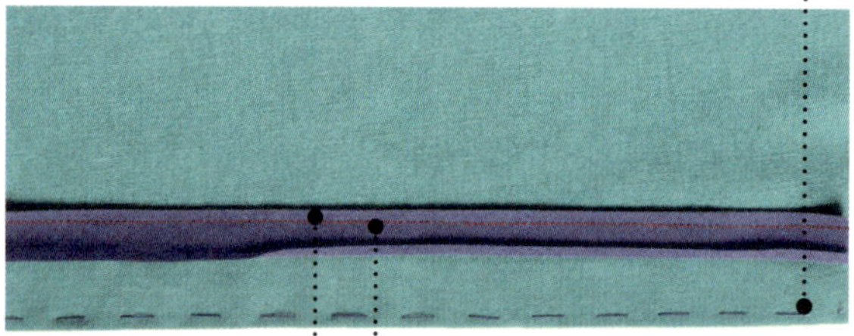

2 Den Schrägstreifen an die offene Kante der Saumzugabe stecken.

3 Gefalteten Schrägstreifen aufklappen und entlang der Faltkante steppen. Schnitt- und Streifenkante müssen übereinstimmen.

4 Den Schrägstreifen über die offene Stoffkante herumfalten und bügeln.

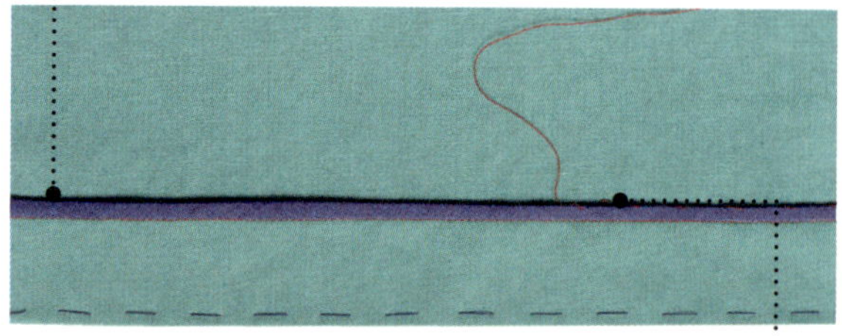

5 Die mit dem Schrägstreifen eingefasste Kante mit Saumstichen an die linke Seite des Oberstoffs nähen. Die Heftfäden entfernen und den Saum leicht bügeln.

VERSÄUBERN MIT ZICKZACKSTICHEN

1 Versäubern Sie so die Saumkanten von Stoffen, die nicht allzu stark ausfransen. An der Nähmaschine einen Zickzackstich einstellen (Stichbreite 4,0; Stichlänge 3,0). Die offene Schnittkante damit bekanteln. Den überstehenden Stoff bis zur Naht zurückschneiden.

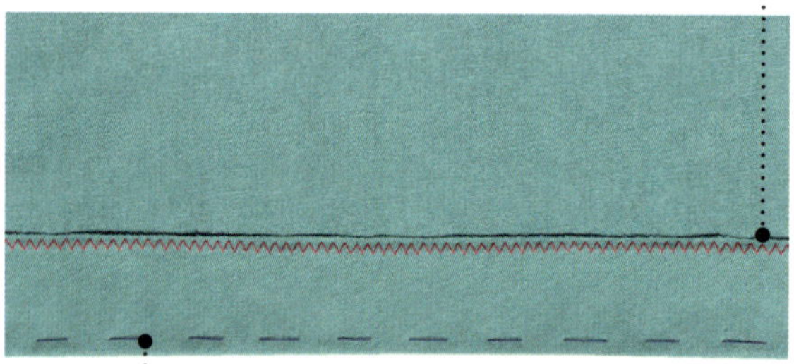

2 Den Saum zur linken Stoffseite einschlagen und knapp neben der Bruchkante heften.

3 Die mit Zickzackstichen versäuberte Kante nach außen umklappen. Den Saum mit Blindsaumstichen annähen.

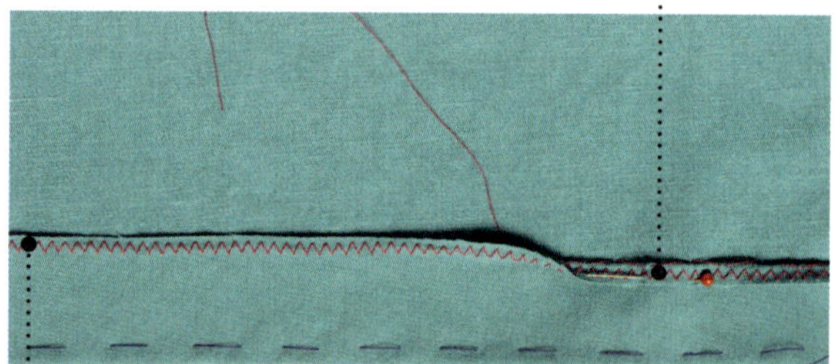

4 Die Kante zurückklappen. Die Heftfäden entfernen und den Saum leicht bügeln.

MIT DER ZACKENSCHERE VERSÄUBERN

1 Schwer zu handhabende Stoffe lassen sich gut mit der Zackenschere versäubern. Eine Steppnaht mit 1 cm Randabstand arbeiten. Die offene Kante mit der Zackenschere zurückschneiden.

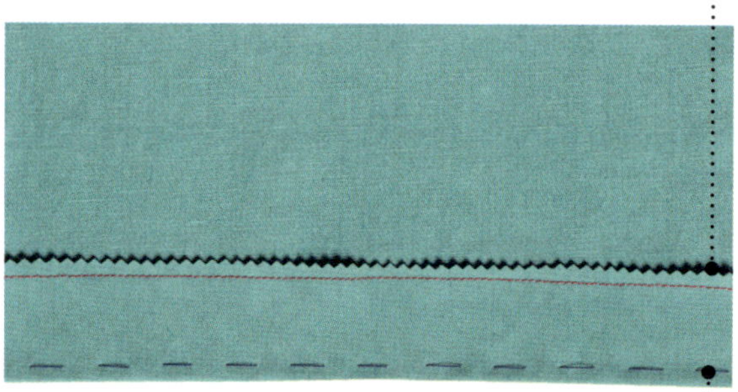

2 Den Saum zur linken Stoffseite einschlagen und knapp neben der Bruchkante heften.

3 Die Kante entlang der Stepplinie nach außen klappen und mit Blindsaumstichen annähen.

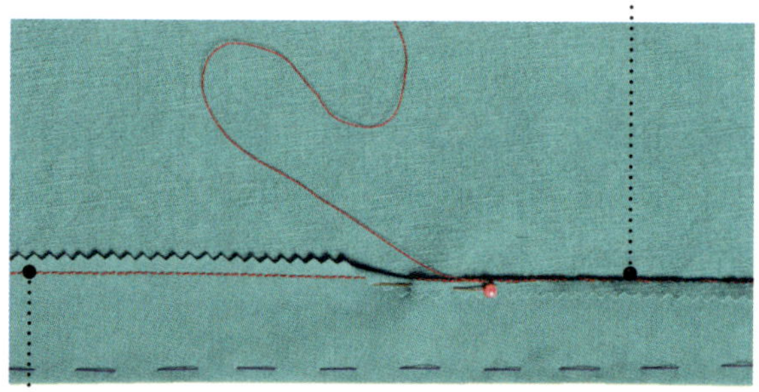

4 Die Kante zurückklappen. Die Heftfäden entfernen und den Saum leicht bügeln.

GERUNDETER SAUM

Beim Säumen eines Rocks mit gerundeter Unterkante ist der Umschlag an der Schnittkante fülliger als an der Bruchkante. Dieses Zuviel an Stoff muss vor dem Annähen des Saumes ausgeglichen werden.

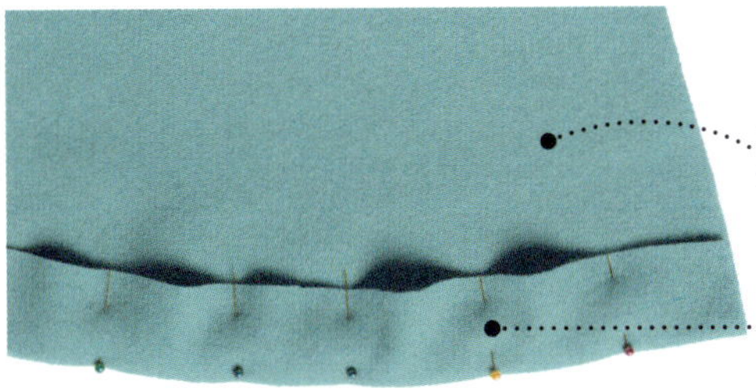

1 Saumlinie markieren, dabei die Stecknadeln vertikal einstechen, damit die zusätzliche Stofffülle an der Schnittkante nicht platt gedrückt wird.

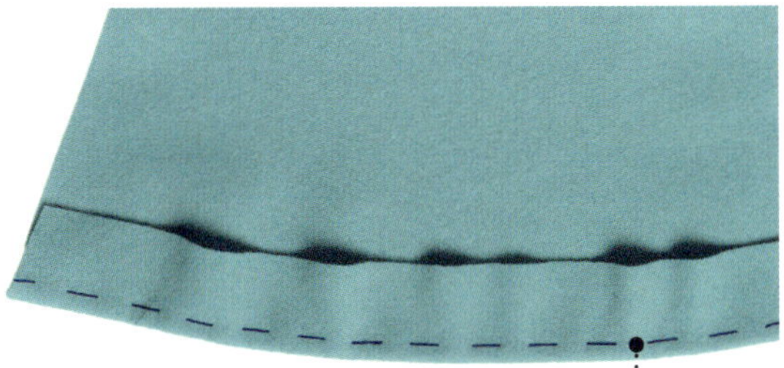

2 Den Saum knapp neben der Bruchkante heften. Stecknadeln entfernen.

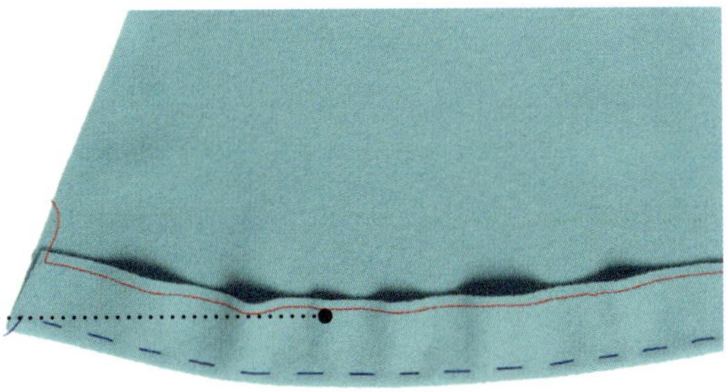

3 Eine Reihe sehr langer Steppstiche (Einstellung 5,0) mit der Maschine entlang der Schnittkante des umgeschlagenen Saums arbeiten.

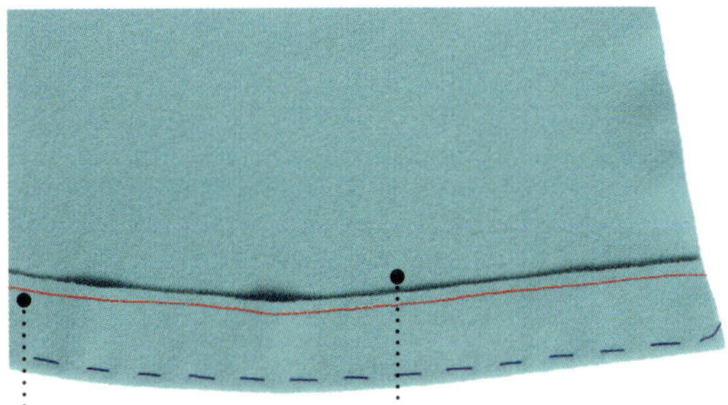

4 Einen der beiden Fäden dieser langen Stiche anziehen, um den Stoff zu straffen und die Stofffülle auszugleichen.

5 Die verbleibenden Fältchen mit dem Dampfbügeleisen zum Verschwinden bringen. Nun kann der Saum von Hand oder mit der Nähmaschine angenäht werden.

GERUNDETE SÄUME VERSÄUBERN

1 Bei einem gerundeten Saum an einem Modell aus festem Stoff darf das Zuviel an Stoff nicht zur Faltenbildung auf der rechten Seite führen. Vor dem Umschlagen des Saums die offene Kante mit Zickzackstichen bekanteln (Stichbreite 4,0; Stichlänge 3,0).

4 Den Saum knapp neben der Bruchkante heften.

5 Die Fäden der Steppnaht anziehen, um den Stoff leicht aufzukräuseln.

2 Dann 3mm unterhalb der Zickzacknaht eine Steppnaht mit langen Stichen arbeiten (Stichlänge 5,0).

3 Den Saum umschlagen und stecken. Die Stecknadeln dabei vertikal einstechen.

6 Die Zickzackkante bis zur Steppnaht nach außen umklappen und den Saum von Hand mit Blindsaumstichen annähen. Die Heftfäden entfernen und den Saum leicht bügeln.

MIT DER MASCHINE SÄUMEN

In vielen Fällen werden Säume nach oben umgeschlagen und mit der Nähmaschine befestigt. Sie können mit Geradstichen, Zickzackstichen oder Blindsaumstichen genäht werden. Auch mit der Overlockmaschine lassen sich Säume arbeiten.

EINFACHER SAUM

1 Dies ist eine beliebte Methode. Den Saum zur linken Seite der Arbeit umschlagen und dann bügeln.

2 Eine Steppnaht knapp neben der Saumkante arbeiten.

DOPPELTER UMSCHLAGSAUM

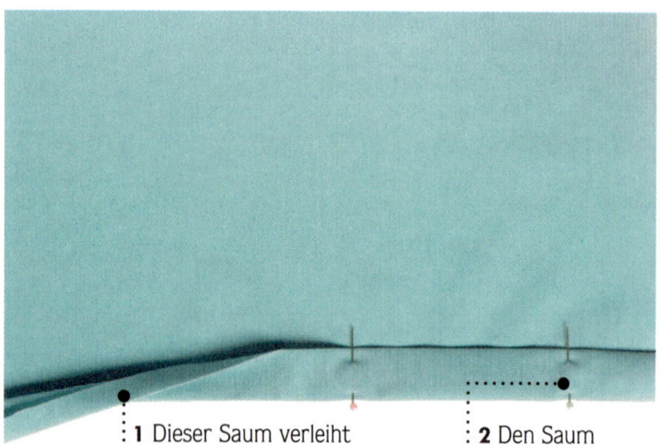

1 Dieser Saum verleiht der Kante zusätzliches Gewicht. Die Stoffkante nach oben falten und dann ein weiteres Mal umfalten.

2 Den Saum feststecken und bügeln.

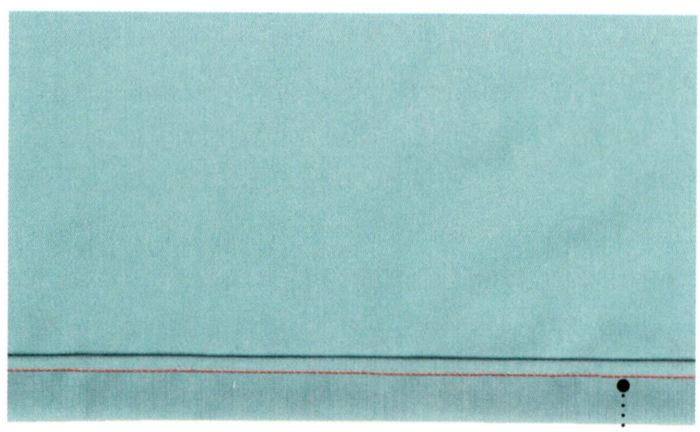

3 Mit der Nähmaschine knapp unterhalb der oberen Bruchkante entlangsteppen.

BLINDSAUMSTICH

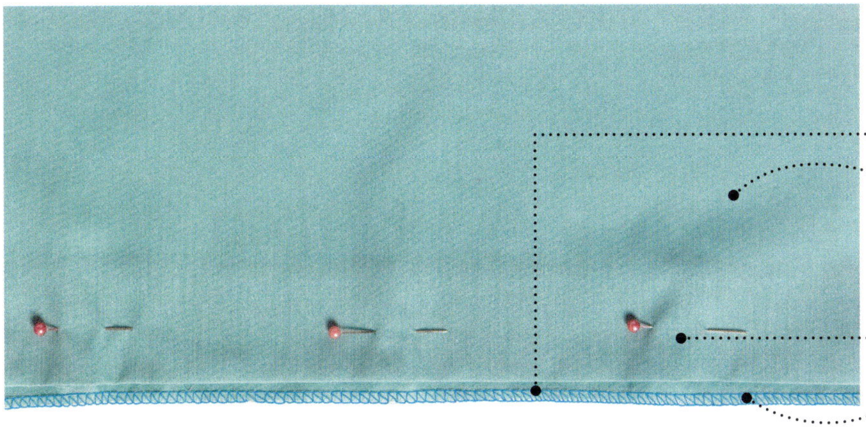

1 Dieser einfache Umschlagsaum wird mit dem Blindsaumstich der Nähmaschine befestigt. Die Schnittkante des Stoffs versäubern (hier mit der Overlockmaschine).

Linke Stoffseite

2 Den Saum nach links umschlagen, dann nach rechts umschlagen, sodass die versäuberte Kante noch übersteht. Mit Abstand zur Bruchkante feststecken.

Überstehende versäuberte Kante

Bruchkante

Linke Stoffseite

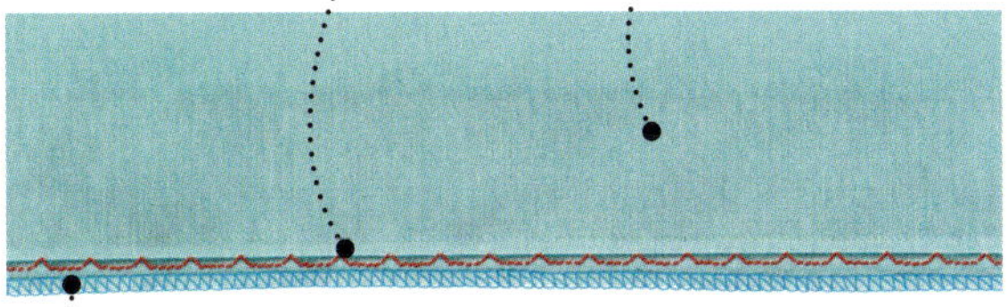

3 Den Saum mit dem Blindsaumfuß und dem Blindsaumstich annähen. Die Stepplinie sollte knapp unterhalb der versäuberten Kante verlaufen, wobei nur die Spitzen der Stiche die Bruchkante mitfassen.

Linke Stoffseite

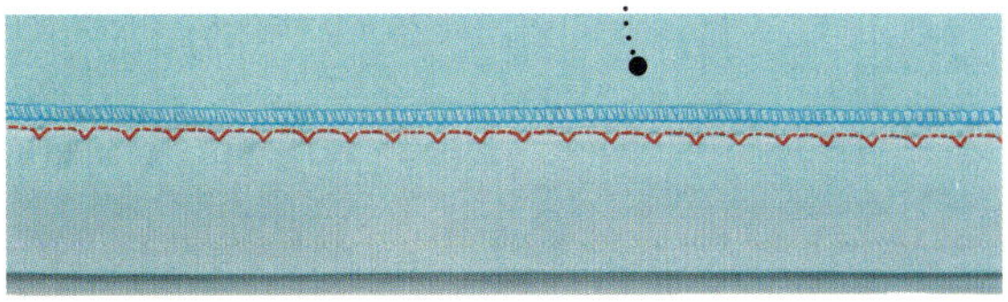

4 Den Saum wieder auffalten und von der rechten Seite leicht bügeln. Auf der rechten Stoffseite sind die Stiche kaum sichtbar.

SÄUME IN SCHWIERIGEN STOFFEN

Stoffe, die besonders dünn sind oder stark ausfransen, bereiten beim Säumen einiges Kopfzerbrechen. Die folgende Methode funktioniert bei feinen Stoffen gut.

1 Den Saum einmal nach oben umschlagen.

2 Mit Heftstichen fixieren.

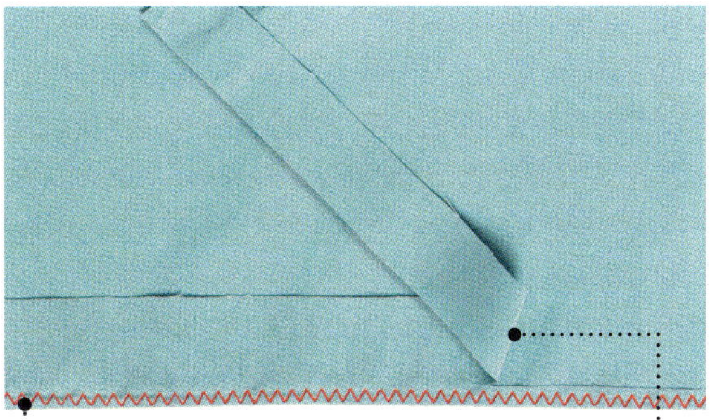

3 An der Nähmaschine einen Zickzackstich (Stichbreite 3,5; Stichlänge 2,0) einstellen und knapp an der Bruchkante entlangnähen.

4 Die überstehende Saumzugabe abschneiden. Bügeln.

ROLLSAUM

Einen Rollsaum arbeitet man an dünnen Stoffen. Man findet ihn oft an Wohnaccessoires, aber auch an Kleidungsstücken. Hierfür wird der Stoff zur linken Seite eingerollt und mit dem Rollsaumfuß befestigt.

ROLLSAUM MIT STEPPNAHT

Verwenden Sie den Rollsaumfuß der Nähmaschine und einen Steppstich.

ROLLSAUM MIT ZICKZACKSTICH

Verwenden Sie den Rollsaumfuß der Nähmaschine und einen Zickzackstich.

GEKLEBTER SAUM

Ein geklebter Saum empfiehlt sich für Stoffe, die schwierig von Hand zu nähen sind, aber auch als schnelle Reparaturtechnik. Man verwendet dafür ein Saumband aus beidseitig klebendem Bügelvlies.

Linke Stoffseite

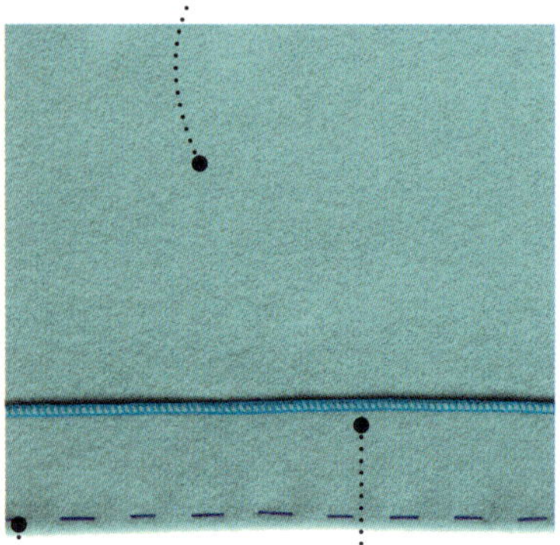

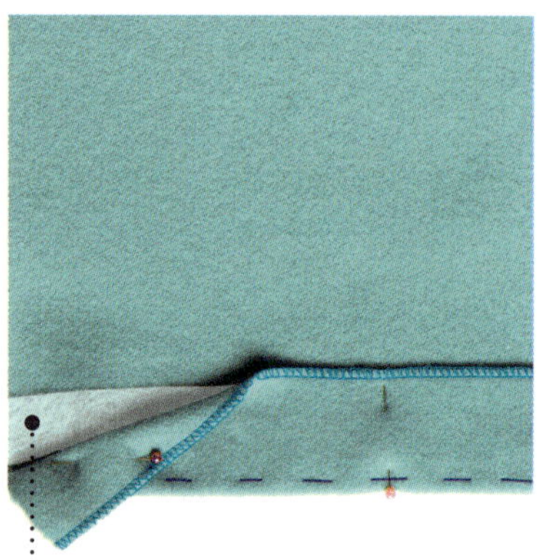

1 Den Saum zur linken Stoffseite umschlagen und bügeln. Dann den Saum knapp neben der Bruchkante heften.

2 Die offene Schnittkante mit Zickzack- oder Overlockstichen versäubern.

3 Das Saumband aus beidseitig klebendem Bügelvlies zwischen den Saum und die linke Seite des Kleidungsstücks einlegen. Platzieren Sie das Band genau unterhalb der Overlock- oder Zickzacknaht. Den Saum dann mit dem eingelegten Band stecken.

4 Die Saumzugabe mit einem Bügeltuch bedecken und die Saumkante mit dem Dampfbügeleisen bügeln, um das Vliesband zum Schmelzen zu bringen. Nach dem Abkühlen ist der Saum sicher befestigt. Heftfäden entfernen.

EINFASSEN MIT SCHRÄGSTREIFEN

Ein mit Schrägstreifen eingefasster Saum verleiht einem Kleidungsstück oder einem Wohnaccessoire eine schmale Zierkante. Das eignet sich gut für gerundete Formen. Für dicke Stoffe legt man den Schrägstreifen doppelt, weil er dann mehr Volumen mitbringt und die Form besser hält. Doppelte Schrägstreifen verwendet man auch für transparente Stoffe, damit keine offenen Kanten zu sehen sind. Schrägband gibt es fertig zu kaufen, Sie können es auch aus Stoff zuschneiden.

EINFASSUNG MIT EINFACHEM SCHRÄGSTREIFEN

1 Den Schrägstreifen rechts auf rechts an die Saumkante anlegen.

2 Mit der Nähmaschine den Schrägstreifen an die Stoffkante steppen (Nahtzugabe = Nähfußbreite). Nach dem Nähen bügeln.

3 Den Schrägstreifen zur linken Stoffseite umschlagen und um die Stoffkante herumlegen.

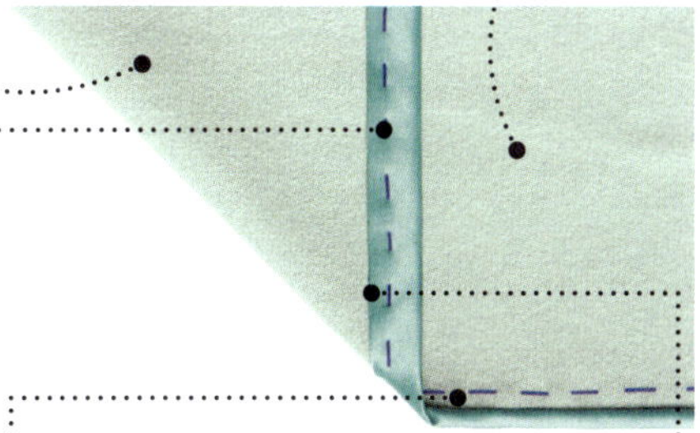

4 Den Schrägstreifen auf der linken Stoffseite anheften.

5 Von der rechten Stoffseite aus den Schrägstreifen in der Rille neben der Steppnaht (»im Schatten der Naht«) annähen.

6 Auf der linken Stoffseite den Schrägstreifen bis knapp an die Naht zurückschneiden (schräg zum Fadenlauf geschnittener Stoff franst kaum aus). Heftfäden entfernen, Saum bügeln.

EINFASSUNG MIT DOPPELTEM SCHRÄGSTREIFEN

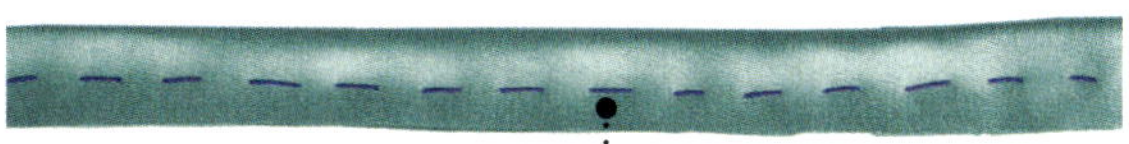

1 Schrägstreifen mit 8 cm Breite zuschneiden und bis zur erforderlichen Länge zusammensetzen.

2 Den Schrägstreifen der Länge nach links auf links zur Hälfte zusammenlegen und heften.

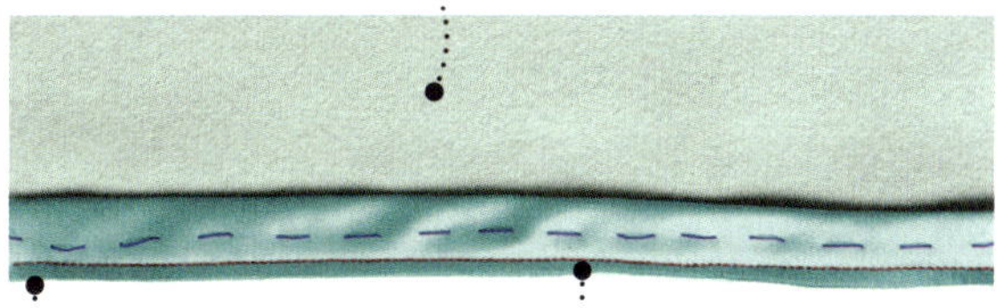

3 Den gefalteten Streifen so auf den Stoff legen, dass die offenen Kanten übereinstimmen.

4 Den Streifen steppfußbreit annähen.

5 Die Faltkante des Schrägstreifens so zur linken Seite des Kleidungsstücks umfalten, dass sie mit der Steppnaht übereinstimmt.

6 Die Faltkante mit Saumstichen entlang der Steppnaht annähen.

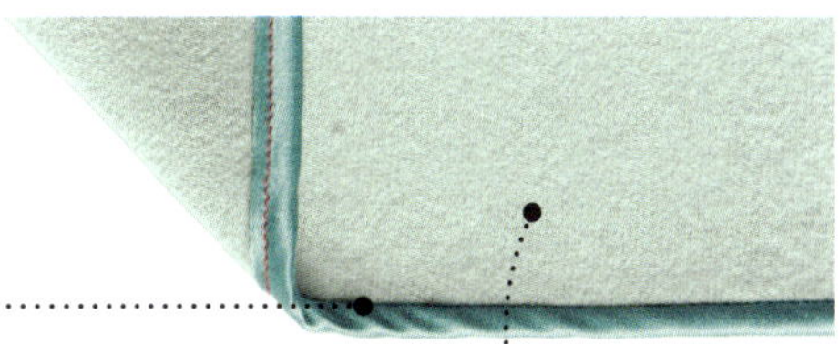

7 Alternativ können Sie den Schrägstreifen im Schatten der ersten Naht annähen.

SPITZE ANSETZEN

Eine Spitzenkante verleiht jedem Kleidungsstück einen Hauch von Luxus. Wie sie angebracht wird, hängt von der Beschaffenheit der Spitze ab. Eine plastische Spitzenborte hat eine feste Kante, mit der sie an den Stoff genäht werden kann. Manche Spitzen haben nur eine dekorative Kante, während bei anderen beide Kanten verziert sind.

SPITZENBORTE MIT EINER FESTEN KANTE

1 Die Spitze auf die rechte Seite des Stoffs aufstecken.

2 Mit kleinen Zickzackstichen an der Kante der Borte entlangnähen. Jeder Stich muss dabei die Spitze erfassen.

3 Den überstehenden Stoff unter der Spitze zurückschneiden.

SPITZENBORTE MIT EINER DEKORKANTE

1 Die Spitze rechts auf rechts kantenbündig auf den Stoff stecken.

2 Die Spitze mit Steppstichen aufnähen.

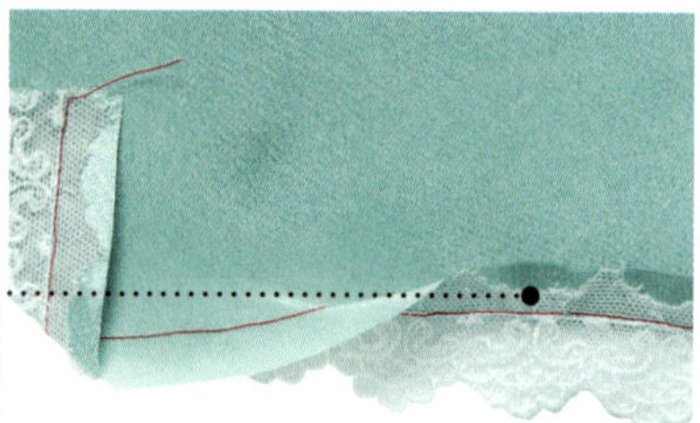

3 Die offenen Kanten zur linken Seite der Arbeit umfalten und anschließend von links bügeln.

4 Von der rechten Seite der Arbeit knappkantig mit Zickzackstichen am Stoffrand entlangnähen.

5 Auf der Rückseite überstehenden Stoff zurückschneiden.

SPITZENBORTE MIT ZWEI DEKORKANTEN

1 Die Spitze in ganzer Breite rechts auf rechts auf den Stoff legen, sodass die Kante der Spitze mit der offenen Kante des Stoffs übereinstimmt. Spitze feststecken.

Linke Stoffseite

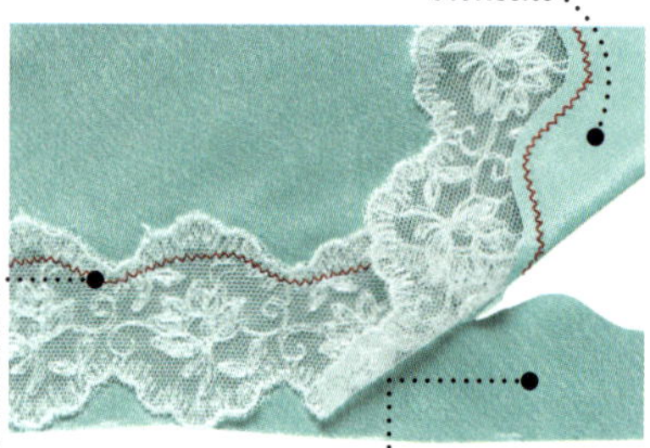

2 Mit Zickzackstichen an der Oberkante der Spitze entlang nähen, dabei der Form der Spitze folgen.

3 Überstehenden Stoff unter der Spitze zurück schneiden, dabei der Nählinie folgen.

4 So sieht die spitzenverzierte Kante von der rechten Seite aus.

FLACHE ZIERSTREIFEN

Manche Projekte lassen sich mit einer flachen Borte oder einem Band verzieren. Sie können an Saum oder Kante platziert oder ein Stück davon entfernt aufgenäht werden. Für ein sauberes Ergebnis sollten Sie Briefecken arbeiten.

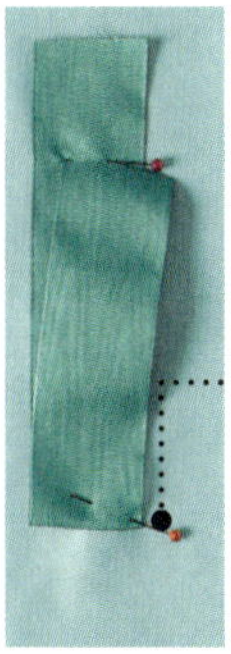

1 Den Zierstreifen (Borte oder Band) mit der linken Seite auf die rechte Stoffseite stecken.

2 Am Eckpunkt, an dem die Briefecke entstehen soll, den Streifen zurückfalten und ihn mit einer Stecknadel fixieren.

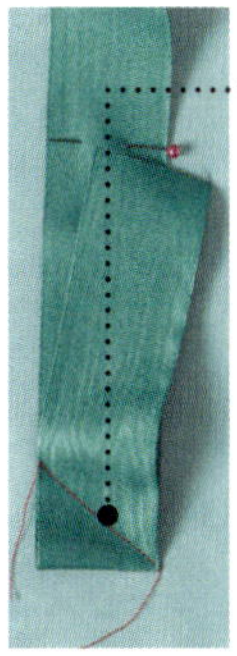

3 Im 45-Grad-Winkel von der äußeren Ecke des gefalteten Streifens durch alle Lagen hindurch nach innen nähen.

4 Überstehenden Stoff an der Ecke abschneiden.

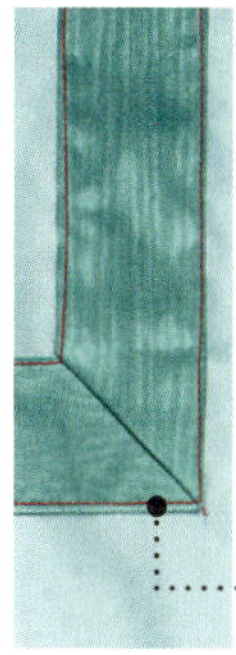

5 Den Streifen aufklappen und bügeln.

6 Die Innen- und Außenkanten des Streifens knappkantig auf den Stoff steppen. Achten Sie darauf, dass die Naht eine saubere Ecke bildet.

GEPASPELTE KANTEN

Eine Paspelkante kann einem Kleidungsstück oder Wohnaccessoire das gewisse Etwas verleihen, besonders dann, wenn sie in einer Kontrastfarbe oder aus einem anderen Material als der Rest des Modells gearbeitet ist. Paspeln können einfach, doppelt oder eingekräuselt, und mit oder ohne eingenähter Paspelkordel genäht werden.

EINFACHE PASPEL

1 Es wird nur eine Paspel benötigt. Dafür einen 4 cm breiten Schrägstreifen zuschneiden.

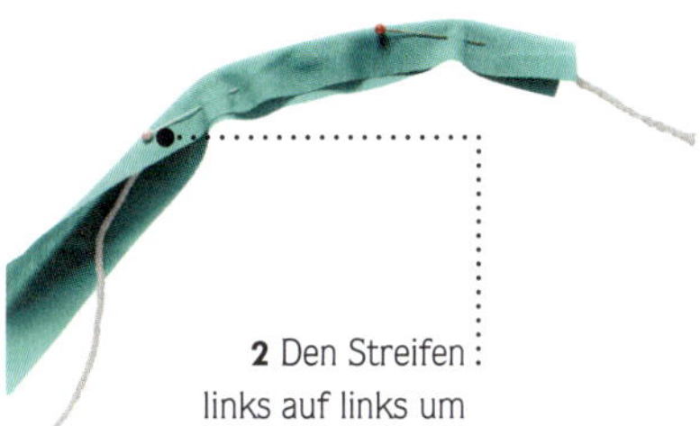

2 Den Streifen links auf links um die Paspelkordel legen und stecken.

3 Den Stoffstreifen mit dem Reißverschlussfuß unmittelbar neben der Paspelkordel zusammensteppen.

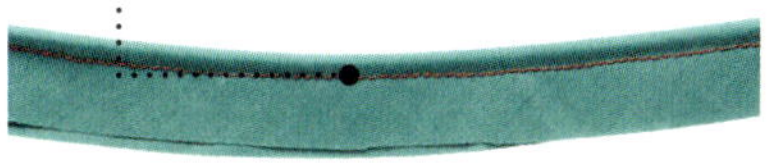

4 Die offene Kante der Paspel kantengenau auf die rechte Seite der Arbeit stecken.

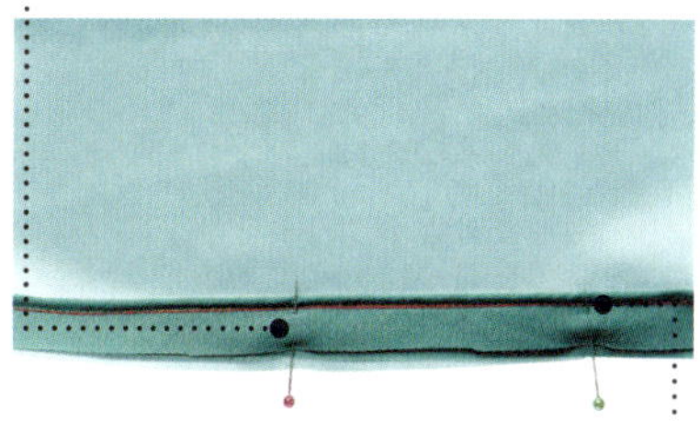

5 Mit dem Reißverschlussfuß unmittelbar neben der ersten Naht entlangsteppen.

6 Das andere Stoffteil rechts auf rechts mit dem bereits gepaspelten Teil zusammenlegen.

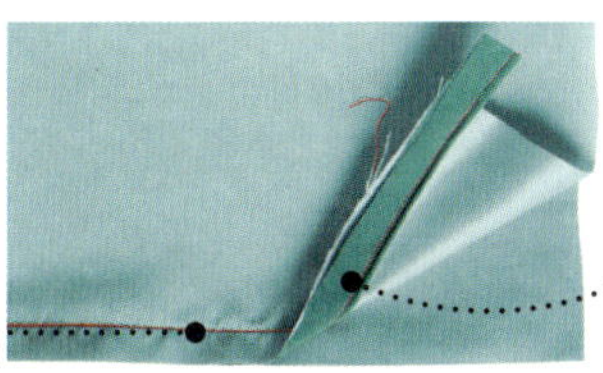

Paspel

7 Mit dem Reißverschlussfuß wieder unmittelbar an der Paspel entlangsteppen.

8 Auf der rechten Seite der Arbeit ist die Paspel an der Stoffkante zu sehen. Bügeln.

DOPPELTE PASPEL

1 Für diese Randlösung können Sie unterschiedlich dicke Paspelkordeln verwenden. Zunächst eine einfache Paspel anfertigen (siehe S. 115, Schritte 1–3).

2 Dann einen zweiten Schrägstreifen, je nach Belieben in einer anderen Farbe, zuschneiden.

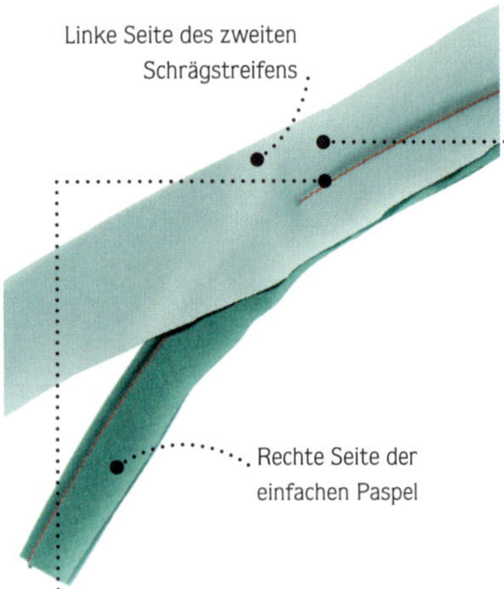

3 Den Schrägstreifen dicht an der Paspelkordel rechts auf rechts an die fertige Paspel nähen.

4 Eine zweite Paspelkordel auf die linke Seite des kontrastfarbenen Streifens legen.

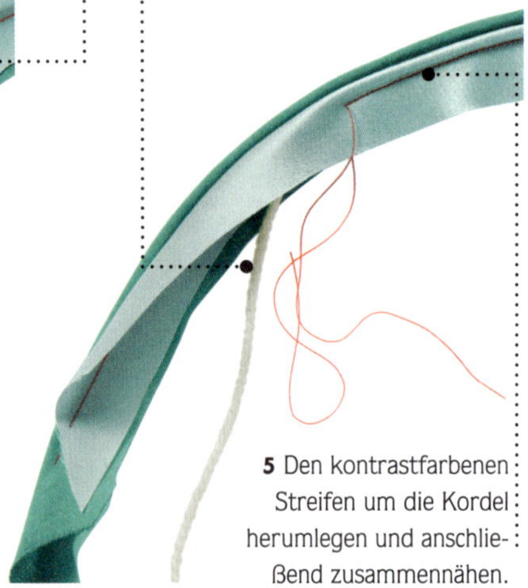

5 Den kontrastfarbenen Streifen um die Kordel herumlegen und anschließend zusammennähen.

6 Die doppelte Paspel an das Modell nähen, wie bei der einfachen Paspel beschrieben (siehe S. 115, Schritte 4–7). Auf der rechten Seite ist die doppelt gepaspelte Kante sichtbar.

EINGEKRÄUSELTE PASPEL

1 Diese Methode eignet sich hervorragend für Kissenhüllen. Einen 5 cm breiten Schrägstreifen zuschneiden und locker um eine Paspelkordel nähen. An einem Ende über Schrägstreifen und Kordel hinwegnähen, um die Kordel zu fixieren.

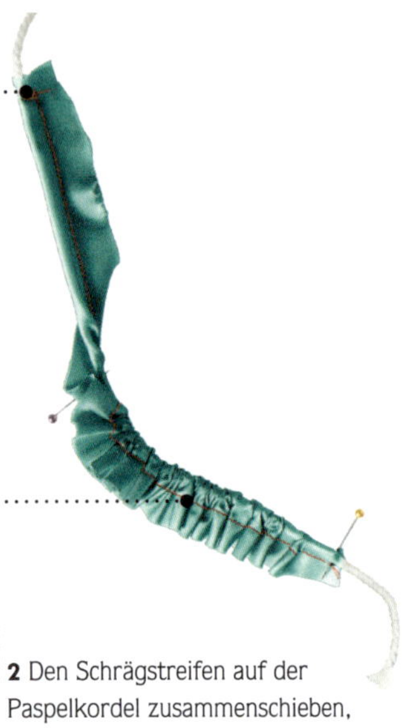

2 Den Schrägstreifen auf der Paspelkordel zusammenschieben, um ihn einzukräuseln.

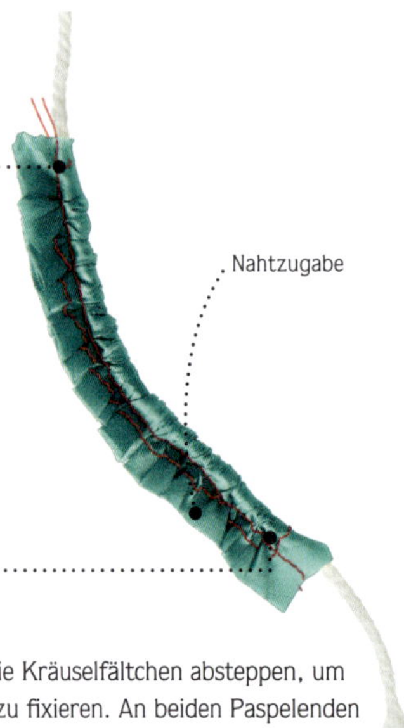

3 Die Kräuselfältchen absteppen, um sie zu fixieren. An beiden Paspelenden über Stoff und Schnur steppen.

4 Die Paspel an das gewünschte Modell nähen, wie bei der einfachen Paspel beschrieben (siehe S. 115, Schritte 4–7).

ANDERE RANDVERZIERUNGEN

Es gibt viele Arten von Verzierungen, mit denen man Stoffkanten verschönern kann, zum Beispiel Bänder, Tressen, Perlen, Pailletten und Fransen. Wenn eine solche Borte mit einem schmalen Band versehen ist, kann man sie oft während des Nähens in den Saum einarbeiten. Andere werden erst nach der Fertigstellung des Modells angebracht.

BORTE IN EINEN SAUM EINARBEITEN

1 Die Borte so auf die rechte Seite eines Stoffteils legen, dass die Dekorkante von der offenen Stoffkante wegweist. Das Trägerband der Borte sollte auf der 1,5-cm-Nählinie liegen. Feststecken.

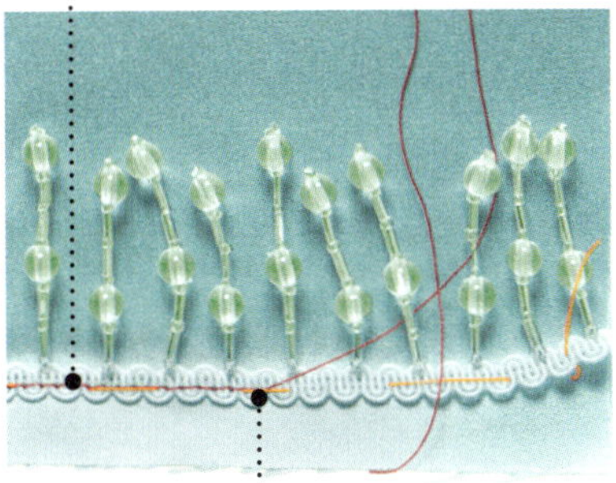

2 Die Borte entlang des Trägerbandes mit dem Reißverschlussfuß annähen.

3 Das zweite Stoffteil rechts auf rechts auf das erste legen und beide zusammensteppen.

4 Die Arbeit auf rechts wenden und vorsichtig bügeln. Die Zierelemente, hier Perlfransen, sollten frei hängen.

BORTE AUF EINE KANTE NÄHEN

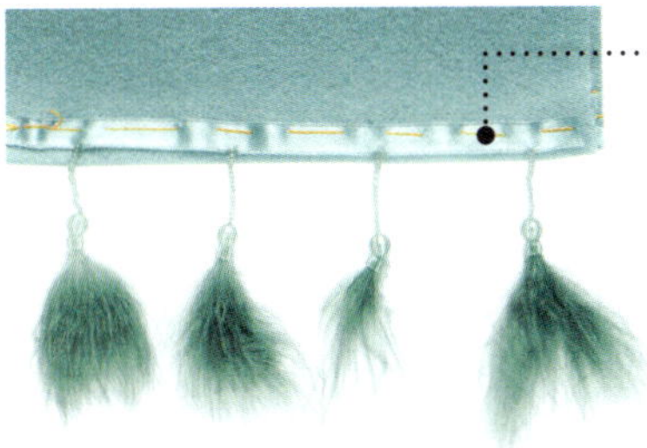

1 Die Borte entlang der fertigen Kante des Modells aufstecken. Achten Sie darauf, dass das Trägerband genau parallel zur Kante verläuft. Borte feststecken.

2 Mit dem Reißverschlussfuß der Nähmaschine unmittelbar an der oberen Kante des Trägerbandes entlangsteppen. Die untere Kante der Borte bleibt frei.

BORTE VON HAND AUFNÄHEN

Besonders zarte Zierborten näht man am besten von Hand auf, weil sie beim Nähen mit der Maschine Schaden nehmen könnten. Die Borte nach Wunsch arrangieren und sorgfältig mit kleinen unsichtbaren Stichen aufnähen.

VERSCHLÜSSE

KNÖPFE

Knöpfe gehören zu den ältesten Verschlussarten überhaupt. Es gibt sie in vielen Formen, Größen und Materialien, wie Perlmutt, Horn, Holz, Kunststoff und Metall. Knöpfe werden entweder durch Löcher in der Knopffläche oder durch eine Öse (dem kurzen »Stiel« auf der Rückseite) angenäht. Normalerweise näht man Knöpfe von Hand an. Für Knöpfe mit zwei Löchern kann auch die Maschine benutzt werden.

ÜBERSICHT

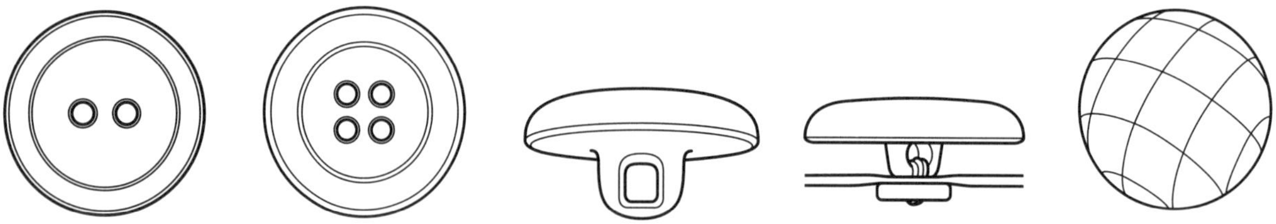

ZWEI-LOCH-KNOPF **(S. 120)** VIER-LOCH-KNOPF **(S. 121)** KNOPF MIT SCHAFT **(S. 121)** KNOPF MIT GEGENKNOPF **(S. 122)** BEZOGENE KNÖPFE **(S. 122)**

EINEN ZWEI-LOCH-KNOPF ANNÄHEN

Zwei-Loch-Knöpfe stellen den häufigsten Knopftyp dar. Ein Zwei-Loch-Knopf muss mit Garnstiel angenäht werden. Dabei hilft ein Zahnstocher, einen gleichbleibenden Abstand zum Stoff einzuhalten.

1 Den Knopf auf den Stoff legen. Mit doppeltem Faden und einem doppelten Stich beginnen.

2 Einen Zahnstocher auf den Knopf legen. Den Faden abwechselnd durch die Löcher und über den Zahnstocher führen.

3 Den Zahnstocher herausziehen.

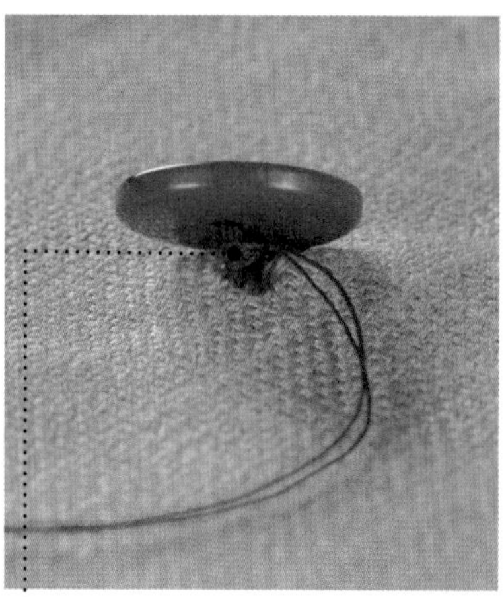

4 Den Faden um die Fadenschlingen unter dem Knopf wickeln, sodass ein Stiel entsteht.

5 Den Faden zur Rückseite der Arbeit durchziehen.

6 Knopflochstiche über die Fadenschlingen auf der Stoffrückseite arbeiten.

EINEN VIER-LOCH-KNOPF ANNÄHEN

Der Vier-Loch-Knopf wird ganz ähnlich wie der Knopf mit zwei Löchern angenäht, doch mit dem Unterschied, dass die Stiche ein X auf der Oberseite des Knopfes bilden.

1 Den Knopf auf dem Stoff platzieren und einen Zahnstocher darauflegen.

3 Den Zahnstocher herausziehen.

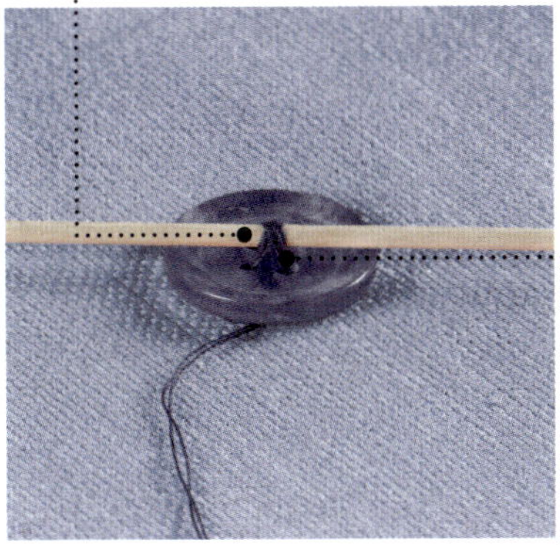

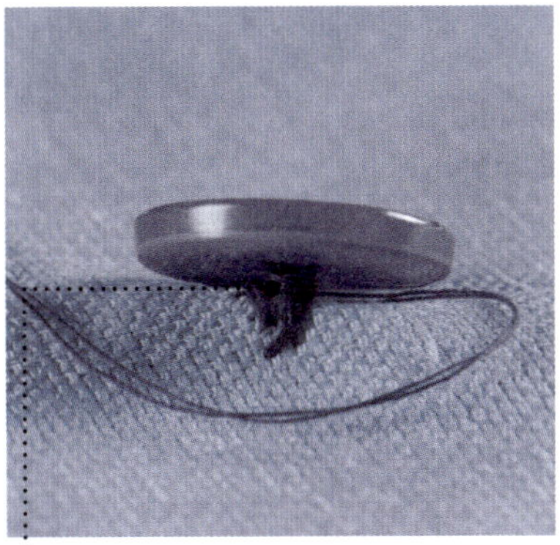

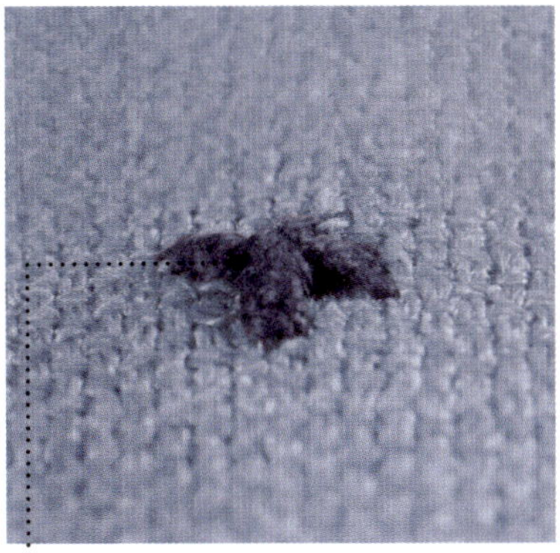

2 Mit doppeltem Faden abwechselnd diagonal über die Lochpaare auf- und abstechen, den Faden über den Zahnstocher führen. Die Fäden bilden ein X.

4 Den Faden um die Fadenschlingen unter dem Knopf wickeln, sodass der Stiel entsteht.

5 Auf der Rückseite der Arbeit Knopflochstiche über die x-förmigen Fäden arbeiten.

EINEN KNOPF MIT ÖSE ANNÄHEN

Verwenden Sie beim Annähen eines solchen Knopfes einen Zahnstocher als Abstandhalter auf der Stoffunterseite, damit Sie einen Garnschaft arbeiten können.

1 Den Knopf auf dem Stoff platzieren. Einen Zahnstocher auf die andere Stoffseite hinter dem Knopf halten.

2 Den Knopf mit doppeltem Faden durch die Öse annähen.

3 Achten Sie darauf, dass die Stiche den Stoff ganz durchstechen und um den Zahnstocher auf der Unterseite herumführen.

4 Den Zahnstocher herausziehen. Knopflochstiche um den schlaufenförmigen Garnschaft arbeiten.

EINEN KNOPF MIT GEGENKNOPF ANNÄHEN

Ein großer, schwerer Knopf erfordert oft einen Gegenknopf auf der Stoffrückseite, der mit demselben Faden wie der große Knopf angenäht wird. Der kleinere Knopf hilft, das Gewicht des größeren zu tragen.

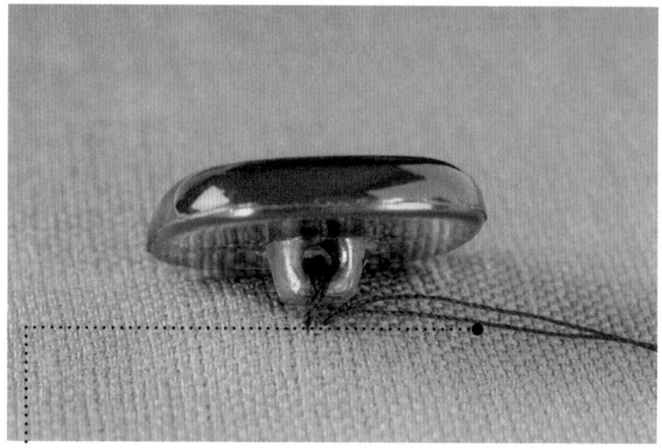

1 Den großen Knopf auf die rechte Stoffseite legen. Einen kleineren Knopf direkt unter den großen unter den Stoff halten.

2 Den großen Knopf annähen, dabei stets auch durch die Löcher des kleineren Knopfes stechen.

3 Wenn der Knopf angenäht ist, den Faden um die Fadenschlingen unter dem größeren Knopf wickeln. Den Faden mit einem doppelten Stich sichern.

BEZOGENE KNÖPFE

Bezogene Knöpfe finden sich häufig an teuren Kleidern, aber sie verleihen auch einem selbst genähten Modell eine professionelle Note. Im Fachhandel gibt es Sets mit denen das Beziehen von Knöpfen zum Kinderspiel wird.

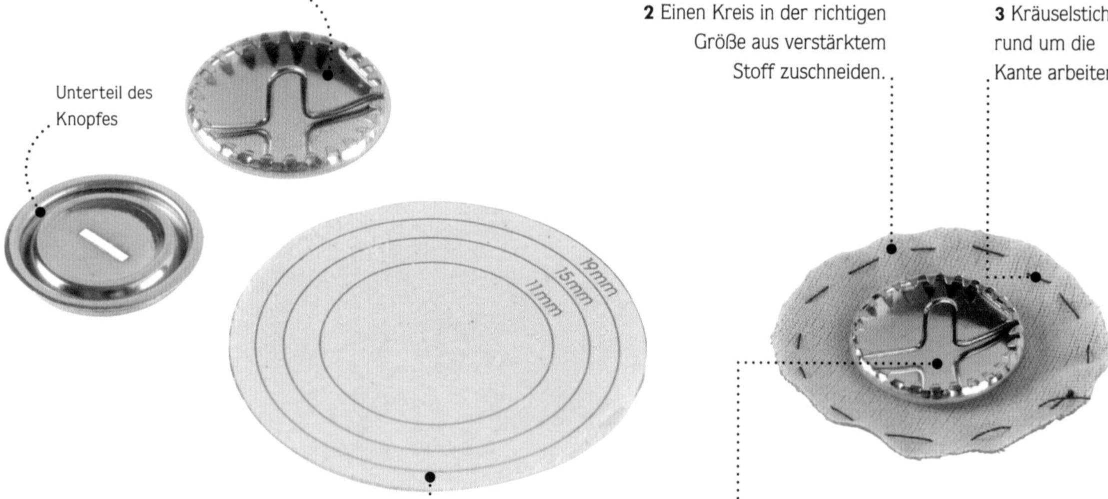

Oberteil des Knopfes

Unterteil des Knopfes

2 Einen Kreis in der richtigen Größe aus verstärktem Stoff zuschneiden.

3 Kräuselstiche rund um die Kante arbeiten.

1 Wählen Sie auf der Schablone die richtige Knopfgröße aus.

4 Das Knopfoberteil auf die mit Einlage verstärkte Seite des Stoffs legen.

5 Den Kräuselfaden anziehen und mit einem doppelten Stich um den Schaft des Knopfoberteils sichern.

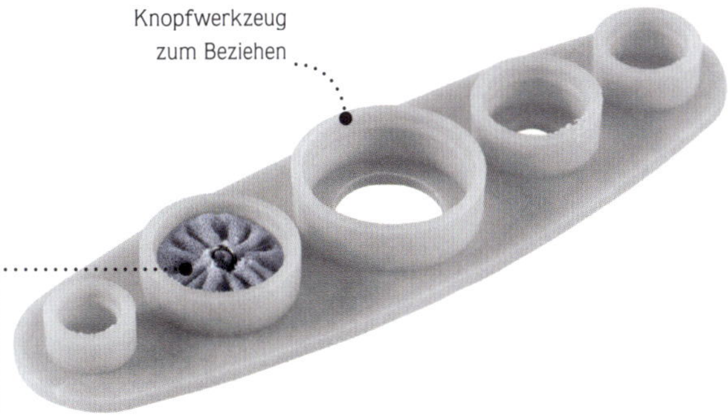

6 Den Knopf in die entsprechende Aussparung des Werkzeug-Unterteils legen und gut andrücken.

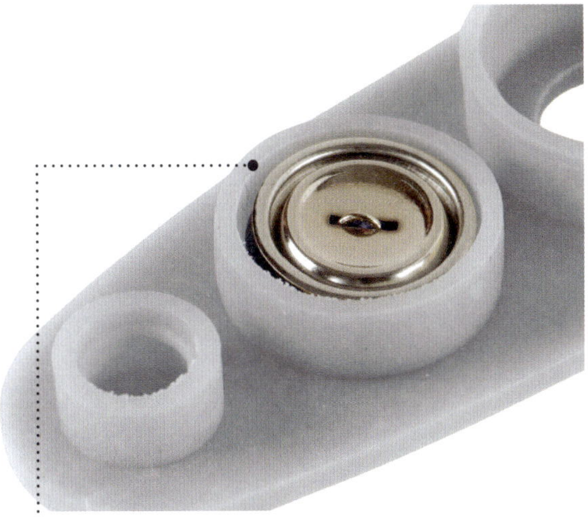

7 Das Knopfunterteil auf das Oberteil legen.

8 Das zweite Teil des Werkzeugs fest auf den Knopf drücken, bis das Unterteil hörbar einrastet.

9 Den Knopf aus dem Werkzeug herausnehmen und überprüfen, ob beide Teile wirklich fest zusammenhalten.

10 Der fertig bezogene Knopf.

KNOPFLÖCHER

Soll ein Knopf als Verschluss dienen, ist ein Knopfloch unerlässlich. Bei vielen übergroßen Knöpfen ist jedoch ein Druckknopf auf der Rückseite empfehlenswert, weil ein sehr großes Knopfloch das Kleidungsstück verziehen würde.

ÜBERSICHT

EINFACHES KNOPFLOCH **(S. 126)**

EINSEITIG ABGERUNDETES KNOPFLOCH **(S. 126)**

KNOPFLOCH MIT AUGE **(S. 126)**

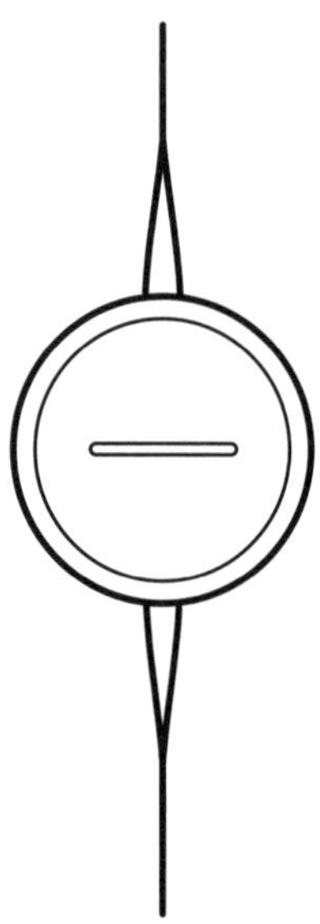

KNOPFLOCH IN DER NAHT **(S. 126)**

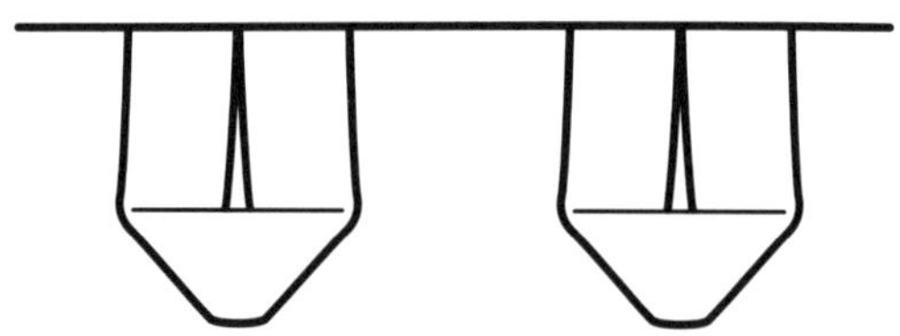

SCHLINGE AUS STOFFSCHLAUCH **(S. 127)**

STOFFSCHLINGE MIT KORDELEINLAGE **(S. 128)**

AUFBAU EINES KNOPFLOCHS

Eine Nähmaschine arbeitet ein Knopfloch in drei Schritten. Stichlänge und -breite können Sie je nach Stoff und Modell leicht anpassen, doch müssen die Stiche kurz sein und sehr dicht nebeneinander liegen.

1 Die erste Längsseite (auch Raupe) des Knopflochs nähen.

2 Den Riegel an einem Ende arbeiten.

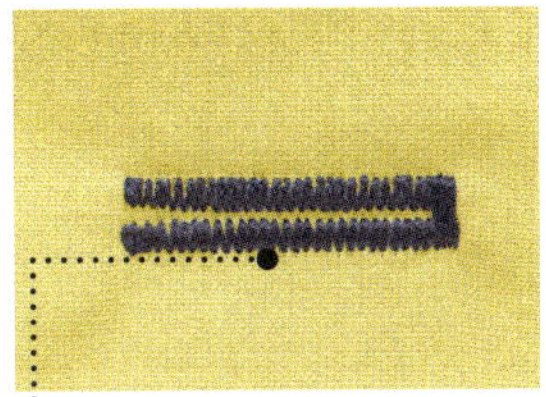

3 Die andere Längsseite unter der ersten nähen.

4 Den Riegel am anderen Ende arbeiten.

KNOPFLÖCHER PLATZIEREN

Vor dem Nähen eines Knopflochs muss die Knopfgröße ermittelt werden, denn diese bestimmt Größe und Platzierung des Knopflochs.

1 Den Knopf auf ein Nähmaß legen und den Schieber auf den Durchmesser des Knopfes einstellen.

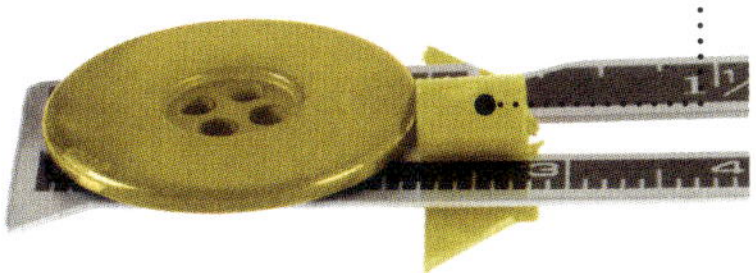

2 Auf der rechten Stoffseite des Kleidungsstücks eine Reihe Heftstiche entlang der vorderen Mitte arbeiten.

3 Eine zweite Reihe Heftstiche im Abstand des Knopfdurchmessers arbeiten.

4 Die Knöpfe zwischen die Heftstichlinien legen. Die Position der Knöpfe mit Heftstichen im 90-Grad-Winkel zu den ersten Linien markieren.

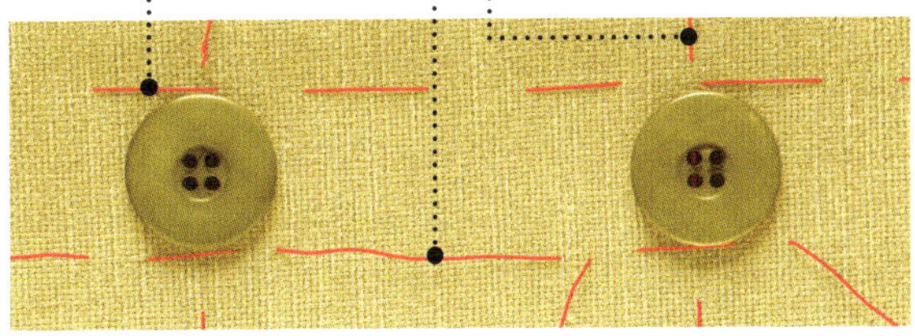

VERTIKAL UND HORIZONTAL

Grundsätzlich werden nur Knopflöcher in eine Knopflochblende oder einen Belegstreifen vertikal eingearbeitet. Alle anderen Knopflöcher sollten horizontal angelegt werden, denn dann belastet jeder Zug das Ende des Knopflochs und verhindert, dass sich der Knopf von selbst öffnet.

HORIZONTALE KNOPFLÖCHER

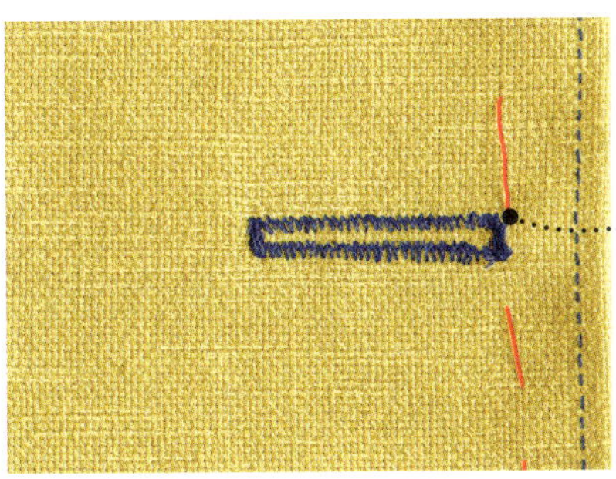

Das vordere Ende liegt auf der gehefteten Mittellinie.

VERTIKALE KNOPFLÖCHER

Die geheftete Mittellinie verläuft durch die Mitte des Knopflochs.

MASCHINENGENÄHTES KNOPFLOCH

Moderne Nähmaschinen können verschiedene Arten von Knopflöchern für Kleidungsstücke aller Art nähen. Bei vielen Maschinen wird der Knopf in einen speziellen Fuß eingelegt, woraufhin ein Sensor die richtige Knopflochgröße ermittelt. Stichlänge und -breite können dem Stoff angepasst werden. Zum sauberen Aufschneiden sollten Sie einen Knopflochschneider oder Pfeiltrenner verwenden.

EINFACHES KNOPFLOCH

Die meisten Maschinenknopflöcher haben gerade Riegel an beiden Enden.

EINSEITIG ABGERUNDETES KNOPFLOCH

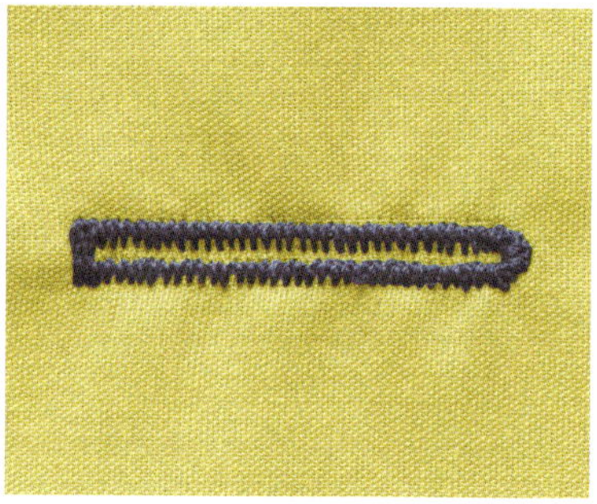

Knopflöcher mit einem abgerundeten und einem eckigen Ende arbeitet man bei leichten Jacketts.

KNOPFLOCH MIT AUGE

Das Augenknopfloch hat ein eckiges Ende und eines mit schlüssellochartig erweiterter Rundung. Man verwendet es für Mäntel.

KNOPFLOCH IN DER NAHT

Dieses Knopfloch wird mithilfe der Nahtzugaben gebildet. Man arbeitet es in Vorderteile mit dekorativer Mittelnaht ein. Die Technik ist besonders unauffällig.

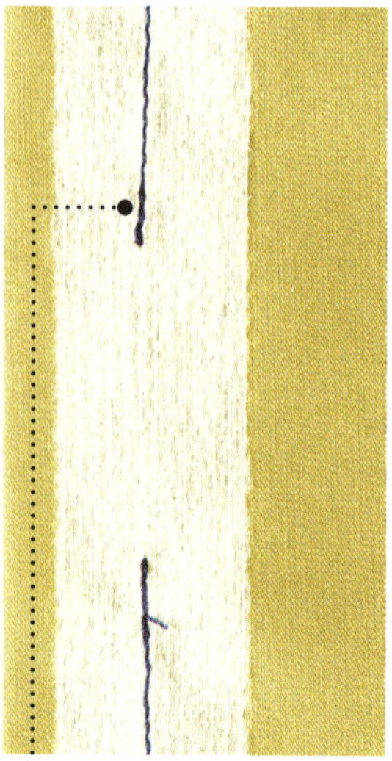

1 Die Naht auf einer Seite mit einem aufbügelbaren Vliesband verstärken.

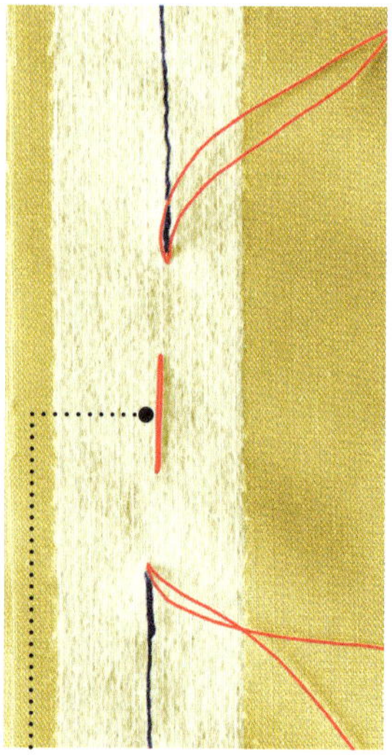

2 Die Öffnung zusammenheften.

3 Die Nahtzugaben auseinanderbügeln. Dadurch werden die Heftstiche sichtbar.

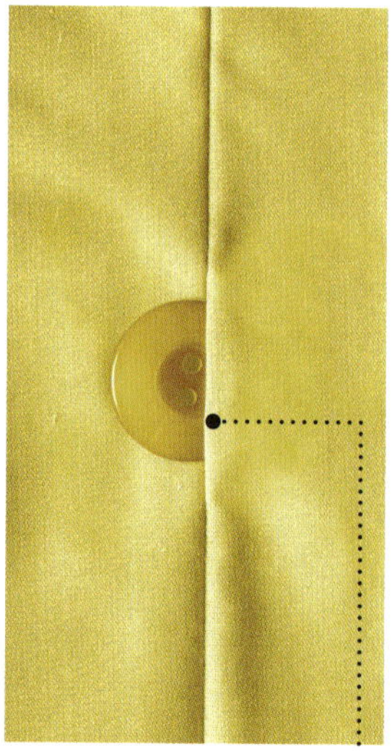

4 Die Heftfäden entfernen und so das Knopfloch öffnen.

KNOPFSCHLINGEN

Das Knopfloch ist nicht die einzige Verschlusslösung für Knöpfe. Eine Alternative ist eine Schlinge, die normalerweise an der Kante eines Kleidungsstücks angebracht wird. Stoffschlingen findet man oft am Rückenteil von Abendkleidern, wo diese eine ganze Reihe von winzigen, oft stoffüberzogenen Knöpfchen halten.

SCHLINGE AUS STOFFSCHLAUCH

Diese Knopfschlinge wird aus einem Schrägstreifen gearbeitet. Wählen Sie für den Streifen einen glatten Stoff, der sich besonders leicht wenden lässt. Eine solche Schlinge kombiniert man mit einem Kugelknopf.

1 Einen 4 cm breiten Schrägstreifen zuschneiden, der Länge nach rechts auf rechts zusammenlegen und stecken.

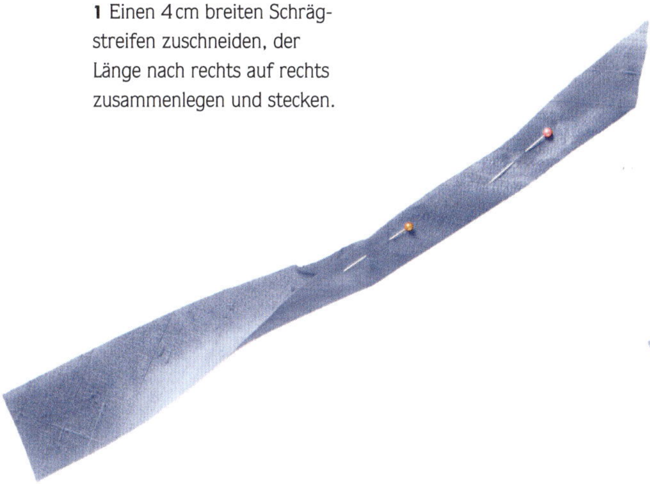

2 Die beiden Lagen der Länge nach zusammensteppen, dabei die Nähfußkante immer am Stoffbruch entlangführen.

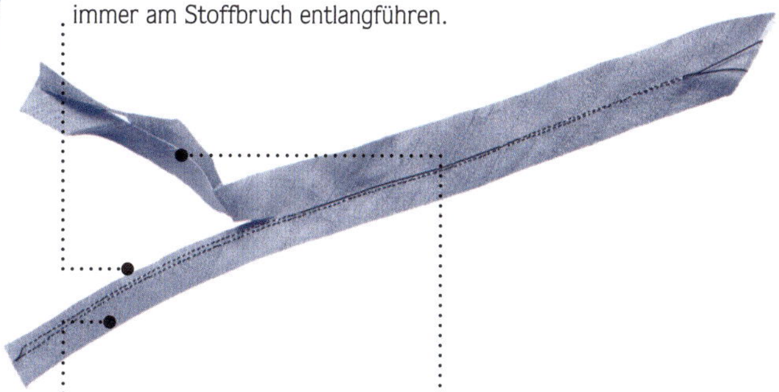

3 Zur Verstärkung im Abstand von 2 mm zur ersten Steppnaht eine zweite Naht arbeiten.

4 Den überstehenden Stoff knappkantig abschneiden.

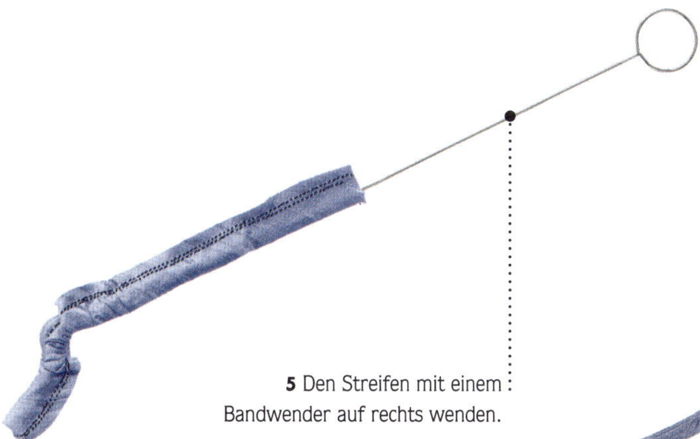

5 Den Streifen mit einem Bandwender auf rechts wenden.

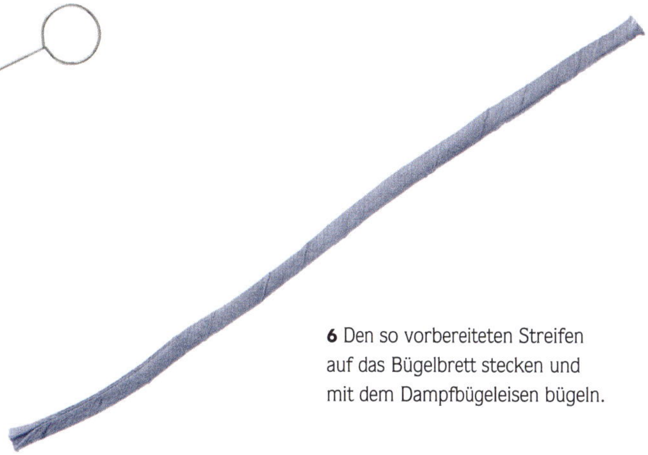

6 Den so vorbereiteten Streifen auf das Bügelbrett stecken und mit dem Dampfbügeleisen bügeln.

SCHLINGEN PLATZIEREN

Wenn die Schlingen fertig vorbereitet sind, müssen sie an das Kleidungsstück genäht werden. Wichtig ist, dass alle Schlingen gleich groß sind und im selben Abstand zueinander angebracht werden. Markieren Sie die entsprechenden Linien mit Heftstichen. Nähen Sie dann die Schlingen an das rechte Vorderteil bzw. an das linke Rückenteil Ihres Modells.

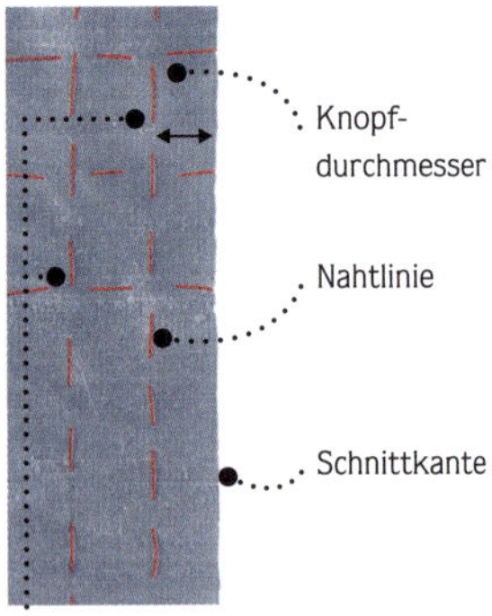

1 Die Linien zur Platzierung der Schlingen mit Heftstichen markieren. Achten Sie auf gleichmäßige Abstände.

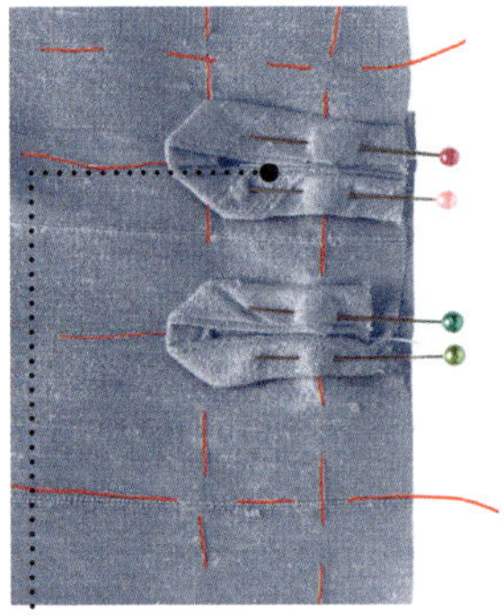

2 Die Schlinge auf den Stoff legen. Das gefaltete Ende liegt auf der inneren Heftlinie, die abgeschnittenen Enden liegen bündig an der Schnittkante. Die Schlinge an der Heftlinie ausrichten.

3 Die Schlingen knapp innerhalb der Nahtzugabe an der Mittellinie annähen.

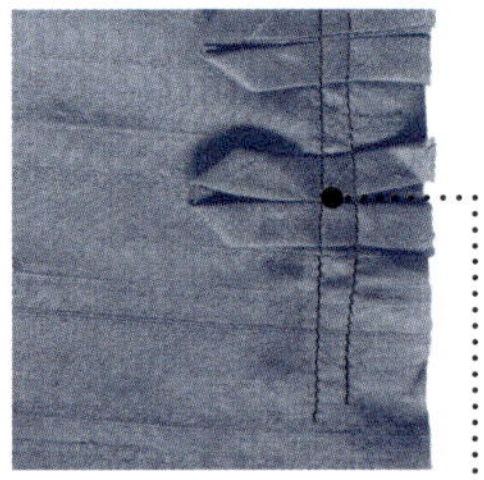

4 Eine weitere Steppnaht arbeiten, um die Schlingen sicher zu fixieren.

5 Zuletzt Einlage oder Futter auf den Schlingen platzieren.

6 Nach der Fertigstellung stehen die Schlingen über die Stoffkante hinaus.

STOFFSCHLINGE MIT KORDELEINLAGE

Eine winzige Knopfschlinge mit innen liegender Kordel eignet sich besonders gut für dünne Stoffe. Verwenden Sie hierfür am besten einen Ösenknopf.

1 Einen 4 cm breiten Schrägstreifen und ein Stück Kordel in der doppelten Länge des Streifens zuschneiden.

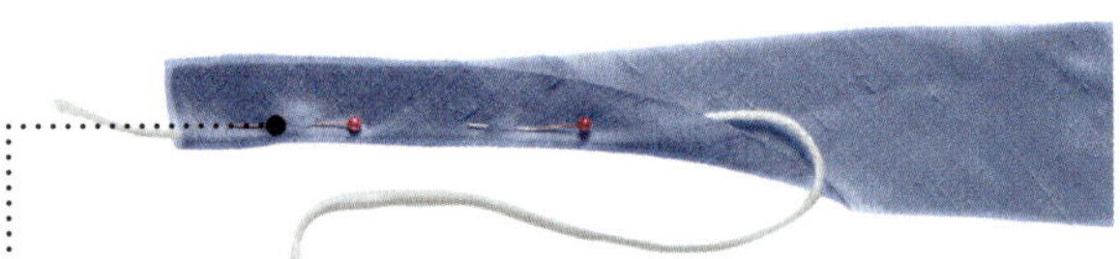

2 Die Kordel in den rechts auf rechts gefalteten Schrägstreifen einlegen, Streifen zusammenstecken. Ein Ende des Streifens muss nahe dem einen Kordelende liegen.

3 Dicht, aber nicht unmittelbar neben der Kordel beide Stofflagen zusammensteppen.

4 Eine zweite Naht im Abstand von 2 mm zur ersten arbeiten.

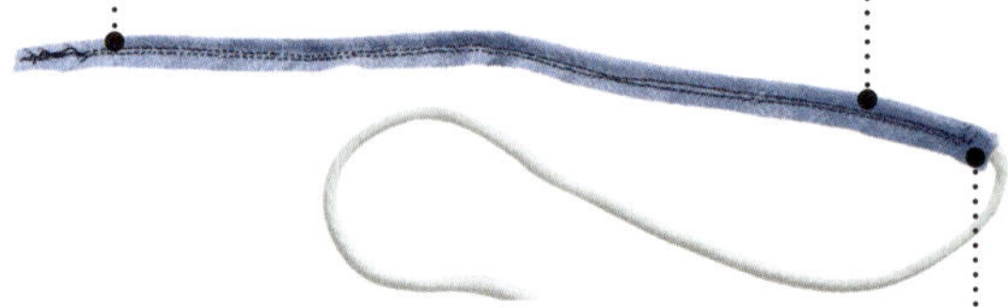

5 Überstehenden Stoff knapp neben der Naht abschneiden.

6 Nahe dem einen Ende des Schrägstreifens in der Mitte der Kordel durch Kordel und Schrägstreifen hindurchnähen.

7 Den Stoff in der Mitte der Kordel über die Kordel hinweg auf rechts wenden.

8 Die überstehenden Kordelenden abschneiden.

ANDERE VERSCHLÜSSE

Es gibt viele weitere Verschlussmöglichkeiten für Kleidungsstücke, Accessoires und weitere Näharbeiten. Manche davon können auch in Kombination mit anderen Verschlüssen eingesetzt werden. Dazu gehören Haken und Ösen, Druckknöpfe, Klettbänder und Ösen mit Schnürung.

ÜBERSICHT

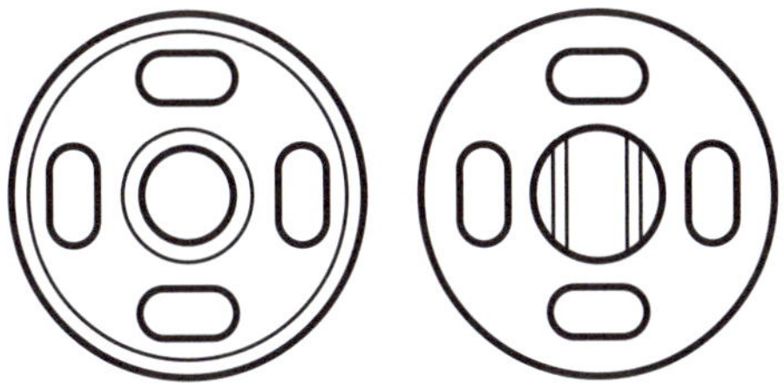

DRUCKKNÖPFE **(S. 130)**

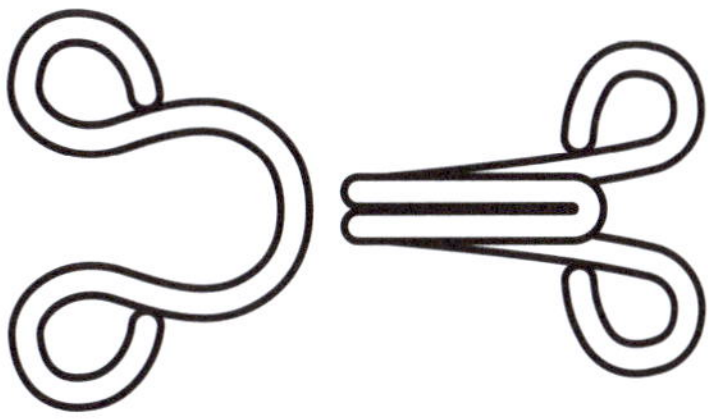

HAKEN UND ÖSEN **(S. 131)**

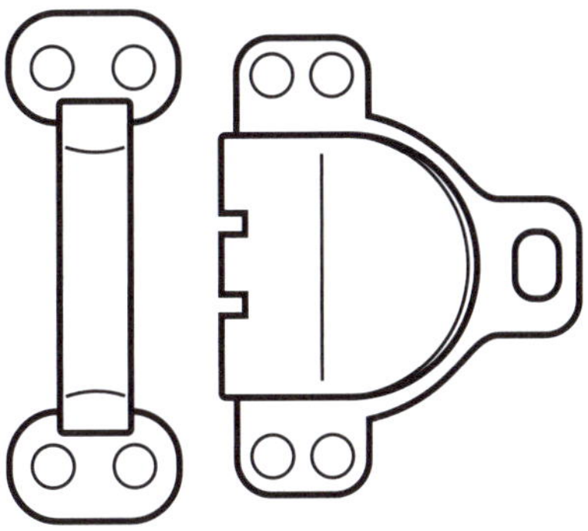

BUNDHAKEN MIT RIEGEL **(S. 131)**

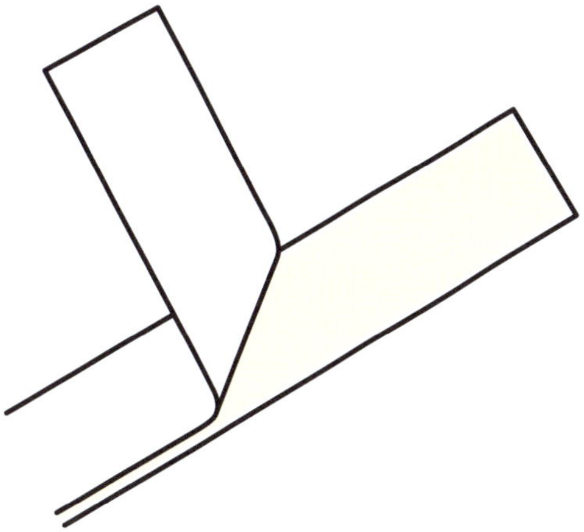

VERSCHLUSSBÄNDER **(S. 132)**

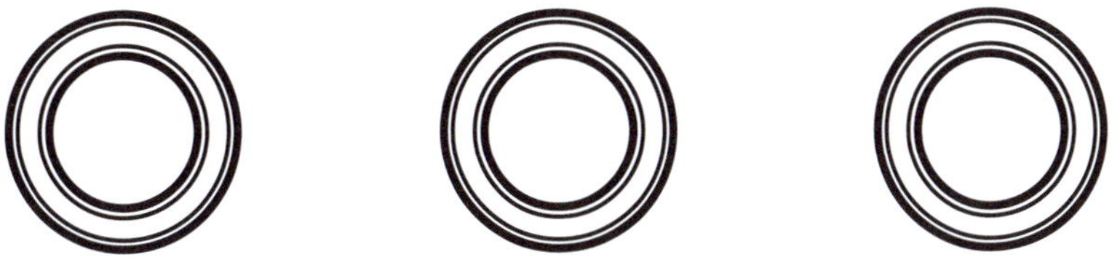

ÖSEN MIT SCHNÜRUNG **(S. 132)**

DRUCKKNÖPFE

Ein Druckknopf besteht aus einem Oberteil mit kugelförmigem Zapfen und einem Unterteil, in das dieser Zapfen einrastet. Druckknöpfe können rund oder quadratisch sein und werden aus Metall oder Kunststoff hergestellt.

1 Ober- und Unterteil des Druckknopfs aufheften.

2 Beide Teile durch jeweils mehrere Stiche in die Löcher am Rand der jeweiligen Druckknopfhälfte annähen.

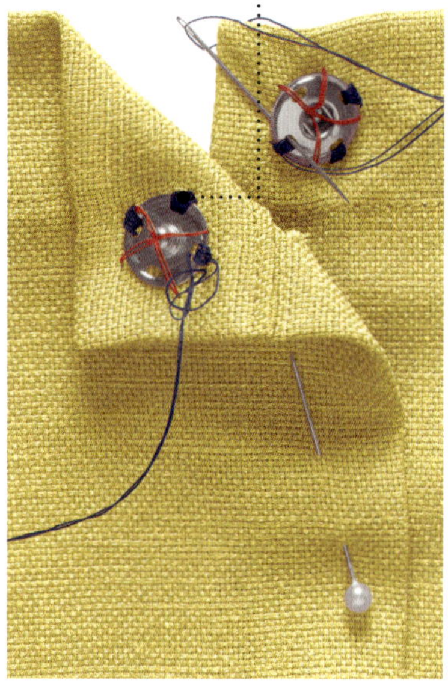

3 Die Heftfäden entfernen.

PLASTIK-DRUCKKNÖPFE

Druckknöpfe aus Plastik können weiß oder transparent sein und sind häufig quadratisch. Annähen wie Metall-Druckknöpfe (siehe oben).

HAKEN UND ÖSEN

Die gebräuchlichsten Haken und Ösen bestehen aus silberfarbenem oder schwarzem Metall. Für manche Kleidungsstücke verwendet man spezielle Haken und Ösen: Große, breite Haken und Ösen können zur Dekoration außen aufgenäht werden, winzige Exemplare hingegen wirken besonders unauffällig. Ein Haken mit einer handgenähten Öse ist ein sauberer, sicherer Verschluss.

HAKEN UND ÖSEN ANNÄHEN

Linke Stoffseite

Linke Stoffseite

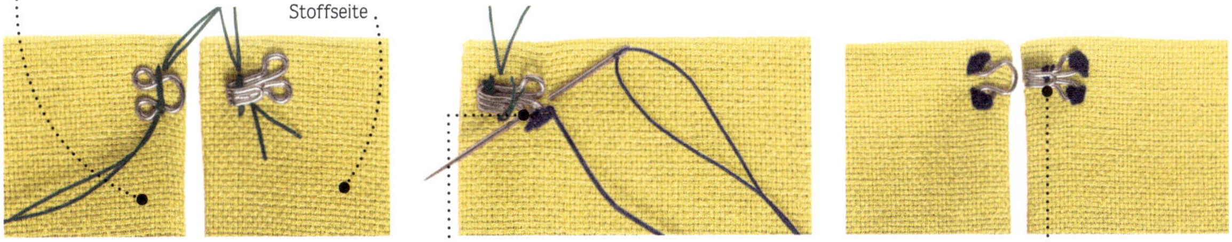

1 Haken und Öse mit Heftstichen auf der linken Stoffseite fixieren. Achten Sie darauf, dass beide genau auf einer Linie liegen.

2 Mit Knopflochstichen um jedes runde Ende von Haken und Öse nähen.

3 Einige Stiche über den unteren Teil des Hakens halten ihn an Ort und Stelle.

HANDGENÄHTE ÖSE

Rechte Stoffseite

1 Mit doppeltem Faden einige kleine Schlingen in die Stoffkante arbeiten.

Rechte Stoffseite

2 Diese Schlingen mit Knopflochstichen umnähen.

Rechte Stoffseite

3 An der fertigen Öse ist nur eine saubere Reihe von Knopflochstichen zu sehen.

BUNDHAKEN MIT RIEGEL

1 Haken und Riegel für einen Hosen- oder Rockbund sind groß und flach. Beide Teile anheften, dabei jedoch nicht durch die Löcher stechen, durch die Haken und Riegel angenäht werden sollen.

2 Einige Knopflochstiche in jedes Loch an Haken und Riegel arbeiten.

VERSCHLUSSBÄNDER

Verschlüsse in Bandform werden aufgenäht oder -geklebt. Klettverschlüsse sind in vielen Farben und Varianten erhältlich. Für Kleidung oder Kissenhüllen empfehlen sich Klettverschlüsse zum Aufnähen, während die Bänder zum Aufkleben sich zum Befestigen von Vorhangschabracken oder Rollos an Fenstern eignen. Baumwollbänder mit eingearbeiteten Druckknöpfen näht man vorwiegend an Kissenhüllen und Wohnaccessoires. Haken-und-Ösen-Bänder werden für Unterwäsche oder als dekorativer Blickfang an Kleidung eingesetzt.

KLETTVERSCHLUSS

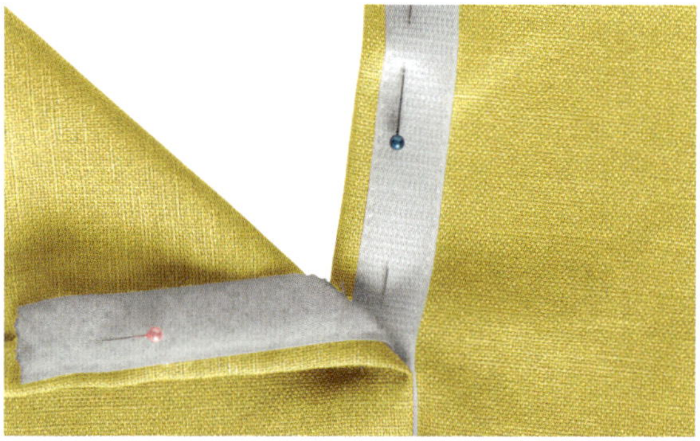

1 Die beiden Bänder des Klettverschlusses auf den Stoff stecken: die Schlingenseite unten, die Hakenseite oben.

2 Die Bänder rund um alle Kanten annähen.

ÖSEN MIT SCHNÜRUNG

Ein Verschluss aus Ösen mit Schnürung findet sich oft an Brautkleidern. Zwischen Stoffkante und Ösen sollten Sie Versteifungsstäbchen einarbeiten, um die Kante zu stabilisieren. Sie brauchen eine spezielle Lochzange.

1 Mit der Lochzange die Löcher für die Ösen im Abstand von etwa 3 bis 4 cm zueinander stanzen.

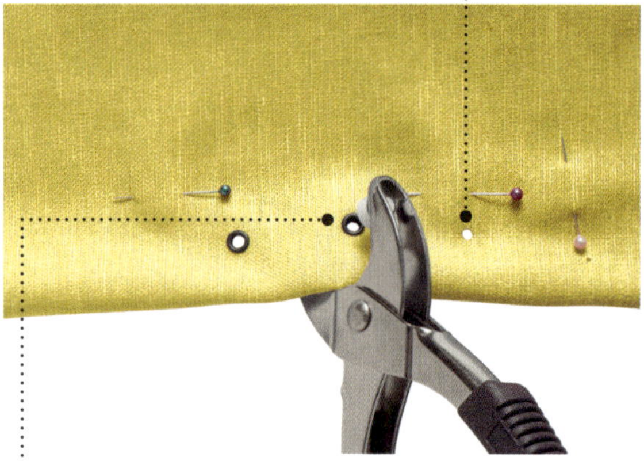

2 In jedes Loch eine Öse einpassen. Die Backen der Zange wechseln und die Ösen festzwicken.

3 Auf beiden Seiten der Öffnung eine Reihe Ösen einarbeiten.

Tunnel für das Versteifungsstäbchen

4 Um die Öffnung zu schließen, ein Band durch die Ösen fädeln und die Enden zur Schleife binden.

REISSVERSCHLÜSSE

Reißverschlüsse gibt es in vielen Arten, Längen, Farben und Materialien, doch insgesamt gibt es nur fünf Kategorien: Reißverschlüsse für Röcke oder Hosen, Metall- oder Jeansreißverschlüsse, teilbare Reißverschlüsse, dekorative sowie solche mit verdeckter Spirale. Für alle Reißverschlüsse gilt: Vor dem Einsetzen je einen 2 cm breiten Streifen Bügeleinlage auf die linken Seiten der Reißverschluss-Nahtzugaben aufbügeln.

ÜBERSICHT

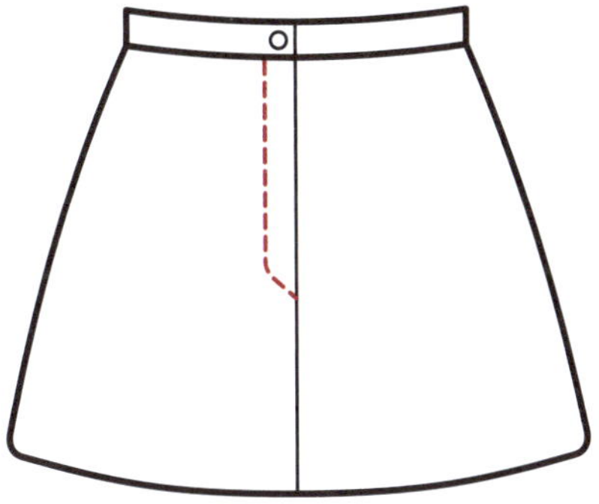

EINSEITIG VERDECKTER REISSVERSCHLUSS **(S. 135)**

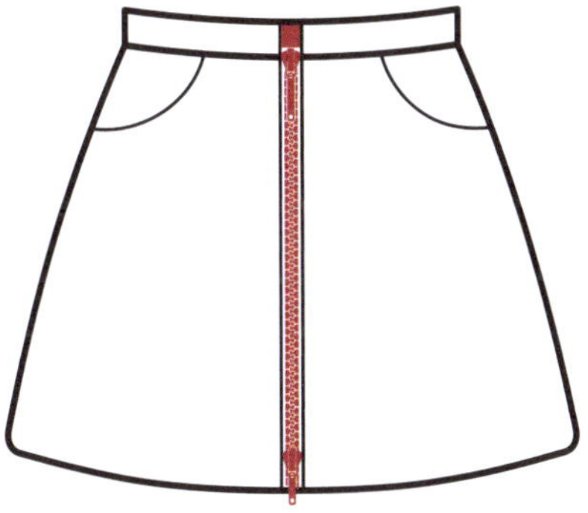

TEILBARER REISSVERSCHLUSS **(S. 136)**

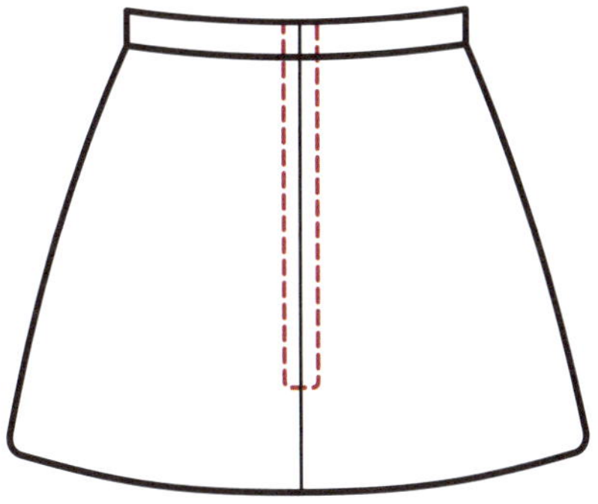

BEIDSEITIG VERDECKTER REISSVERSCHLUSS **(S. 137)**

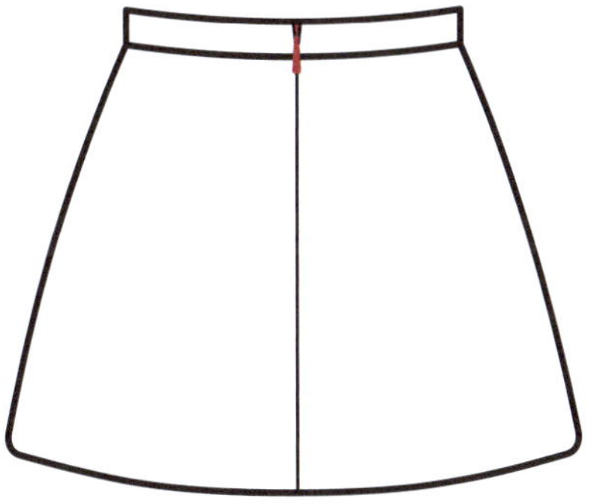

UNSICHTBAR EINGESETZTER REISSVERSCHLUSS **(S. 138–139)**

EINEN REISSVERSCHLUSS KÜRZEN

Reißverschlüsse lassen sich recht leicht kürzen. Reißverschlüsse für Röcke oder Hosen und solche mit verdeckter Spirale kürzt man, indem man über die Zähne bzw. die Spirale näht, wohingegen teilbare Reißverschlüsse am oberen und nicht am unteren Ende gekürzt werden.

ROCK- / HOSENREISSVERSCHLUSS KÜRZEN

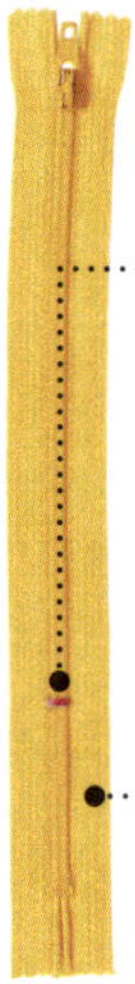

1 Mit Zickzackstichen (Stichbreite 5,0; Stichlänge 0,5) über die Reißverschlusszähne nähen.

2 Das unter diesem Riegel überstehende Ende des Reißverschlusses abschneiden. Einen Reißverschluss mit verdeckter Spirale kürzen Sie auf dieselbe Weise.

EINEN TEILBAREN REISSVERSCHLUSS KÜRZEN

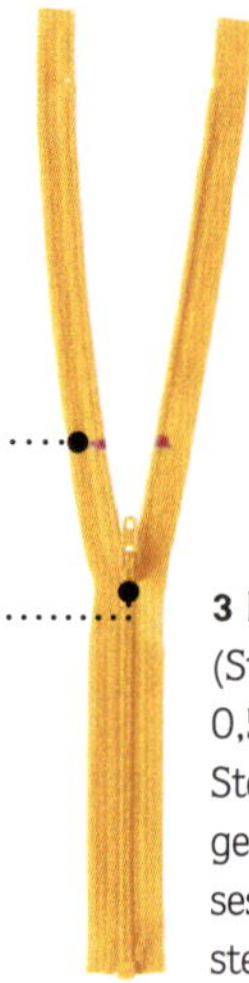

1 Mit einem Marker die Stelle markieren, an der Sie den Reißverschluss kürzen wollen.

2 Den Reißverschluss bis unter diesen Punkt öffnen.

3 Mit Zickzackstichen (Stichbreite 3,0; Stichlänge 0,5) an der markierten Stelle über jedes Ende des geöffneten Reißverschlusses nähen. Das oben überstehende Ende abschneiden.

EINSATZSTELLE FÜR DEN REISSVERSCHLUSS MARKIEREN

Damit ein Reißverschluss sauber in der Naht sitzt, müssen die Nahtzugaben, in die der Reißverschluss eingenäht werden soll, markiert werden. Auch die Nahtzugabe am oberen Ende des Reißverschlusses muss angezeichnet werden, damit der Schlitten, auch Zipper genannt, ganz knapp unterhalb der Naht liegt.

1 Die Naht bis zu der Stelle schließen, an der der Reißverschluss eingesetzt werden soll.

2 Das Ende der Naht verriegeln.

3 Die Nahtlinie entlang der Öffnung mit Heftstichen markieren.

Einlage

4 Auch die obere Quernaht mit Heftstichen kennzeichnen.

EINSEITIG VERDECKTER REISSVERSCHLUSS

In einen Rock oder ein Kleid wird ein Reißverschluss üblicherweise ein- oder beidseitig (siehe S. 137) verdeckt eingesetzt. Sie benötigen für beide Techniken den Reißverschlussfuß Ihrer Nähmaschine. Beim einseitig verdeckten Reißverschluss überlappt die linke Seite der Naht die Spirale des Reißverschlusses.

1 Die Naht schließen, dabei ein ausreichend langes Stück offen lassen, damit Sie den Reißverschluss einpassen können.

Einlage

2 Das Ende der Naht verriegeln.

Linke Stoffseite

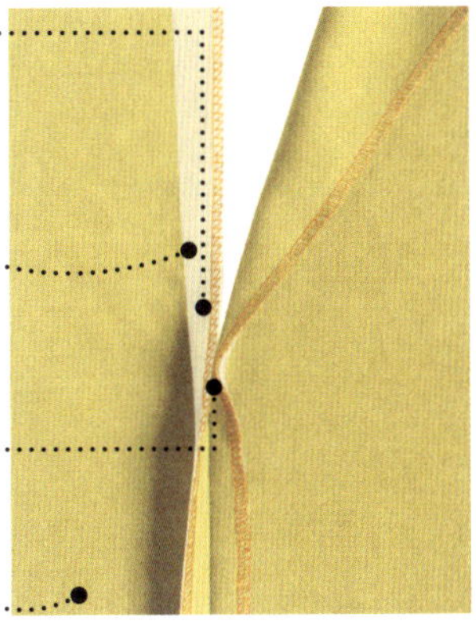

3 Die rechte Seite des Reißverschlusses zuerst einsetzen. Die rechte Nahtzugabe 1,3 cm breit einschlagen. Die Bruchkante liegt nicht auf einer Linie mit der Naht.

4 Die Faltkante an die Zahnreihe bzw. die Spirale des Reißverschlusses anlegen und heften.

Rechte Stoffseite

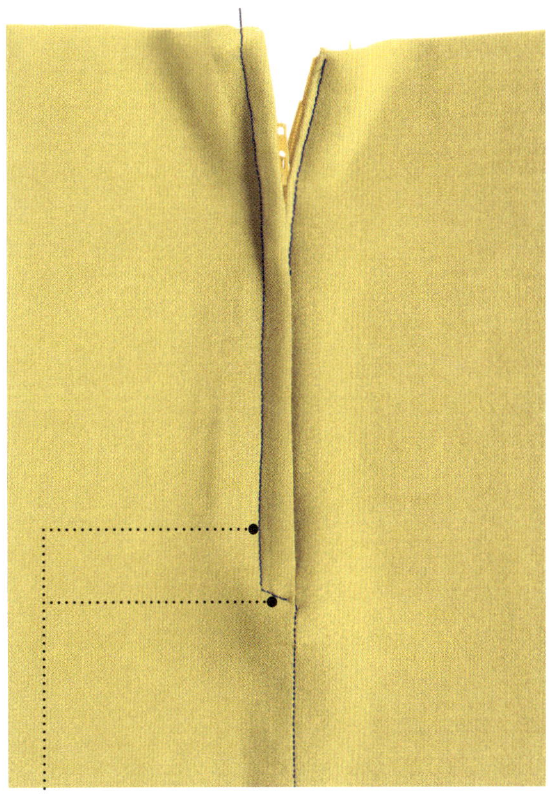

5 Mit dem Reißverschlussfuß an der Heftlinie entlangsteppen, um das Trägerband des Reißverschlusses zu fixieren. Vom unteren Ende des Reißverschlusses nach oben nähen.

6 Die linke Nahtzugabe 1,5 cm breit einschlagen. Die Faltkante über die Steppnaht auf der rechten Seite legen, stecken und heften.

7 Am unteren Ende des Reißverschlusses von der Mittelnaht aus schräg nach links und dann an der linken Seite des Reißverschlusses entlang nach oben steppen. Die Reißverschlusszähne sollten nun vom Stoff verdeckt sein.

TEILBARER REISSVERSCHLUSS

Einen teilbaren Reißverschluss setzt man in Kleidungsstücke ein, bei denen beide Hälften des Vorderteils zum An- und Ausziehen voneinander getrennt werden – beispielsweise in eine Jacke oder einen Anorak.

1 Bei beiden Stoffteilen die Nahtzugaben der vorderen Mitte umfalten und heften.

Linke Stoffseite

2 Die untere Saumzugabe nach oben umschlagen und heften.

3 Die Bruchkante der vorderen Mitte ca. 3 mm von den Reißverschlusszähnen entfernt anlegen, damit der Schlitten später reibungslos gleiten kann. Stoff feststecken.

Rechte Stoffseite

4 Das untere Ende des Reißverschlusses an der Saumkante anlegen.

5 Den Reißverschluss mit dem Reißverschlussfuß der Nähmaschine annähen. Bei geöffnetem Reißverschluss beginnen. 5 cm steppen, Nadel im Stoff lassen, Nähfuß anheben und den Reißverschluss schließen.

Rechte Stoffseite

6 Bis zum Ende des Reißverschlusses nähen und die Naht verriegeln.

7 Das zweite Stoffteil auf die andere Seite des Reißverschlusses stecken. Achten Sie unbedingt darauf, dass die Stoffkanten oben und unten übereinstimmen.

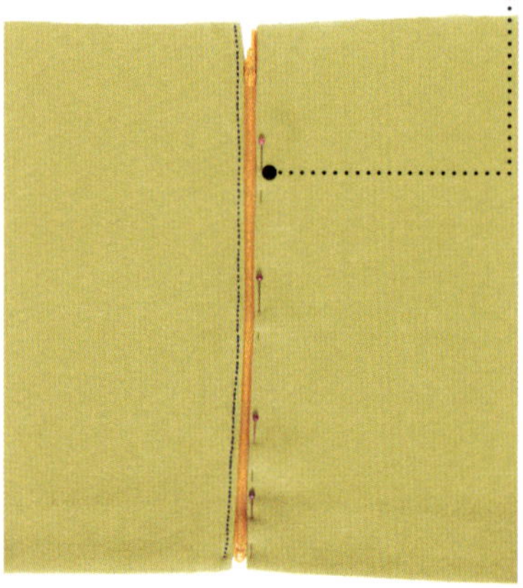

8 Den Reißverschluss öffnen und annähen, wie für die andere Seite beschrieben (Schritte 5 und 6).

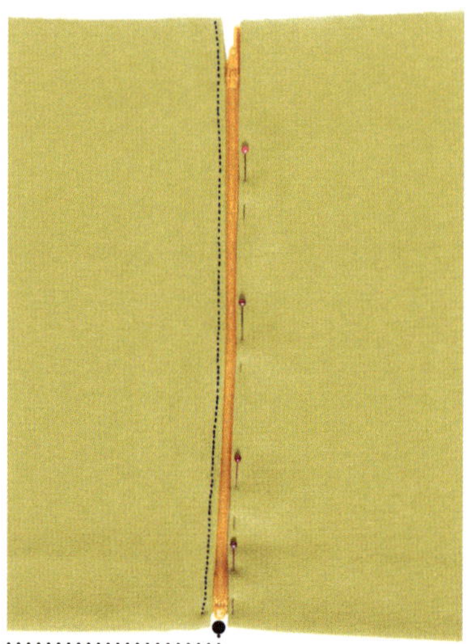

9 Wenn der Reißverschluss eingenäht ist, überprüfen, ob beide Saumkanten auf einer Linie liegen. Falls nicht, Reißverschlussnaht auftrennen und noch einmal neu nähen.

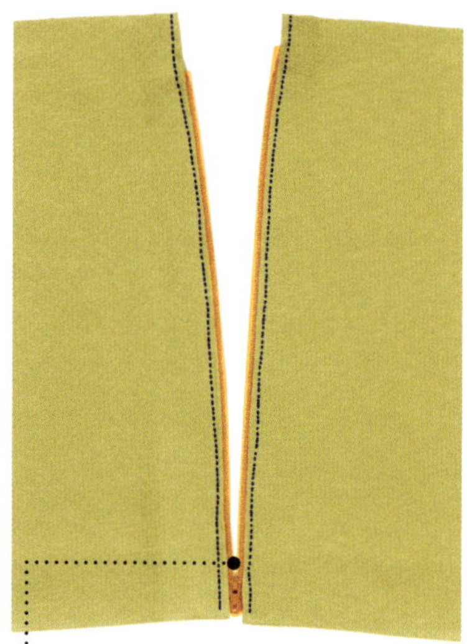

10 Der Reißverschluss muss sich vollständig öffnen lassen.

BEIDSEITIG VERDECKTER REISSVERSCHLUSS

Bei einem mittig in die Naht eingesetzten Reißverschluss stoßen beide Nahtzugaben über der Mitte der Zahnreihe aneinander und verdecken den Reißverschluss vollständig.

1 Die Naht bis zur vorgesehenen Stelle für den Reißverschluss schließen.

Linke Stoffseite

Einlage

2 Den Rest der Naht heften.

3 Die Nahtzugaben leicht auseinander bügeln.

4 Den Reißverschluss mittig hinter dem gehefteten Teil der Naht aufstecken und beidseitig das Trägerband auf die Nahtzugaben heften.

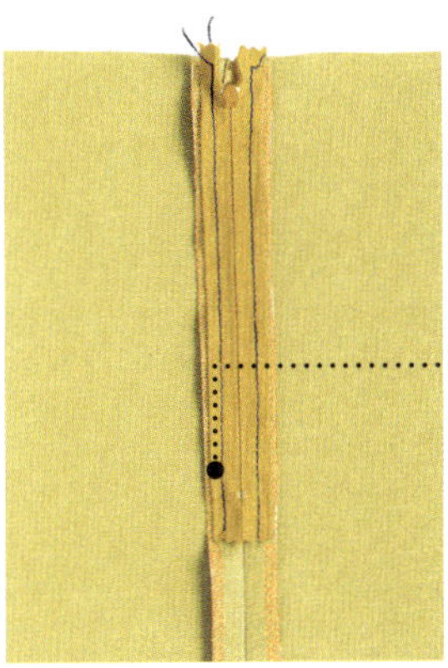

5 Auf der linken Seite der Arbeit die Nahtzugabe und das Trägerband des Reißverschlusses vom Oberstoff abheben und stecken.

6 Das Trägerband des Reißverschlusses an die Nahtzugabe steppen. Achten Sie darauf, dass beide Seiten des Trägerbandes fest an den Nahtzugaben sitzen. Jeweils bis zum Ende des Trägerbandes steppen.

7 Von der rechten Seite der Arbeit auf der einen Seite des Reißverschlusses von oben nach unten, dann quer über das untere Ende und dann auf der anderen Seite des Reißverschlusses wieder nach oben nähen.

8 Heftfäden entfernen.

Rechte Stoffseite

9 So sieht der fertig eingesetzte Reißverschluss von der rechten Seite aus.

UNSICHTBAR EINGESETZTER REISSVERSCHLUSS

Die Zähne dieses Reißverschlusses liegen auf der Rückseite des Verschlusses. Auf der Vorderseite ist nur der Schlitten zu sehen. Er wird vor dem Schließen der Naht eingesetzt. Sie brauchen einen speziellen Reißverschlussfuß.

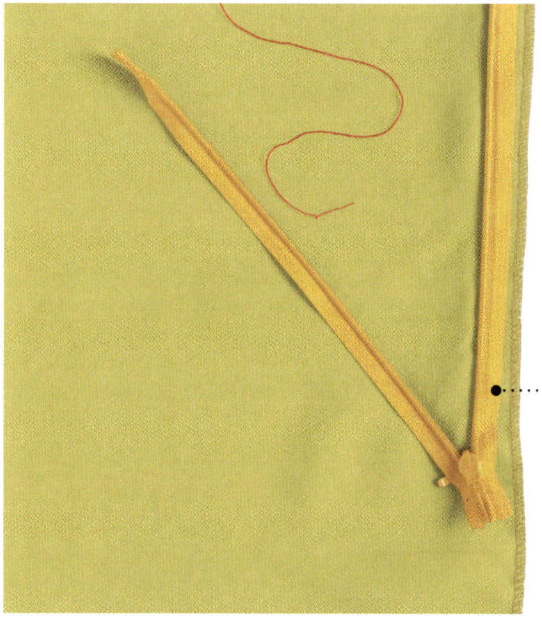

1 Alle Nählinien mit Heftstichen markieren.

2 Am linken Rückenteil die Mitte des Reißverschlusses rechts auf rechts auf die Heftlinie legen und feststecken.

3 Reißverschluss öffnen. Mit dem Reißverschlussfuß vom oberen Ende des Reißverschlusses so weit wie möglich nach unten steppen, dabei unter den Zähnen nähen. Die Maschine bleibt stehen, sobald der Fuß den Schlitten berührt.

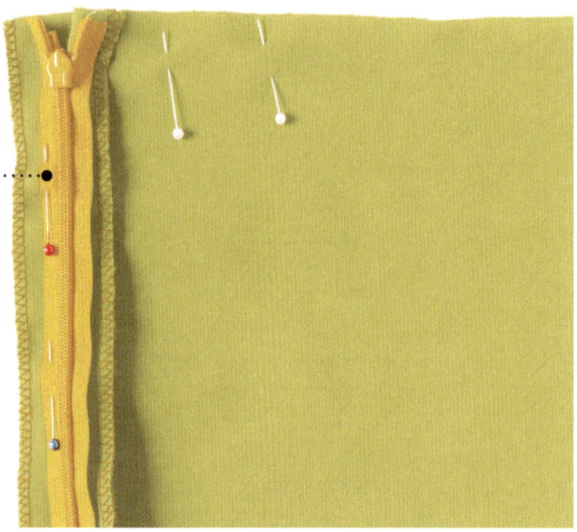

4 Den Reißverschluss schließen. Das andere Stoffteil so an den Reißverschluss anlegen, dass die Oberkanten beider Teile übereinstimmen. Die andere Seite des Trägerbandes feststecken.

5 Den Reißverschluss wieder öffnen. Mit dem Spezialfuß auf der anderen Seite des Reißverschlusses von oben nach unten steppen, um ihn am rechten Rückenteil anzunähen. Heftfäden entfernen.

6 Den Reißverschluss schließen. Auf der linken Seite sollten am unteren Ende des Reißverschlusses beide Nähte, die den Verschluss fixieren, an derselben Stelle enden.

Loses Ende des Reißverschluss-Trägerbandes

7 Die Naht unterhalb des Reißverschlusses mit normalem Nähfuß schließen. Zwischen der Reißverschlussnaht und der Naht darunter bleibt eine kleine Lücke von circa 3 mm offen.

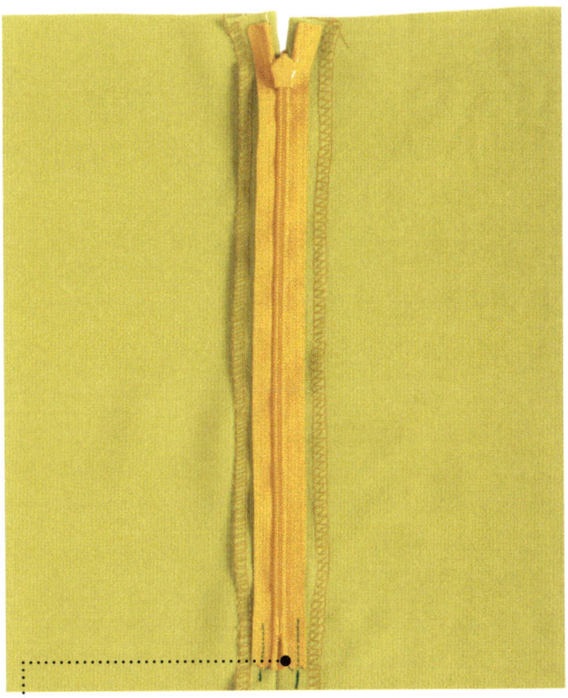

8 Die untersten 3 cm des Reißverschluss-Trägerbandes auf die Nahtzugaben steppen, damit sich der Reißverschluss nicht löst.

9 Von der rechten Seite der Arbeit ist der Reißverschluss nicht zu sehen. Nur der Schlitten schaut am oberen Ende heraus. Bund oder Beleg annähen.

TASCHEN

TASCHEN

Taschen gibt es in vielen Variationen. Manche, darunter aufgesetzte Taschen, Blasebalgtaschen und Paspeltaschen mit Klappe, sitzen außen und wirken sehr dekorativ. Andere, wie Hüftsatteltaschen, liegen fast unsichtbar im Inneren des Kleidungsstücks. Taschen können aus dem Originalstoff des Kleidungsstücks oder aus einem kontrastierenden Material genäht werden.

ÜBERSICHT

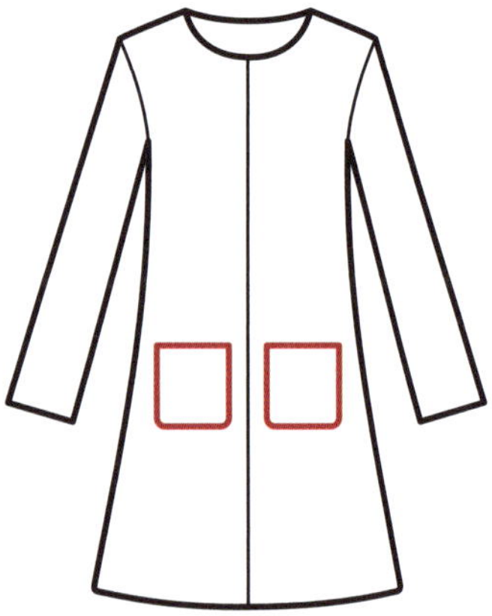

AUFGESETZTE TASCHEN **(S. 142–145)**

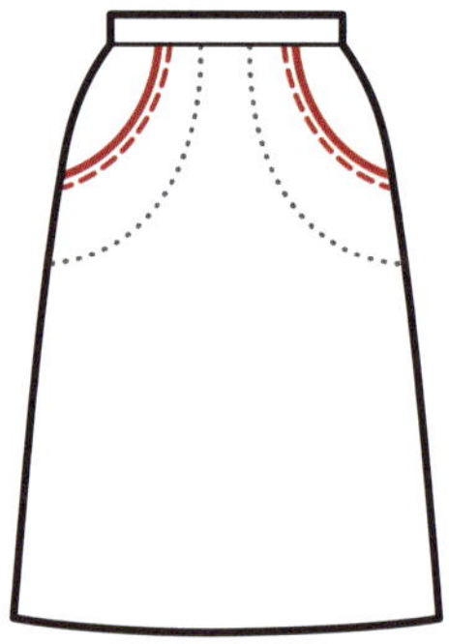

HÜFTSATTELTASCHE **(S. 148)**

KÄNGURUTASCHE **(S. 149)**

UNGEFÜTTERTE, AUFGESETZTE TASCHE

Die ungefütterte, aufgesetzte Tasche gehört zu den beliebtesten Taschentypen. Sie eignet sich für Kleidungsstücke und Stoffe aller Art. Dünne Stoffe, etwa für die Brusttasche an einem Hemd, erfordern keine Einlage, doch mittelstarke oder dicke Stoffe sollten Sie mit einer aufbügelbaren Einlage verstärken.

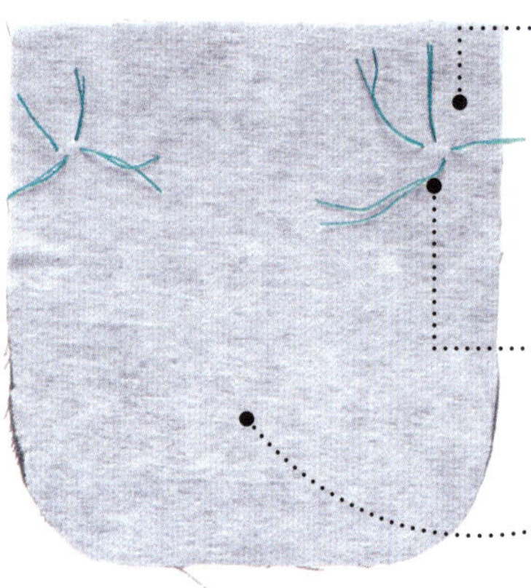

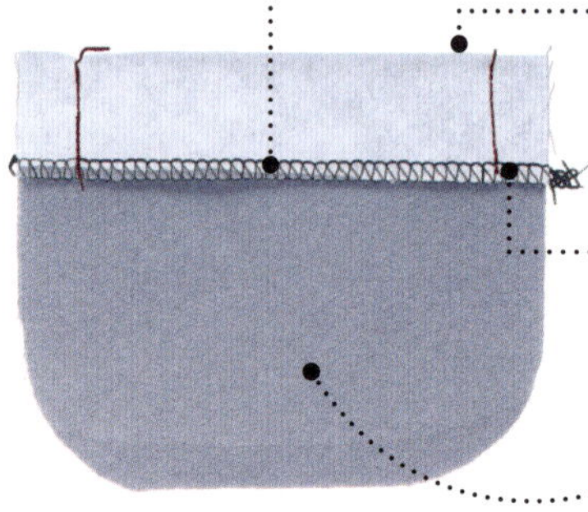

6 Mit großen Geradstichen eine Kräuselnaht entlang der unteren Ecken anbringen.

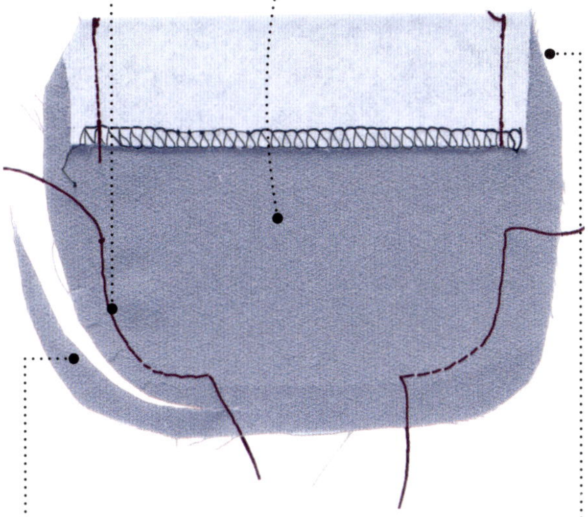

7 Die Nahtzugaben an den Ecken zurückschneiden.

8 Die oberen Ecken abschrägen.

9 Den Beleg zur linken Seite umschlagen.

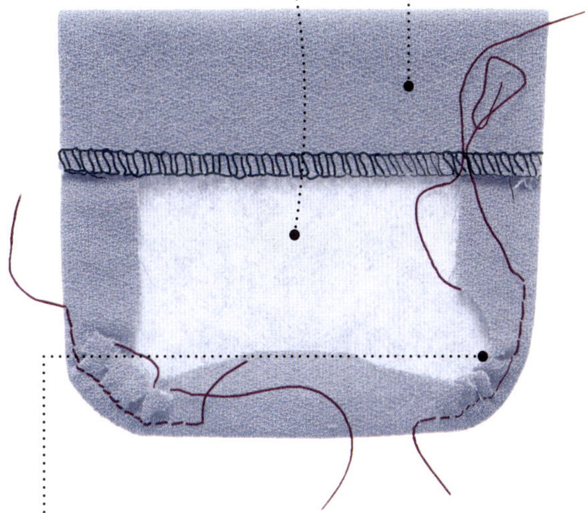

10 Den Kräuselfaden an den unteren Rundungen anziehen. Bügeln.

11 Die abgerundeten Ecken einschlagen.

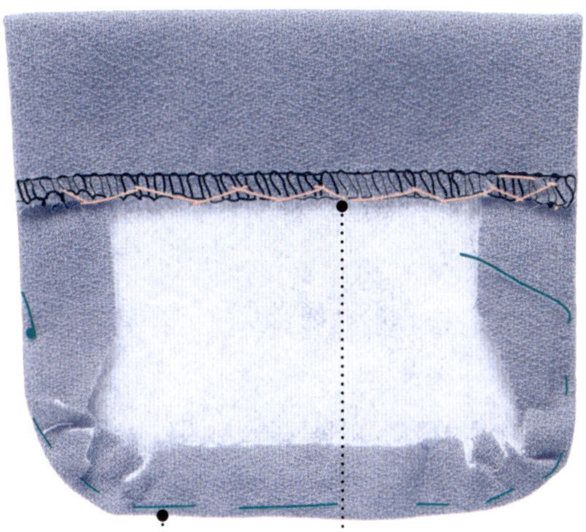

12 Unterkante und Rundungen heften, um sie zu sichern.

13 Den Beleg von Hand mit Hexenstichen auf der linken Seite der Tasche annähen.

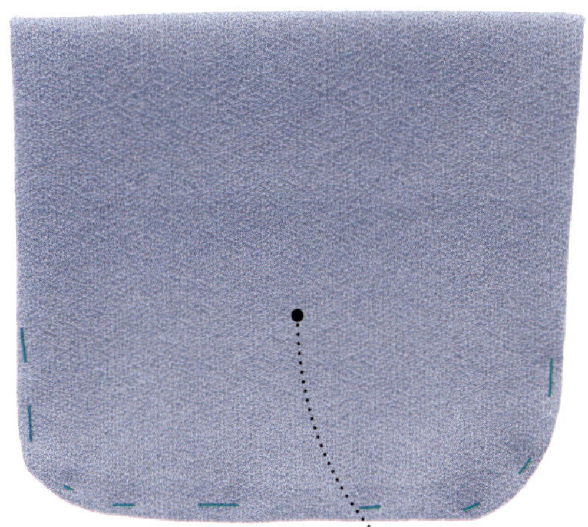

14 Bügeln. Heftfaden entfernen. Nun kann die fertige Tasche aufgesteppt werden.

GEDOPPELTE, AUFGESETZTE TASCHE

Wenn eine aufgesetzte Tasche gedoppelt werden soll, verläuft der Stoffbruch an der Oberkante. Wie bei der ungefütterten Tasche ist bei einem dünnen Stoff keine Einlage erforderlich, während Stoffe mittlerer Stärke mit Bügelvlies verstärkt werden sollten. Dicke Stoffe eignen sich nicht für gedoppelte, aufgesetzte Taschen.

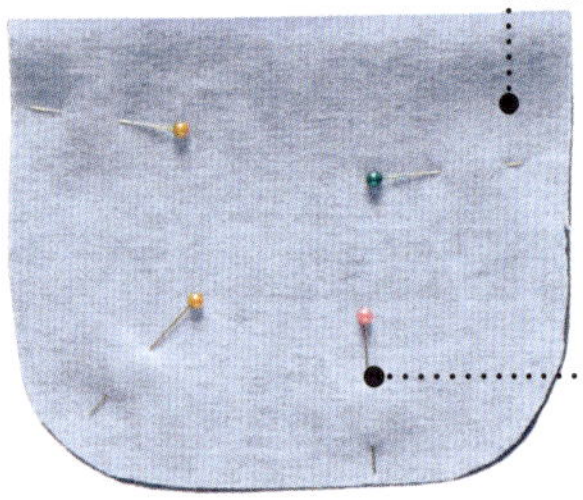

1 Taschenstoff zuschneiden und, wenn nötig, Einlage aufbügeln.

2 Die Tasche rechts auf rechts zur Hälfte zusammenlegen und mit Stecknadeln fixieren.

5 Die Nahtzugabe der einen Lage auf die halbe Breite zurückschneiden.

6 Die unteren Ecken mit der Zackenschere zurückschneiden.

3 Die drei offenen Seiten mit der Nähmaschine bis auf eine 3cm lange Wendeöffnung zusammennähen.

4 Die Nahtzugaben an den Ecken schräg zurückschneiden.

7 Die Tasche durch die Öffnung in der Naht auf rechts wenden und bügeln.

8 Die Öffnung in der Naht mit unsichtbaren Handstichen schließen. Nun kann die Tasche aufgenäht werden.

QUADRATISCHE AUFGESETZTE TASCHE

Statt die Ecken abzurunden, können Sie sie auch im 90-Grad-Winkel arbeiten. Dazu müssen Sie die Ecken als Briefecken abschrägen, damit der Stoff nicht zu sehr aufträgt. Bügeln Sie auf mittelstarke Stoffe eine Einlage auf.

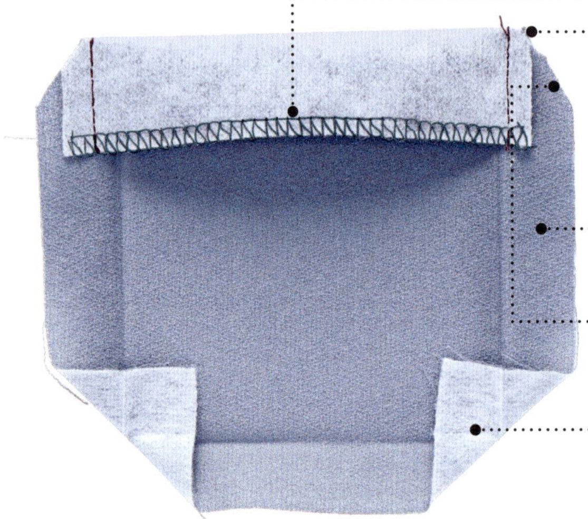

1 Tasche zuschneiden und gegebenenfalls Einlage aufbügeln. Die Oberkante mit Zickzack- oder Overlockstichen versäubern.

2 Die Oberkante als Beleg zur rechten Seite umfalten und die Seitennähte steppen.

3 Die anderen drei Seiten umfalten und bügeln, um den Falz zu markieren.

4 Die oberen Ecken schräg abschneiden.

5 Die unteren Ecken diagonal umklappen und die Seitenkanten darüber falten, um die Linien für die Briefecken zu markieren.

6 Entlang der Faltlinien steppen, um die Ecke abzuschrägen.

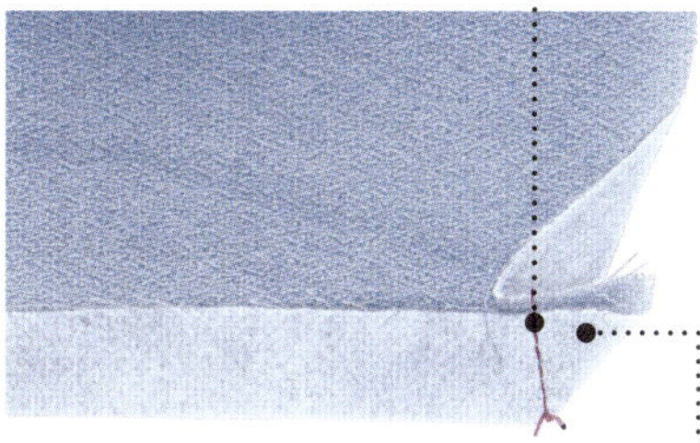

7 Den überstehenden Stoff abschneiden und die Nahtzugaben mit der Spitze des Bügeleisens auseinanderbügeln. Beleg wenden.

Linke Stoffseite

Flache Briefecken

8 Die Kanten der Tasche zur linken Stoffseite einschlagen.

9 Die Tasche kann nun aufgenäht werden.

EINE AUFGESETZTE TASCHE ANNÄHEN

Beim Aufnähen einer aufgesetzten Tasche müssen Sie die Taschenposition ganz genau markieren, indem Sie die entsprechenden Linien mit Heftstichen kennzeichnen.

Achten Sie bei Karo- oder Streifenmustern darauf, dass das Muster des Taschenstoffs genau mit dem des Kleidungsstücks übereinstimmt.

1 Die Position der Tasche mit Heftstichen markieren.

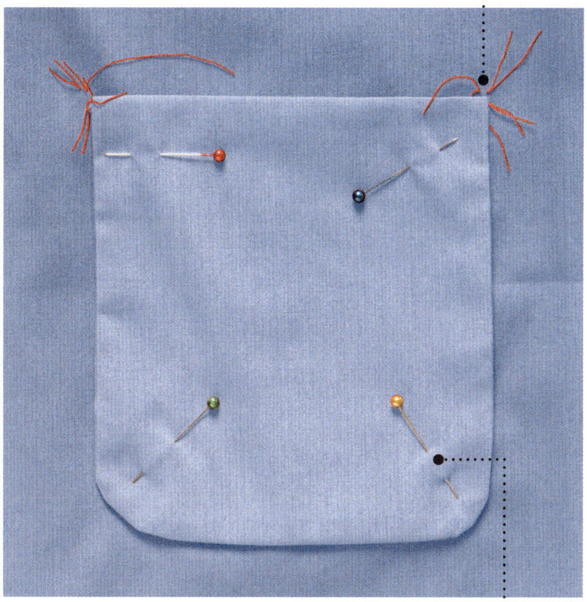

2 Die fertige Tasche so auf dem Stoff platzieren, dass die Ecken mit den gehefteten Markierungen übereinstimmen. Tasche aufstecken.

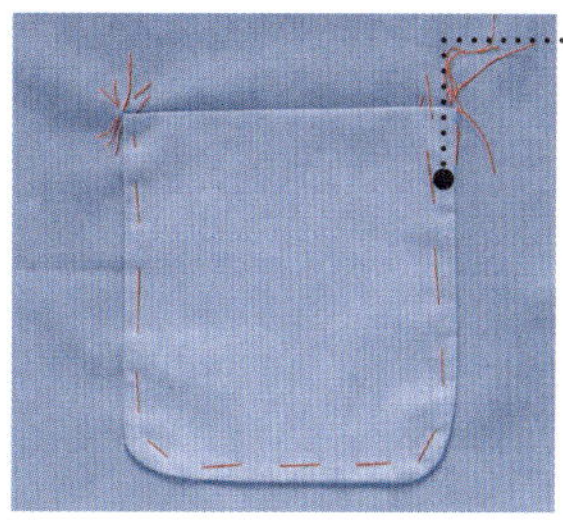

3 Die Tasche entlang der Seitenkanten und der Unterkante aufheften, damit sie nicht verrutscht. Heftstiche knappkantig arbeiten.

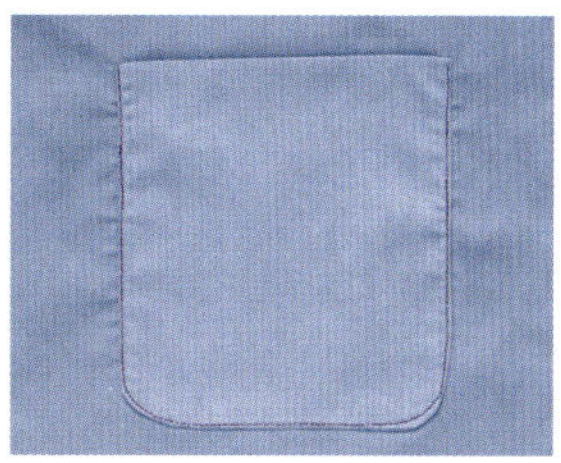

4 Die Tasche mit 1 mm Randabstand aufsteppen.

5 Die Heftfäden entfernen, dann bügeln.

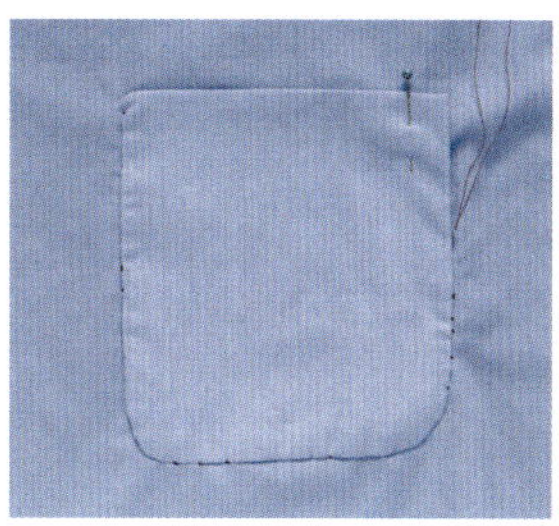

6 Die Tasche kann auch von Hand aufgenäht werden: Arbeiten Sie Saumstiche in die Unterseite der Taschennaht. Den Faden nicht zu fest anziehen, damit sich keine Fältchen bilden.

TASCHENECKEN VERSTÄRKEN

Bei jeder Tasche sollten Sie die oberen Ecken verstärken, weil sie beim Gebrauch besonders stark beansprucht werden. Es gibt verschiedene Möglichkeiten, von denen einige sogar recht dekorativ sind.

RÜCKSTICHE

1 Verstärken Sie die Ecke mit Rückstichen. Achten Sie darauf, dass die Stiche genau über denen der Naht liegen.

2 Fäden zur Stoffrückseite ziehen und verknoten.

DREIECK

1 Diese Technik wendet man vor allem bei Hemden an. Beim Annähen der Tasche vier Stiche horizontal entlang der Oberkante nähen.

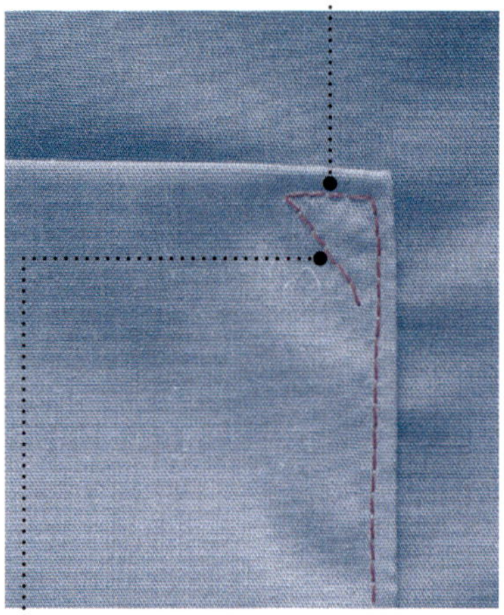

2 Die Arbeit drehen und diagonal zur Seitennaht zurücksteppen, sodass in der Ecke ein Dreieck entsteht.

ZICKZACKRIEGEL

1 Mit möglichst kleinen Zickzackstichen diagonal über die Ecke nähen.

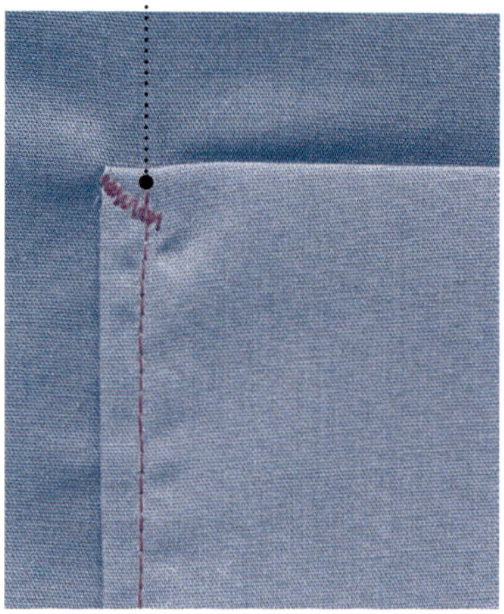

2 Kontrastfarbenes Garn macht diesen Riegel zum dekorativen Element.

ZICKZACKRIEGEL PARALLEL ZUR SEITENNAHT

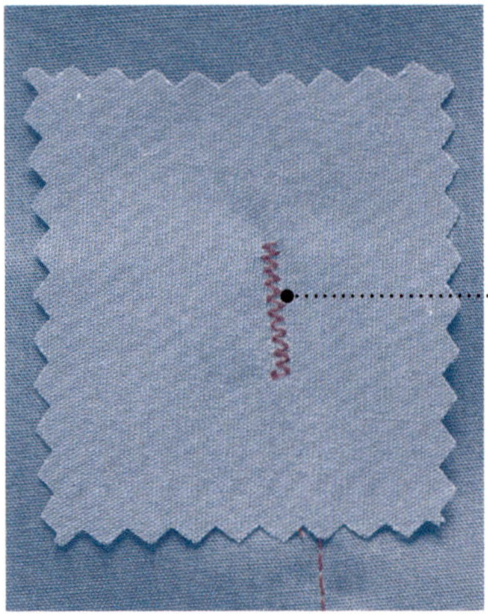

1 Auf die linke Seite des Kleidungsstücks unter die Taschenecke ein Stoffstückchen legen, über das Sie den Riegel zur Verstärkung nähen können.

2 Mit kleinen Zickzackstichen einen vertikalen Riegel direkt neben der Seitennaht nähen.

TASCHENKLAPPE

Manche Kleidungsstile verlangen nach einer Taschenklappe ohne Tasche als schmückendes Detail. Die Klappe wird dort angenäht, wo eine Tasche sitzen würde, doch befindet sich keine Öffnung darunter. Diese Lösung wählt man, wenn eine komplette Tasche zu stark auftragen würde.

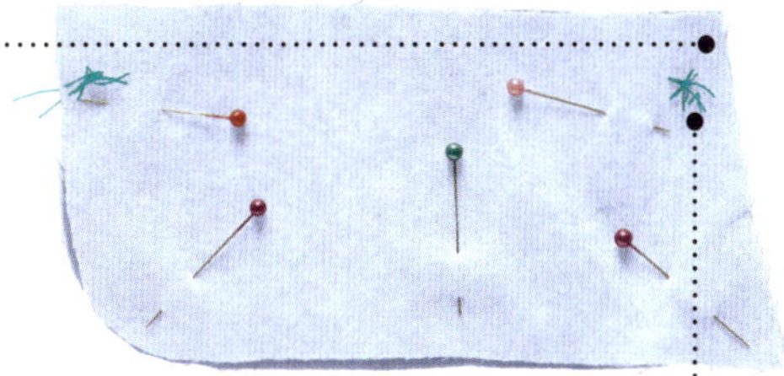

1 Die Klappe besteht aus zwei Teilen: dem Futter und dem mit Einlage verstärkten Stoff. Beide Teile rechts auf rechts aufeinanderlegen.

2 Die Markierungen übereinander platzieren und die Teile zusammenstecken.

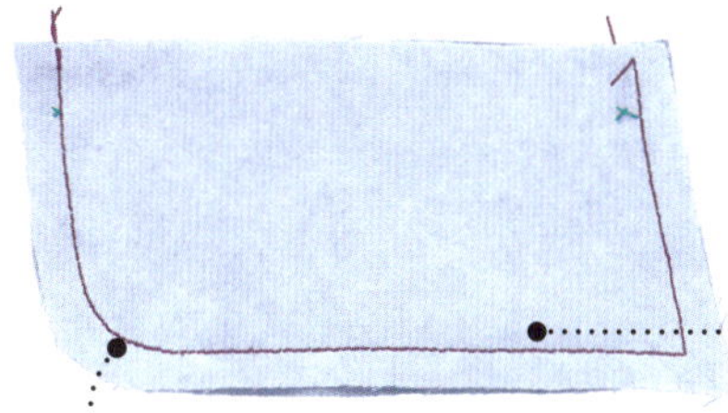

3 Die Taschenklappe an drei Seiten mit 1 cm Nahtzugabe zusammennähen. Über die Markierungen hinwegnähen. Die Oberkante offen lassen.

4 Die Nahtzugabe des Futters zurückschneiden.

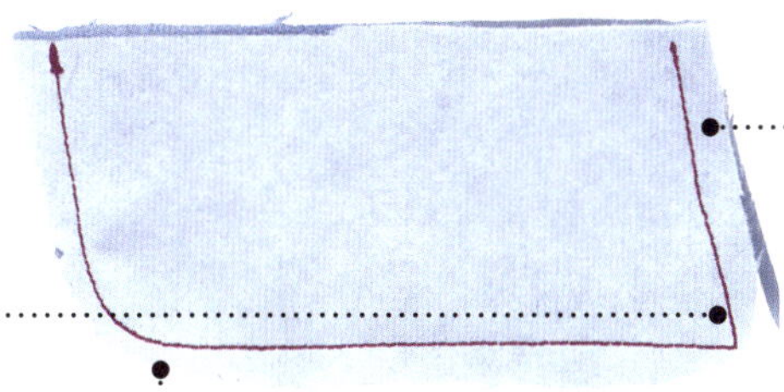

5 Den Stoff an der Spitze zurückschneiden.

6 Die Rundung mit der Zackenschere nachschneiden, damit der Stoff nicht zu sehr aufträgt. Bügeln.

7 Die Klappe auf rechts wenden. Die Spitze herausdrücken.

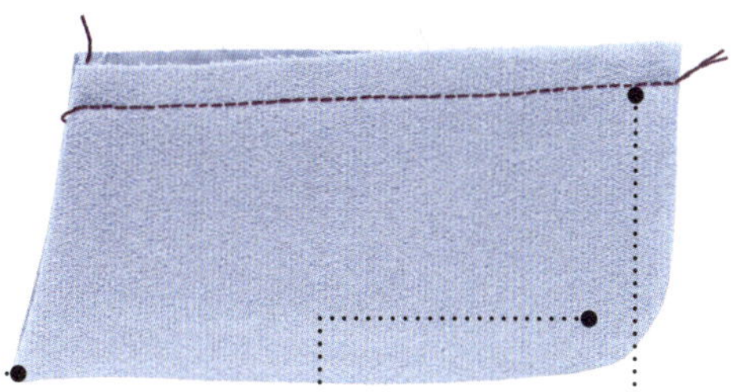

8 Das Futter auf die Rückseite schieben, sodass es von vorne nicht zu sehen ist. Die Rundung sauber bügeln.

9 Die Oberkante absteppen, damit die Lagen sich nicht verschieben.

10 Die Klappe rechts auf rechts auf dem Kleidungsstück platzieren. Die Kanten der Klappe müssen mit den Markierungen auf dem Kleidungsstück übereinstimmen.

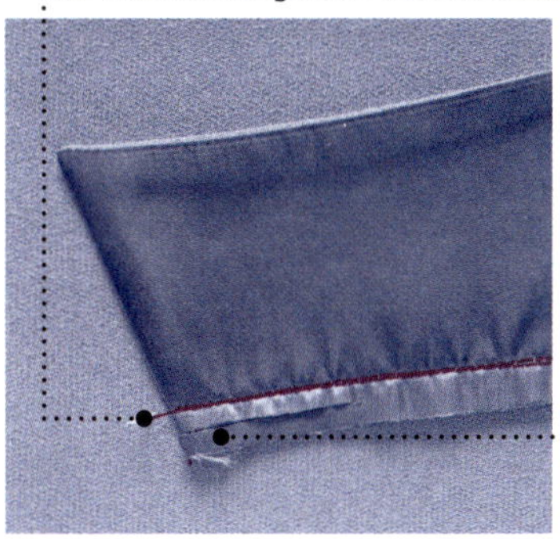

11 Die Klappe oberhalb der früheren Stepplinie annähen, dabei die Öffnung an der Oberkante zusammenhalten.

12 Die Nahtzugabe auf die Hälfte zurückschneiden. Bügeln.

13 Die Klappe in Form bügeln, dabei den Stoff nicht dehnen.

14 Die Oberkante absteppen, damit die Klappe flach liegt.

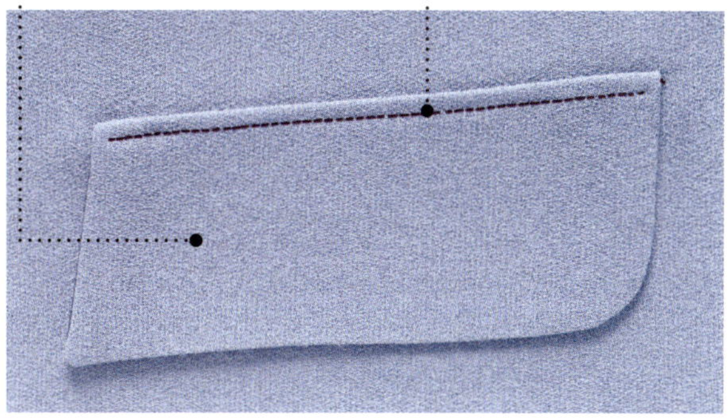

HÜFTSATTELTASCHE

Bei vielen Hosen und Freizeitröcken ist die Tasche an der Hüfte angebracht. Sie kann tief oder hoch, wie etwa bei Jeans, sitzen. Alle Typen von Hüftsatteltaschen werden gleich gearbeitet. Schräg geschnittene Hüftsatteltaschen lassen die Figur schlanker erscheinen.

1 Ein Stück Einlage entlang des Tascheneingriffs auf den Stoff des Kleidungsstücks aufbügeln.

Linke Seite des Vorderteils

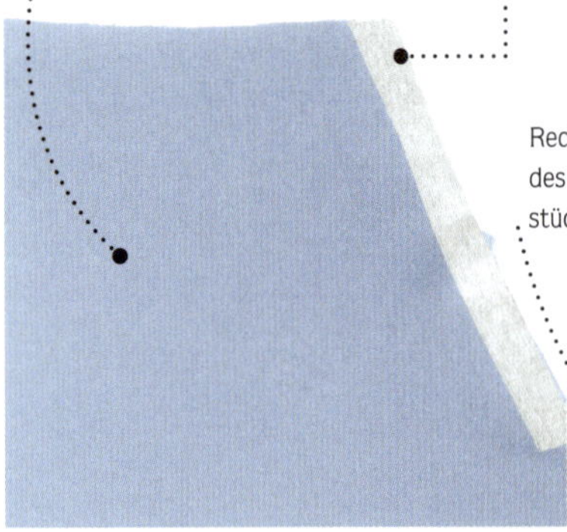

2 Das Taschenfutter rechts auf rechts auf das Vorderteil des Kleidungsstücks legen. Alle Markierungen für die Naht müssen übereinstimmen. Futter feststecken.

Rechte Seite des Kleidungsstücks

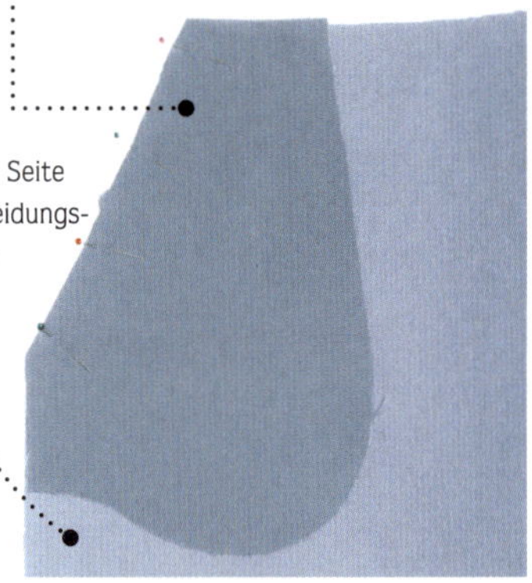

3 Das Futter mit 1,5 cm Nahtzugabe aufsteppen.

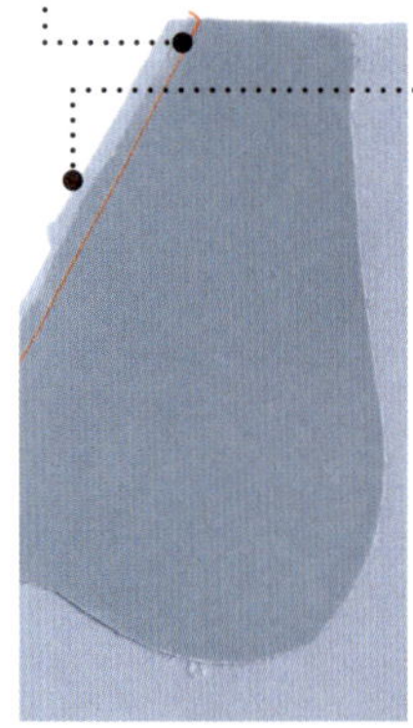

4 Die Nahtzugabe des Futters auf die Hälfte zurückschneiden.

5 Die Tasche ausklappen und die Nahtzugabe zum Futter hin bügeln.

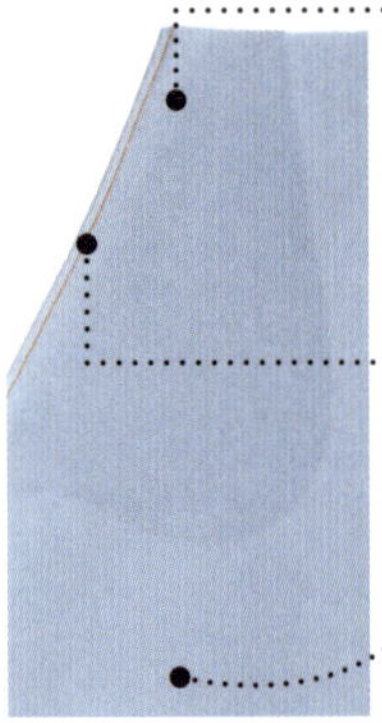

6 Das Futter nach innen klappen und so bügeln, dass es von außen nicht zu sehen ist.

7 Den Tascheneingriff mit 5 mm Randabstand absteppen.

Rechte Seite des Kleidungsstücks

Hosentasche

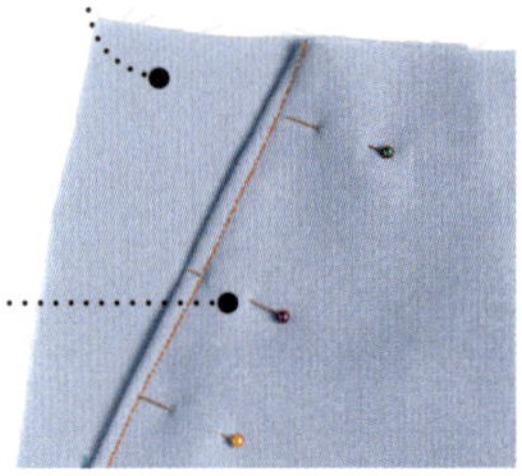

8 Von der rechten Seite des Kleidungsstücks aus den zugeschnittenen Taschenbeutel entlang des Eingriffs feststecken.

9 Die Seite des Vorderteils mit dem Taschenbeutel rechts auf rechts auf das Teil mit der Futtertasche legen. Nählinien und Markierungen müssen übereinstimmen. Teile zusammenstecken.

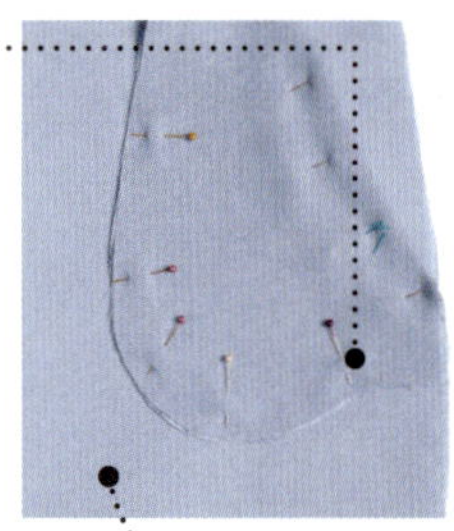

Linke Seite des Kleidungsstücks

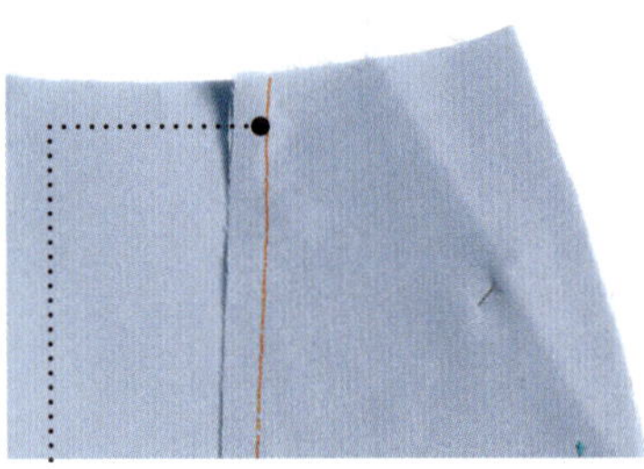

10 Den Taschenbeutel mit 1,5 cm Nahtzugabe zusammennähen. Bügeln.

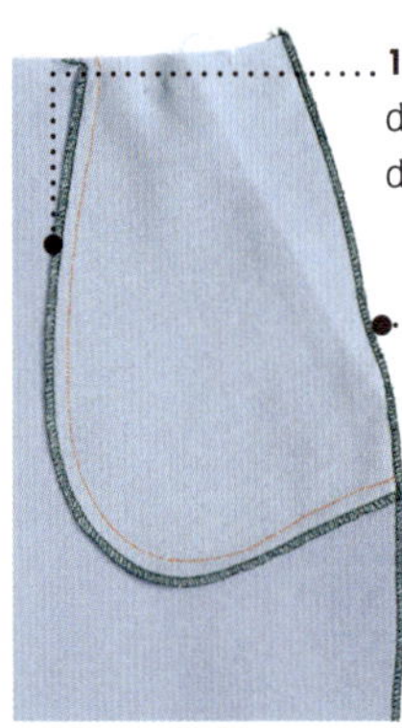

11 Die offenen Kanten der Nahtzugabe rund um die Tasche versäubern.

12 Die seitlichen Nahtzugaben von oben nach unten versäubern. Achten Sie darauf, dass der Stoff dort flach liegt, wo er auf die Seitennaht trifft.

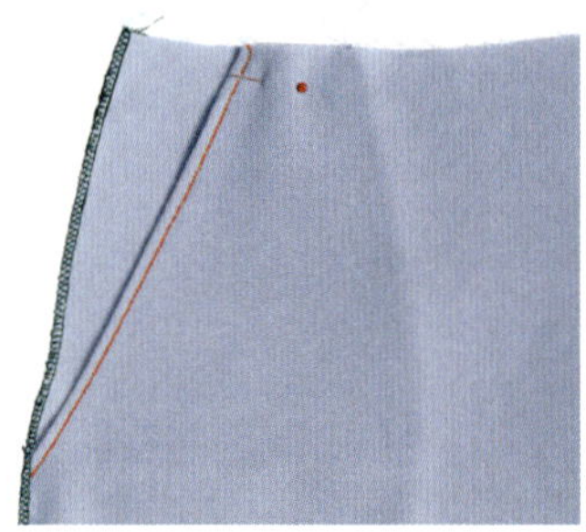

13 So sieht die schräg angeschnittene Hüftsatteltasche von der rechten Seite betrachtet aus.

KÄNGURUTASCHE

Die Kängurutasche ist eine große Variante der aufgesetzten Tasche, die oft bei Schürzen oder Trägerkleidchen für Kinder eingesetzt wird. »Halbe« Kängurutaschen finden sich auch häufig an Freizeitjacken.

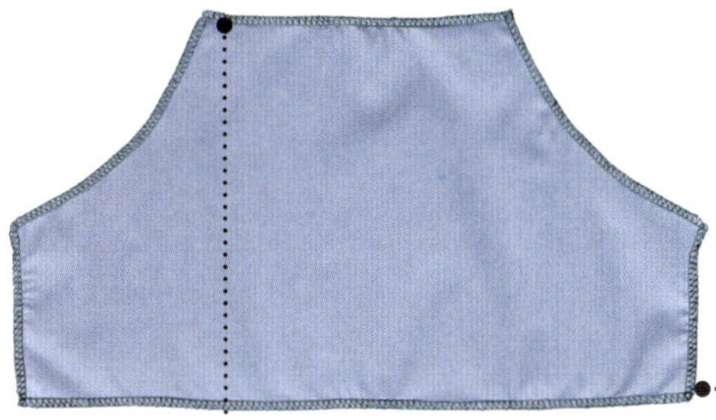

1 Alle Schnittkanten der Tasche versäubern.

2 Die Fadenenden der Versäuberungsnähte an den Ecken vernähen.

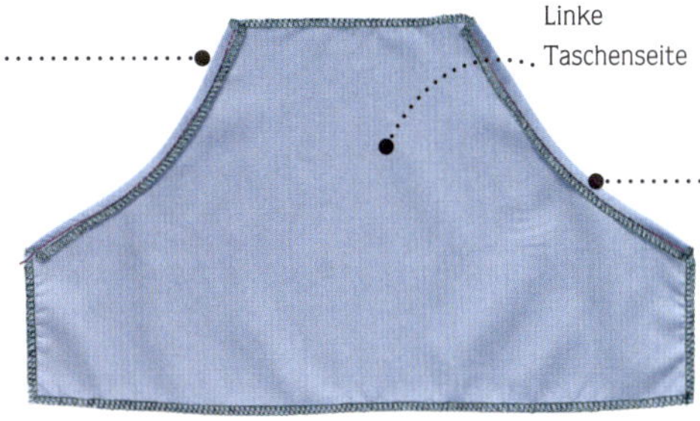

3 Die gerundeten Kanten der Tasche nach links umfalten. Sie ergeben später die Tascheneingriffe.

4 Die Rundungen bügeln und steppen.

5 Die übrigen Kanten der Tasche ebenfalls nach links umfalten. Bei dickeren Stoffen Briefecken arbeiten. Die Kanten bügeln.

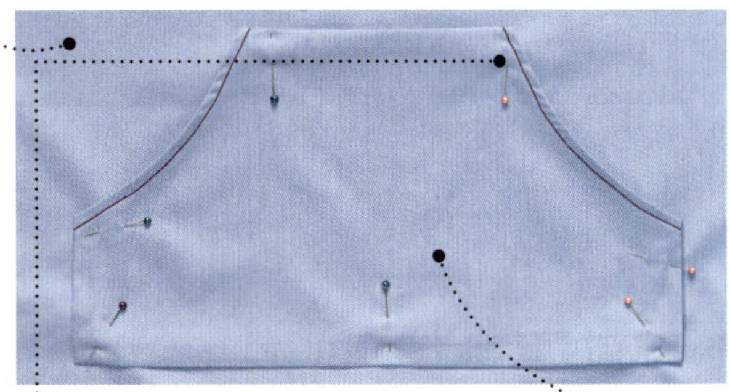

6 Die Tasche mit der linke Seite auf der rechten Seite des Kleidungsstücks platzieren. Die Tasche soll gerade ausgerichtet sein und flach liegen. Tasche aufstecken.

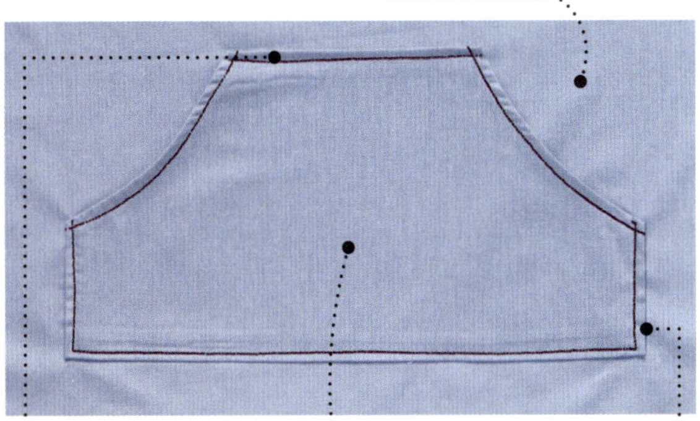

7 Die Tasche entlang der Oberkante annähen.

8 Auch die Nähte an den Schmalseiten und an der Unterkante steppen, anschließend bügeln.

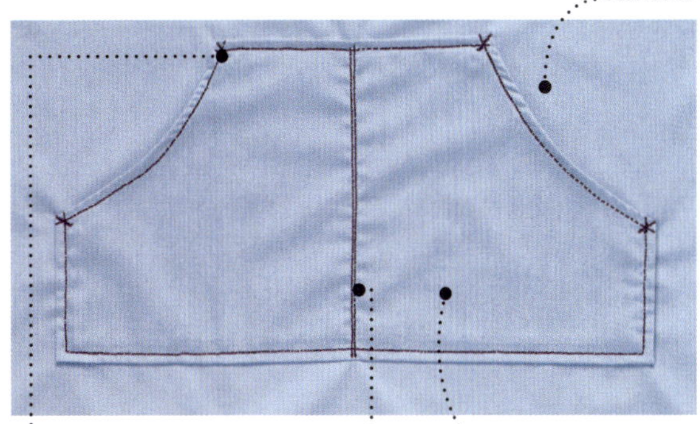

9 Die vier oberen Ecken der Tasche mit diagonalen Zickzackstichen verriegeln.

10 Wenn nötig, eine oder zwei vertikale Steppnähte über die Mitte der Tasche arbeiten, sodass zwei Taschen entstehen. Bügeln.

TAILLE, GÜRTEL & RAFFHALTER

TAILLENABSCHLÜSSE

Neben Kleidern benötigen Röcke und Hosen einen Taillenabschluss. Manche Taillenabschlüsse sind ganz unauffällig, andere hingegen auffällig und den Körperkonturen angepasst und wieder andere dienen als Blickfang.

ÜBERSICHT

FIGURBETONTER TAILLEN-ABSCHLUSS **(S. 153)**

GEKRÄUSELTER TAILLEN-ABSCHLUSS **(S. 153)**

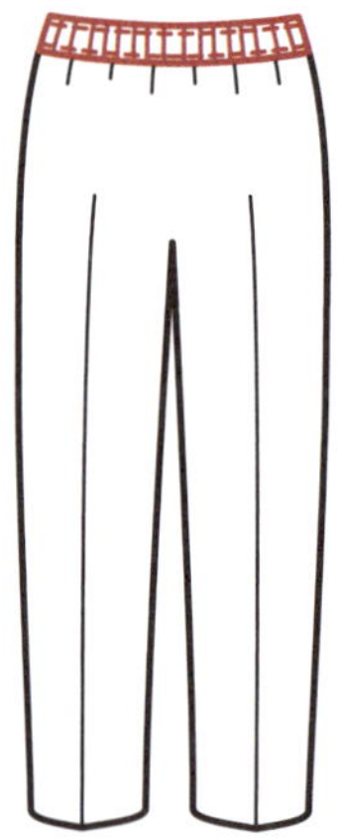

TAILLENABSCHLUSS MIT TUNNELZUG **(S. 154–155)**

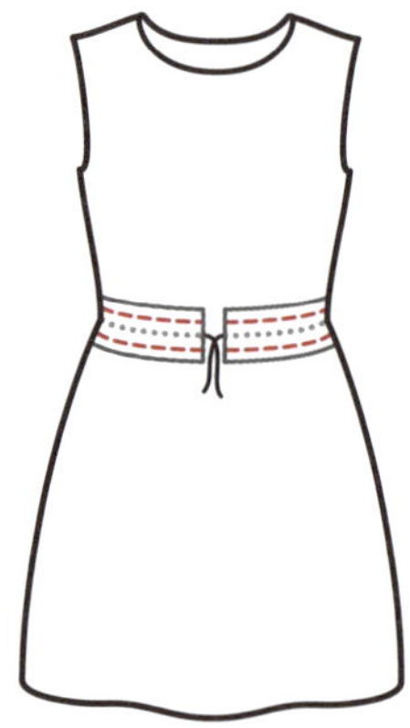

ANGESETZTE TUNNEL **(S. 156)**

FALSCHER TUNNELZUG MIT TAILLENGUMMI **(S. 157)**

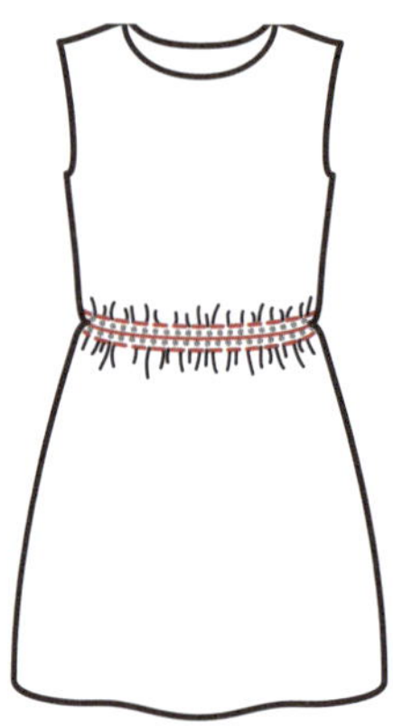

TUNNELZUG IN DER NAHTZUGABE VERSION 2 **(S. 158)**

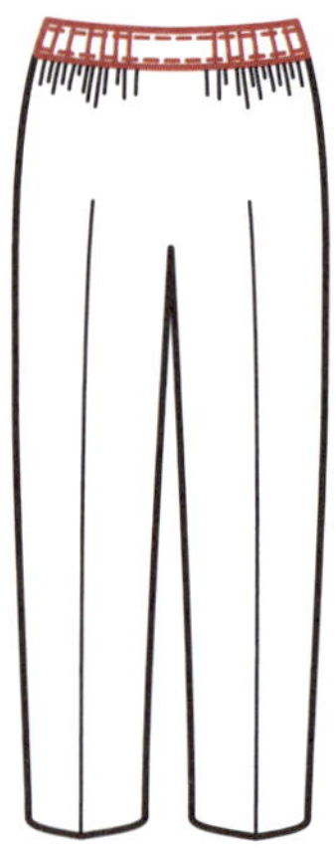

HALBTUNNEL **(S. 159)**

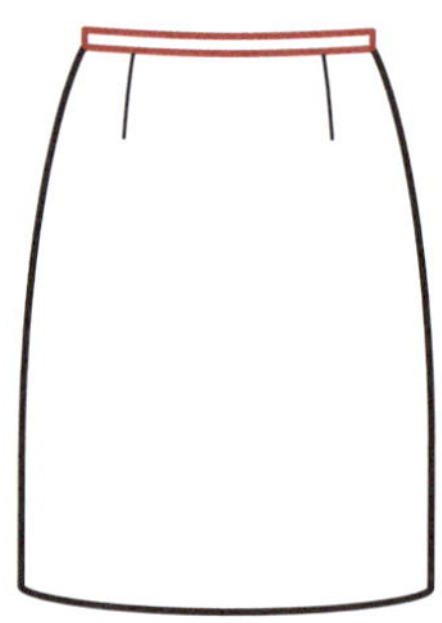

GERADER BUND **(S. 160)**

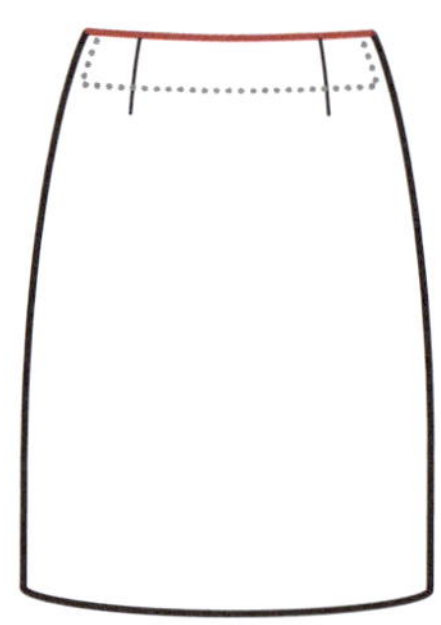

TAILLENABSCHLUSS MIT BELEG **(S. 161)**

EINEN ENGEN ROCK AN EIN OBERTEIL SETZEN

Viele Kleider bestehen aus einem schmalen Rock, der an ein figurbetontes Oberteil gesetzt ist. Beim Zusammenfügen müssen Sie darauf achten, dass Nähte und Abnäher von Rock und Oberteil genau aufeinandertreffen.

1 Die Abnäher am Rock zur vorderen Mitte bügeln. Entlang der Taillenkante eine Verstärkungsnaht steppen.

Linke Stoffseite

2 Die Nahtzugaben am Oberteil auseinanderbügeln.

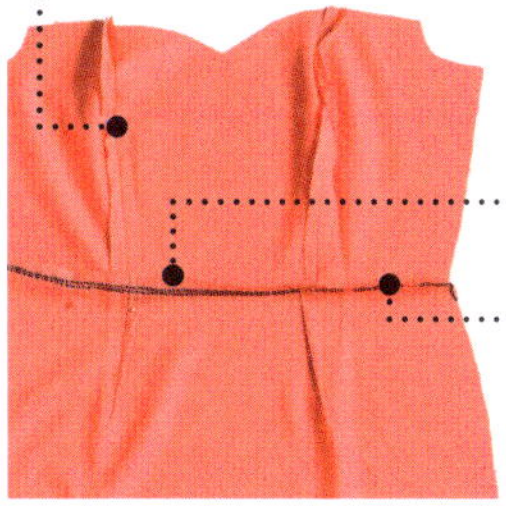

3 Den Rock am Oberteil anlegen, Abnäher und Nähte aufeinander ausrichten. Beide Taillenkanten zusammenstecken.

4 Die Taillennaht in 1,5 cm Abstand zur Stoffkante steppen. Bügeln.

5 Die Taillennaht mit dreifädigem Overlockstich oder Zickzackstich versäubern.

6 Die Naht zum Oberteil bügeln.

Linke Stoffseite

7 Nähte und Abnäher treffen in der Taille zusammen.

Rechte Stoffseite

GEKRÄUSELTER TAILLENABSCHLUSS

Beim Ansetzen eines gekräuselten Rocks an ein Oberteil müssen die Nähte aufeinander ausgerichtet werden. Wichtig ist, dass auch die Kräuselung ringsherum gleichmäßig verteilt wird.

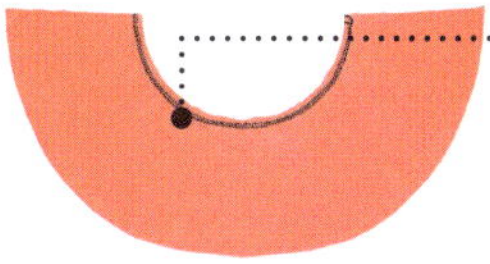

1 Entlang der Taille eines Halbtellerrocks zwei Kräuselreihen nähen.

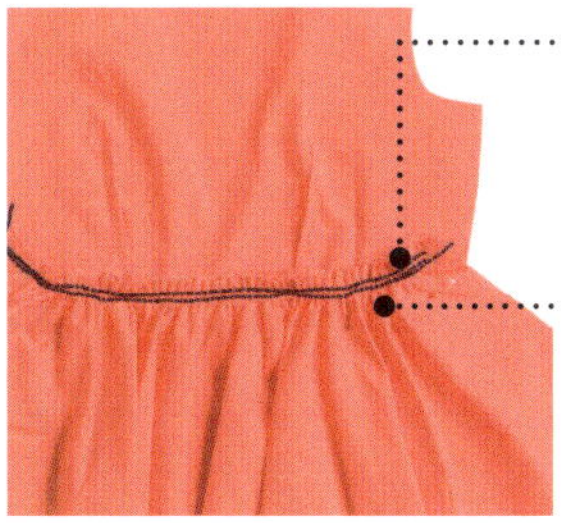

2 Den Rock auf die Taillenweite einkräuseln.

3 Die gekräuselte Kante ans Oberteil stecken. Die Abnäher des Oberteils zeigen zur vorderen Mitte.

Linke Stoffseite

4 Den gekräuselten Rock mit 1,5 cm Nahtzugabe ans Oberteil steppen. Die Kante mit Zickzackstichen oder einer dreifädigen Overlocknaht versäubern.

5 Die Nahtzugabe ins Oberteil bügeln. Von rechts ist nun eine glatte Naht zu sehen.

Rechte Stoffseite

TAILLENABSCHLUSS MIT TUNNELZUG

Bei einem Taillenabschluss mit Gummizug denkt man sofort an Röcke und Hosen, doch auch Freizeitjacken haben manchmal solch einen Abschluss. Der Tunnel kann als breiter Taillensaum gearbeitet oder als Beleg separat angesetzt werden.

TUNNELZUG IM BREITEN TAILLENSAUM

1 Oberkante 1,5 cm breit nach links umschlagen und bügeln.

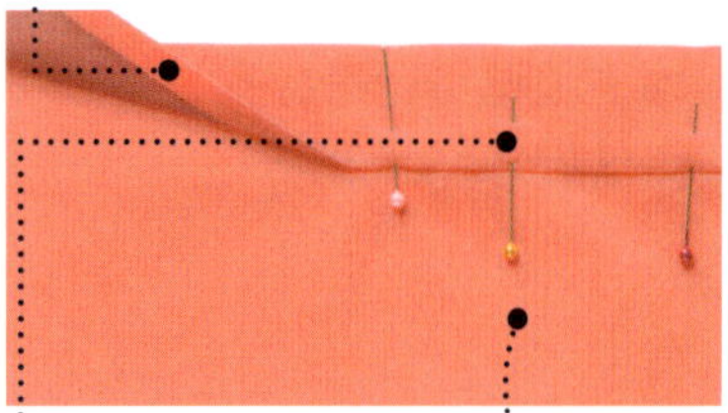

2 Oberkante nochmals nach links umschlagen, diesmal 3 cm, und umbügeln. Feststecken.

Linke Stoffseite

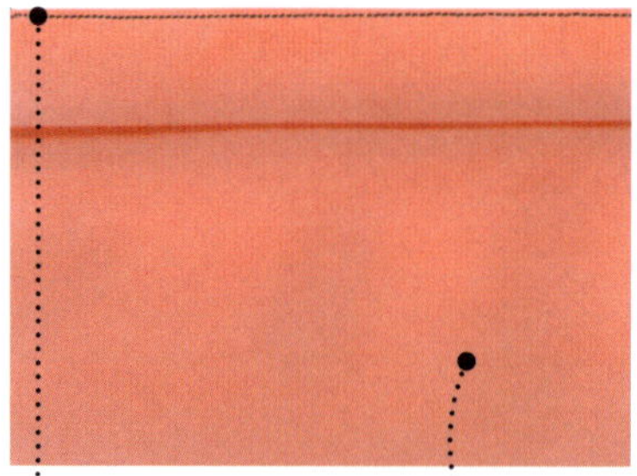

3 Nun 2 mm neben der oberen Bruchkante absteppen.

Linke Stoffseite

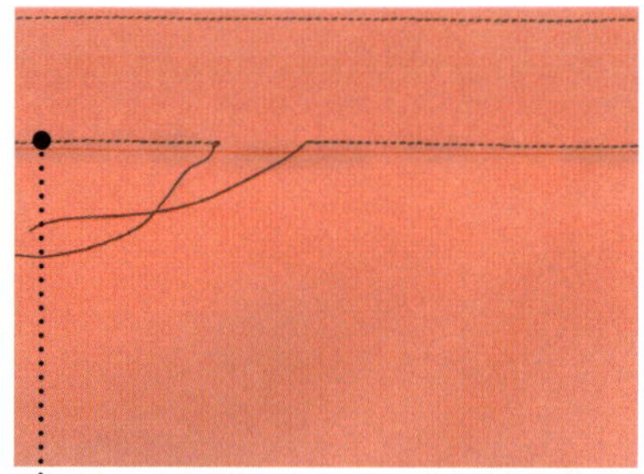

4 Dann 2 mm neben der unteren Bruchkante absteppen. Dabei eine 3 cm lange Öffnung zum Einziehen des Gummibands lassen.

5 Ein Stück querstabiles Gummiband zuschneiden, das bequem um die Taille passt.

6 Ein Ende unter der Öffnung am Stoff mit einer Stecknadel feststecken.

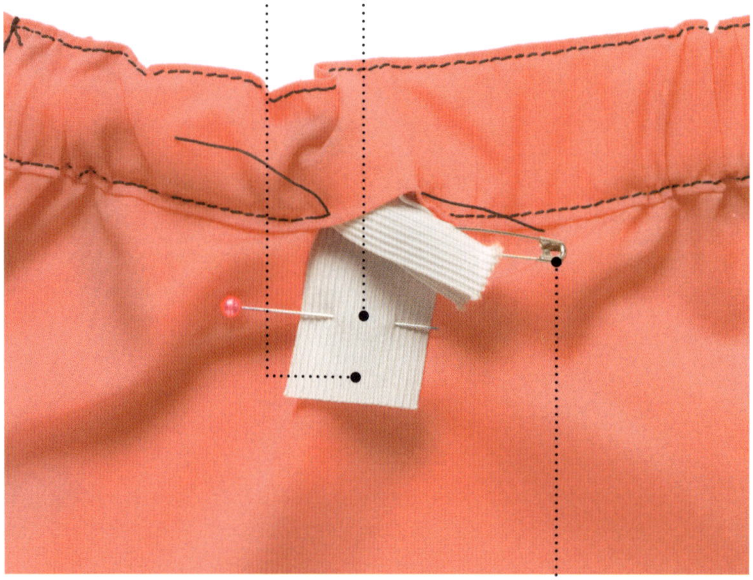

7 Am anderen Ende des Gummibands eine Sicherheitsnadel befestigen und das Band damit durch den Tunnel schieben.

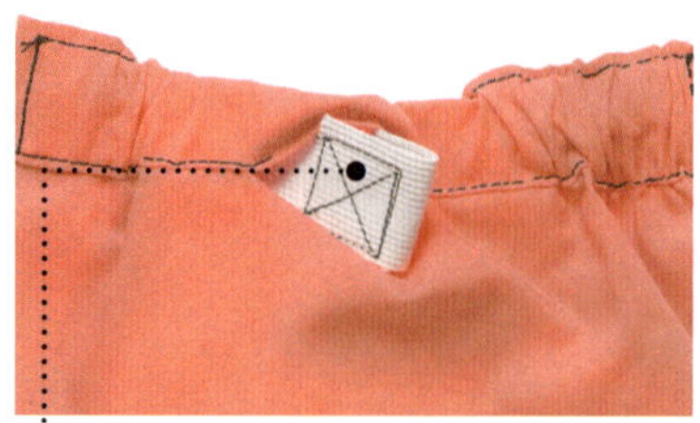

8 Die beiden Gummiband-Enden aufeinanderlegen und zusammensteppen. Am besten hält es, wenn Sie ein Quadrat und darin ein X steppen.

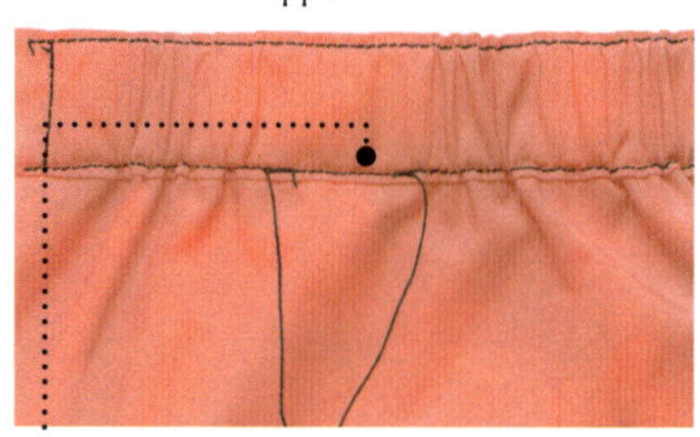

9 Das Gummiband ganz in den Tunnel schieben und die Öffnung zusteppen.

ANGESETZTER BELEG ALS TUNNELZUG

1 Den Beleg zuschneiden und an seinen Seitennähten zusammennähen. An der hinteren Mittelnaht nur die Nahtzugaben nach links bügeln.

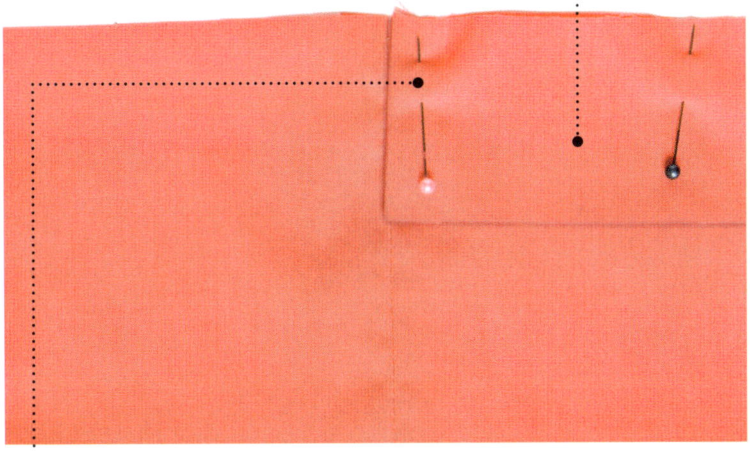

2 Den Beleg rechts auf rechts an die Taillenkante stecken.

3 Den Beleg ringsherum an die Taillenkante steppen.

Hintere Mittelnaht im Beleg offen für Gummiband

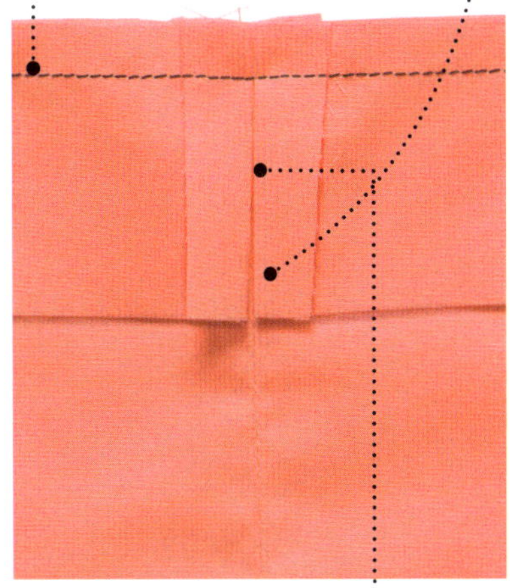

4 Die Nahtzugaben abgestuft zurückschneiden. An den Quernähten auseinanderbügeln.

5 Den Beleg auf die linke Seite des Kleidungsstücks umbügeln.

6 Die Unterkante des Belegs 1,5 cm breit einschlagen.

Rechte Belegseite

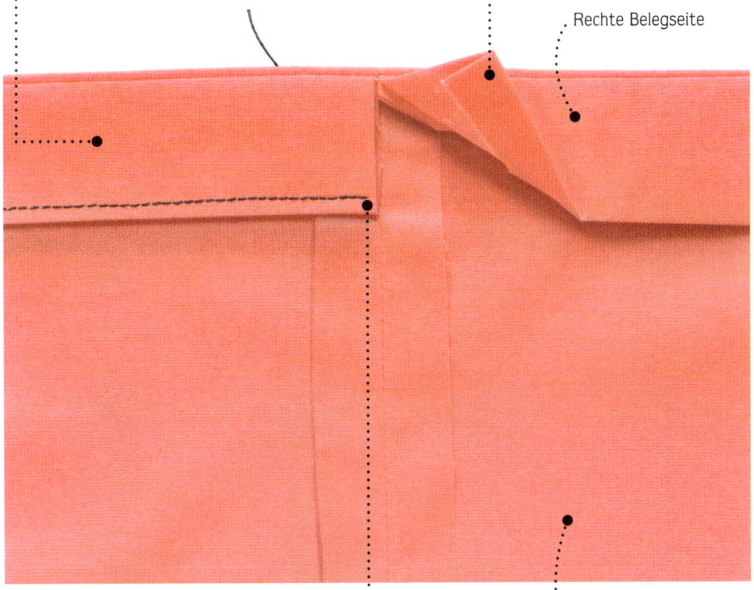

7 Den Beleg knappkantig entlang der Bruchkante aufsteppen.

Linke Stoffseite

Offene Quernaht im Beleg

Naht im Kleidungsstück

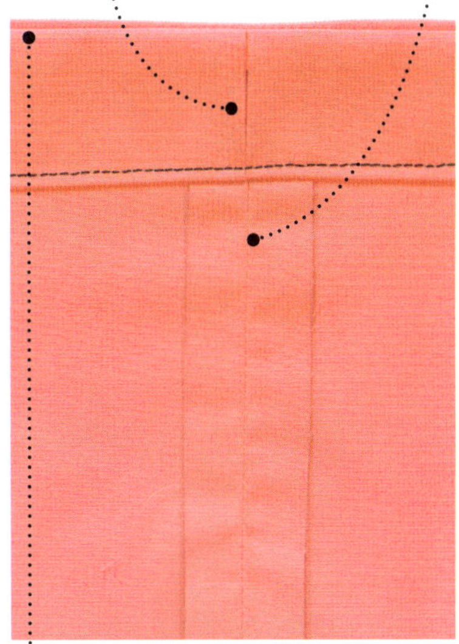

8 Das Gummiband einziehen und die Enden zusammennähen.

ANGESETZTE TUNNEL

Für manche Arten elastischer Taillenabschlüsse muss ein separater Stoffstreifen an- oder aufgenäht werden, in den das Gummiband eingezogen wird. Er kann auf der Innen- oder Außenseite des Kleidungsstücks angebracht werden. Sie können dazu einen Schrägstreifen verwenden, den Oberstoff oder den Stoff für die Belege.

EINGESTEPPTER TUNNELZUG

1 Solche Tunnelzüge findet man manchmal an Hemdblusenkleidern oder Blousonjacken. Im geraden Fadenlauf einen Stoffstreifen in der Breite des Gummibands zuzüglich doppelter Nahtzugabe zuschneiden.

2 Eine Schmalseite und beide Längsseiten 1,5 cm breit einschlagen.

3 Die Taille mit einer Reihe von Heftstichen markieren.

4 Den Tunnel auf die Heftlinie legen. Die eingeschlagene Schmalseite liegt in der vorderen Mitte.

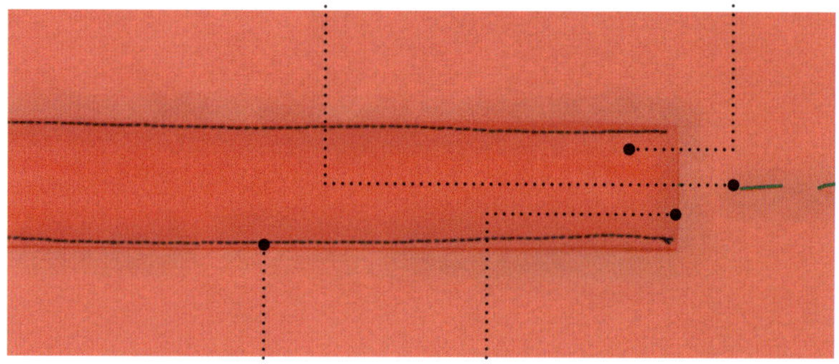

5 Beide Schmalseiten knappkantig aufsteppen.

6 Das Gummiband einziehen und an beiden Schmalseiten feststeppen.

EINGESTEPPTER TUNNEL MIT SCHRÄGSTREIFEN

1 Der Schrägstreifen muss nach dem Aufsteppen breit genug für das Gummiband sein. Schrägstreifen in der Taille aufstecken, beidseitig knappkantig aufsteppen.

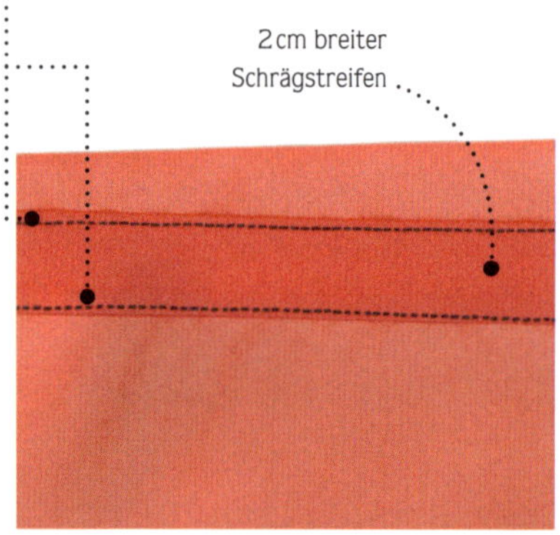

2 Gummiband einziehen, Enden eines Rundumtunnels zusammennähen, sonst am Tunnel annähen.

AUFGESTEPPTER TUNNELZUG

1 Im geraden Fadenlauf einen Streifen in der Taillenweite des Kleidungsstücks und 3,5 cm Breite zuschneiden. Alle Schnittkanten 5 mm breit umbügeln.

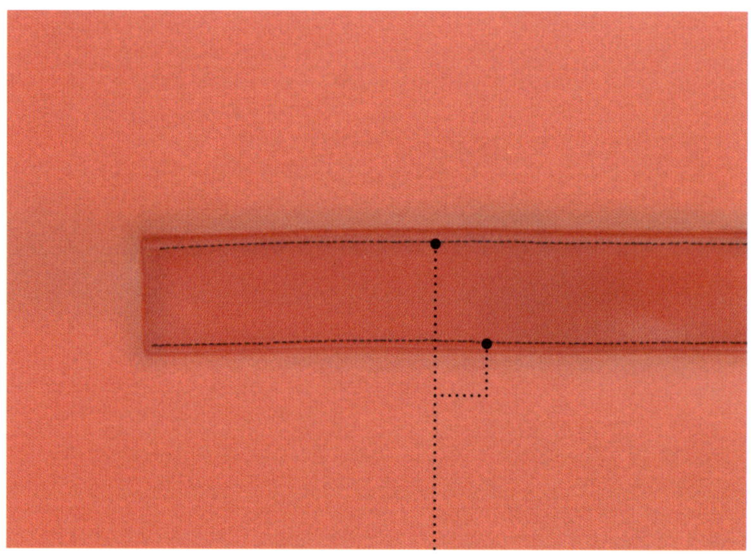

2 Den Streifen auf die Taillenlinie stecken. Die Schmalseiten zeigen zur vorderen Mitte.

3 Längsseiten knappkantig aufsteppen. Gummiband einziehen und feststeppen.

FALSCHE TUNNELZÜGE

Es gibt verschiedene Methoden, falsche Tunnelzüge zu nähen. Die einfachste ist, ein Gummiband innen in der Taille anzusteppen. Sind Oberteil und Rock zusammengenäht, kann man auch die Nahtzugabe der Taillennaht als Tunnel nutzen. Viele Kleidungsstücke haben nur im hinteren Teil der Taille einen Gummizug und vorne einen Beleg aus Gurtband.

EIN TAILLENGUMMI EINSTEPPEN

1 Ein Stück Gummiband in Taillenlänge zuschneiden. Die Taillenlinie am Kleidungsstück mit Heftstichen markieren.

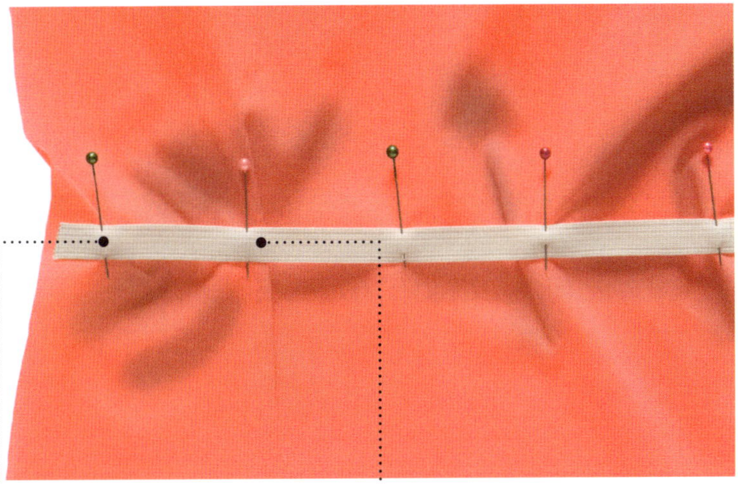

2 Das Gummiband an einem Ende feststecken.

3 Das Gummiband gedehnt in Abständen auf der Taillenlinie feststecken.

4 Das Gummiband an einem Ende mit einigen Maschinenstichen fixieren.

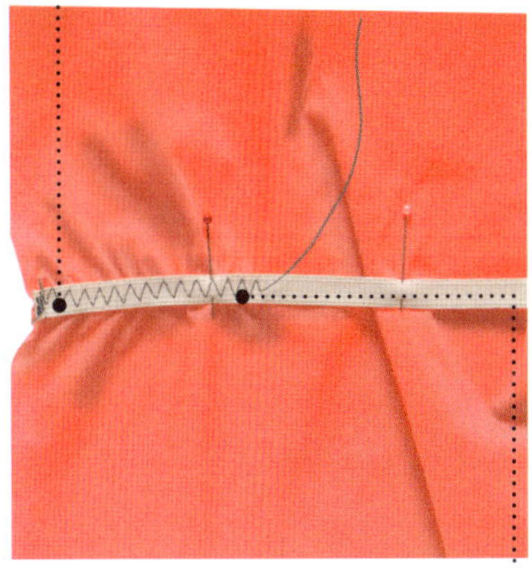

5 Nun das Gummiband mit Elastik-Zickzackstich aufsteppen. Dabei werden Stoff und Gummiband straff gespannt gehalten.

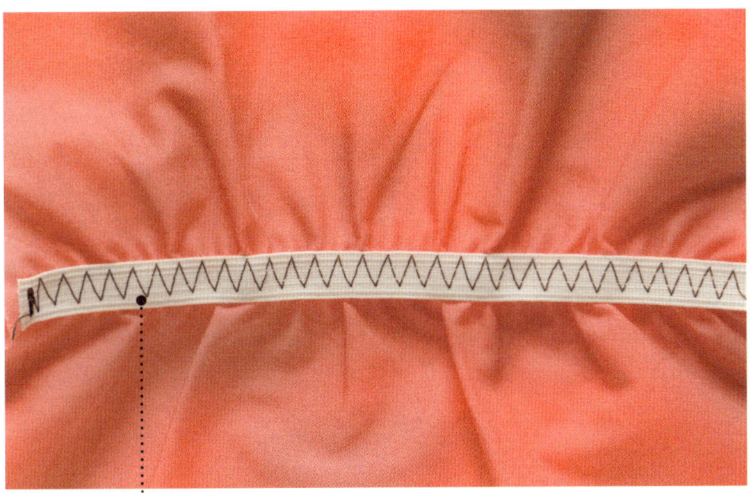

6 Das angesteppte Gummiband.

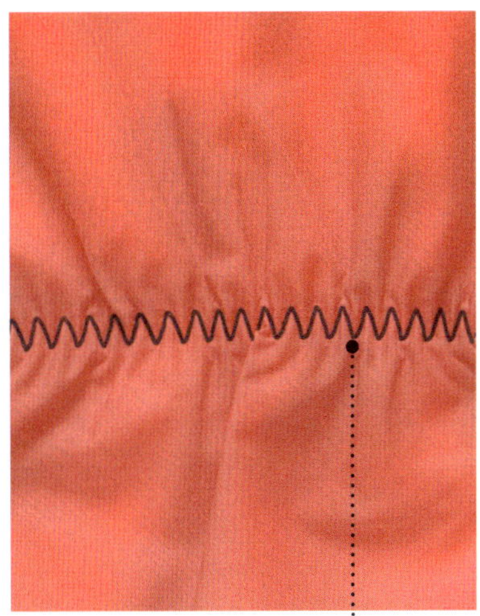

7 Auf der rechten Seite sieht man die Zickzacknaht.

TUNNELZUG IN DER NAHTZUGABE VERSION 1

1 Ober- und Unterteil mit 2 cm Nahtzugabe zusammensetzen.

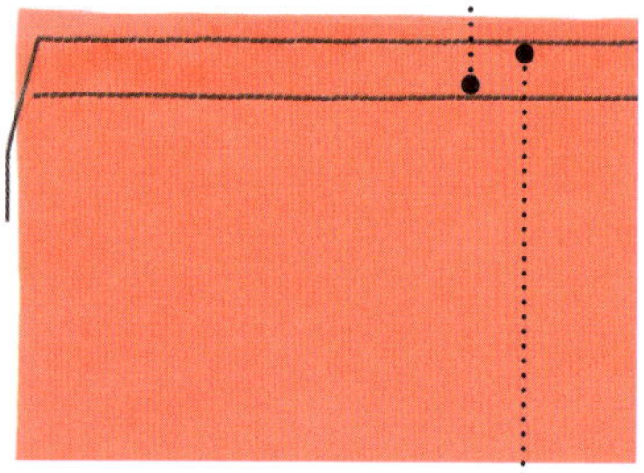

2 In 1,5 cm Abstand zur Stoffkante nochmals steppen.

3 Die Kante mit Zickzackstich oder einer dreifädigen Overlocknaht versäubern.

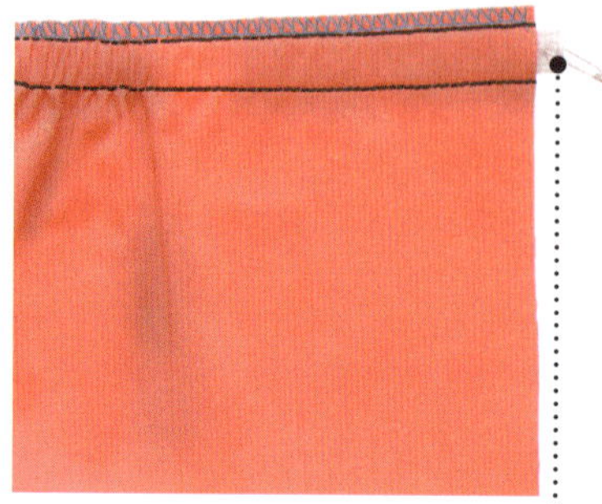

4 Mit einer Sicherheitsnadel Gummiband durch diesen Tunnel ziehen.

TUNNELZUG IN DER NAHTZUGABE VERSION 2

Linke Stoffseite

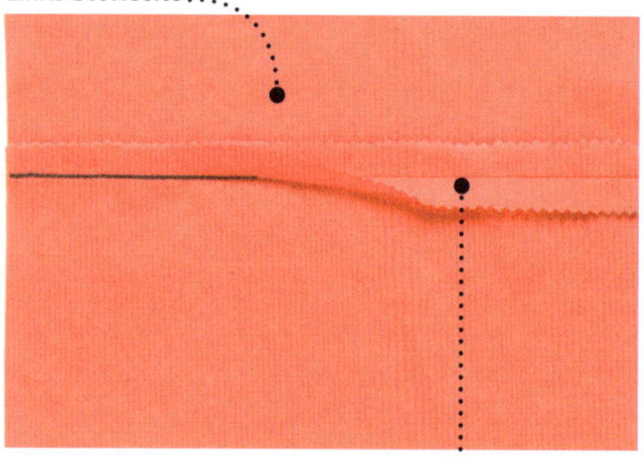

1 Die Nahtzugaben in der Taille auseinanderbügeln.

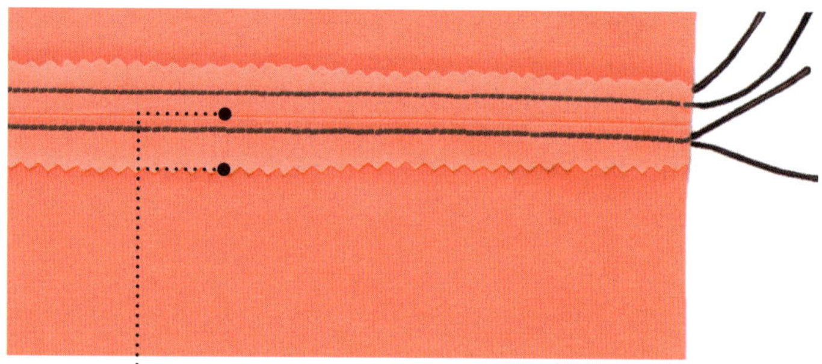

2 Beide Nahtzugaben in 1 cm Abstand zur Naht aufsteppen, sodass über und unter der Naht je ein Tunnel entsteht.

Linke Stoffseite

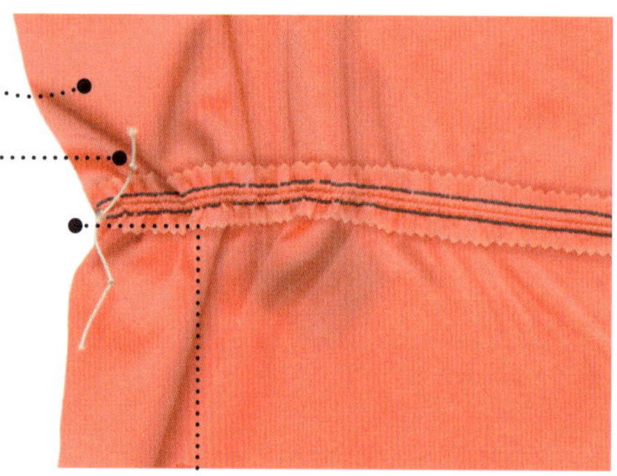

3 Durch jeden Tunnel mithilfe einer Durchziehnadel eine Gummikordel ziehen.

4 Die Gummikordeln auf einer Seite verknoten und den Stoff auf die gewünschte Weite einhalten.

Rechte Stoffseite

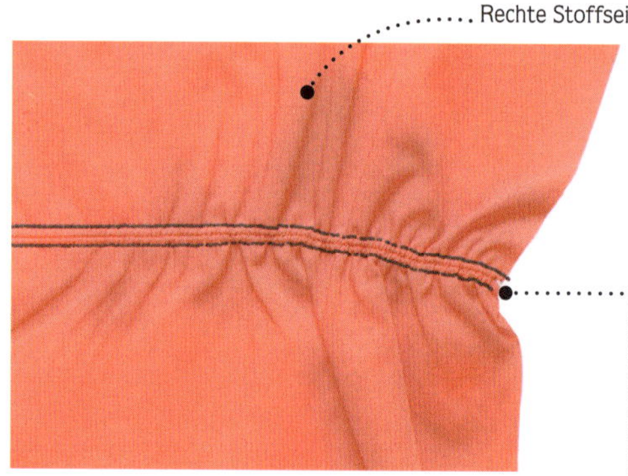

5 Die Gummikordeln auch auf der anderen Seite verknoten und die überflüssigen Enden abschneiden.

HALBTUNNEL

1 Den vorderen Taillenabschluss bildet ein angeschnittener Bund. Vorderteil und Bund wurden also in einem Stück zugeschnitten. Auf den angeschnittenen Bund des Vorderteils Einlage bügeln.

Vorderteil

2 Die Schnittkante mit Overlock- oder Zickzackstich versäubern.

3 Den Bund einschlagen und die Unterkante feststeppen.

4 Am Rückenteil die Zugabe für den Bund einschlagen.

Rückenteil

5 Die Oberkante knappkantig absteppen.

6 Die Unterkante einschlagen und knappkantig feststeppen.

7 Gummiband einziehen und den Stoff auf die gewünschte Weite einhalten. Das Gummiband quer feststeppen.

Gekräuseltes Rückenteil

Vorderteil mit glattem Bund

8 Vorder- und Rückenteil rechts auf rechts legen und die Seitennähte schließen.

9 Die Nahtzugaben auseinanderbügeln.

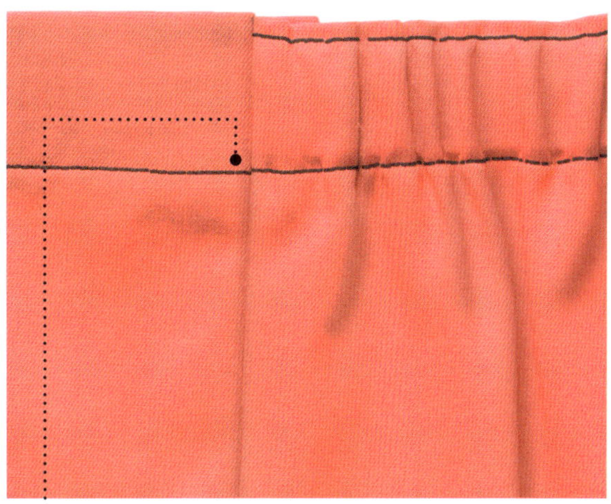

10 An der Seitennaht stößt die Stepplinie des Bundes genau an die Stepplinie des Tunnelzugs.

EINEN GERADEN BUND ANSETZEN

Ein Rock- oder Hosenbund soll fest, aber nicht zu stramm in der Taille sitzen. Ob gerade oder rund zugeschnitten – der Bund wird stets auf die gleiche Weise genäht und angesetzt. Rock- und Hosenbünde müssen immer verstärkt werden, damit sie Festigkeit erhalten.

Praktisch sind fertige, aufbügelbare Stanzbänder mit Hilfslinien zum Umfalten und Steppen. Die oberen Stanzungen müssen auf der 1,5 cm-Nahtlinie liegen. Wer kein Stanzband bekommt, kann mittelfeste Einlage zum Aufbügeln verwenden.

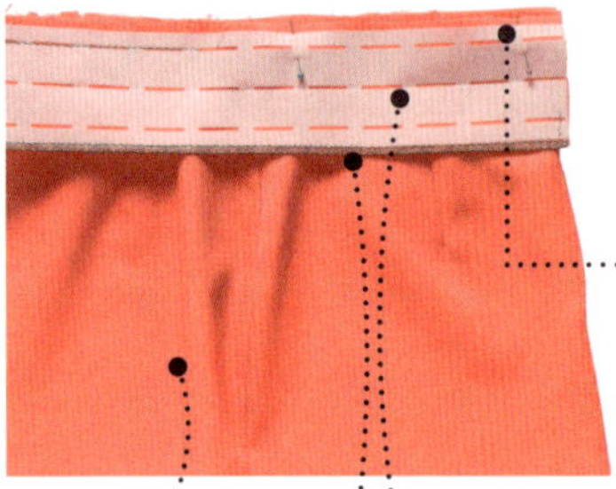

1 Den Bund zuschneiden und das Stanzband aufbügeln. Eine Längsseite versäubern.

2 Das Stanzband rechts auf rechts an die Taillenkante stecken. Dabei auf die Markierungen achten.

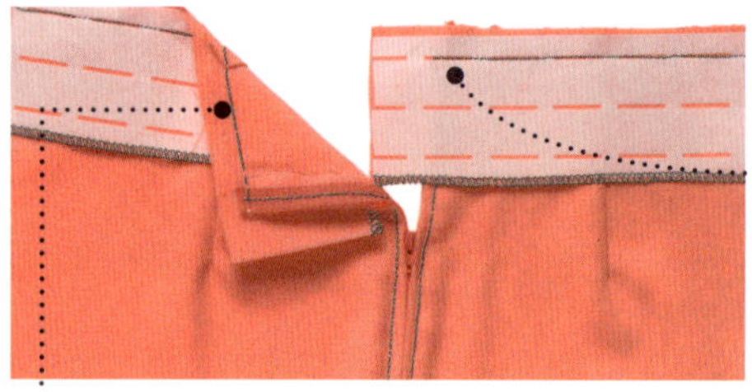

3 Den Bund mit 1,5 cm Nahtzugabe in der oberen Stanzlinie aufnähen. Er soll links 1,5 cm und rechts 5 cm über den Reißverschluss hinausstehen.

4 Den Bund nach oben bügeln.

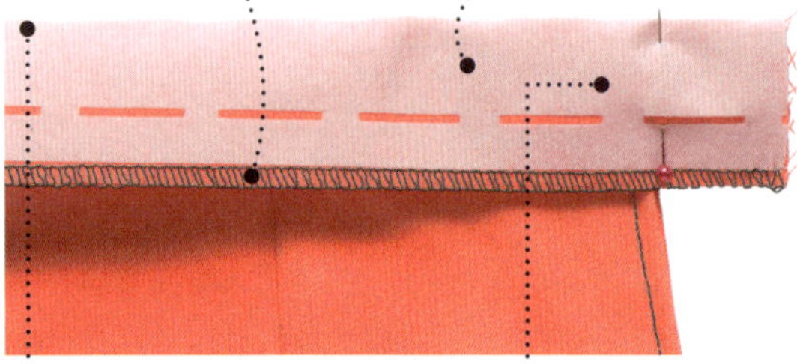

5 Den Bund in der mittleren Stanzlinie rechts auf rechts falten. Die versäuberte Unterkante steht 1,5 cm über die Nahtlinie hinaus.

6 Das links überstehende Ende an der hinteren Mittelnaht feststecken. Zusammensteppen.

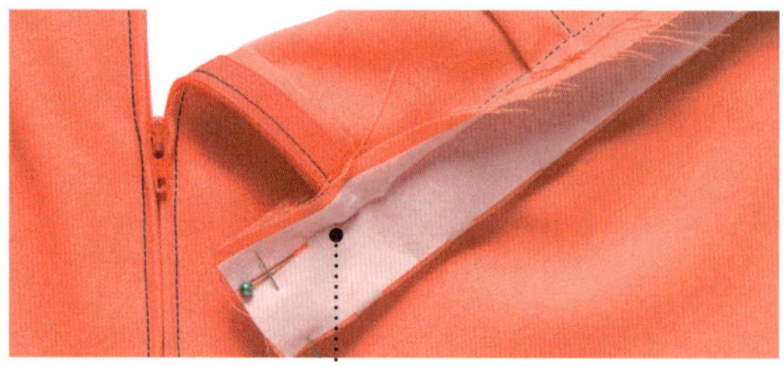

7 Am rechts überstehenden Ende die Ansatznaht bis zum Ende des Bundes verlängern.

8 Die Ecken schräg abschneiden und die Enden des Bundes wenden. Das vorspringende Ende sollte hinten rechts liegen.

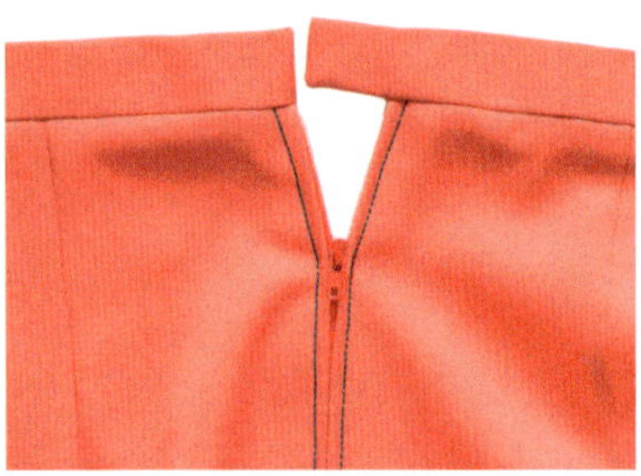

9 Einen Verschluss nach Wunsch anbringen.

10 Nun im Schatten der Ansatznaht (d. h. exakt in der Nahtlinie) durch alle Lagen steppen, um den Bund zu befestigen.

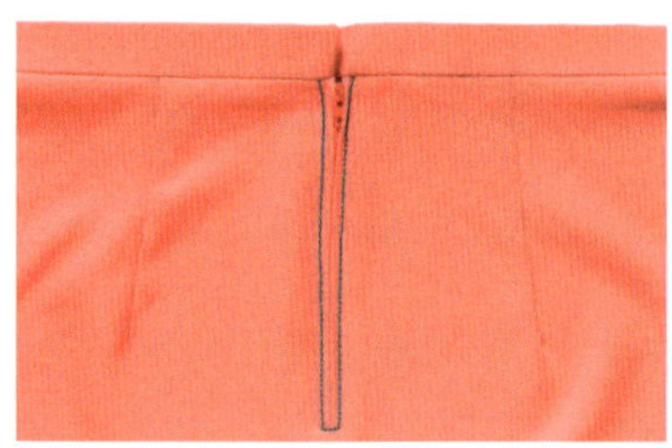

11 Der fertige gerade Bund.

TAILLENABSCHLUSS MIT BELEG

Einen Taillenbeleg schneiden Sie immer rund zu, damit er sich der Körperkontur anpasst. Verzichten Sie dabei aber auf Abnäher, sie würden nur auftragen. Ein Taillenabschluss mit rund geschnittenem Beleg sitzt angenehm bequem. Den Beleg setzen Sie an, nachdem Sie die Hauptteile des Modells zusammengenäht haben.

1 Einlage auf den Beleg bügeln. Die Unterkante mit Schrägstreifen einfassen.

Linke Stoffseite

Rechte Stoffseite

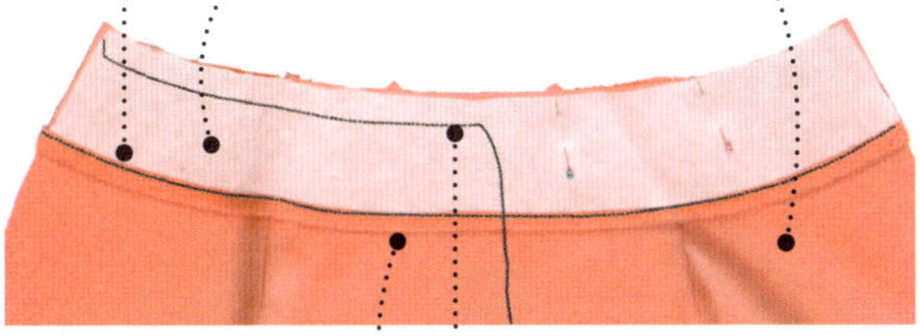

2 Den Beleg an die Taillenkante stecken, dabei die Markierungen aufeinander ausrichten.

3 Den Beleg mit 1,5 cm Nahtzugabe aufnähen.

Schrägstreifen-Versäuberung

4 Die Nahtzugabe des Belegs auf die Hälfte zurückschneiden.

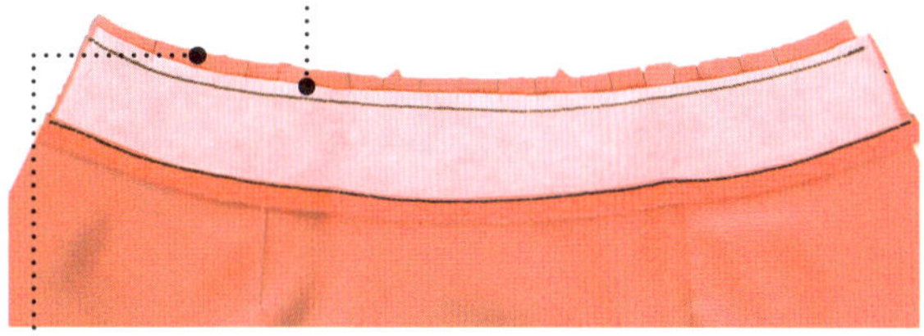

5 Die Nahtzugabe rechtwinklig zur Stepplinie einschneiden.

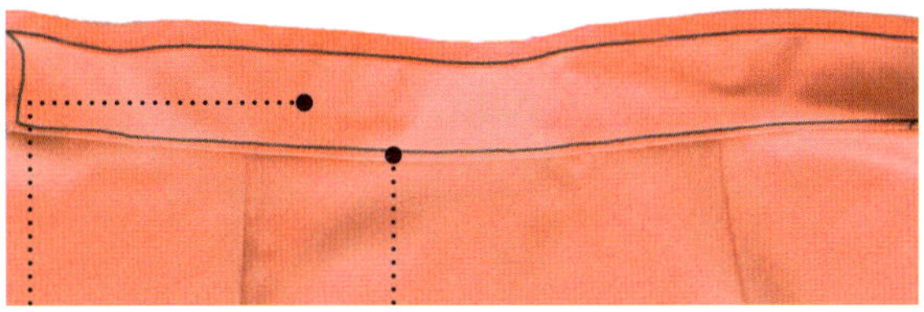

6 Die Taillennaht in den Beleg bügeln.

7 Die Nahtzugabe 3 mm neben der Ansatznaht nur am Beleg (nicht am Oberstoff) feststeppen.

8 Den Beleg nach innen umschlagen und bügeln.

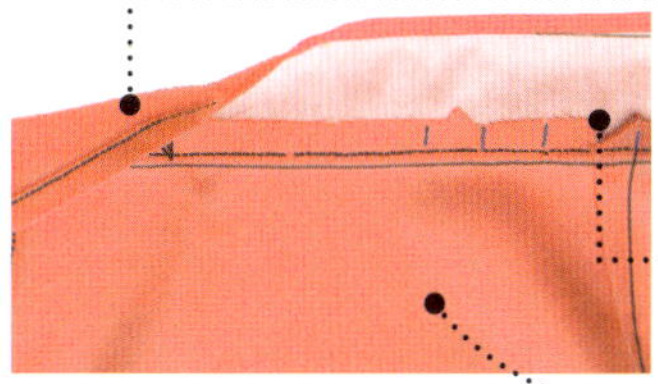

9 Die Nahtzugabe der Abnäher abschneiden.

Linke Stoffseite

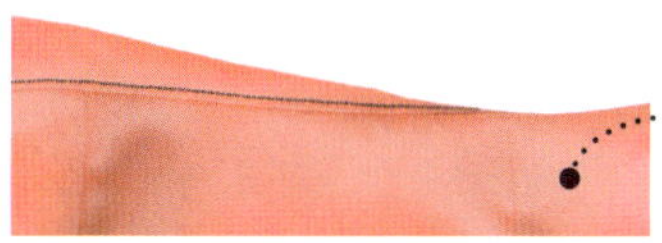

Rechte Seite der Taille

DIE BUNDKANTE VERSÄUBERN

Eine Längskante des Bundes wird an das Kleidungsstück gesteppt. Die andere muss versäubert werden, damit sie nicht ausfranst oder sich wulstig abzeichnet.

EINSCHLAGEN

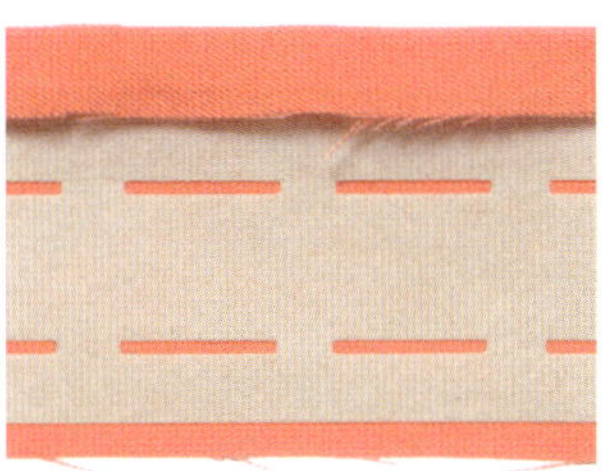

Diese Methode eignet sich nur für dünne Stoffe. Die Unterkante des Bündchens 1,5 cm breit umschlagen und bügeln. Nach dem Ansteppen der Oberkante wird die eingeschlagene Unterkante unauffällig von Hand angenäht.

SCHRÄGSTREIFEN

Ideal für Stoffe, die leicht ausfransen. Auch die eingefasste Kante liegt nach der Fertigstellung flach im Inneren des Kleidungsstücks. Ein 2 cm breiter Schrägstreifen wird an eine Längsseite des Bündchens gesetzt.

GÜRTEL

Ein Gürtel aus passendem Stoff kann einem Kleidungsstück das gewisse Etwas verleihen. Ob weich oder steif und geformt – eine Einlage werden Sie fast immer brauchen, ihre Festigkeit richtet sich nach dem Gürtelstil. Denken Sie auch daran, Gürtelschlaufen zu arbeiten, damit der Gürtel nicht verrutscht.

ÜBERSICHT

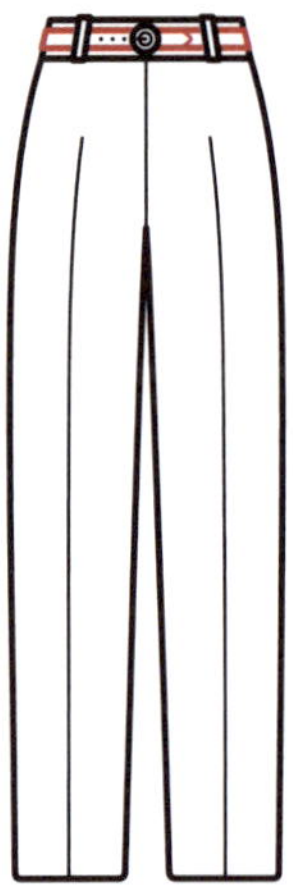

VERSTEIFTER, GERADER GÜRTEL **(S. 162–163)**

BINDEGÜRTEL **(S. 164)**

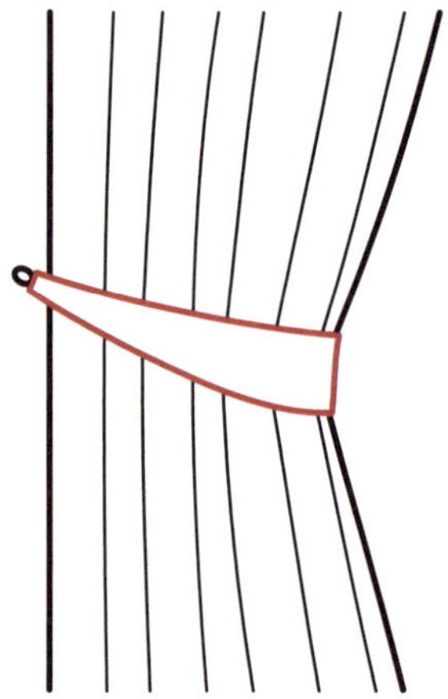

VERSTEIFTER RAFFHALTER **(S. 166)**

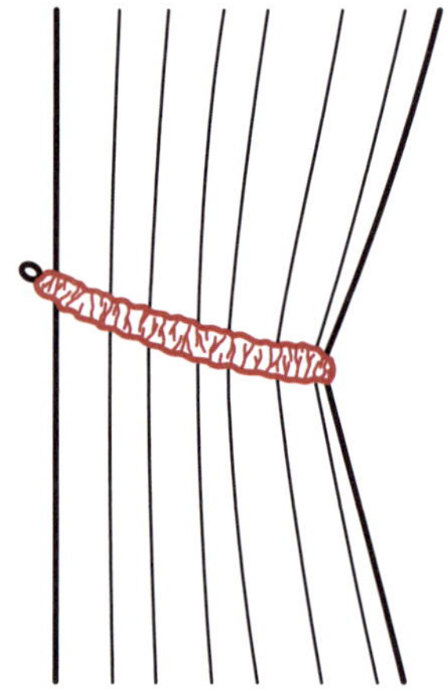

GEKRÄUSELTER RAFFHALTER **(S. 167)**

VERSTEIFTER, GERADER GÜRTEL

Gürtel dieser Art, sogenannte Montagegürtel, sind einfach zu nähen. Zur Versteifung wird eine sehr feste Einlage verwendet, wie man sie auch zum Basteln benutzt. Ist eine Einlageschicht zu weich, verwenden Sie einfach zwei. Um Ansätze zu vermeiden, sollte die Einlage in einem Stück zugeschnitten werden. Gerade Schnitte gelingen am besten mit einem Rollschneider auf einer Schneidematte.

1 Die Einlage in den Maßen des fertigen Gürtels zuschneiden. Den Stoff in doppelter Länge und Breite zuzüglich Nahtzugaben zuschneiden.

3 Die zugeschnittene Einlage aufbügeln.

2 Den Stoff längs zur Hälfte falten und den Mittelbruch einbügeln. Die Einlage am Mittelbruch auflegen. Den Stoff am spitzen Ende der Einlage etwas weiter vorstehen lassen.

4 Auf der Seite mit der Spitze den Stoff am Mittelbruch bis zur Einlage einschneiden.

5 Die Stoffkanten über die Einlage schlagen und bügeln. Die Spitze besonders sorgfältig bügeln.

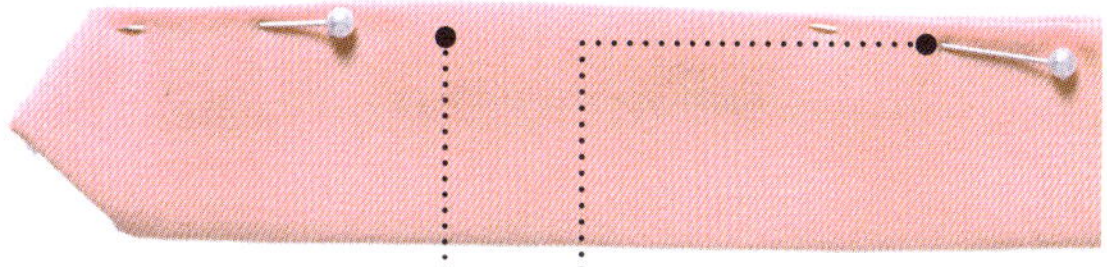

6 Eine Längskante des Gürtelstoffs einschlagen und bügeln.

7 Die andere Längskante entsprechend einschlagen, bügeln und feststecken.

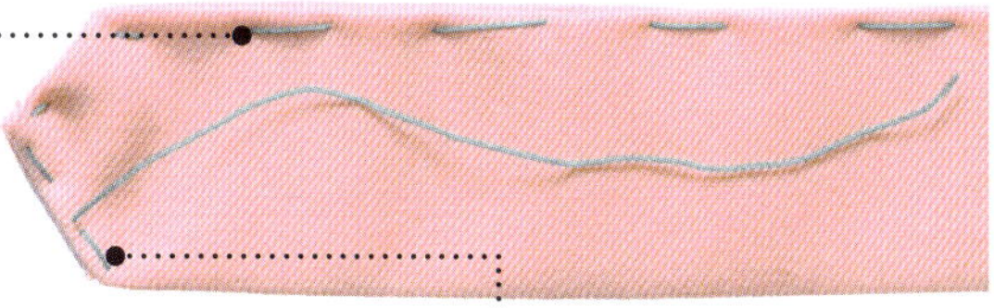

8 Die umgebügelte, eingeschlagene Längskante heften.

9 An der Spitze kurze Heftstiche arbeiten.

10 Den Gürtel von der Oberseite ringsherum knappkantig absteppen. Ideal ist ein Kantenabstand von 2 mm. An der Spitze besonders akkurat arbeiten.

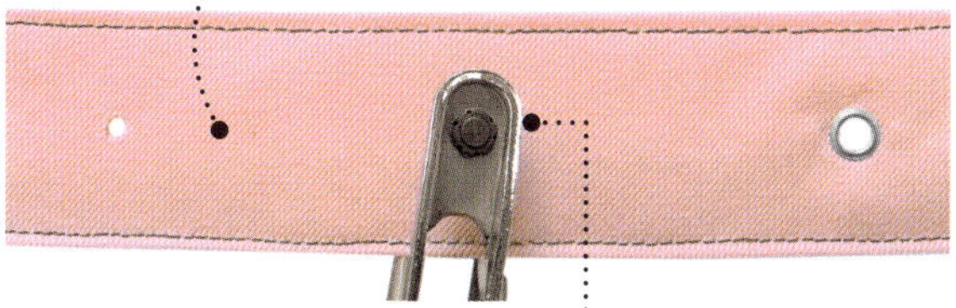

11 Von der Spitze aus die Positionen der Ösen abmessen und anzeichnen.

12 Die Löcher für die Ösen mit einer Spezialzange stanzen.

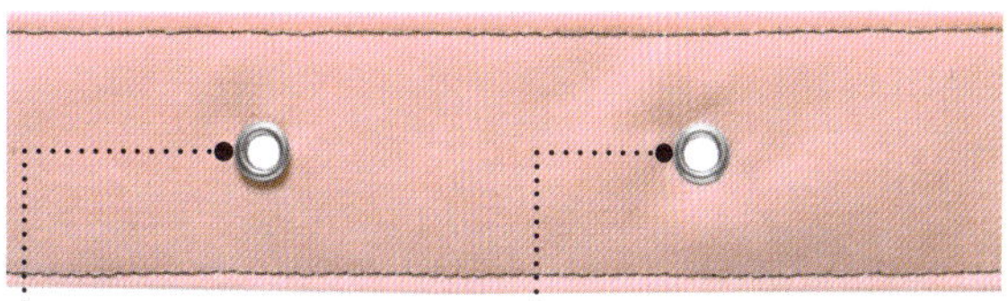

13 Von der Oberseite aus Ösen mit 4 mm Durchmesser in die Löcher setzen.

14 Den Vorsatz der Zange auswechseln und die Ösen fest einpressen.

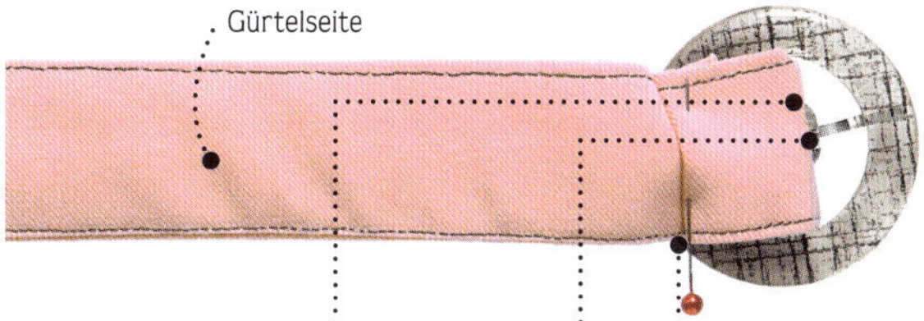

15 Eine Öse in 5 cm Abstand zum anderen Gürtelende mittig einstanzen.

16 Den Dorn der Schnalle durch die Öse schieben.

17 Das Gürtelende um den Schnallensteg legen, einschlagen und stecken.

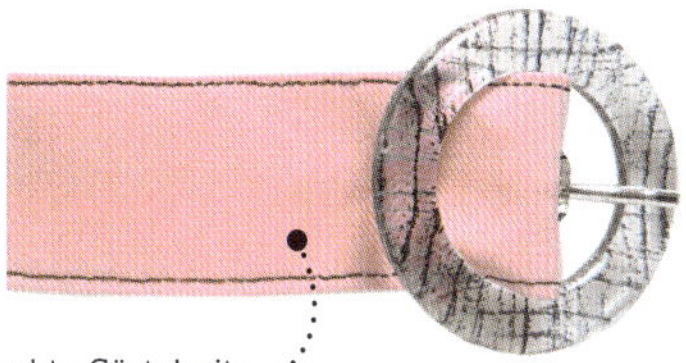

18 Das Gürtelende auf der linken Seite mit der Maschine oder von Hand festnähen.

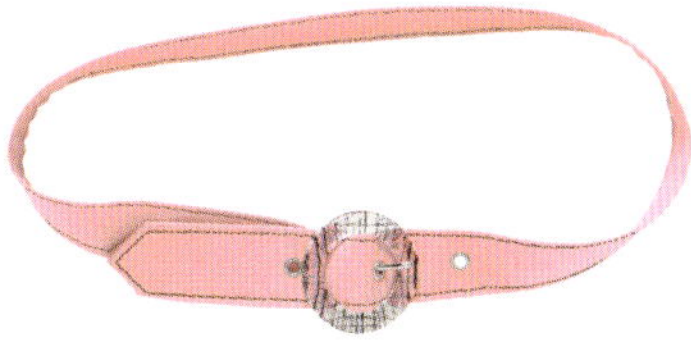

19 Den Gürtel anprobieren, die Passform prüfen und bei Bedarf weitere Ösen einstanzen.

BINDEGÜRTEL

Ein Bindegürtel ist besonders einfach zu nähen. Geeignet ist fast jeder Stoff – vom Baumwollstoff für ein Sommerkleid bis zu Seide und Satin für ein Brautkleid. Meist ist zur Versteifung eine leichte bis mittelschwere Einlage notwendig. Optimal ist aufbügelbare Einlage, die auch nach vielfachem Binden nicht verrutscht. Wenn der Gürtel sehr lang sein soll, kann er in der hinteren Mitte zusammengesetzt werden.

1 Den Stoff für den Gürtel mit Spitzen an beiden Enden zuschneiden. Einlage in derselben Länge und halber Breite zuschneiden.

3 Den Gürtel rechts auf rechts längs zur Hälfte falten. Die Einlage liegt außen. Stecken.

5 Die Nahtzugabe der verstärkten Seite um die Hälfte zurückschneiden.

8 Nach dem Wenden die Nähte herausdrücken und bügeln.

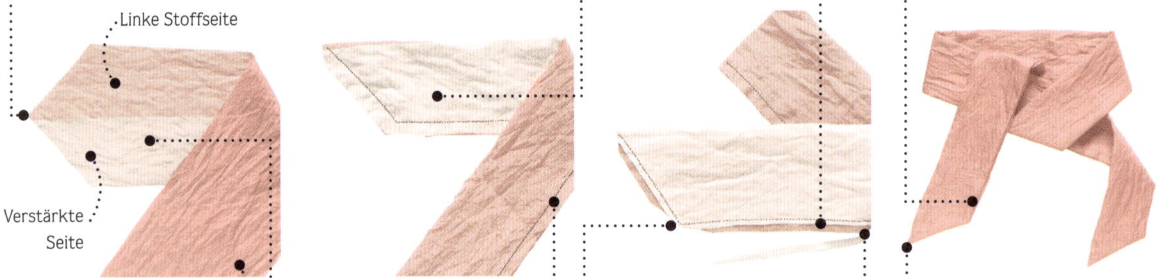

2 Die Einlage auf eine Hälfte der linken Stoffseite bügeln.

4 Alle offenen Kanten mit 1,5 cm Nahtzugabe zusteppen, aber in der hinteren Mitte eine 8 cm lange Öffnung zum Wenden lassen.

6 Die Nahtzugabe an den Ecken knapp zurückschneiden.

7 Die Nahtzugaben auseinanderbügeln. Den Gürtel sofort wenden, solange er noch warm ist.

9 Die Spitzen sorgfältig bügeln.

10 Die Öffnung in der hinteren Mitte von Hand mit senkrechten Saumstichen oder Blindsaumstichen zunähen.

GÜRTELSCHLAUFEN

Gürtelschlaufen können aus Stoff genäht und ans Kleidungsstück gesteppt werden. Eine andere Möglichkeit ist, sie mit der Hand und nur aus Garn zu nähen. Für schwere Gürtel eignen sich allerdings nur Schlaufen aus Stoff.

HANDGENÄHTE GÜRTELSCHLAUFEN

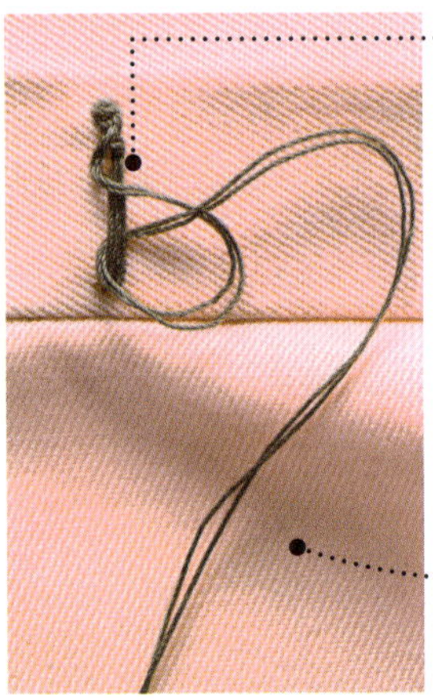

1 Die Schlaufen werden angefertigt, bevor der Bund auf der Innenseite befestigt wird. Dafür dickes Maschinengarn doppelt nehmen und mehrere Stiche in der Breite des Gürtels nähen.

Rechte Stoffseite

2 Alle Fadenschlaufen zusammen mit Knopflochstichen umsticken.

3 Zum Schluss den Faden zur Rückseite durchziehen und gut vernähen.

GÜRTELSCHLAUFEN AUS STOFF

1 Aus dem Stoff 3 cm breite Streifen zuschneiden. Die Länge entspricht der Breite des Gürtels zuzüglich 3 cm (doppelte Nahtzugabe).

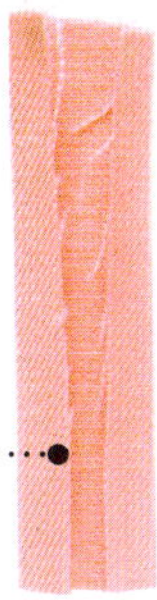

2 Die Längsseiten jedes Streifens links auf links zur Mitte bügeln.

3 Die gedoppelten Streifen längs zur Hälfte bügeln.

4 Jeden Streifen in der Mitte absteppen, um die Bruchkanten zu fixieren.

5 Nochmals bügeln und prüfen, ob die Stepplinie in der Mitte verläuft.

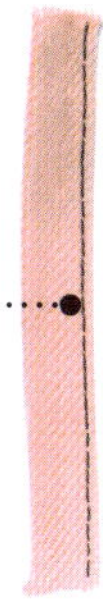

6 Die Gürtelschlaufen in regelmäßigen Abständen an die Taillenkante des Modells stecken und auf dessen Nahtzugabe feststecken. (Die Naht verläuft im Bild nur zur besseren Ansicht links.)

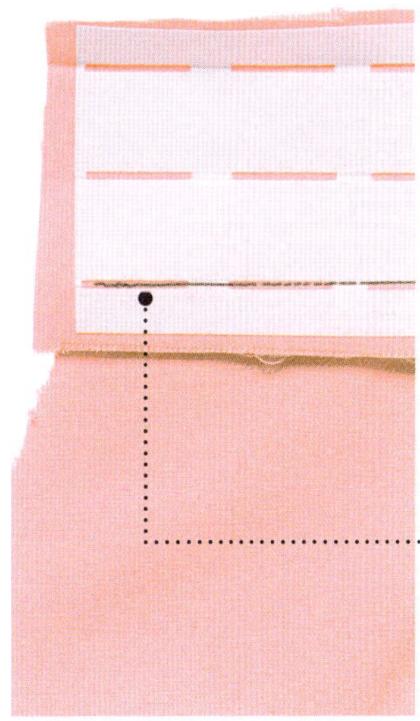

7 Den Bund ansteppen. Dabei werden die Gürtelschlaufen mitgefasst.

8 Den Bund zur Hälfte falten, um den Mittelbruch zu markieren.

9 Die Gürtelschlaufen nach oben schlagen.

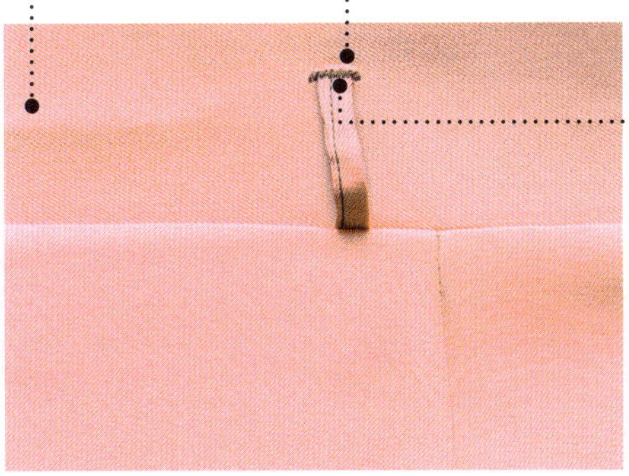

10 Die oberen Enden der Gürtelschlaufen mit kleinen, engen Zickzackstichen an der inneren Oberkante des Bundes festnähen.

11 Am fertigen Bund sind die Ansatznähte der Gürtelschlaufen nicht zu sehen.

RAFFHALTER

Raffhalter benutzt man, um geöffnete Vorhänge zusammenzuhalten. Manche sind in Form geschnitten und versteift, andere wirken lässiger und weicher. Genäht werden Raffhalter ganz ähnlich wie Gürtel.

VERSTEIFTER RAFFHALTER

1 Zwei Stoffteile für den Raffhalter zuschneiden. Zusätzlich ein Teil aus steifer Einlage in der gleichen Form, aber ringsherum ohne Nahtzugabe zuschneiden.

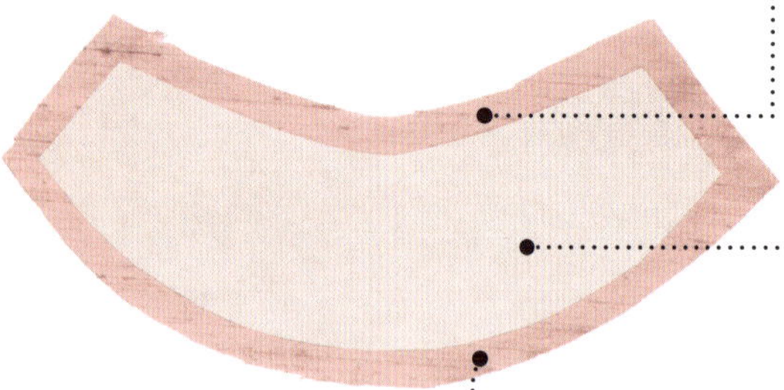

Linke Stoffseite

2 Die Einlage auf die linke Seite eines Stoffteils bügeln.

3 Das versteifte und das unversteifte Stoffteil rechts auf rechts zusammenstecken.

4 Die Teile ringsherum mit 1,5 cm Nahtzugabe zusammennähen. An der Unterkante eine 8 cm lange Öffnung zum Wenden lassen.

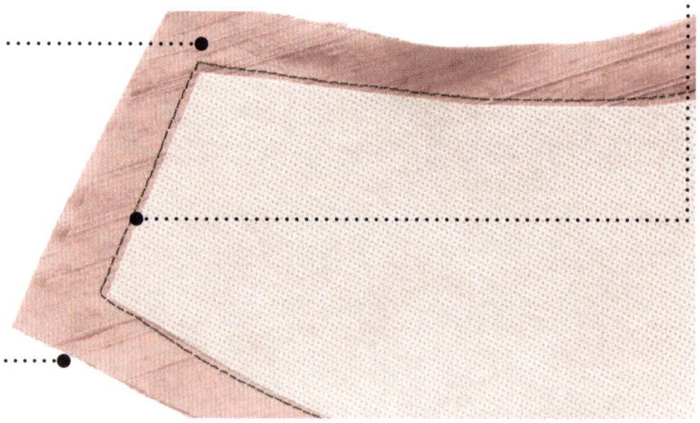

5 Die Naht entlang der Kante der Einlage arbeiten, nicht durch die Einlage nähen.

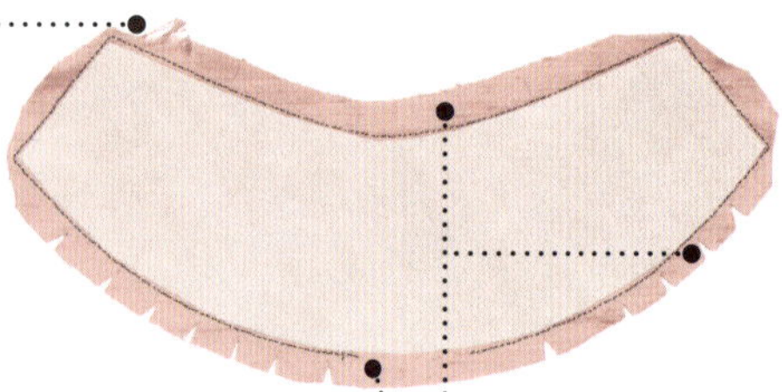

Wendeöffnung

6 Die Nahtzugaben an den Ecken schräg abschneiden.

7 Die Nahtzugaben an der Innenrundung gerade, an der Außenrundung v-förmig einschneiden.

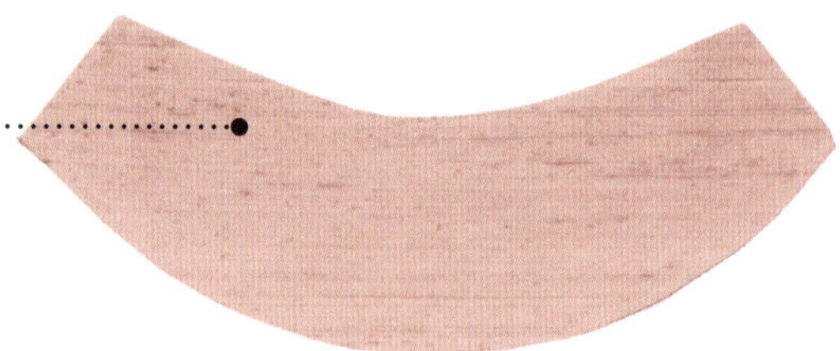

8 Den Raffhalter durch die Nahtöffnung wenden.

9 Die Öffnung von Hand mit unauffälligen Stichen zunähen.

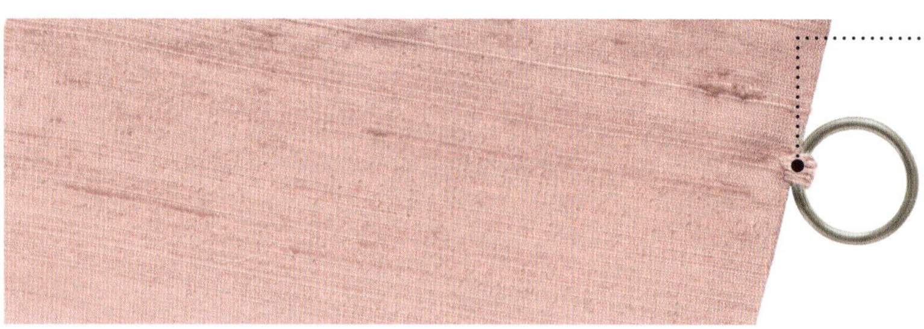

10 An den Schmalseiten des Raffhalters mit Knopflochstich je einen Gardinenring annähen.

GEKRÄUSELTER RAFFHALTER

1 Ein Stück Vorhangfutter in 25 cm Breite und der gewünschten Länge des Raffhalters zuschneiden.

2 Das Futter wie eine Wurst aufrollen – aber nicht zu fest. Zusammenstecken.

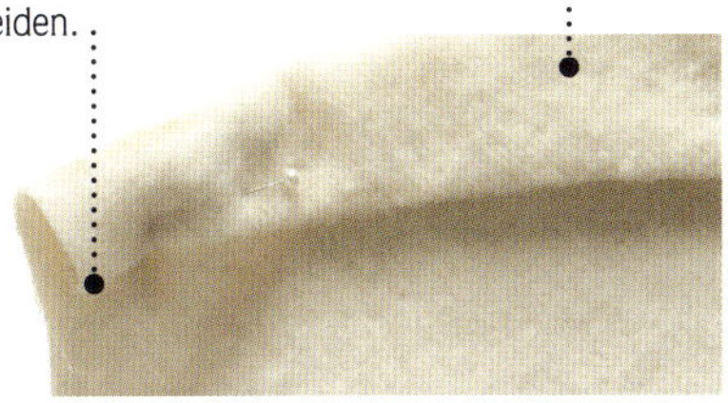

3 Die Kante mit kräftigem Garn und Hexenstichen festnähen. Die Stoffrolle muss durchgehend dieselbe Dicke haben.

4 Für die Umhüllung einen 12 cm breiten Streifen Stoff in der dreifachen fertigen Länge zuschneiden.

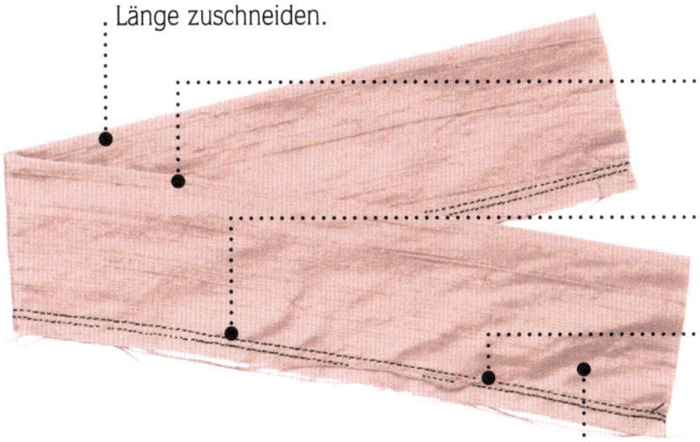

5 Stoffstreifen rechts auf rechts längs zur Hälfte falten.

6 Die Längskanten mit 1 cm Nahtzugabe zusammennähen.

7 Nochmals zwischen der Nahtlinie und der Stoffkante steppen.

8 Diesen Stoffschlauch wenden und bügeln.

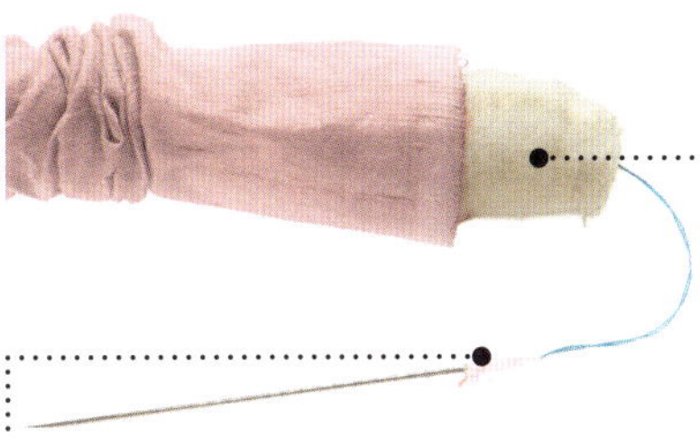

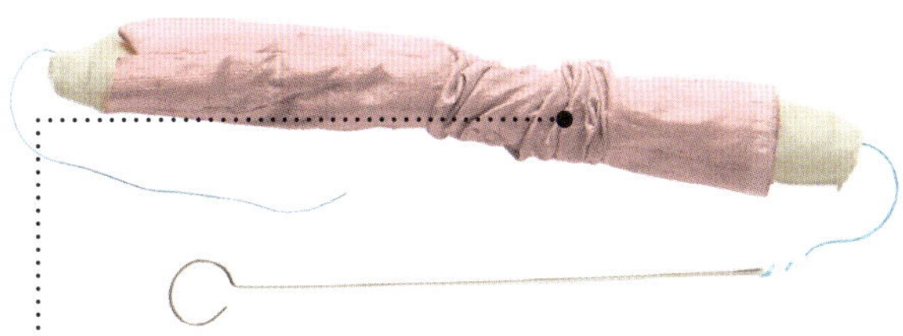

9 Das Ende des Hexenstichfadens an einen Schlauchwender knoten.

10 Mit dem Schlauchwender die Rolle aus Futterstoff in den Bezug ziehen. Das ist wegen der Reibung nicht ganz einfach. Den Bezug vorsichtig über das Futter ziehen.

11 Den Bezug mit den Händen auf dem Futter in gleichmäßige Kräuselfalten schieben. Den Schlauchwender entfernen.

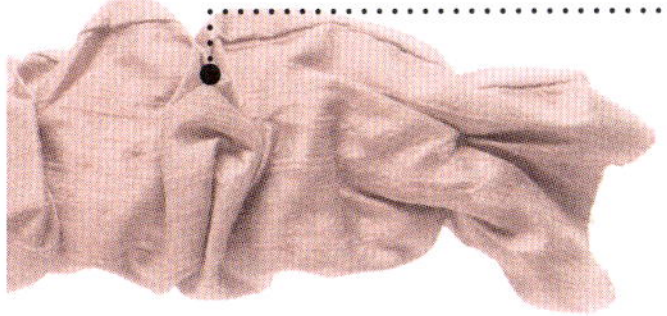

12 Alle 3 cm die Kräuselung mit unauffälligen Handstichen auf dem Futterstoff festnähen.

13 An den Enden mit Knopflochstichen Gardinenringe festnähen.

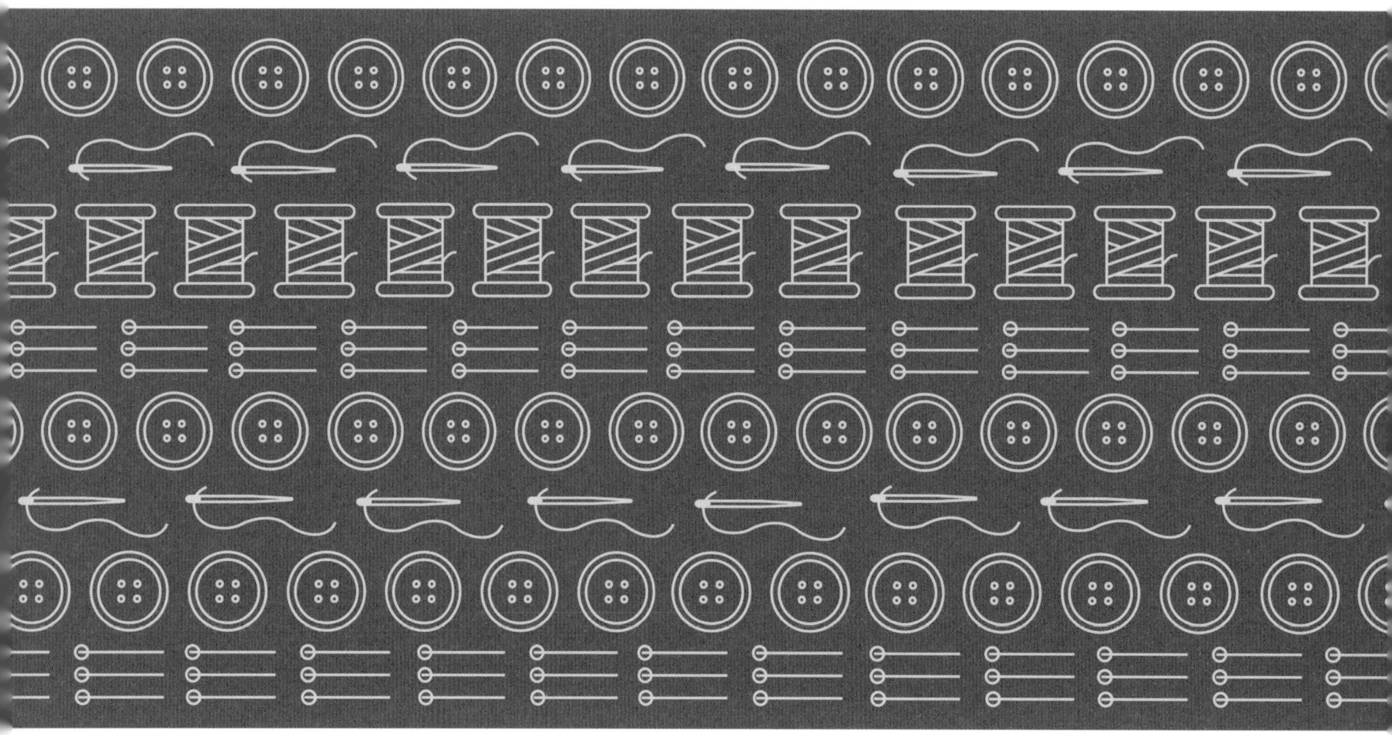

BELEGE & HALSABSCHLÜSSE

BELEGE & HALSABSCHLÜSSE

Hals- und Armausschnitte von Kleidungsstücken lassen sich am einfachsten mit Belegen versäubern und verstärken. Egal, ob ein Halsausschnitt rund oder spitz, groß oder klein ist – ein Beleg lässt sich immer anbringen. Manche Belege eignen sich auch, um den Ausschnitt eines Kleidungsstücks dekorativ zu betonen.

ÜBERSICHT

RUNDHALS **(S. 175)**

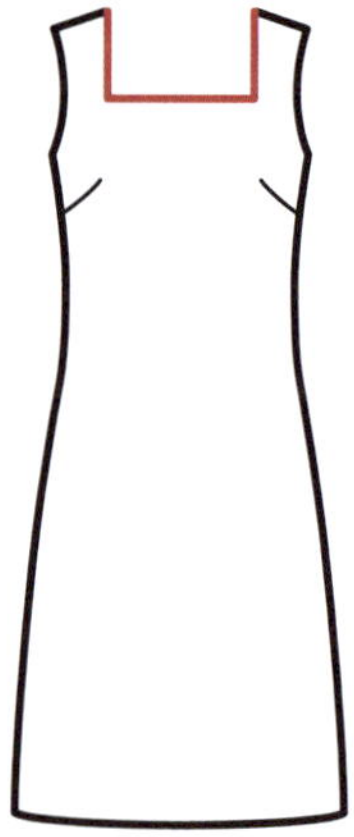

KARREE-AUSSCHNITT **(S. 175)**

V-AUSSCHNITT **(S. 175)**

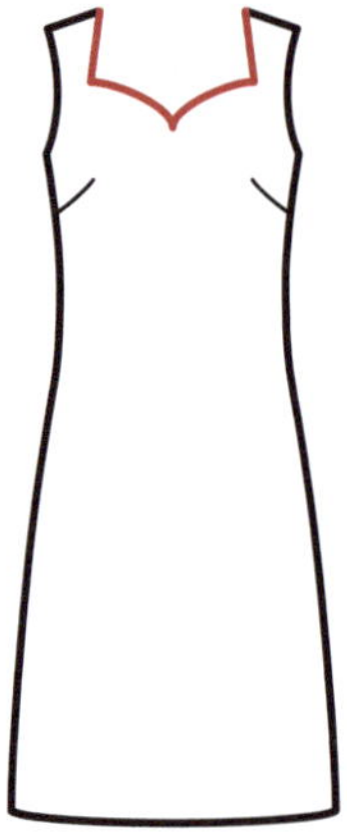

HERZFÖRMIGER AUSSCHNITT **(S. 175)**

AUSSCHNITT MIT SCHLITZ **(S. 176)**

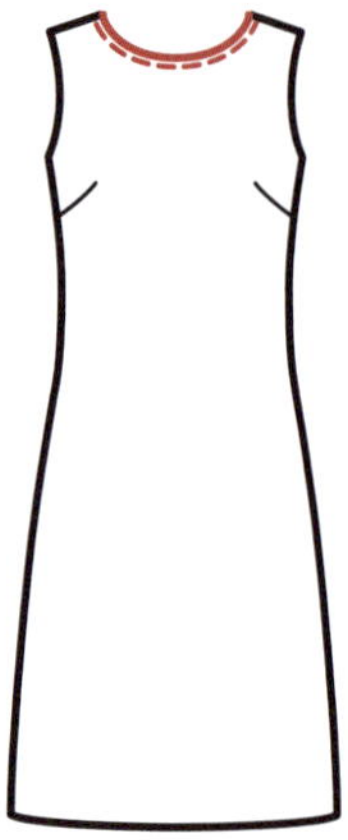

EINGEFASSTER AUSSCHNITT **(S. 177/178)**

EINLAGE AUF EINEN BELEG BÜGELN

Belege sollten mit Einlagen verstärkt werden, damit sie besser in Form bleiben. Am besten eignet sich eine Einlage zum Aufbügeln. Gewebte Einlagen werden im selben Fadenlauf zugeschnitten wie der Beleg. Wählen Sie immer eine Einlage, die etwas leichter ist als der Oberstoff.

EINLAGEN FÜR SCHWERE STOFFE

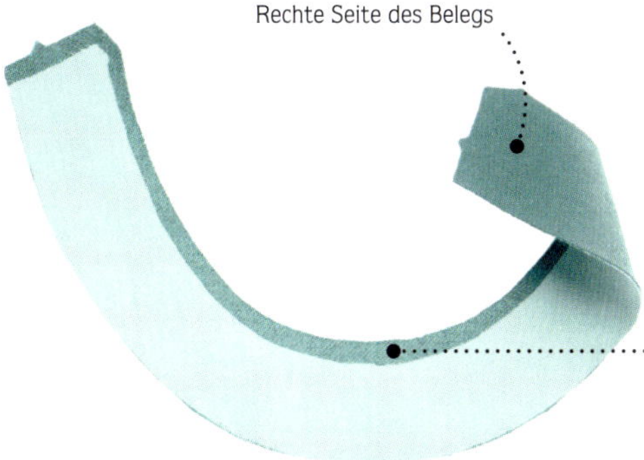

Verwenden Sie für einen schweren Stoff eine Einlage mittlerer Stärke. Damit die Naht nicht aufträgt, an der Einlage die Nahtzugabe der Innenrundung abschneiden.

EINLAGEN FÜR LEICHTE STOFFE

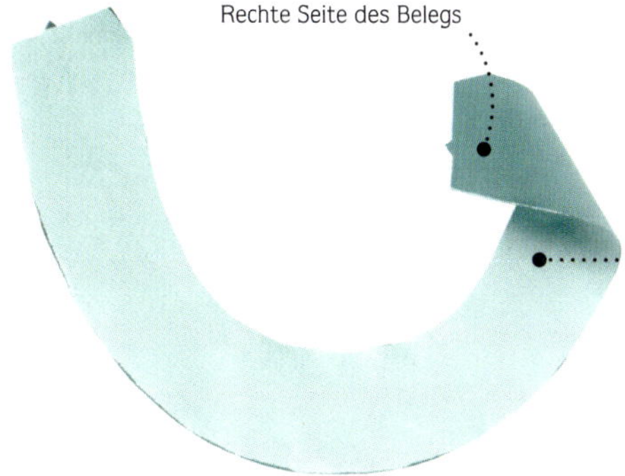

Für einen mittelschweren bis leichten Stoff verwenden Sie eine leichte Einlage und bügeln sie vollflächig auf den Beleg auf.

EINEN BELEG NÄHEN

Damit ein Beleg um einen Hals- oder Armausschnitt herumreicht, muss er manchmal aus zwei oder drei Teilen zusammengesetzt werden. Die Teile werden zuerst zusammengenäht und dann im Ganzen ans Kleidungsstück gesteppt. Hier ist ein Halsbeleg aus drei Teilen zu sehen.

1 Die Belegteile an den Schulternähten zusammenheften.

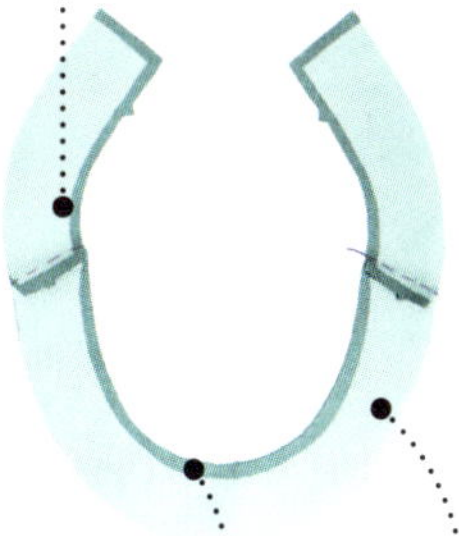

Innenkante wird an den Halsausschnitt genäht.

Aufbügeleinlage

2 Schulternähte steppen und auseinanderbügeln.

3 Eine Verstärkungsnaht an der Innenrundung nähen, damit sie sich nicht dehnt.

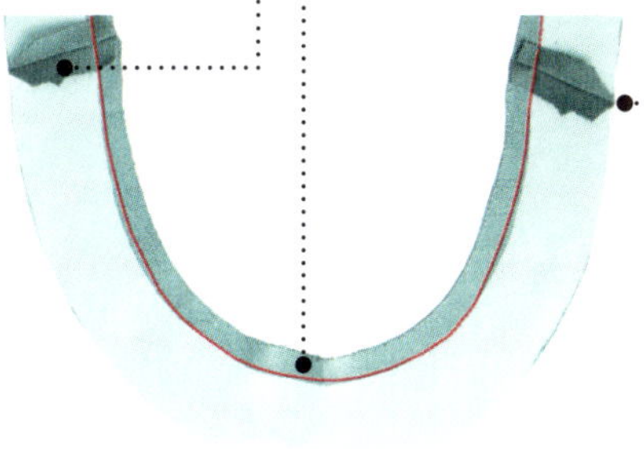

4 Ecken der Schulternähte schräg abschneiden.

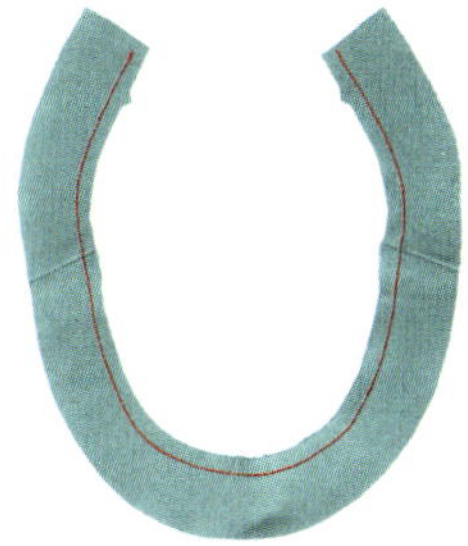

5 Rechte Seite des Belegs. Er kann nun an den Ausschnitt gesetzt werden.

BELEGKANTEN MIT SCHRÄGSTREIFEN VERSÄUBERN

Damit die äußere Kante eines Belegs nicht ausfranst, muss sie versäubert werden. Dafür gibt es mehrere Möglichkeiten. Eine Einfassung mit Schrägstreifen sieht sehr professionell aus und kann einem Kleidungsstück Designerqualität verleihen. Einfacher ist es, den Beleg zu bekanteln oder mit der Zackenschere zu beschneiden.

SCHRÄGSTREIFEN SCHNEIDEN

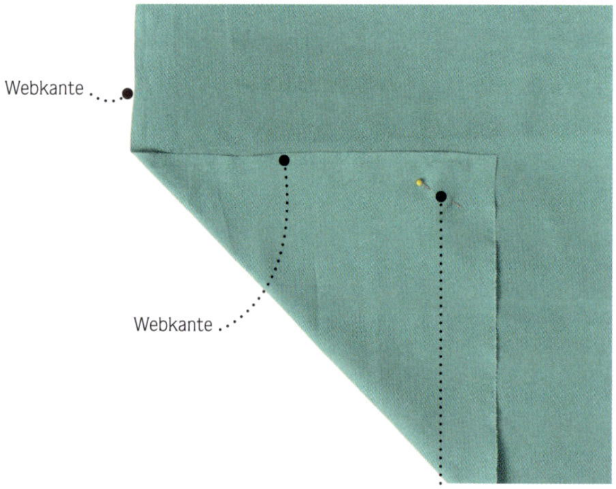

1 Eine Stoffecke im Winkel von 45 Grad falten. Die Webkanten verlaufen im rechten Winkel zueinander. Feststecken.

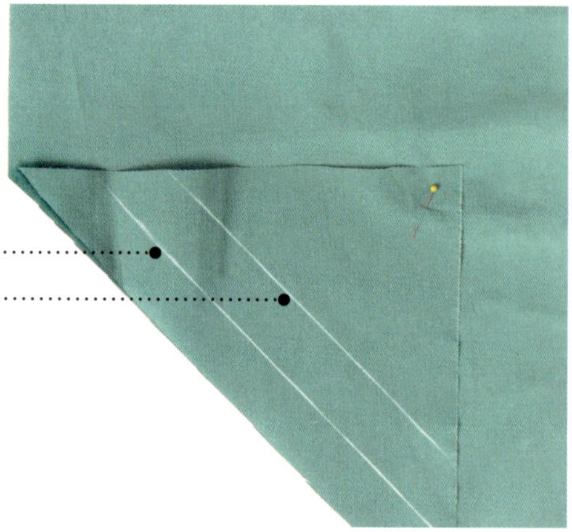

2 Mit Schneiderkreide und Lineal parallele Linien in Abständen von 4 cm anzeichnen.

3 Den Stoff auf diesen Linien in Streifen schneiden.

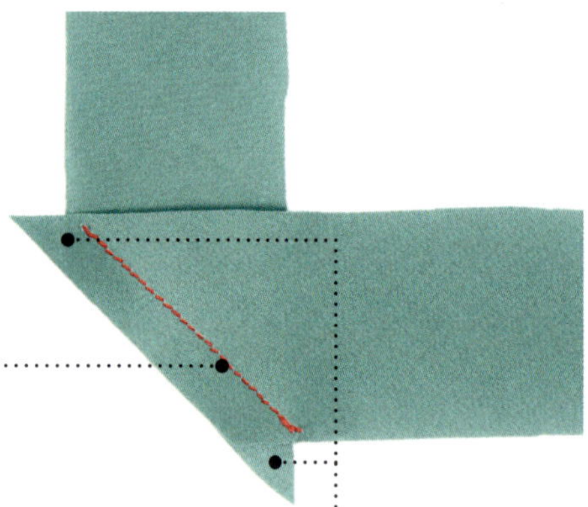

4 Zum Zusammennähen die Streifen im rechten Winkel aufeinanderstecken. Zusammensteppen.

5 An den Ecken stehen kleine Zipfel über.

6 Die Naht auseinanderbügeln. Die überstehenden Ecken abschneiden.

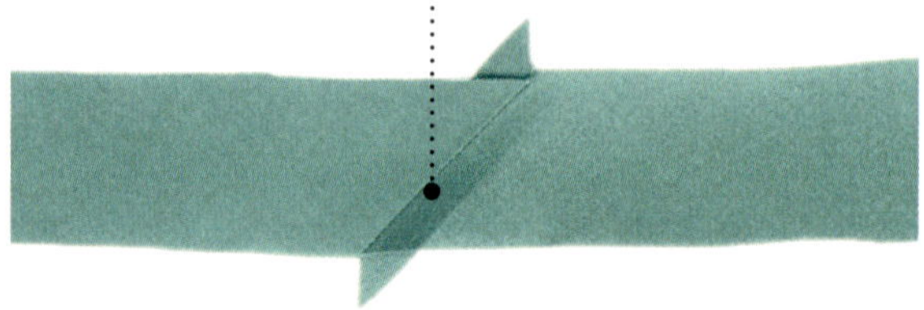

7 Die Längskanten zur Mitte bügeln oder einen Schrägbandformer in 25 mm Breite verwenden.

BELEGKANTEN MIT SCHRÄGSTREIFEN VERSÄUBERN

Andere umgefaltete Seite des Schrägstreifens

Rechte Belegseite

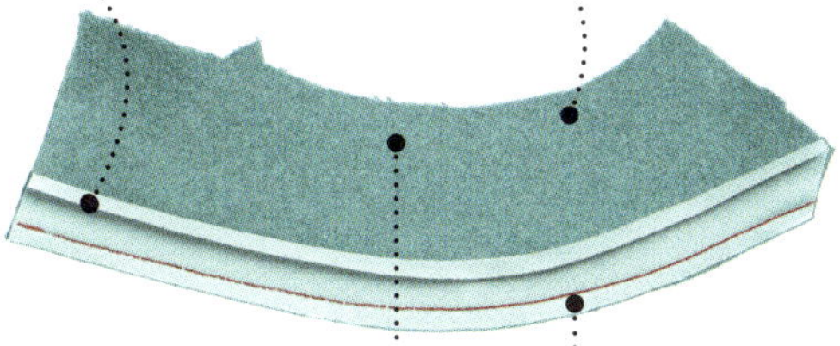

1 Eine umgefaltete Kante des Schrägstreifens aufklappen und rechts auf rechts an die Belegkante stecken.

2 Den Schrägstreifen in der Faltlinie aufsteppen.

3 Die andere umgefaltete Seite flach bügeln.

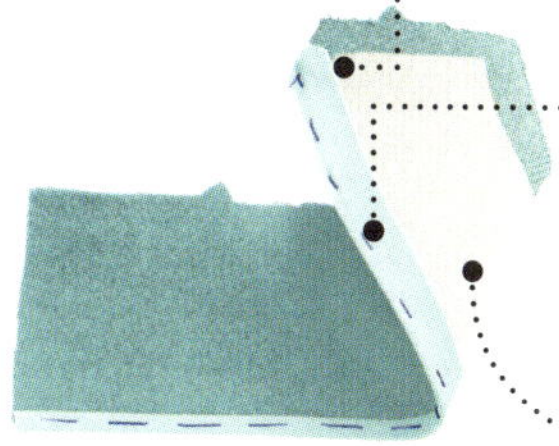

4 Den Schrägstreifen zur linken Seite des Belegs umfalten und festheften.

Aufbügeleinlage

5 Auf der rechten Seite des Belegs den Schrägstreifen exakt entlang der Ansatznaht aufsteppen. So wird der Schrägstreifen an der linken Belegseite befestigt.

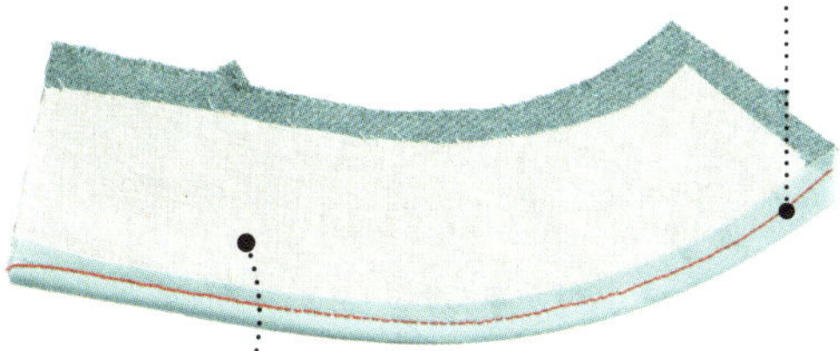

Linke Belegseite

6 So sieht die Einfassung auf der rechten Seite sauber und professionell aus.

ANDERE VERSÄUBERUNGSMETHODEN

Auch die folgenden Methoden eignen sich gut zum Versäubern von Belegkanten. Welche Sie wählen, hängt vom Stil des jeweiligen Kleidungsstücks sowie der Art des verwendeten Stoffs ab.

OVERLOCKNAHT

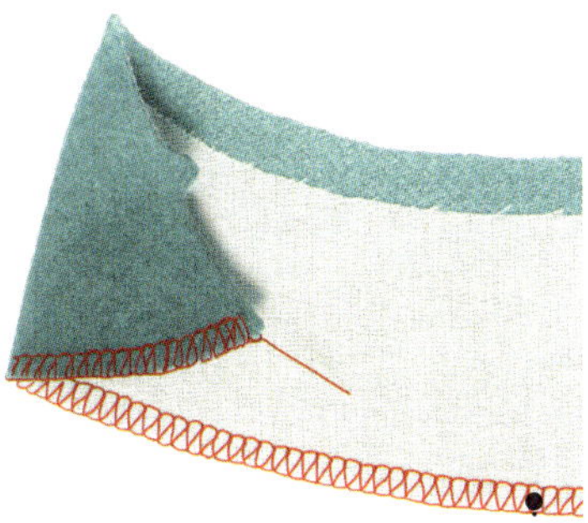

Die Außenkante mit einer dreifädigen Overlocknaht versäubern.

ZACKENSCHERE

In 1 cm Abstand zur Kante mit Geradstich steppen, dann die Stoffkante mit der Zackenschere beschneiden.

BEKANTELN

Die Außenkante mit Zickzackstichen bekanteln.

BELEG AM ARMAUSSCHNITT

An ärmellosen Kleidungsstücken sollte auch der Armausschnitt mit einem Beleg eingefasst werden, weil er weniger aufträgt als ein gewöhnlicher Saum. Wird der Beleg aus dem Oberstoff zugeschnitten, fällt er gar nicht auf.

1 Den Beleg zuschneiden, mit Einlage verstärken und die Außenkante mit der bevorzugten Methode versäubern (siehe S. 173).

Armausschnitt

2 Den Beleg rechts auf rechts an den Armausschnitt anlegen. Schulter- und Seitennaht (unter dem Arm) aufeinander ausrichten.

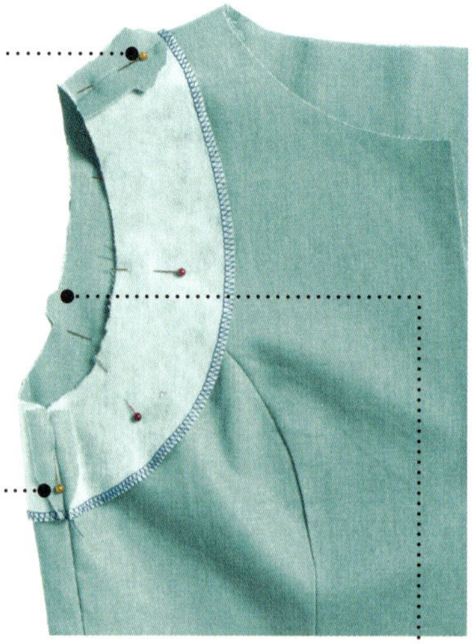

3 Auch die Knipse an Vorder- und Rückenteil aufeinander ausrichten. Den Beleg feststecken.

4 Den Beleg ringsherum mit 1,5 cm Nahtzugabe aufsteppen.

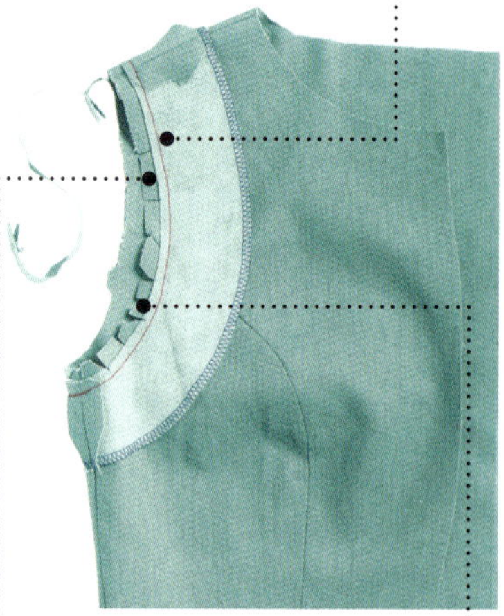

5 Die Nahtzugabe des Beleges auf die Hälfte zurückschneiden.

6 Beide Nahtzugaben in den Rundungen v-förmig einschneiden.

7 Den Beleg nach innen umfalten. Die Nahtzugabe zum Beleg bügeln und knappkantig am Beleg feststeppen.

8 Die Außenkante des Belegs mit einigen Kreuzstichen an den Nahtzugaben von Schulter- und Seitennaht befestigen.

9 Den Armausschnitt bügeln. Von außen sollte die Ansatznaht nicht zu sehen sein.

EINEN HALSBELEG ANSETZEN

Diese Methode eignet sich für Ausschnitte aller Art: rund, eckig, spitz oder herzförmig.

1 Einlage auf den Beleg bügeln (siehe S. 171).

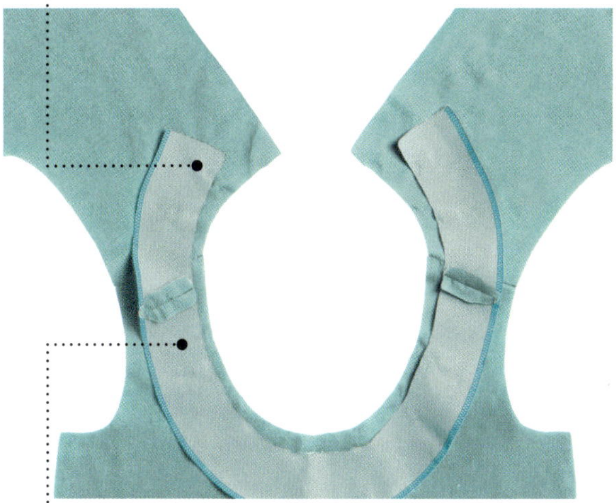

2 Das Kleidungsstück ausbreiten, sodass der Ausschnitt flach liegt. Den Beleg rechts auf rechts auflegen.

3 Den Beleg entlang der Ausschnittkante feststecken.

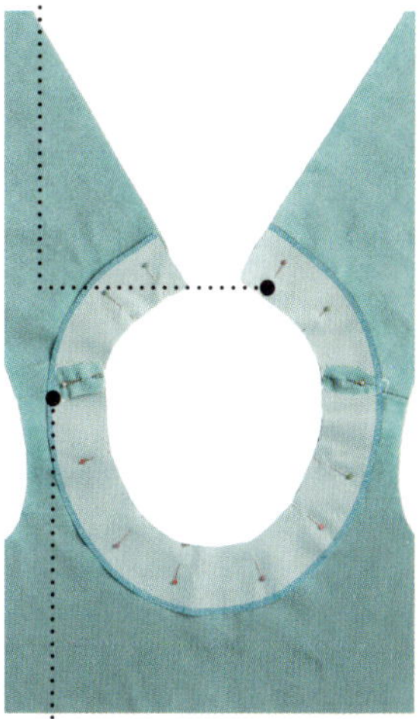

4 Schulternähte von Oberteil und Beleg liegen aufeinander.

5 Den Beleg mit 1,5 cm Nahtzugabe feststeppen.

Hintere Kanten von Beleg und Oberteil liegen bündig.

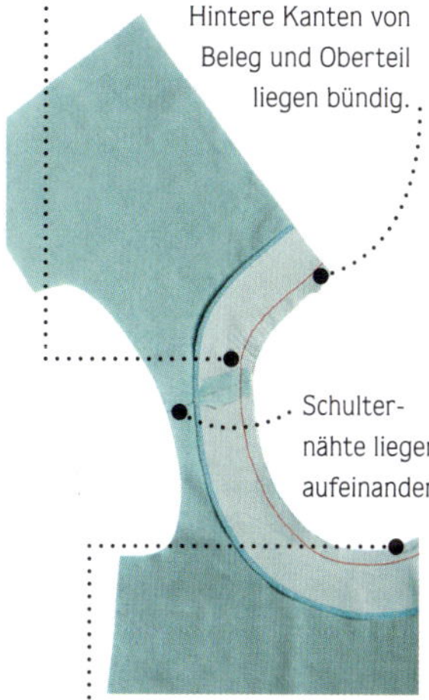

Schulternähte liegen aufeinander.

6 Die Nahtzugabe am Beleg auf die Hälfte zurückschneiden.

7 Die Nahtzugabe am Ausschnitt v-förmig einschneiden.

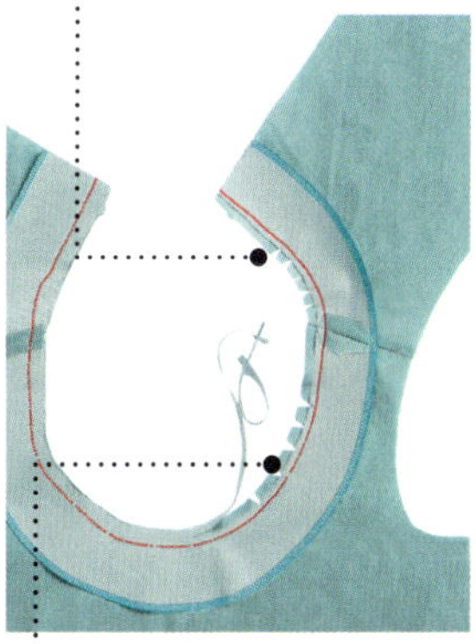

8 Auch die Nahtzugabe des Belegs einschneiden.

9 Die Nahtzugabe zum Beleg bügeln.

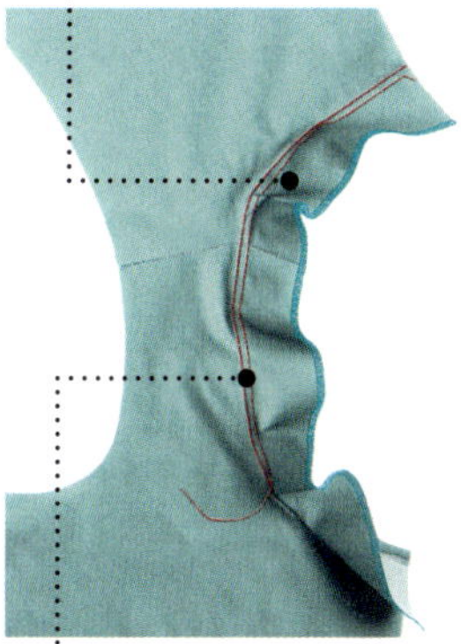

10 Die Nahtzugabe 5 mm neben der Ansatznaht auf dem Beleg feststeppen.

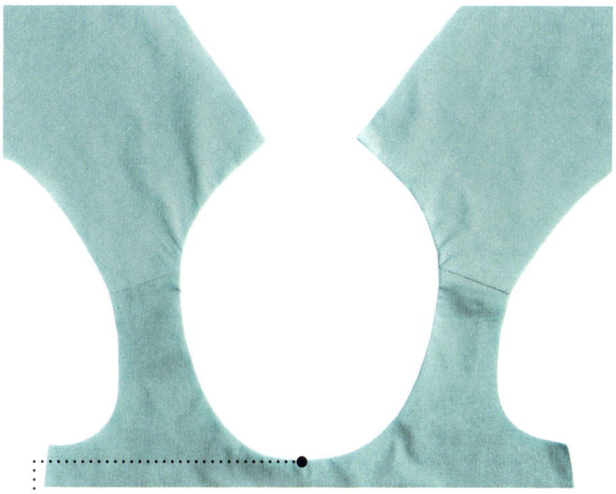

11 Den Beleg nach innen schieben und die Ausschnittkante bügeln.

BELEG AM AUSSCHNITT MIT SCHLITZ

Ein Schlitz kann in der vorderen oder hinteren Mitte eines Ausschnitts liegen. Er sorgt vor allem dafür, dass auch ein enger Ausschnitt bequem über den Kopf passt.

1 Einlage auf den Beleg bügeln (siehe S. 171). Den Beleg rechts auf rechts an den Ausschnitt anlegen.

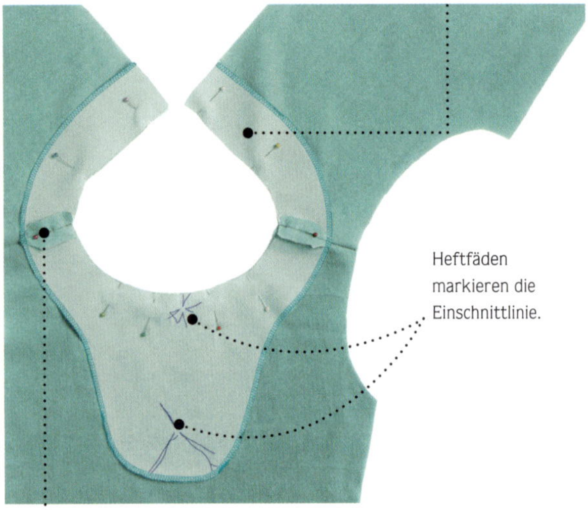

Heftfäden markieren die Einschnittlinie.

2 Die Schulternähte aufeinander ausrichten und feststecken.

3 Den Beleg an den Ausschnitt steppen. An der oberen Schlitzecke wenden, senkrecht bis zum Schlitzende nähen. Wenden, einen Stich waagerecht nähen, wieder wenden und am Schlitz aufwärts nähen.

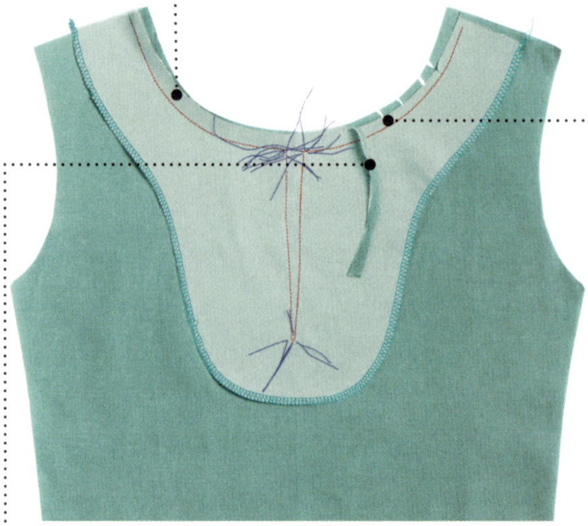

4 Die Nahtzugabe am Beleg auf die Hälfte zurückschneiden.

5 Beide Nahtzugaben an der Rundung v-förmig einschneiden, damit sie nicht auftragen.

6 Den Schlitz zwischen den Stepplinien aufschneiden.

7 Die oberen Ecken der Nahtzugabe schräg abschneiden

8 Die unteren Ecken der Nahtzugabe am Schlitz einknipsen.

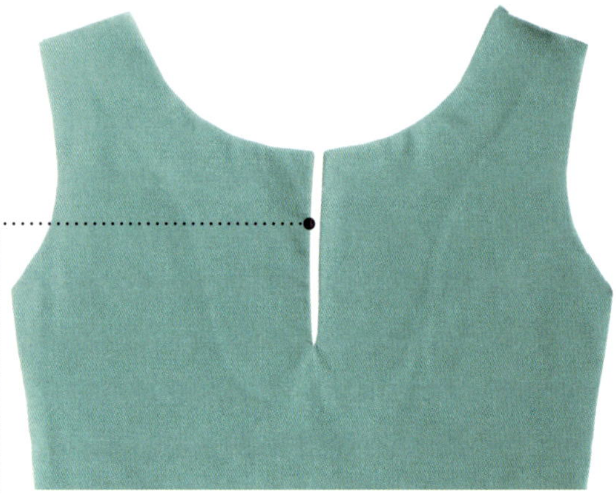

9 Den Beleg nach innen umfalten und den Ausschnitt wenden.

EINGEFASSTER HALSAUSSCHNITT

Die Stoffkante am Halsausschnitt kann auch mit einem schmalen Schrägstreifen eingefasst werden. Wenn Ihr Stoff knapp ist, verwenden Sie einfach einen kontrastfarbigen Stoff als Akzent. Sie können den Schrägstreifen selbst schneiden (siehe S. 172) oder kaufen. Für sehr dünne Stoffe empfiehlt sich ein doppelter Schrägstreifen.

HALSSAUSCHNITT MIT SCHRÄGSTREIFEN VERSION 1

Rechte Stoffseite

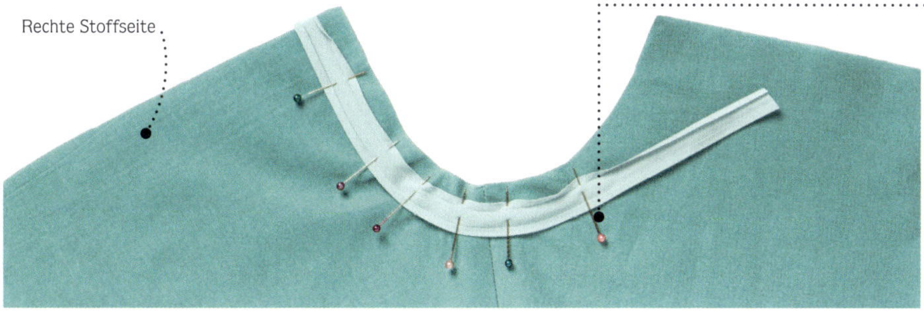

1 Eine Längsseite des Schrägstreifens aufklappen, die Bruchlinie auf der Nahtlinie (1,5 cm von der Stoffkante) feststecken.

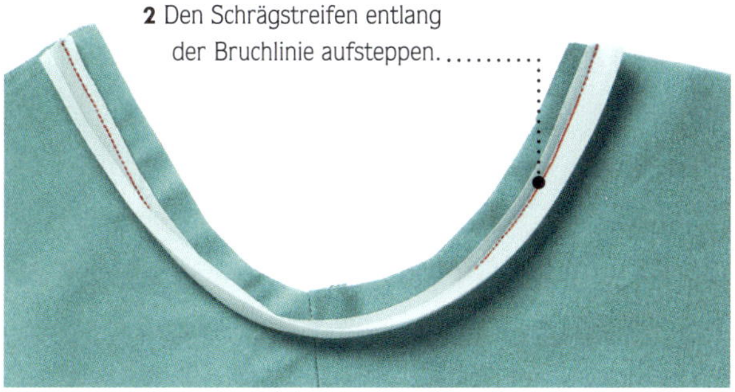

2 Den Schrägstreifen entlang der Bruchlinie aufsteppen.

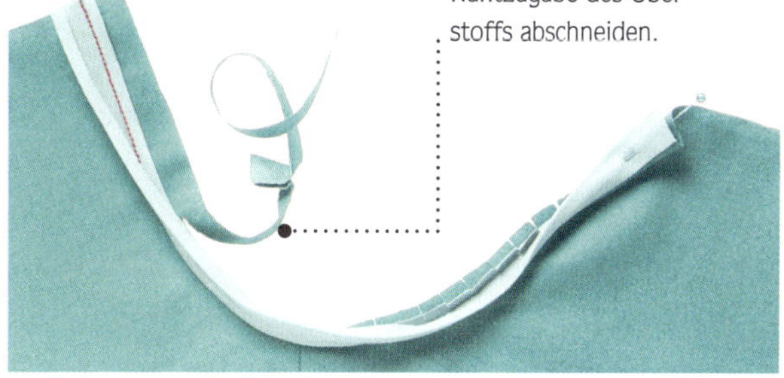

3 Die überstehende Nahtzugabe des Oberstoffs abschneiden.

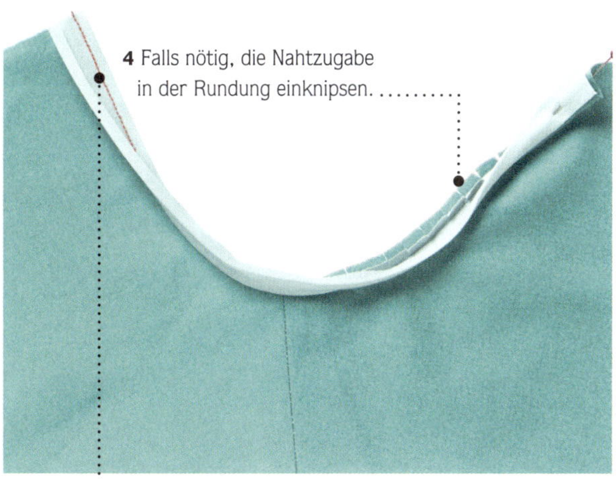

4 Falls nötig, die Nahtzugabe in der Rundung einknipsen.

5 Den Schrägstreifen zur linken Seite des Kleidungsstücks falten.

6 Den Schrägstreifen auf der Innenseite des Ausschnitts knappkantig feststeppen. Bügeln.

HALSAUSSCHNITT MIT SCHRÄGSTREIFEN VERSION 2

1 Dies ist eine Methode für fülligere Stoffe. Einen 7 cm breiten Schrägstreifen zuschneiden.

2 An die Ausschnittkante stecken.

Rechte Stoffseite

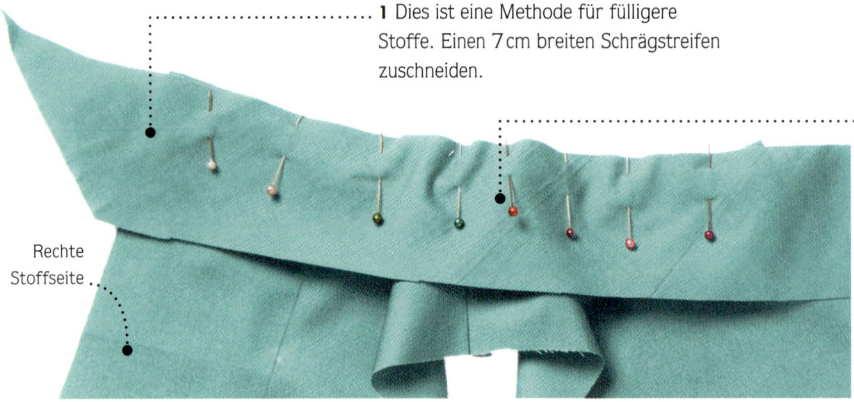

3 Den Streifen mit 1,5 cm Nahtzugabe feststeppen.

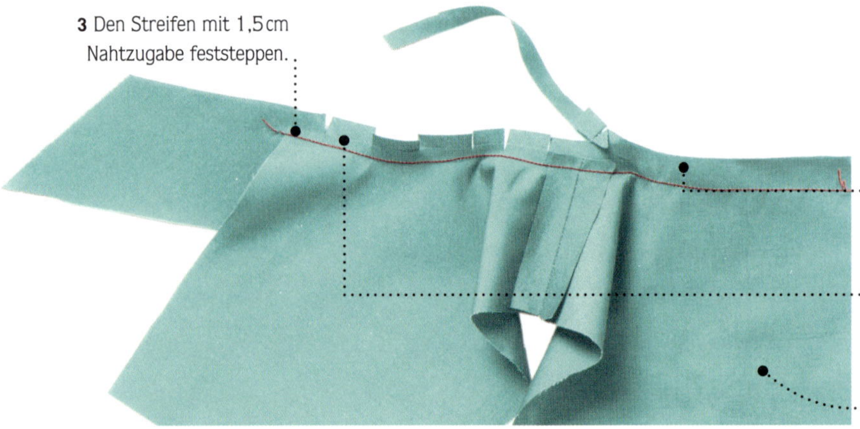

4 Die Nahtzugabe am Kleidungsstück auf die Hälfte zurückschneiden.

5 Die Nahtzugabe am Schrägstreifen v-förmig einschneiden.

Linke Stoffseite

6 Den Schrägstreifen zur linken Seite umfalten.

Linke Stoffseite

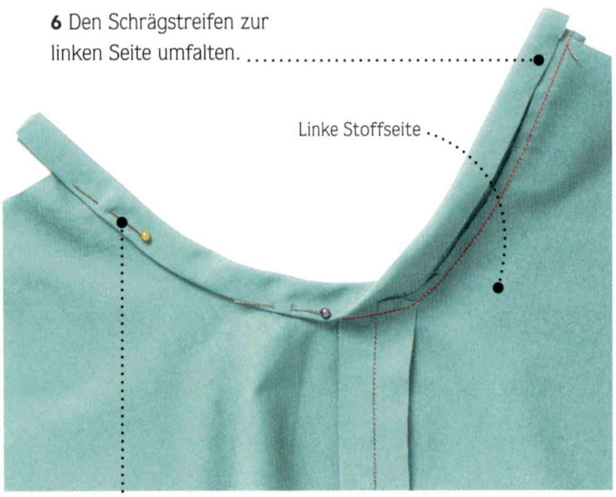

7 Die Längskante einschlagen und so feststecken, dass sie an der Ansatznaht des Streifens liegt.

Rechte Stoffseite

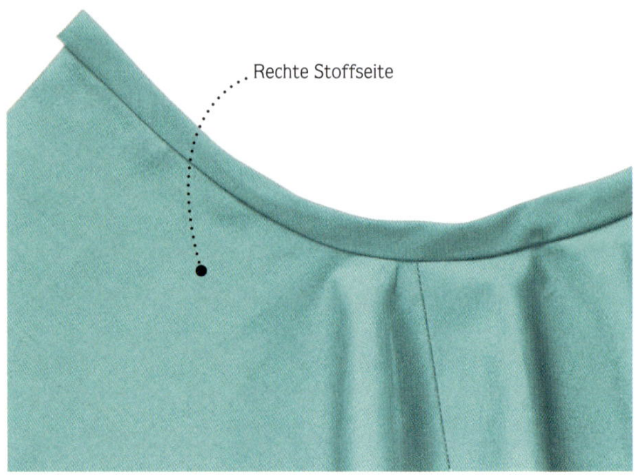

8 Mit kleinen Handstichen an der inneren Ansatznaht festnähen.

ANGESCHNITTENER BELEG

Nicht alle Belege müssen separat zugeschnitten werden. Bei Jacken und Blusen kann man den Beleg oft als Verlängerung in einem Zug mit dem Vorderteil zuschneiden.

1 Die Bruchlinie, die den Beginn des Belegs kennzeichnet, einbügeln.

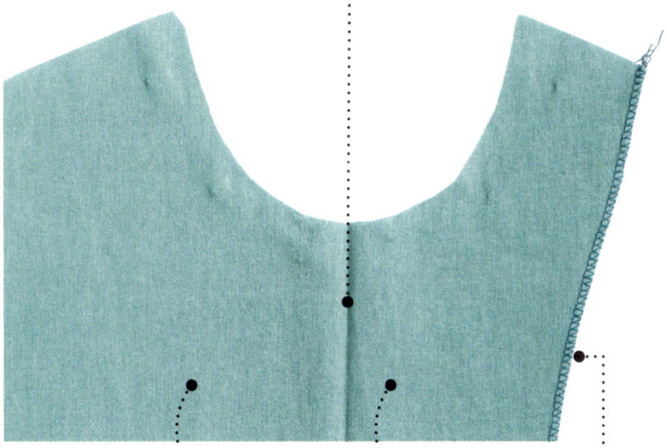

2 Bis zur Bruchlinie Einlage auf den angeschnittenen Beleg bügeln.

3 Die Außenkante des Belegs versäubern.

4 Den Beleg rechts auf rechts umfalten. Die Ausschnittkanten ausrichten und zusammenstecken.

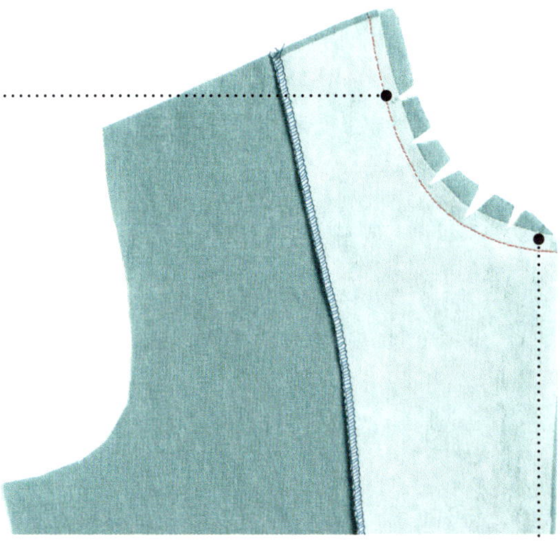

5 Die Ausschnittkanten zusammensteppen. Nun ist der Beleg am Hals befestigt.

6 Die Nahtzugabe des Belegs auf die Hälfte zurückschneiden.

7 Auf rechts wenden und bügeln.

KRAGEN

KRAGEN

Ein Kragen besteht mindestens aus zwei Teilen: dem Oberkragen, der außen liegt, und dem Unterkragen. Eine Einlage verleiht dem Kragen Stand. Sie wird oft auf den Oberkragen aufgebügelt, damit der Stoff besonders glatt wirkt.

ÜBERSICHT

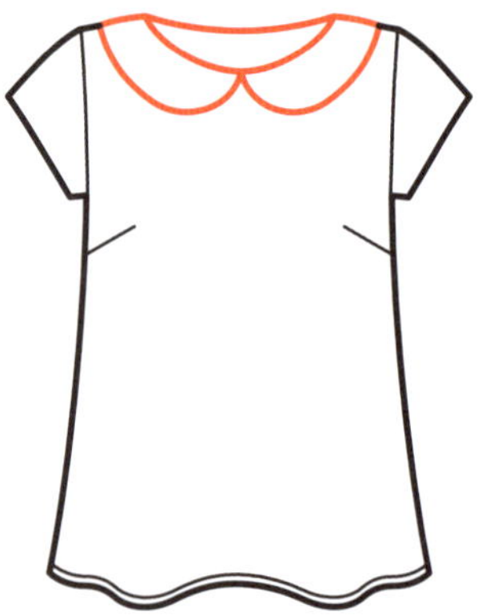

FLACHER KRAGEN **(S. 183–185)**

STEHKRAGEN **(S. 186)**

SCHALKRAGEN **(S. 187)**

FLACHER KRAGEN

Flache Kragen sind von allen Kragentypen am einfachsten zu nähen. Die verwendeten Techniken benötigen Sie auch für verschiedene andere Kragenvariationen.

1 Den Stoff für den Kragen exakt zuschneiden. Die beiden Hälften müssen genau symmetrisch sein.

2 Aufbügeleinlage im selben Fadenlauf zuschneiden wie den Kragen. Sie wird nur auf den Oberkragen aufgebügelt.

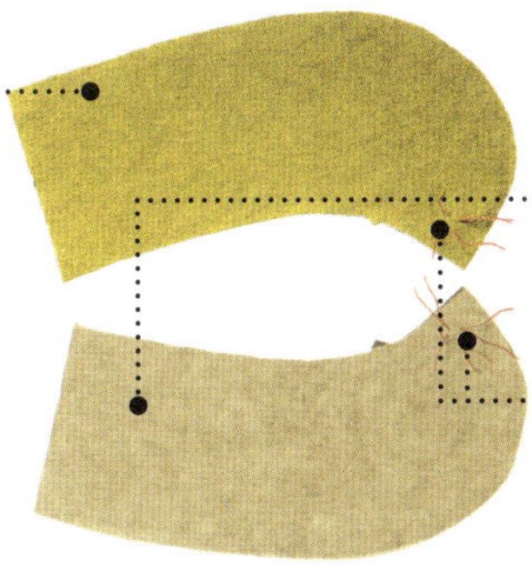

3 Die Punktmarkierungen für die vordere Mitte mit Heftfäden übertragen.

4 Oberkragen und Unterkragen rechts auf rechts legen. Schnittkanten und Knipse genau ausrichten und die Kanten stecken.

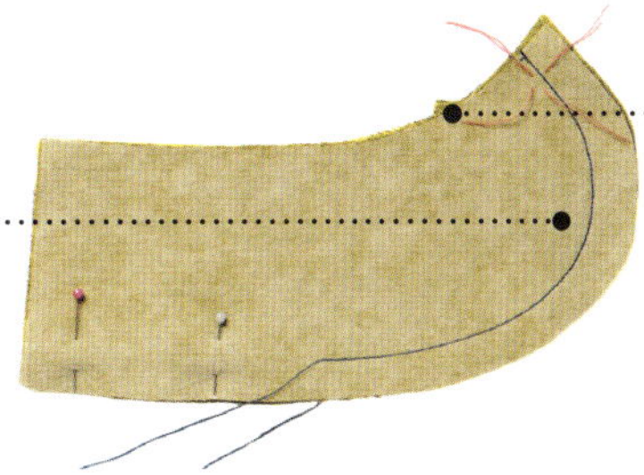

5 Die Außenkante einschließlich der äußeren vorderen Rundungen mit 1,5 cm Nahtzugabe zusammennähen. Vorne muss die Naht genau durch die Markierung für die vordere Mitte verlaufen. Wer das Nähen der Rundung schwierig findet, kann sie zuerst mit Schneiderkreide vorzeichnen.

6 Die Nahtzugabe des Unterkragens auf die Hälfte zurückschneiden, damit sie keinen Wulst bildet.

7 Im Bereich der Rundung beide Nahtzugaben mit der Zackenschere zurückschneiden. So lässt sich der Kragen leichter wenden.

8 Beide Nahtzugaben zum Unterkragen bügeln.

9 Den Kragen sofort wenden, solange der Stoff vom Bügeln noch warm ist.

10 Von innen die Nahtzugaben nochmals zum Unterkragen drücken.

11 So weit wie möglich in die Rundung steppen.

12 Die gerundete Außenkante von rechts flach bügeln. Dabei die Naht sorgfältig herausdrücken.

EINEN FLACHEN KRAGEN ANSETZEN

Ein flacher Kragen kann mit einem Beleg an den Ausschnitt genäht werden. Bei manchen Modellen befindet sich der Beleg nur vorn. Bei Kleidungsstücken mit einer Öffnung in der hinteren Mitte wird normalerweise ein umlaufender Beleg verwendet. Ein Kragen ohne hinteren Beleg muss in mehreren Schritten angesetzt werden.

FLACHER KRAGEN OHNE HINTEREN BELEG

1 Den Kragen nähen (siehe S. 183).

2 Die vordere Mitte an Kragen und Ausschnitt mit Heftstichen markieren.

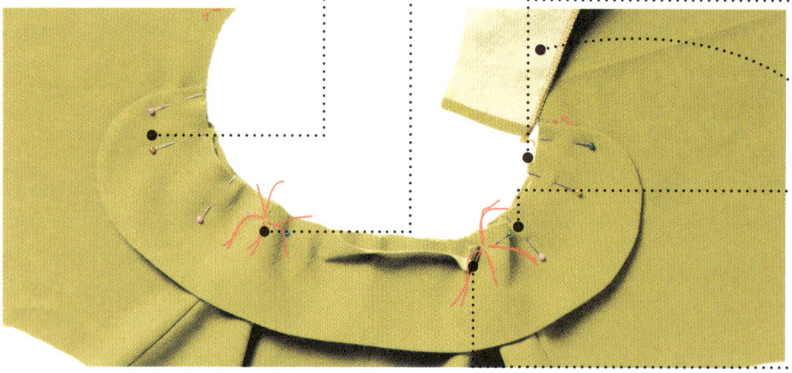

3 Den Kragen rechts auf rechts am Ausschnitt anlegen und die Knipse ausrichten.

Angeschnittener vorderer Beleg, bis zur Bruchlinie mit Einlage verstärkt.

4 Den Kragen bis zu den Markierungsstichen feststecken.

5 Den Kragen an den Markierungsstichen auf den Schultern einschneiden. Im hinteren Bereich ist er noch nicht befestigt.

6 Zwischen den Markierungsstichen den Unterkragen an den hinteren Ausschnitt steppen. Den Oberkragen dabei nicht mitfassen.

7 Am angeschnittenen Beleg die Nahtzugabe an der Schulter umbügeln. Den Beleg rechts auf rechts auf die Vorderkante des Kragens legen.

8 Die Markierungen und Knipse von Beleg und Kragen exakt aufeinander ausrichten.

9 Von der vorderen Mitte bis zum Markierungsfaden an der Schulterlinie steppen.

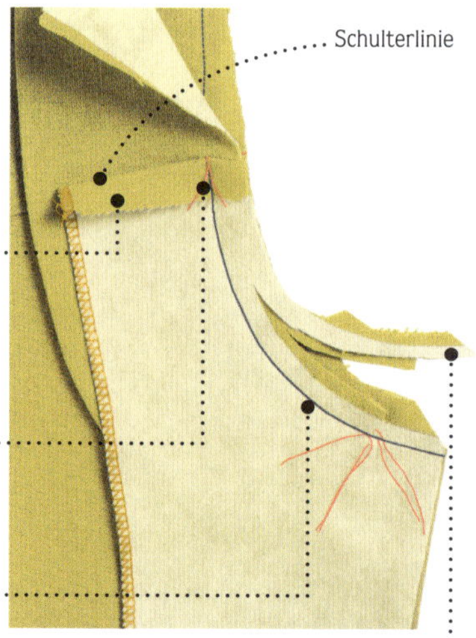

Schulterlinie

10 Die Nahtzugaben zurückschneiden.

11 Auf rechts wenden und bügeln.

12 Die hintere, lose Nahtzugabe des Oberkragens einschlagen und mit unauffälligen Handstichen (zum Beispiel Blindsaumstich) an der Ansatznaht festnähen.

FLACHER RUNDKRAGEN MIT UMLAUFENDEM BELEG

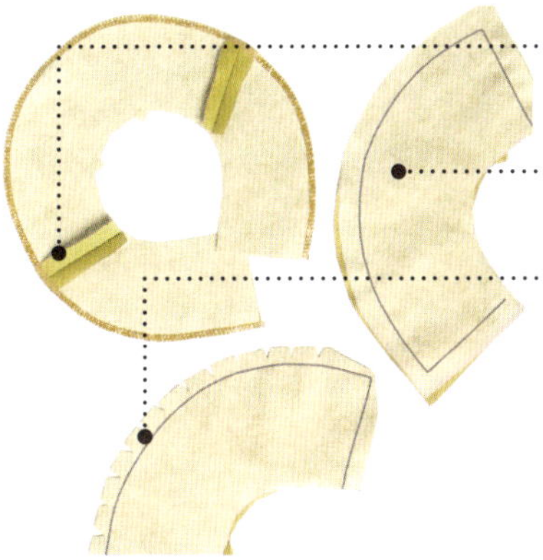

1 Die Schulternähte der Belegteile schließen. Die Außenkante versäubern.

2 Die Kragenhälften rechts auf rechts aufeinandersteppen.

3 Die Nahtzugaben des Kragens abgestuft zurückschneiden, dann v-förmig einschneiden.

4 Den Kragen an den Ausschnitt stecken. Die Knipse aufeinander ausrichten.

5 Den Beleg des Schlitzes in der hinteren Mitte über den Kragen legen.

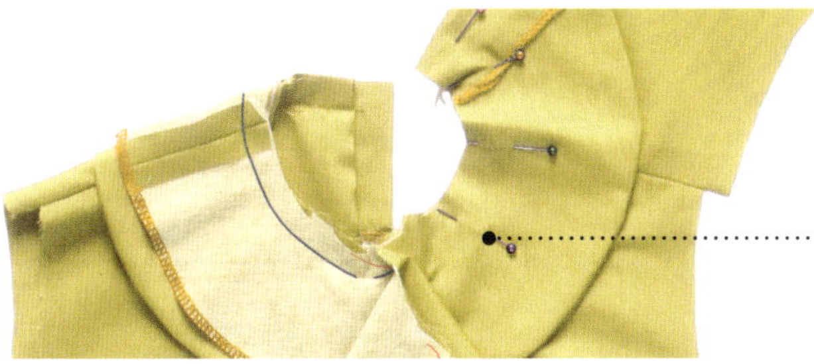

6 Den Beleg über dem Kragen feststecken. Schulternähte und Knipse aufeinander ausrichten.

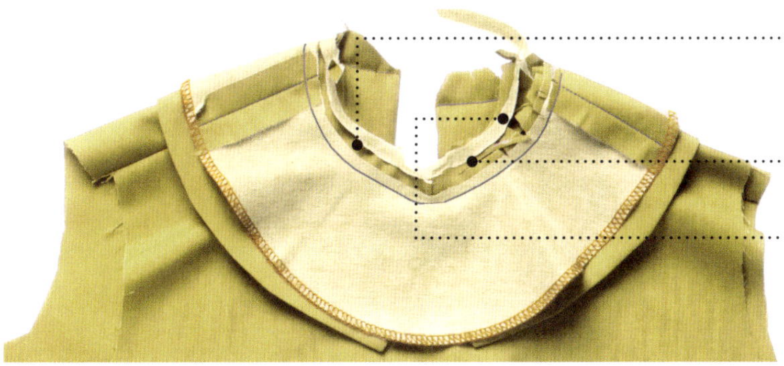

7 Beleg und Kragen in einem Zug feststeppen. Die Nahtzugabe am Beleg zurückschneiden.

8 Die Nahtzugabe am Kragen etwas weniger zurückschneiden.

9 V-förmig einschneiden.

10 Zur linken Seite umlegen und auf dem Beleg absteppen.

Linke Stoffseite

11 Auf rechts wenden und bügeln.

STEHKRAGEN

Stehkragen passen zu Oberteilen im asiatischen Stil. Sie werden meist aus einem geraden Streifen Stoff geschnitten und nur an den vorderen Ecken abgerundet. Soll der Kragen eng am Hals anliegen, schneiden Sie einen leicht gekrümmten Streifen zu.

1 Einlage auf den Oberkragen bügeln (siehe S. 183). Alle Markierungen vom Schnittmuster übertragen.

2 Den Oberkragen mit der Einlage nach oben an den Ausschnitt stecken. Dabei Knipse und Markierungen für die vordere Mitte genau ausrichten.

3 Den Oberkragen mit 1,5 cm Nahtzugabe an den Ausschnitt steppen. Die Naht beginnt und endet genau an den Markierungen für die vordere Mitte.

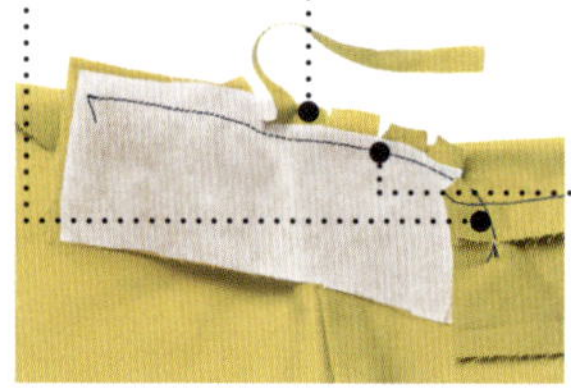

4 Die Nahtzugabe des Oberkragens auf die Hälfte zurückschneiden.

5 Die Nahtzugaben einschneiden, damit sie sich später beim Bügeln besser der Rundung anpassen.

Linke Kragenseite

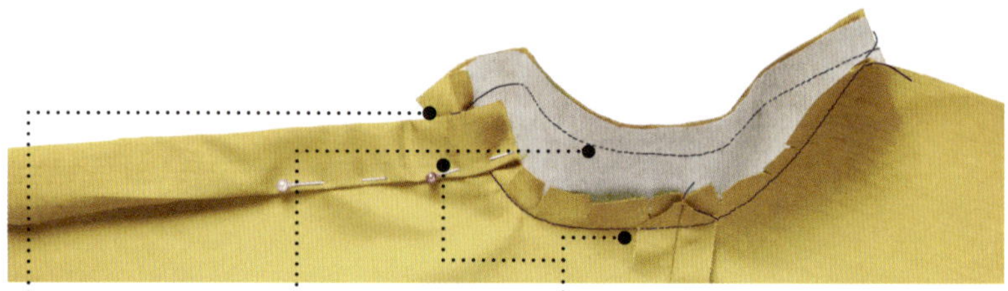

6 Das Modell auf links wenden. Die Vorderkanten an der vorderen Mitte einschlagen. Nun steht die Vorderkante des Kragens über die des Kleidungsstücks hinaus.

7 Den Unterkragen rechts auf rechts entlang der Oberkante an den Oberkragen stecken.

8 Beide Teile mit 1,5 cm Nahtzugabe zusammensteppen.

9 In der vorderen Mitte (hier Schlitz mit Einfassung) muss die beschnittene Nahtzugabe nach oben in den Kragen gerichtet sein, damit sie beim Zusammensteppen der Kragenhälften mitgefasst wird. Die Steppnaht verläuft vorn exakt in der vorderen Mitte.

10 Die Nahtzugabe des Oberkragens (ohne Einlage) auf die Hälfte zurückschneiden.

11 Die Nahtzugabe v-förmig einschneiden. Vorsicht, nicht in die Naht schneiden!

12 Die Naht bügeln und den Kragen sofort wenden, solange er noch warm ist.

13 Die Nahtzugabe an der Kragenunterkante einschlagen, ringsherum an die Ausschnittkante heften.

14 Prüfen Sie, ob die beiden Vorderkanten des Kragens genau symmetrisch sind.

15 Die Unterkante des Kragens mit unauffälligen Handstichen an der Ansatznaht festnähen.

SCHALKRAGEN

Ein Schalkragen läuft, ähnlich wie ein Revers, vorn zu einem langen V aus. Er wird gern für Blusen verwendet, weil er den Hals lang und schlank wirken lässt. Die Verarbeitung sieht kompliziert aus, ist aber gar nicht so schwierig. Der Unterkragen wird oft ans Vorderteil angeschnitten.

1 Die beiden Teile des Oberkragens in der hinteren Mitte zusammennähen. Die Nahtzugaben auseinanderbügeln.

2 Durch den Markierungsstich an der Ecke zwischen Hals und Schulter am oberen Ende des Abnähers einige Verstärkungsstiche nähen.

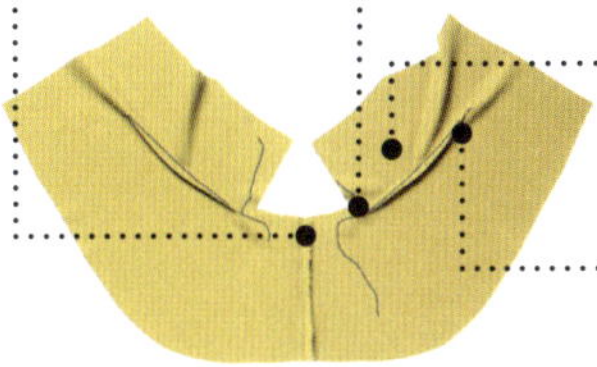

3 Bis zur Markierung einschneiden.

4 Die vorderen Abnäher nähen. Sie liegen später in der Umbruchlinie des Kragens.

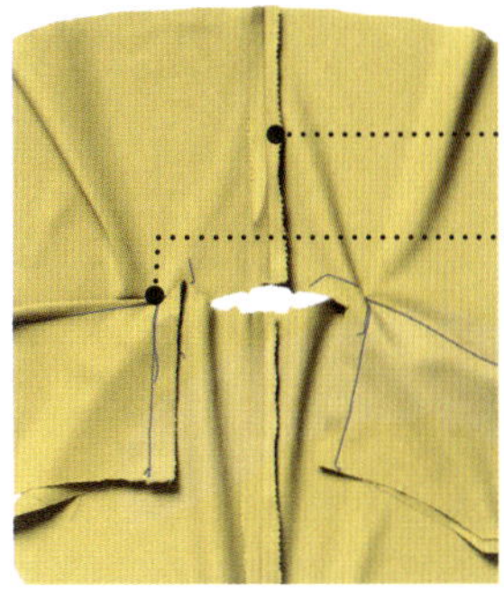

5 Die rückwärtige Mittelnaht des Modells schließen. Die Nahtzugaben auseinanderbügeln.

6 Vorder- und Rückenteile an den Schulternähten zusammensetzen. Die Naht endet am Einschnitt.

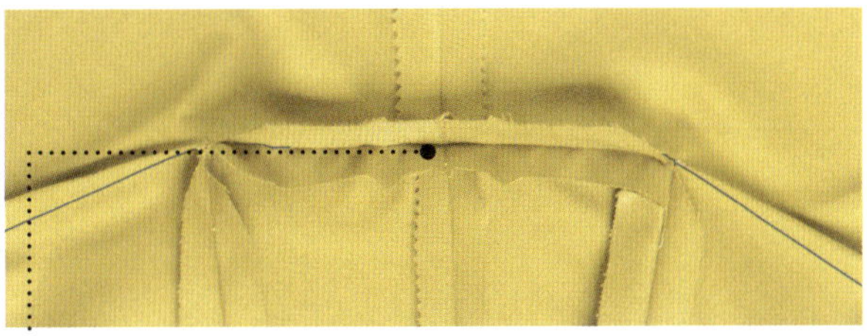

7 Die hinteren Ausschnittkanten von Vorder- und Rückenteilen zwischen den beiden Einschnitten zusammensetzen. Die Nahtzugaben auseinanderbügeln.

8 Einlage auf den Oberkragen bügeln (siehe S. 183). Die Schulter-Hals-Ecke mit einem Heftfaden markieren.

9 Die Oberkragenhälften in der hinteren Mitte zusammennähen. Die Schnittkanten des Oberkragens versäubern.

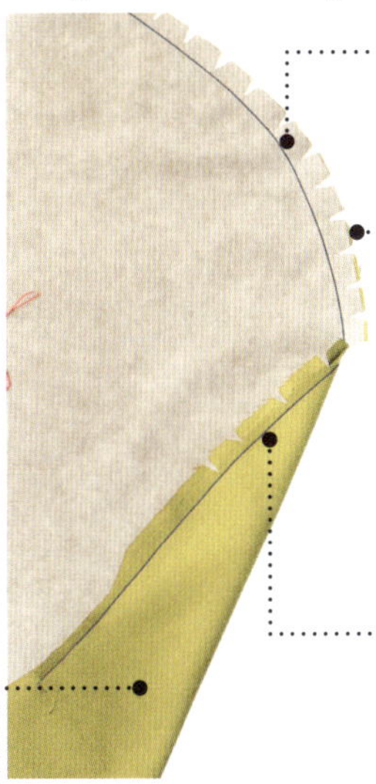

10 Den Oberkragen an den angeschnittenen Unterkragen stecken. Hintere Mittelnähte und alle Markierungen aufeinander ausrichten. Mit 1,5 cm Nahtzugabe zusammensteppen.

11 Die Nahtzugabe des Unterkragens (ohne Einlage) auf die Hälfte zurückschneiden. Beide Nahtzugaben v-förmig einschneiden, damit sie später flach liegen.

12 Die Naht bügeln und den Kragen sofort, solange er noch warm ist, auf rechts wenden.

13 Von rechts bügeln. Dabei die Naht leicht zum Unterkragen schieben, damit man sie von oben nicht sieht.

14 Die Nahtzugabe am hinteren Oberkragen einschlagen und mit unauffälligen Handstichen festnähen. Die Schnittkanten des Oberkragens mit einer geeigneten Methode versäubern.

ÄRMEL & ÄRMEL-ABSCHLÜSSE

ÄRMEL

Die meisten Ärmel werden separat zugeschnitten und in das Oberteil eingesetzt. Ausnahmen bilden nur der einfache angeschnittene Ärmel und der Dolman-Ärmel. Achten Sie beim Einsetzen darauf, dass Sie den Ärmel an den Armausschnitt ansetzen – und nicht den Armausschnitt an den Ärmel –, der Ärmel also oben liegt.

ÜBERSICHT

EINEN ÄRMEL EINSETZEN **(S. 191)**

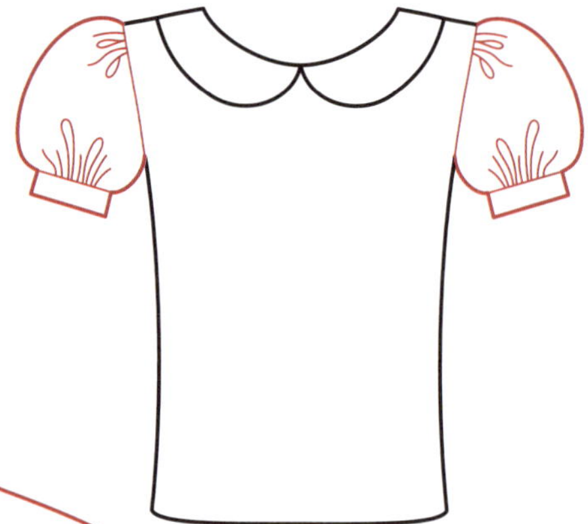

PUFFÄRMEL **(S. 193)**

FLACHER ÄRMEL **(S. 192)**

RAGLANÄRMEL **(S. 194)**

DOLMAN-ÄRMEL **(S. 194)**

EINEN ÄRMEL EINSETZEN

Ein eingesetzter Ärmel sollte glatt an der Schulter anliegen. Um das zu erreichen, wird die Rundung der Armkugel mit großen Geradstichen etwas eingehalten, aber nicht eingekräuselt.

1 Die Schulter- und Seitennähte des Oberteils steppen und auseinanderbügeln.

Armausschnitt mit Knipsen

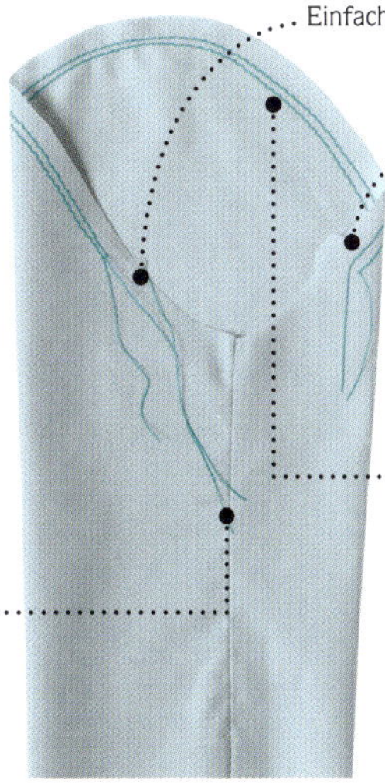

Einfacher Knips am vorderen Ärmel

Doppelter Knips am hinteren Ärmel

2 Die Längsnaht des Ärmels steppen und auseinanderbügeln. Den Ärmel auf rechts wenden.

3 Zwischen den Knipsen entlang der oberen Rundung zwei Reihen große Geradstiche in 1 cm und 1,2 cm Abstand zur Stoffkante steppen. Diese Stiche dienen zum Einhalten.

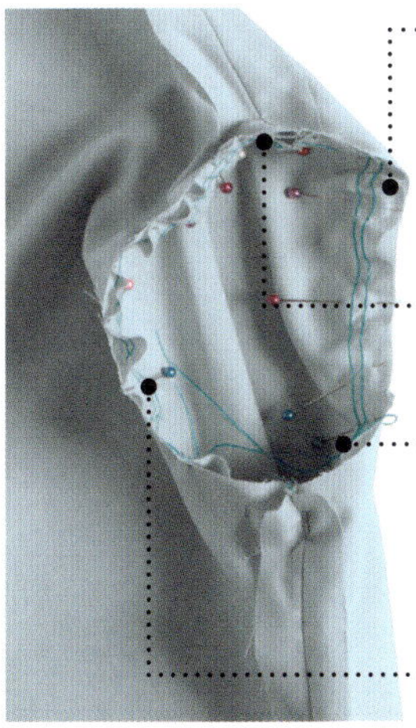

4 Den Ärmel rechts auf rechts in den Armausschnitt schieben. Die Nähte unter dem Arm und die Knipse aufeinander ausrichten.

5 Den höchsten Punkt der Ärmelrundung an der Schulternaht anlegen.

6 Am Unterfaden der Geradstiche ziehen, um den Ärmel einzuhalten, bis er genau in den Armausschnitt passt.

7 Rechtwinklig zu den Stoffkanten feststecken.

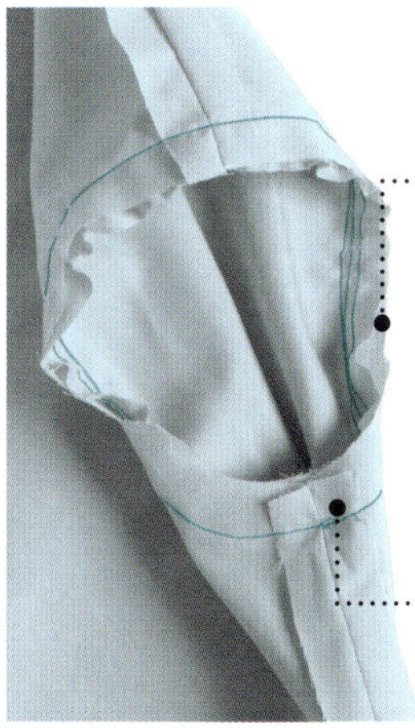

8 Den Ärmel mit 1,5 cm Nahtzugabe einsteppen. An der Naht unter dem Arm beginnen. Der Ärmel liegt beim Steppen oben, über der Schulter verläuft die Naht gerade.

9 Unter dem Arm zur Verstärkung nochmals ein Stück auf den Nahtanfang nähen.

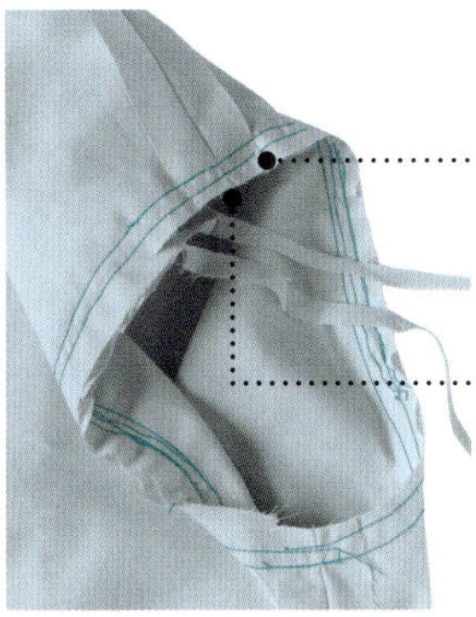

10 Nochmals innerhalb der Nahtzugabe um den ganzen Ärmel herumsteppen.

11 Die Nahtzugabe des Ärmels zurückschneiden.

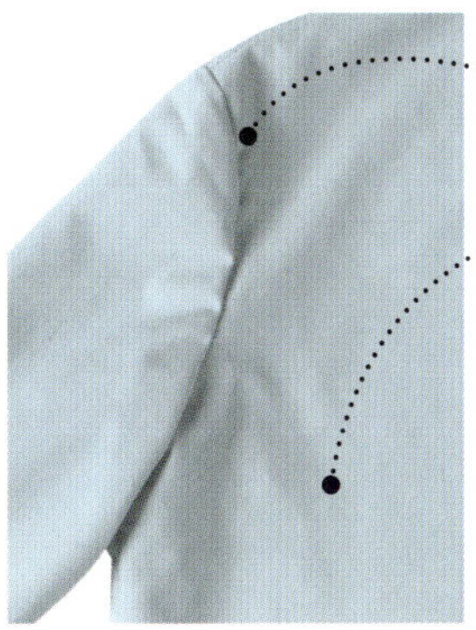

Glatte Schulterrundung

Rechte Stoffseite

12 Die Nahtzugabe mit Zickzack- oder Overlockstich versäubern, dann den Ärmel durch den Armausschnitt auf rechts wenden.

FLACHER ÄRMEL

An Hemden und Kinderkleidung setzt man Ärmel oft ein, ehe die Seitennähte geschlossen werden. Die Technik ist allerdings bei steifen, fest gewebten Stoffen schwierig, weil die Armkugel nicht eingehalten wird.

1 Schulternaht am Oberteil steppen, die Nahtzugaben auseinanderbügeln. Den Ärmel rechts auf rechts auf das Oberteil legen.

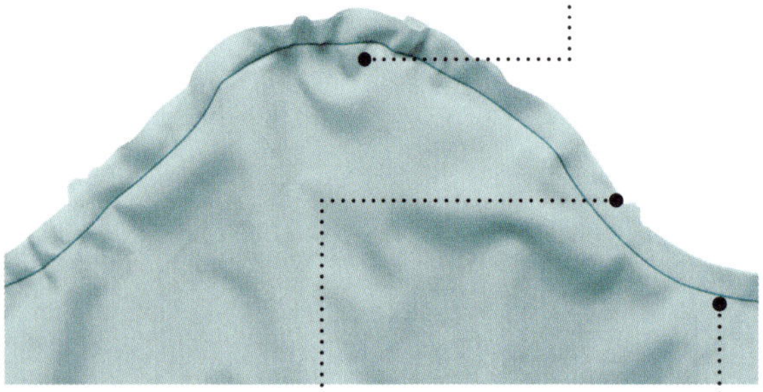

2 Die Knipse aufeinander ausrichten. Feststecken.

3 Den Ärmel mit 1,5 cm Nahtzugabe an die Kante des Armausschnitts steppen.

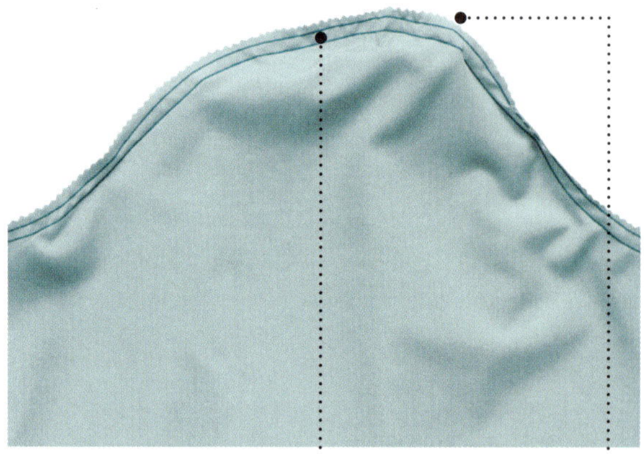

4 Nochmals zwischen erster Stepplinie und Stoffkante steppen.

5 Die Nahtzugaben versäubern.

6 Nahtzugaben in den Ärmel bügeln.

7 Das Oberteil rechts auf rechts zusammenlegen, dabei die Nähte unter dem Arm aufeinander ausrichten.

8 Seitennaht und Ärmelnaht in einem Zug mit 1,5 cm Nahtzugabe steppen.

9 Die Nahtzugaben auseinanderbügeln. Den Ärmel durch den Armausschnitt auf rechts wenden.

PUFFÄRMEL

Ärmel mit gekräuselter Kugel sind besonders leicht einzusetzen, weil sich durch die Kräuselung die Stoffweite leicht anpassen lässt. Stark gekräuselte Ärmel nennt man auch Puffärmel.

1 Die Längsnaht des Ärmels rechts auf rechts mit 1,5 cm Nahtzugabe zusteppen. Die Nahtzugaben auseinanderbügeln.

Rechte Stoffseite

Knipse

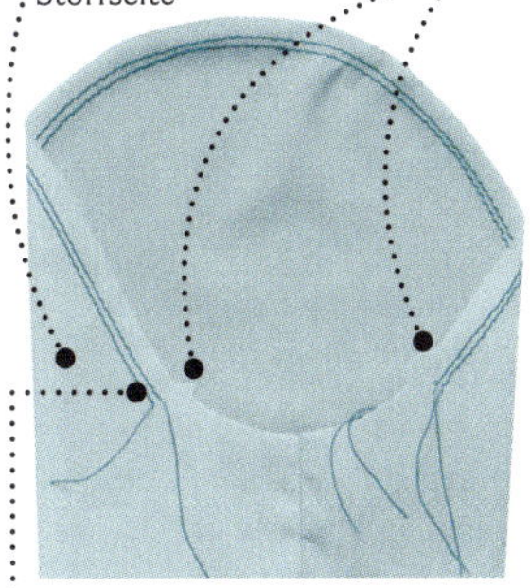

3 Den Ärmel rechts auf rechts in den Armausschnitt schieben.

4 Die Knipse und die Nähte unter dem Arm aufeinander ausrichten.

Linke Stoffseite

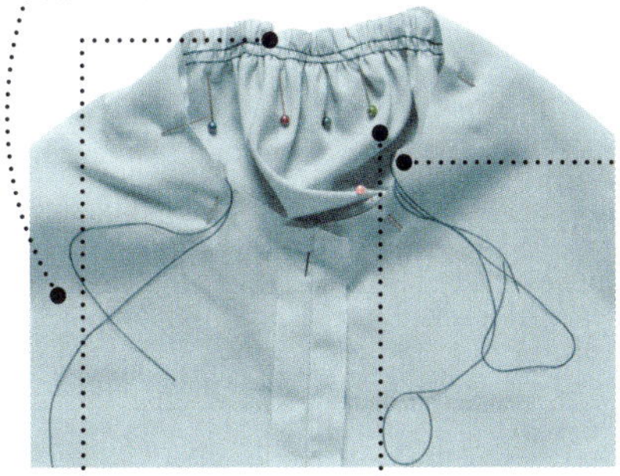

2 Zwischen den Knipsen an der Armkugel zwei Kräuselreihen im Abstand von 1 cm und 1,2 cm zur Stoffkante nähen.

5 Den Ärmel einkräuseln, um ihn dem Armausschnitt anzupassen.

6 Rechtwinklig zur Stoffkante feststecken.

7 Den Ärmel mit 1,5 cm Nahtzugabe in den Armausschnitt steppen. Dabei liegt der Ärmelstoff oben. Die Naht unter dem Arm überlappen lassen.

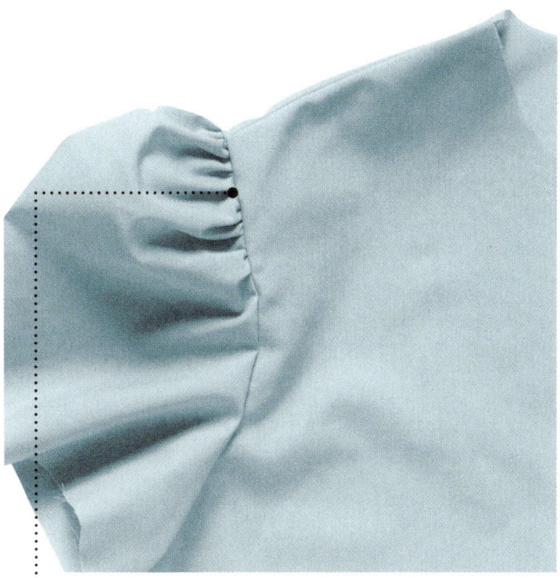

8 Zwischen Einsatznaht und Stoffkante nochmals rings um den Ärmel steppen.

9 Die Nahtzugaben auf 5 mm zurückschneiden.

11 Auf rechts wenden. Nur der obere Bereich der Armkugel soll eingekräuselt sein.

10 Die Nahtzugaben versäubern.

RAGLANÄRMEL

Raglanärmel können ein- oder auch zweiteilig sein. Die Ansatznaht am Oberteil verläuft schräg von der Achsel zum Halsausschnitt und schließt somit die Schulterpartie ein.

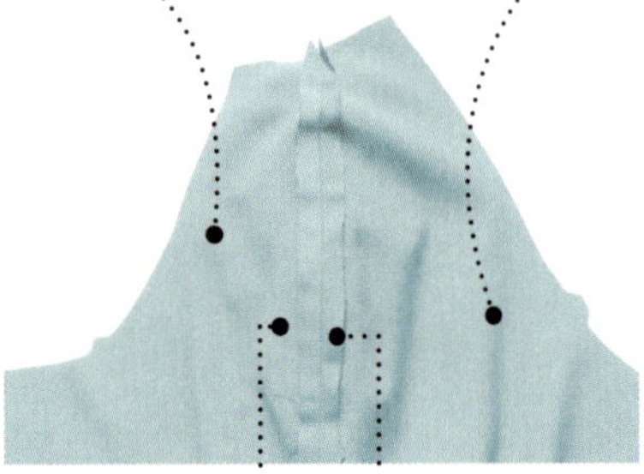

1 Vorderen und hinteren Ärmel rechts auf rechts zusammennähen.

2 Die Nahtzugabe auseinanderbügeln.

3 Den Ärmel ans vordere und hintere Oberteil stecken. Dabei die Knipse aufeinander ausrichten.

4 Die Nähte mit 1,5 cm Nahtzugabe steppen.

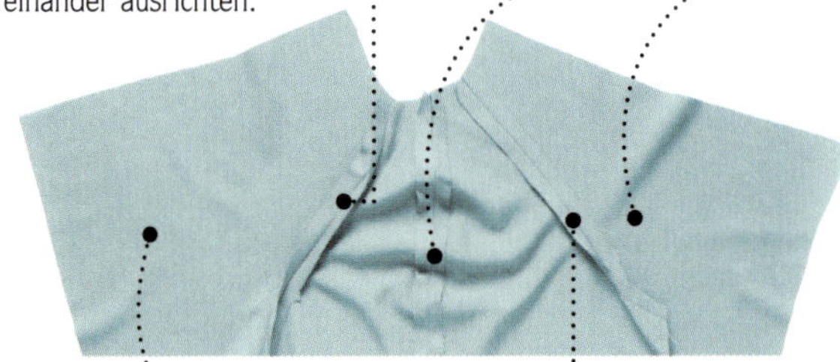

5 Die Nahtzugaben auseinanderbügeln.

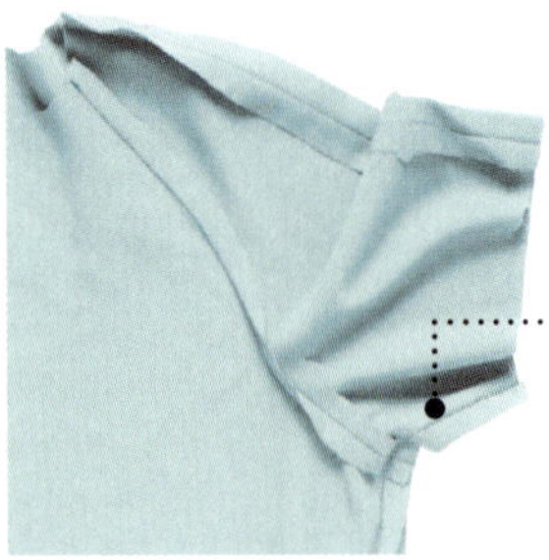

6 Vorder- und Rückenteil rechts auf rechts aufeinanderlegen.

7 Die Seitennaht und die untere Ärmelnaht in einem Zug steppen.

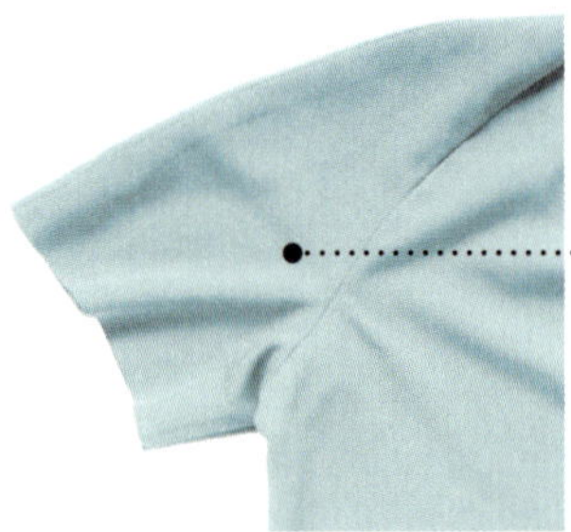

8 Die Nahtzugaben der Seitennaht auseinanderbügeln. Den Ärmel durch den Armausschnitt auf rechts wenden.

DOLMAN-ÄRMEL

Der Dolman-Ärmel wird direkt ans Oberteil angeschnitten. Wegen des weiten Armausschnitts eignet er sich sehr gut für Jacken und Mäntel. Um der Schulter mehr Kontur zu geben, kann man ein Raglanpolster einnähen.

1 Vorder- und Rückenteil haben vom Halsausschnitt bis zum Ärmelsaum die gleiche Form. Zuerst die Schulter-Ärmelnaht steppen.

2 Dann die Seiten-Unterarmnaht steppen.

3 V-förmige Einschnitte unter dem Arm setzen.

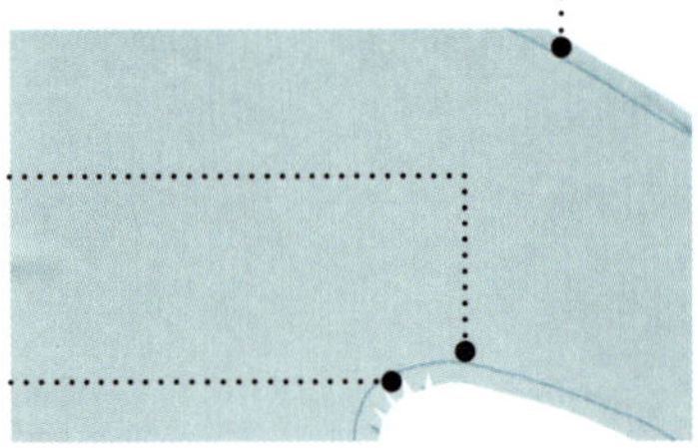

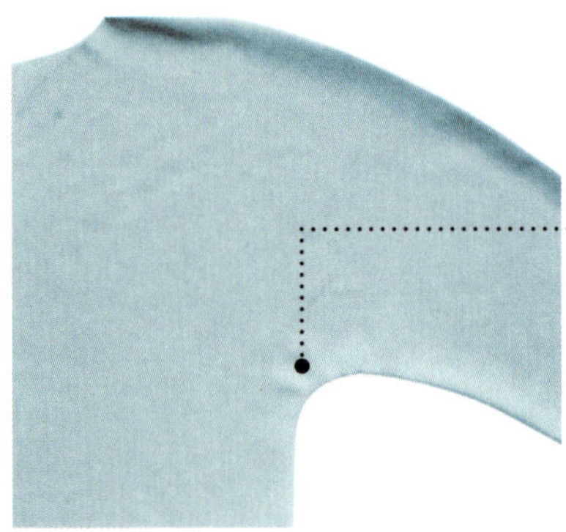

4 Die Nahtzugaben auseinanderbügeln. Oberteil auf rechts wenden.

ÄRMELABSCHLÜSSE

Die gewählte Verarbeitung des Ärmelabschlusses muss zum Stil des Kleidungsstücks passen. Manche liegen eng am Handgelenk an, andere haben einen dekorativen oder einen zweckmäßigen Abschluss.

ÜBERSICHT

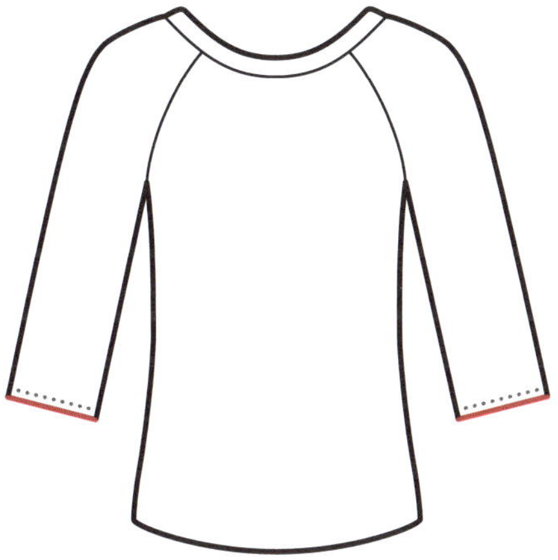

ÄRMELABSCHLUSS MIT EINGESCHLAGENEM SAUM **(S. 196)**

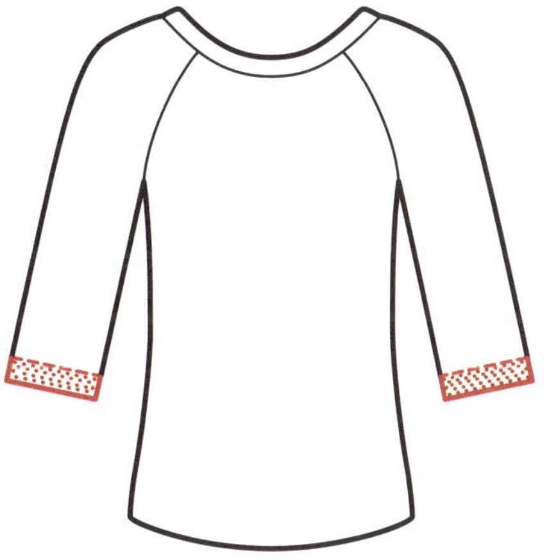

ÄRMELABSCHLUSS MIT SCHRÄGSTREIFEN **(S. 197)**

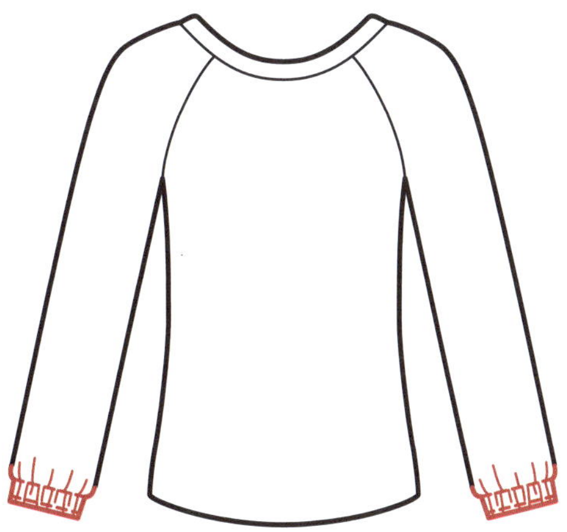

ELASTISCHER ÄRMELSAUM **(S. 198)**

ÄRMEL SÄUMEN

Der einfachste Ärmelabschluss ist ein schmaler Saum, der eingeschlagen oder angesetzt werden kann. Für einen eingeschlagenen Saum muss der Ärmel etwas länger zugeschnitten werden. Reicht die Stofflänge nicht aus, können Sie auch einen gekauften oder selbst zugeschnittenen Schrägstreifen verwenden.

ÄRMELABSCHLUSS MIT EINGESCHLAGENEM SAUM

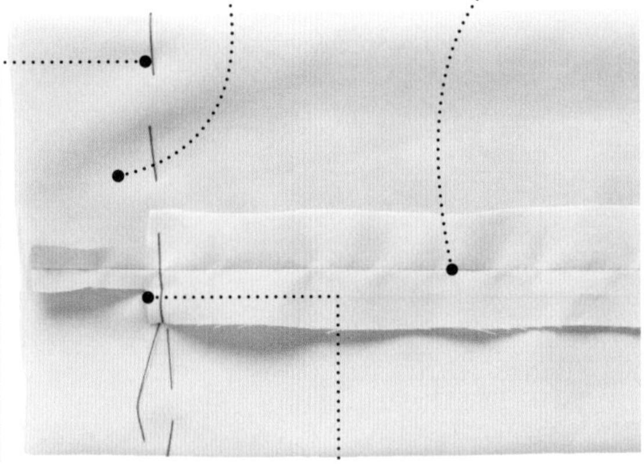

1 Die fertige Länge des Ärmels mit einer Reihe von Heftstichen markieren.

2 Im Saumbereich die Nahtzugaben schmal zurückschneiden.

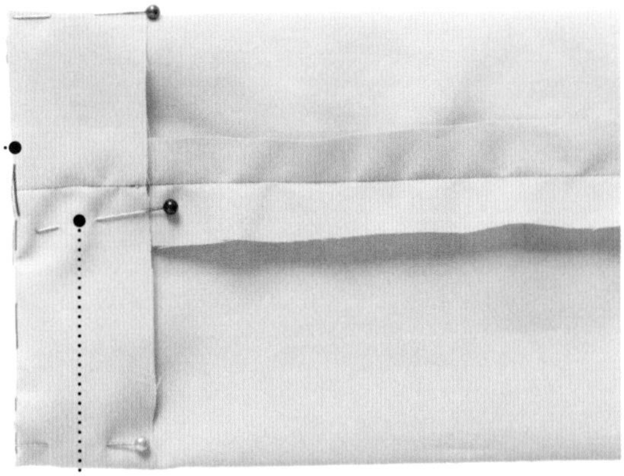

3 Die Saumzugabe an der Heftlinie umschlagen.

4 Die Nähte ausrichten. Feststecken.

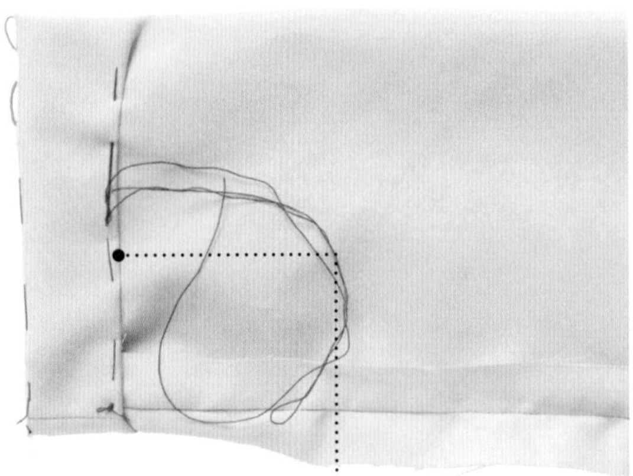

5 Die Oberkante der Saumzugabe 1 cm breit einschlagen und feststecken.

6 Die Kante heften.

7 Die Saumkante mit kleinen überwendlichen Stichen festnähen.

ÄRMELABSCHLUSS MIT SCHRÄGSTREIFEN

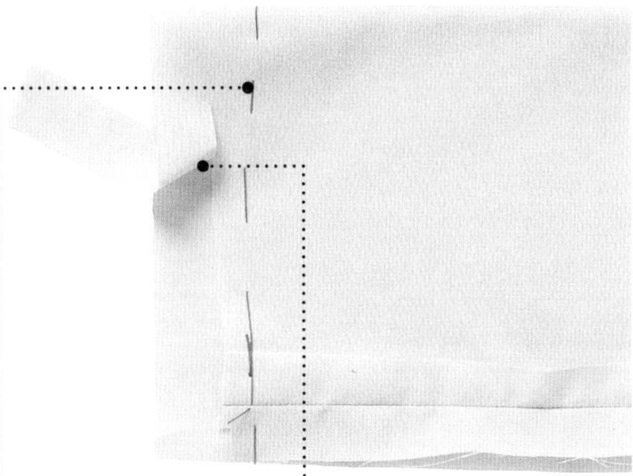

1 Die fertige Länge des Ärmels mit einer Reihe von Heftstichen markieren.

2 Die Saumzugabe auf 5 mm zurückschneiden.

3 Einen 2 cm breiten Schrägstreifen in der erforderlichen Länge zuschneiden. Den Schrägstreifen rechts auf rechts an den Ärmel stecken.

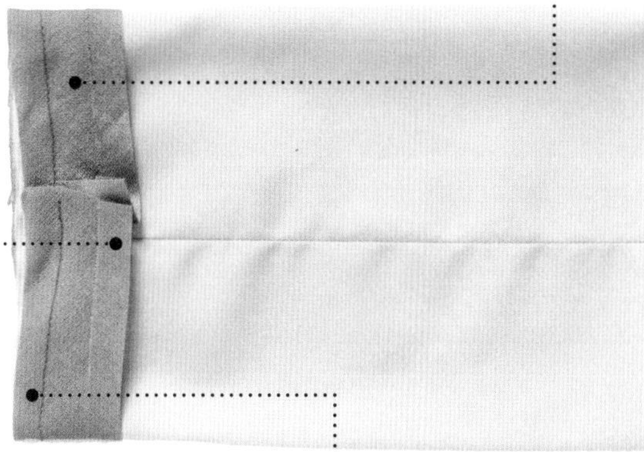

4 Das Ende des Schrägstreifens zur Ärmelnaht hin umschlagen.

5 Mit 5 mm Nahtzugabe feststeppen.

Schrägstreifen

Umgeschlagenes Ende liegt jetzt oben.

6 Die Nahtzugabe zum Schrägstreifen bügeln.

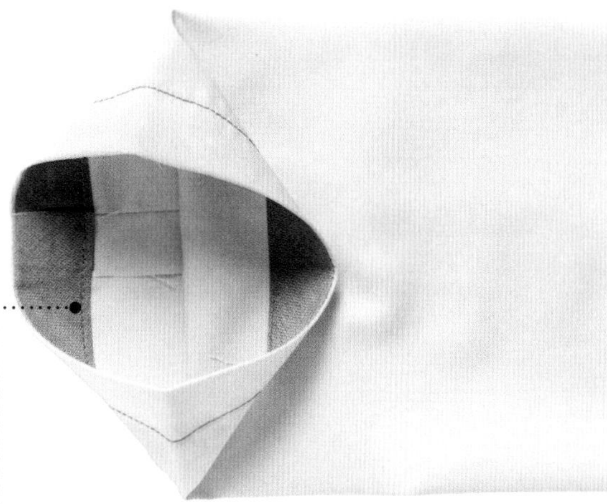

7 Den Schrägstreifen in den Ärmel umfalten und entlang seiner Oberkante feststeppen.

ELASTISCHER ÄRMELSAUM

An Ärmeln von Arbeits- und Kinderkleidung näht man aus praktischen Gründen oft einen elastischen Abschluss ohne Rüsche. 12 mm breites Gummiband eignet sich für diesen Zweck am besten.

1 Den Ärmel nähen und die Nahtzugaben auseinanderbügeln.

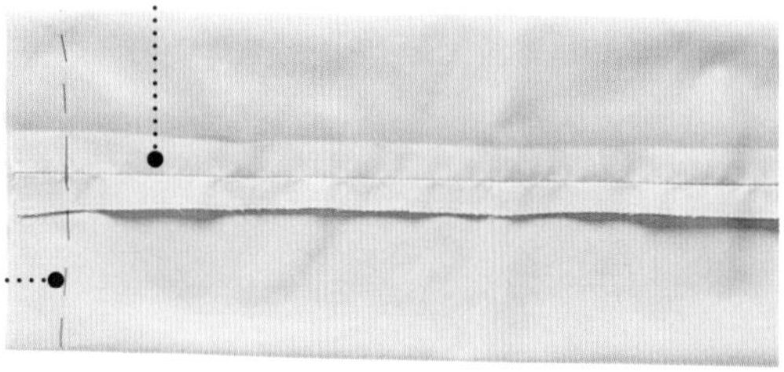

2 Die Bruchlinie des Saums mit einer Reihe von Heftstichen markieren.

3 Die Stoffkante 5 mm breit nach links umbügeln.

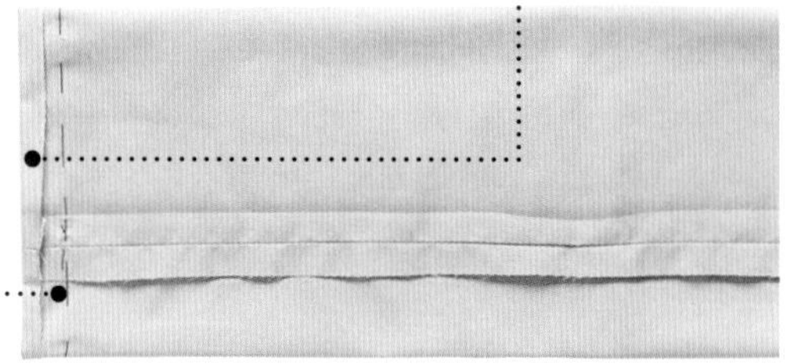

4 Nochmals entlang der Heftlinie umbügeln.

Öffnung zum Einziehen des Gummibandes

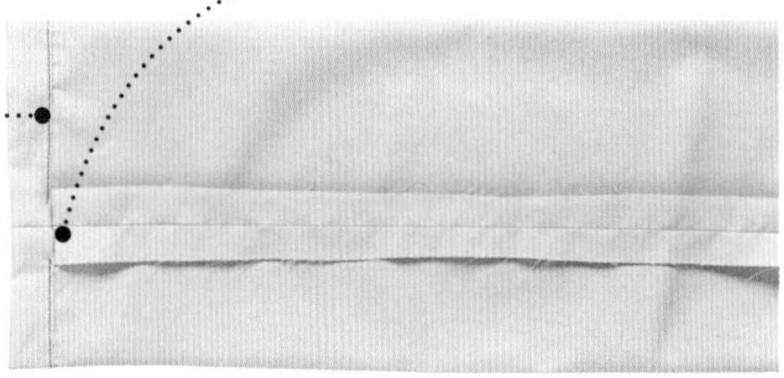

5 Den Saum 2 mm neben der Bruchkante feststeppen. An der Ärmelnaht eine Öffnung zum Einziehen des Gummibandes lassen.

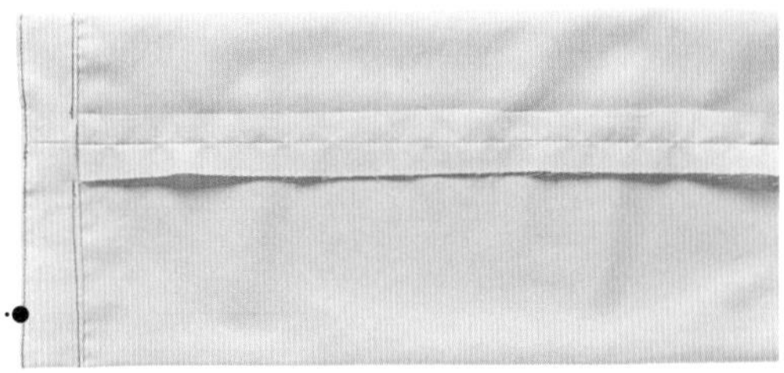

6 Nun 2 mm neben der unteren Ärmelkante ebenfalls absteppen, um einen sauberen Abschluss zu erhalten. So wird auch verhindert, dass sich das Gummiband verdreht.

7 Ein Stück Gummiband in passender Länge für das Handgelenk zuschneiden und zwischen den beiden Stepplinien einziehen.

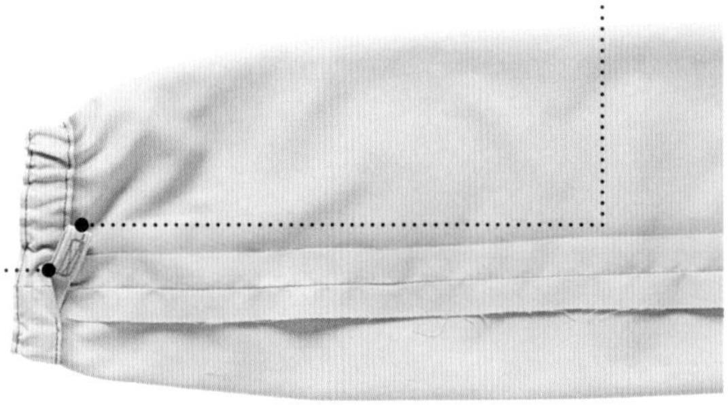

8 Die Gummibandenden überlappend mit einem X zusammensteppen.

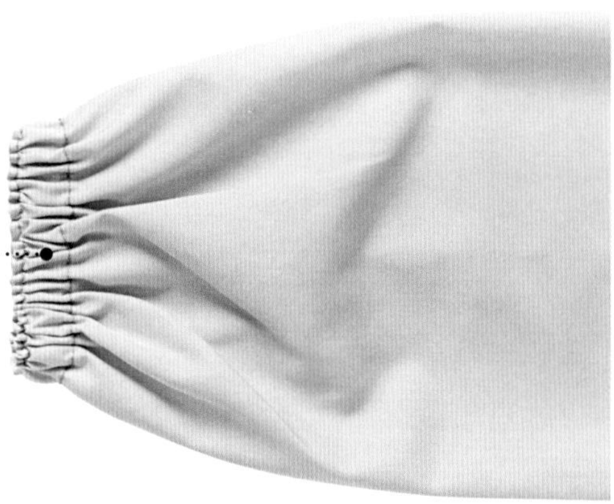

9 Den Ärmel durch den Armausschnitt auf rechts wenden. Die Kräuselung gleichmäßig verteilen.

ÄRMELABSCHLUSS MIT TUNNELZUG

Ein Tunnel zum Einziehen eines Gummibandes schafft die Möglichkeit, einen Ärmel auf einer bestimmten Höhe zu kräuseln. Der Tunnel kann angeschnitten oder separat aufgesetzt werden. Die Anleitung auf dieser Seite zeigt einen aufgesteppten Tunnel aus einem Schrägstreifen.

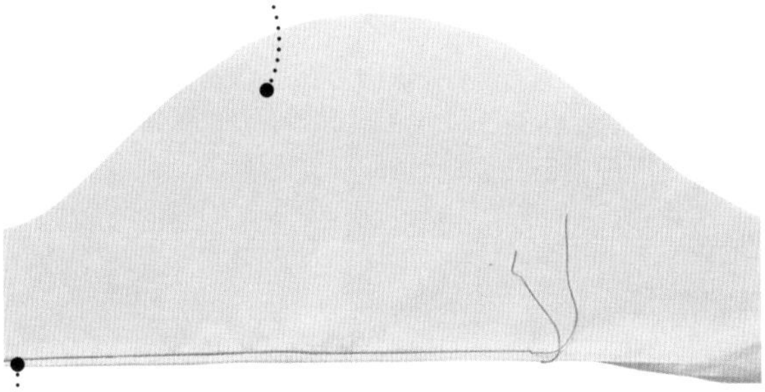

1 Vor dem Zusammennähen des Ärmels an der Unterkante einen doppelten Saum umschlagen und feststeppen.

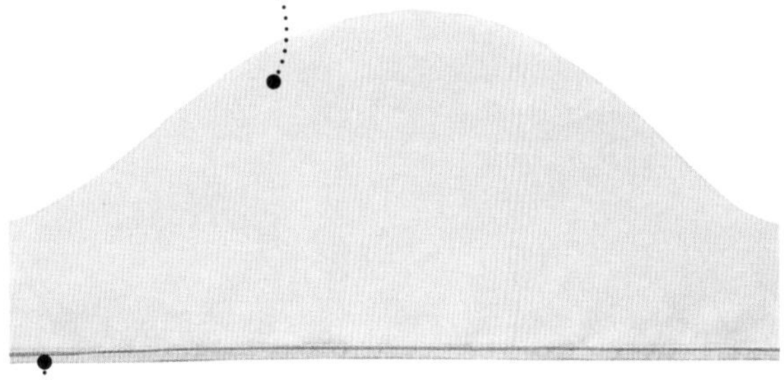

2 Den Saum bügeln.

3 Einen 10 mm breiten Schrägstreifen beidseitig knappkantig aufsteppen.

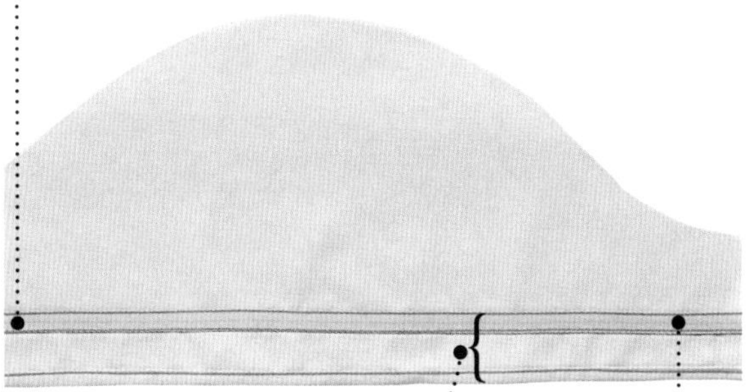

4 Ein Stück Gummiband in der Weite des Handgelenks zuschneiden, in den Tunnel einziehen und an einem Ende mit einigen Querstichen durch alle Lagen fixieren.

5 Den Stoff auf dem Gummiband auf die gewünschte Weite zusammenschieben. Das andere Ende des Gummibandes feststeppen.

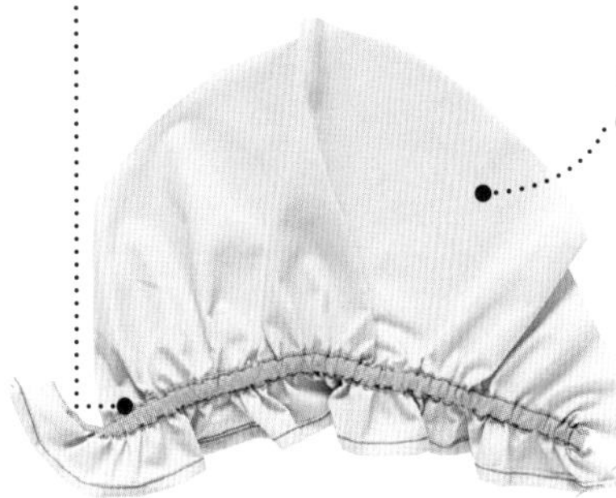

6 Die Ärmelnaht durch Gummiband und Tunnel zusteppen.

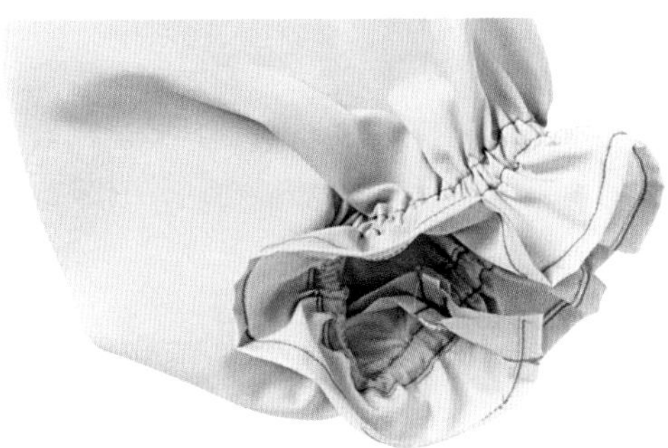

7 Die Nahtzugaben auseinanderbügeln. Den Ärmel auf rechts wenden und die Kräuselung bei Bedarf gleichmäßig verteilen.

MANSCHETTEN & SCHLITZE

Soll eine Manschette eng am Handgelenk anliegen, muss im unteren Ärmel ein Schlitz gearbeitet werden. Er schafft genug Weite, um die Hand hindurchzuschieben. Manschetten können einfach oder doppelt gearbeitet werden, spitze oder abgerundete Ecken haben. Sie werden mit Einlage versteift, die auf die äußere Manschette gebügelt wird. Die äußere Manschette wird an den Ärmel gesteppt.

ÜBERSICHT

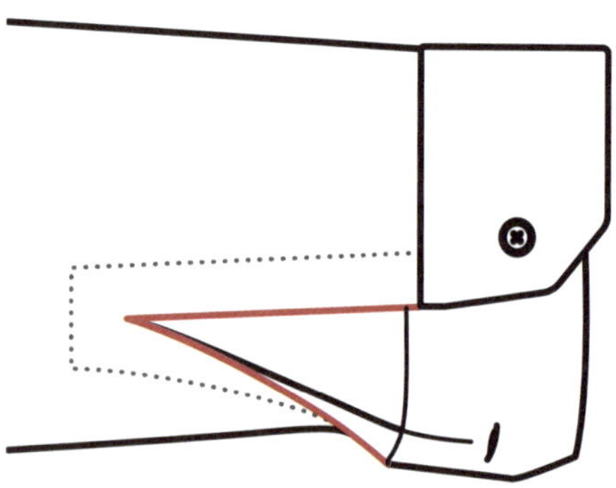

EINTEILIGE MANSCHETTE MIT SCHLITZ MIT BELEG **(S. 202)**

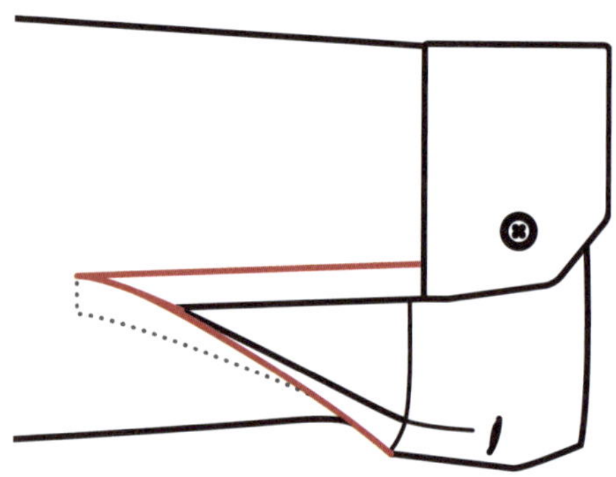

EINTEILIGE MANSCHETTE MIT EINGEFASSTEM SCHLITZ **(S. 203)**

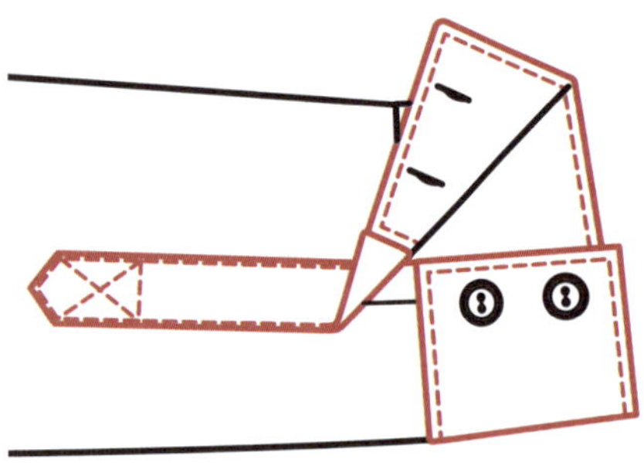

HEMDENMANSCHETTE MIT KLASSISCHEM SCHLITZ **(S. 204–205 und S. 207)**

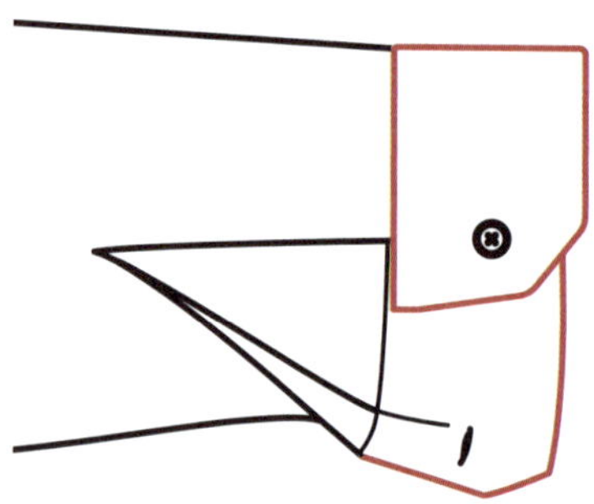

MANSCHETTE MIT UNTERTRITT **(S. 206)**

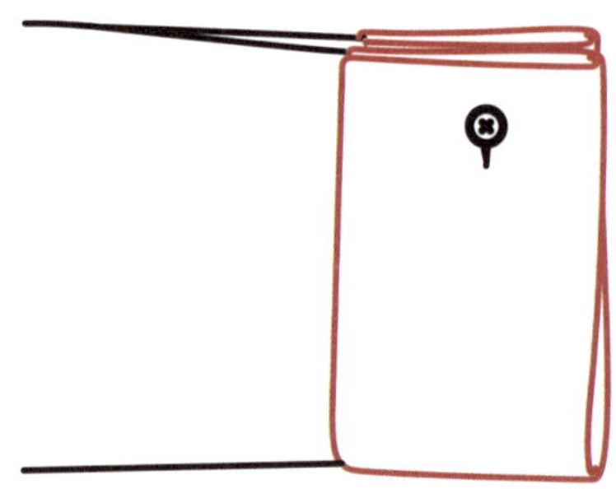

DOPPELTE MANSCHETTE **(S. 207)**

EINTEILIGE MANSCHETTE

Eine einteilige Manschette wird aus einem Stoffstück zugeschnitten und nur auf halber Breite verstärkt. Eine Ausnahme bildet die in einem Stück zugeschnittene Doppelmanschette (siehe S. 207).

1 Auf die obere Hälfte der Manschette Einlage aufbügeln.

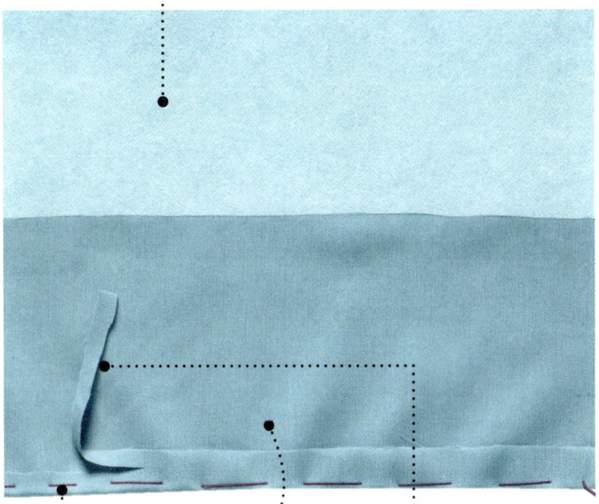

Linke Stoffseite

2 An der unverstärkten Seite eine Nahtzugabe umschlagen und festheften.

3 Die umgeschlagene Nahtzugabe zurückschneiden.

4 Die Manschette rechts auf rechts längs zur Hälfte falten.

Nahtzugabe der verstärkten Seite steht über.

Linke Stoffseite

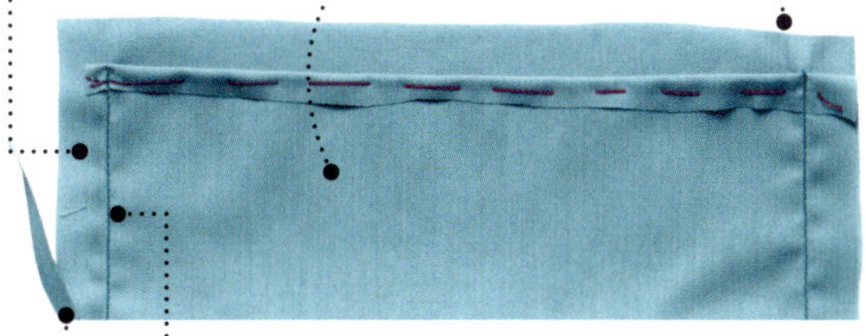

5 Die beiden Schmalseiten zusammensteppen.

6 Eine Nahtzugabe zurückschneiden. Die Nahtzugabe an den Ecken schräg abschneiden.

Rechte Stoffseite

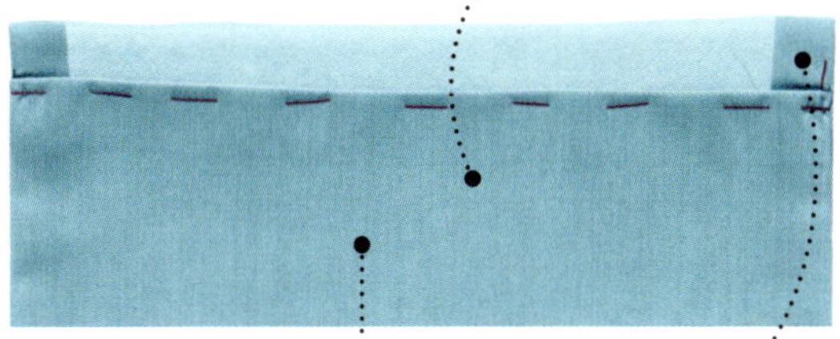

7 Die Manschette auf rechts wenden und bügeln.

Diese Nahtzugabe wird an den Ärmel gesteppt.

ZWEITEILIGE MANSCHETTE

Manche Manschetten bestehen aus einem Ober- und einem Unterteil. In diesem Fall wird das Oberteil mit Einlage verstärkt.

1 Auf die obere Manschette Einlage bügeln.

2 Die Nahtzugabe der unteren Manschette umschlagen und festheften.

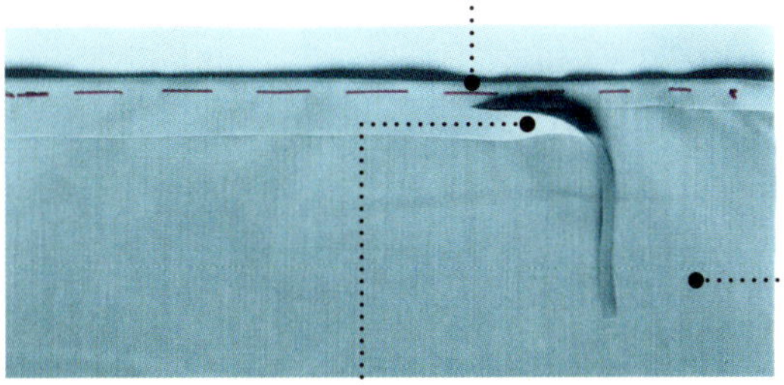

3 Die umgeschlagene Nahtzugabe zurückschneiden.

4 Obere und untere Manschette rechts auf rechts aufeinanderlegen.

5 Beide Schmalseiten und die untere Längsseite zusammensteppen.

Nahtzugabe der oberen Manschette

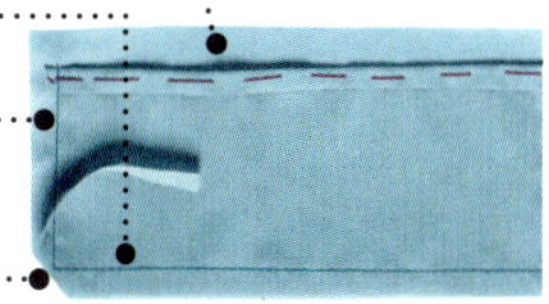

6 Nahtzugaben abgestuft beschneiden, Ecken abschrägen.

7 Die Manschette auf rechts wenden und bügeln. Die überstehende Nahtzugabe der oberen Manschette wird an den Ärmel gesteppt.

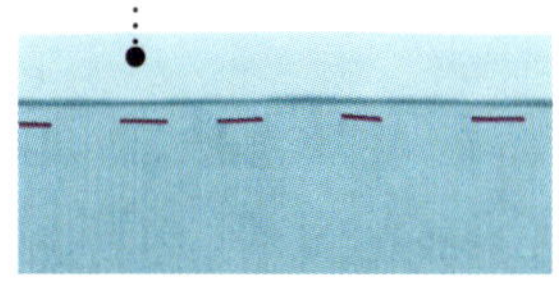

EINTEILIGE MANSCHETTE MIT SCHLITZ MIT BELEG

Ein Ärmelschlitz mit Beleg sieht nicht nur sauber, sondern auch ordentlich aus. Er passt am besten zu einer einteilig zugeschnittenen Manschette. Der Schlitz wird in der Regel mit einem Knopf geschlossen.

1 Die Längskanten und eine Schmalkante des Belegs 3 mm breit umschlagen und feststeppen.

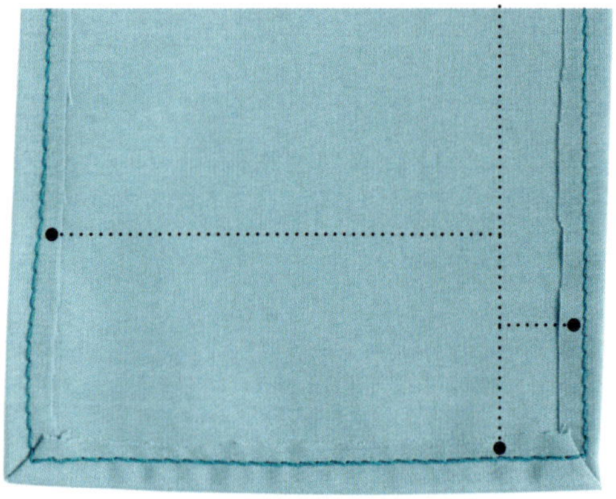

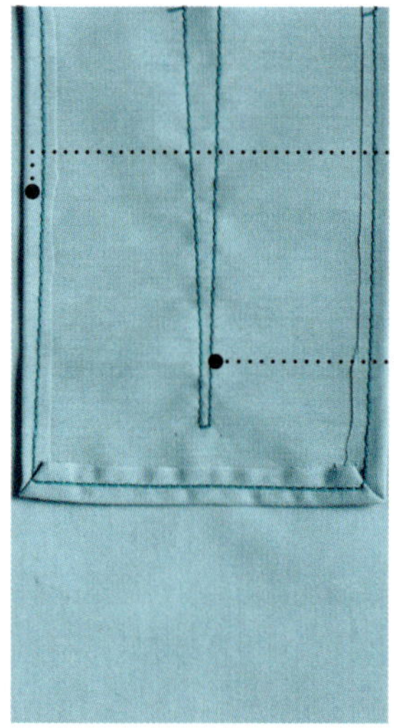

2 Den Beleg rechts auf rechts auf den Ärmel legen und an den Schlitzmarkierungen ausrichten.

3 Senkrecht entlang der Belegmitte steppen. Am Schlitzende einen Querstich nähen, dann senkrecht auf der anderen Seite abwärts steppen. Der Abstand zwischen den Stepplinien soll etwa 5 mm betragen.

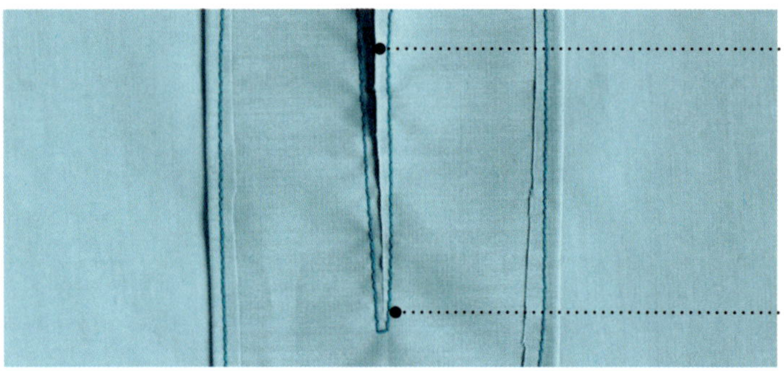

4 Den Stoff zwischen den Stepplinien einschneiden.

5 Die Ecken mit einer kleinen Schere schräg einknipsen.

6 Den Beleg zur Ärmelinnenseite umschlagen und bügeln.

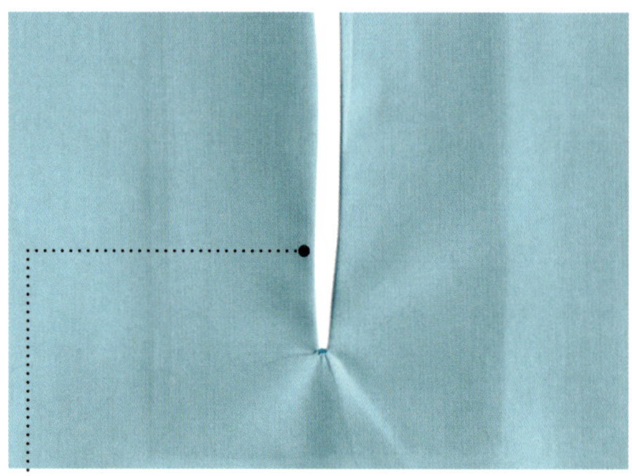

7 Der fertige Schlitz von rechts.

EINTEILIGE MANSCHETTE MIT EINGEFASSTEM SCHLITZ

Wenn ein Stoff stark ausfranst oder der Ärmel stark strapaziert wird, ist es sinnvoll, die Schlitze mit einem passenden Schrägstreifen einzufassen.

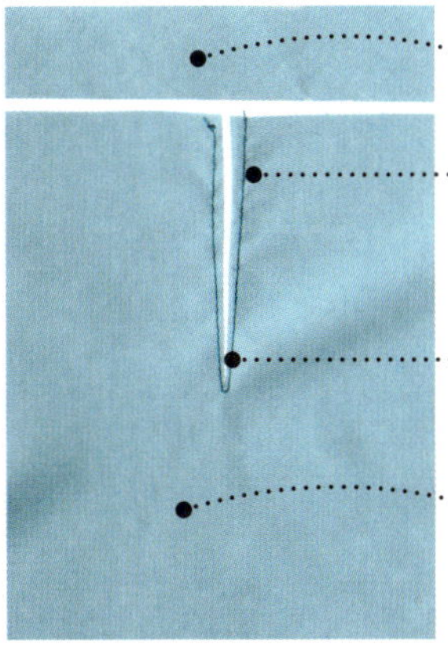

Schrägstreifen

1 Rechts und links der Einschnittlinie auf dem Ärmel eine Verstärkungsnaht steppen.

2 Den Stoff zwischen den Stepplinien einschneiden.

Linke Stoffseite

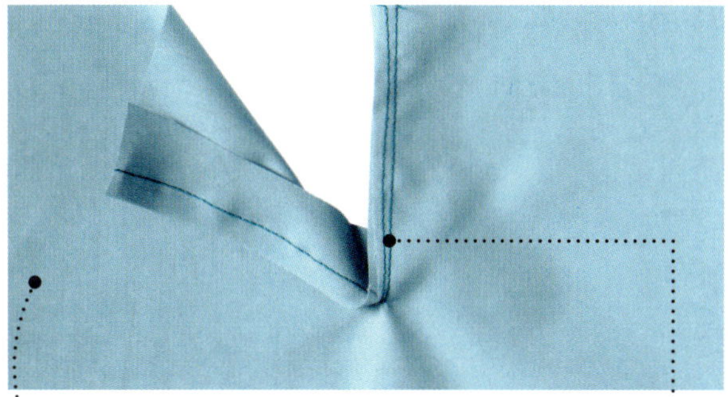

Linke Stoffseite

3 Den Schrägstreifen rechts auf rechts an die Verstärkungsnaht stecken und feststeppen. Zum Steppen des oberen Schlitzendes Ärmel und Schrägstreifen gerade auseinanderziehen.

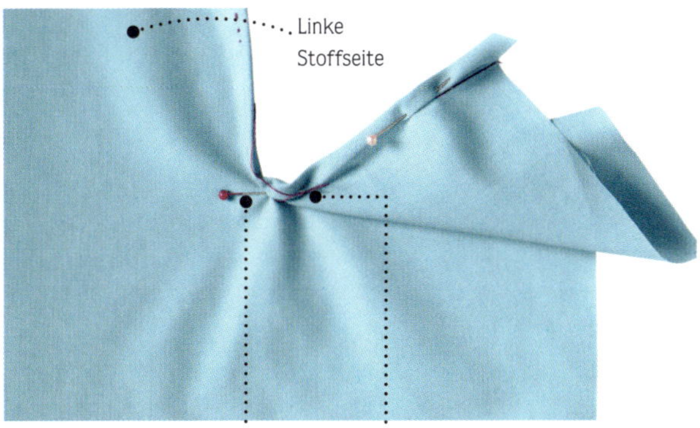

Linke Stoffseite

4 Die Kante des Schrägstreifens einschlagen. Den Schrägstreifen um die Schlitzkante falten und feststecken.

5 Von Hand festnähen.

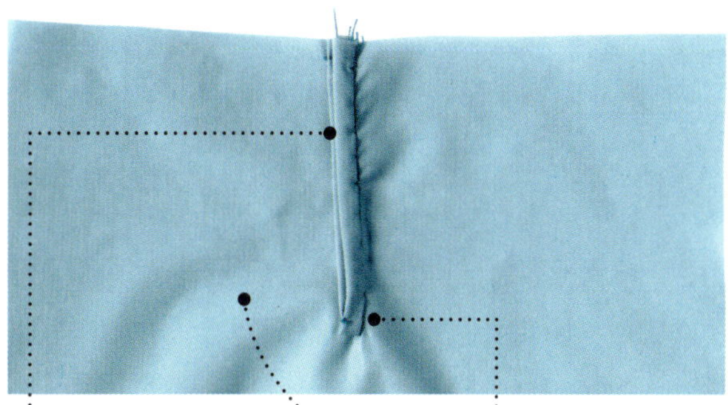

6 Den Schlitz zusammenlegen. Eine Seite des Schrägstreifens liegt nun innen, die andere steht etwas vor.

Linke Stoffseite

7 Den oberen Schrägstreifen mit einem doppelten Stich fixieren.

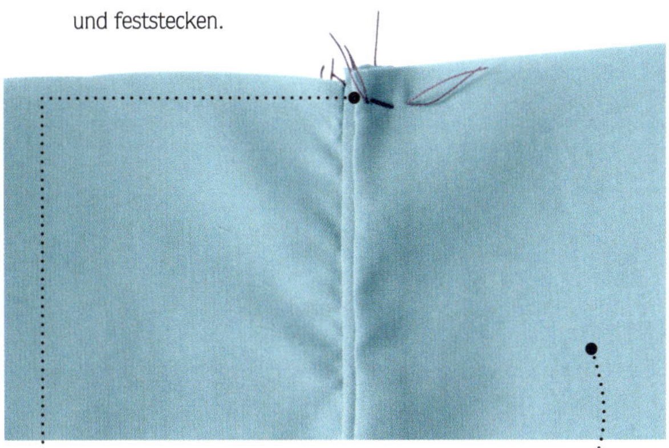

8 Markierungsfäden anbringen, um die Platzierung der Manschette zu erleichtern.

Rechte Stoffseite

9 Abgebildet ist der fertige, mit Schrägstreifen eingefasste Schlitz.

Rechte Stoffseite

Eingeschlagene, von Hand angenähte Kante

HEMDENMANSCHETTE MIT KLASSISCHEM SCHLITZ

Diese Schlitzverarbeitung ist typisch für Herrenhemden und maßgeschneiderte Blusen. Sie sieht kompliziert aus, ist aber zu bewältigen, wenn man langsam und systematisch vorgeht.

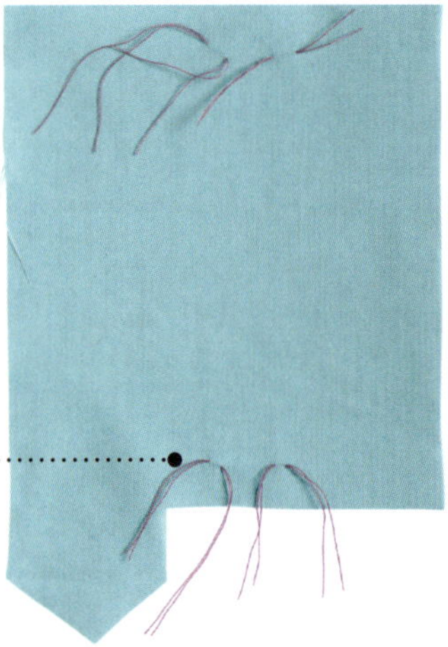

1 Den Schlitzbeleg zuschneiden und die Schnittmarkierungen mit Heftfäden durchschlagen. Es sind nur vier Markierungen nötig.

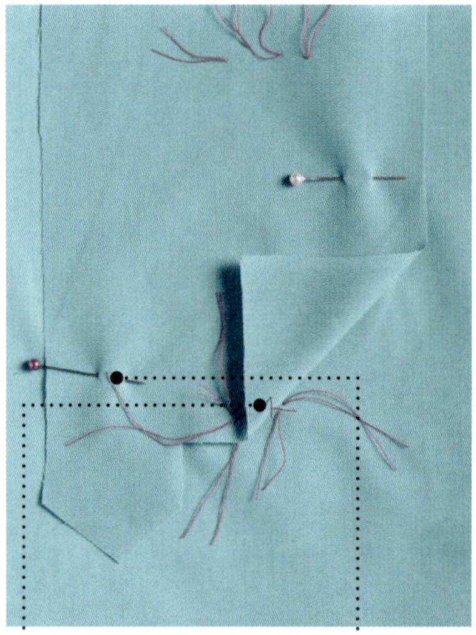

2 Beleg auf den Ärmelschlitz legen. Dabei zeigen beide Teile mit der linken Seite nach oben. Die Markierungsfäden aufeinander ausrichten.

3 Feststecken.

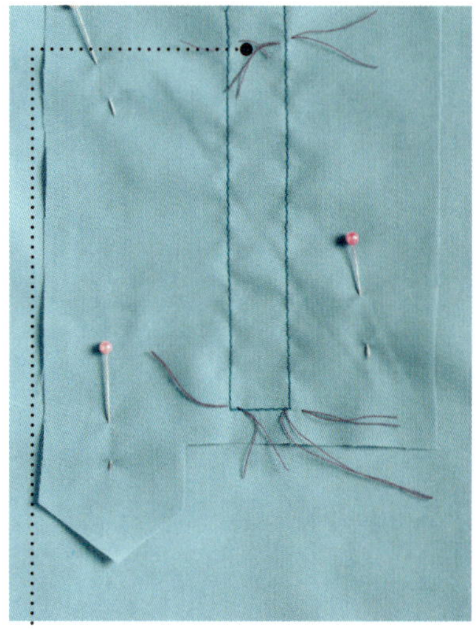

4 Eine Linie im rechten Winkel zu den Markierungsfäden steppen. Die beiden Stepplinien in Längsrichtung müssen genau parallel verlaufen. Die Heftfäden entfernen.

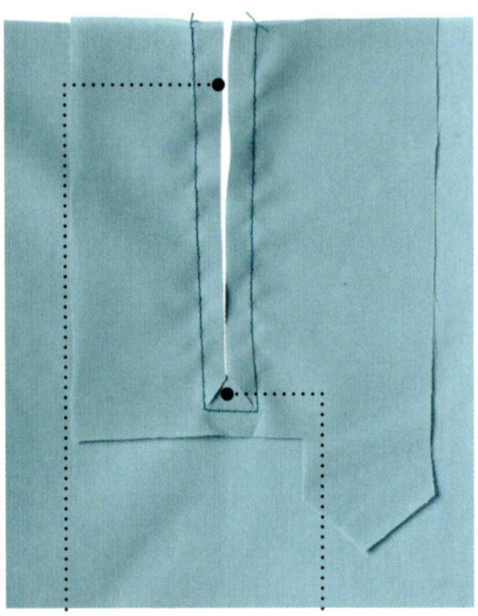

5 Den Stoff genau in der Mitte zwischen den Stepplinien einschneiden.

6 Die Ecken am Schlitzende schräg einschneiden.

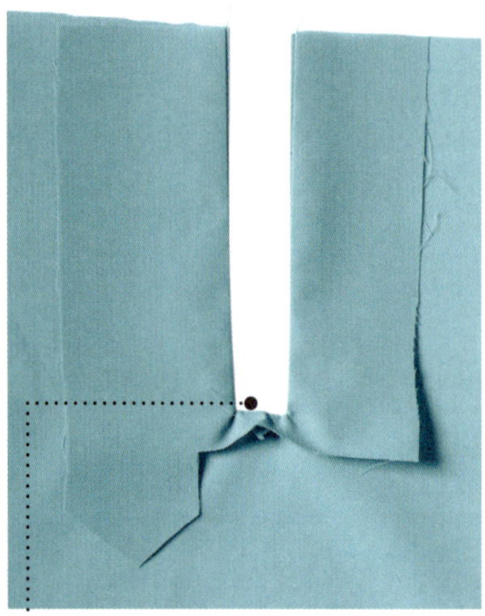

7 Den Beleg zur rechten Seite des Ärmels umfalten und bügeln. Es sollte ein rechteckiger Schlitz mit spitzen Ecken entstanden sein.

8 Die Längskante der schmaleren Belegseite einschlagen.

9 Die Bruchkante auf der Stepplinie feststecken.

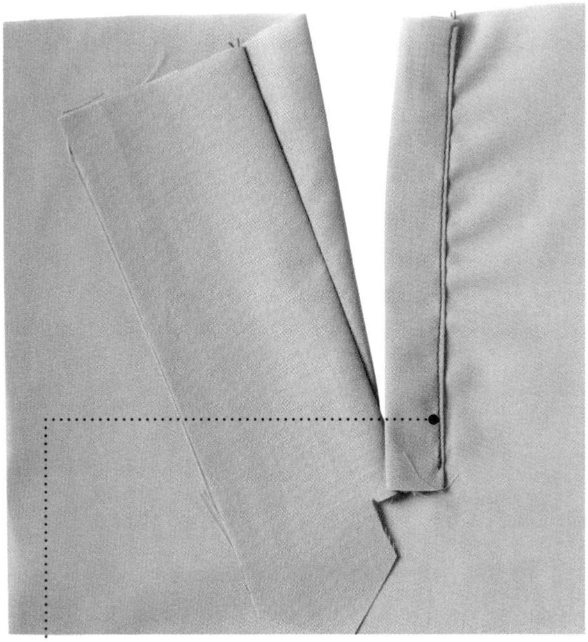

10 Den Beleg knappkantig aufsteppen. Am oberen Ende des Schlitzes anhalten.

11 Die breite Seite des Belegs über die schmale falten.

12 Die Längskante umbügeln. Den Beleg so falten, dass die gebügelte Kante auf der Stepplinie liegt. Dort feststecken.

13 Die Kanten der oberen Spitze einschlagen und bügeln.

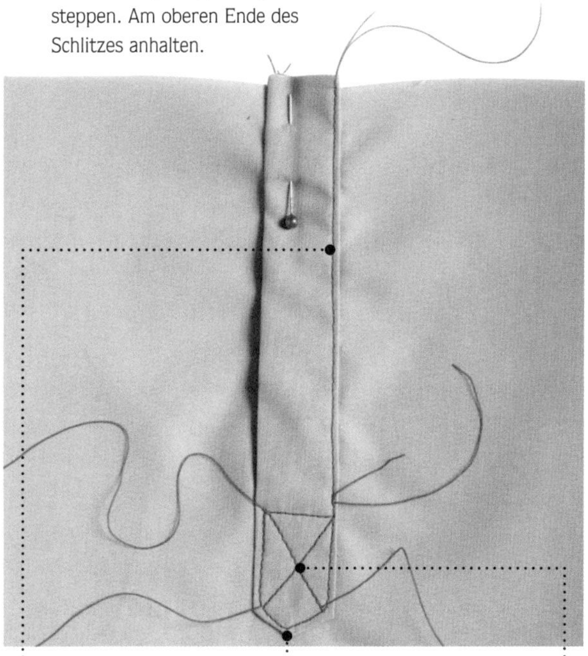

14 Die Längsseite knappkantig aufsteppen. Dabei darf der untere Beleg nicht mitgefasst werden.

15 Die Stepplinie um die Spitze herum fortsetzen.

16 Auf die Spitze ein X steppen.

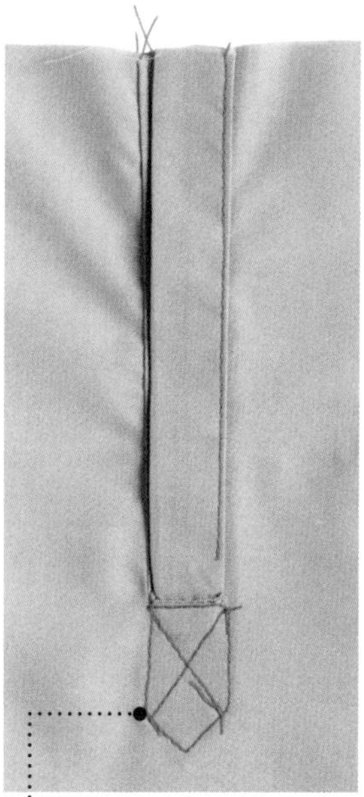

17 Alle Fadenenden zur linken Seite ziehen und dann dort vernähen.

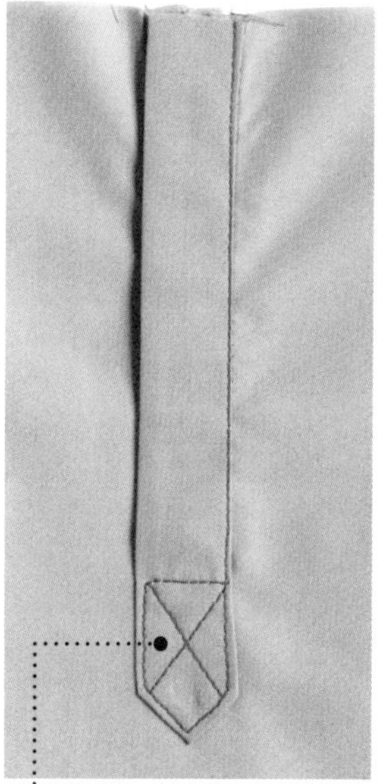

18 So sieht der fertige, abgesteppte Hemdenschlitz von rechts aus.

EINE MANSCHETTE ANSETZEN

Es gibt verschiedene Arten von Manschetten, die als Ärmelabschluss verwendet werden können. Einteilige Manschetten mit Untertritt passen gut zu Schlitzen mit Beleg oder Einfassung. Zweiteilige Manschetten kombiniert man meist mit einem Hemdenschlitz. Doppelte Manschetten verwendet man für formelle Herrenhemden und Damenblusen, meist in Verbindung mit einem klassischen Hemdenschlitz oder einer Einfassung.

MANSCHETTE MIT UNTERTRITT

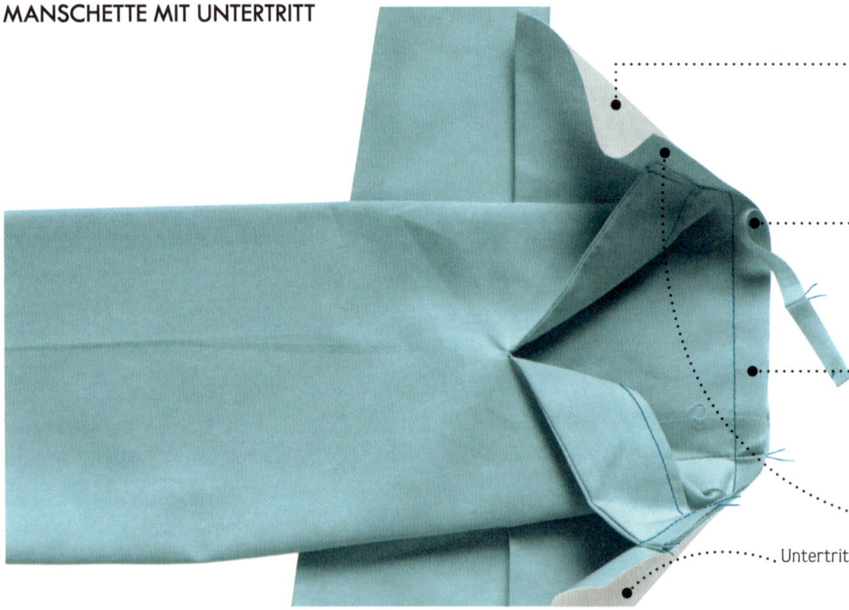

1 Auf die obere Hälfte der Manschette eine Einlage bügeln. Die verstärkte Seite der Manschette rechts auf rechts an die Ärmelkante stecken.

2 Manschette und Ärmel mit 1,5 cm Nahtzugabe zusammensteppen.

3 Die Nahtzugabe am Ärmel auf die Hälfte zurückschneiden. Beide Nahtzugaben in die Manschette bügeln.

4 Die lose Kante der unverstärkten Seite 1,5 cm breit nach links umschlagen und bügeln.

5 Die Manschette rechts auf rechts zur Hälfte falten. Die umgebügelte Kante trifft auf die Ansatznaht der Manschette am Ärmel.

6 Eine Schmalseite fortlaufend zur Schlitzkante zusteppen.

7 Von der Ansatznaht zur Ecke steppen, wenden und die andere Schmalseite zusteppen.

8 Die Ecken abschrägen. Die Nahtzugaben auseinanderbügeln.

9 Die Manschette auf rechts wenden. Die Ecken herausdrücken.

10 Die umgebügelte Oberkante innen mit senkrechten Saumstichen oder Blindsaumstichen festnähen.

11 In das obere Manschettenende ein Knopfloch arbeiten.

12 Auf den Untertritt einen Knopf nähen.

HEMDENMANSCHETTE

1 Auf die obere Manschettenhälfte eine Einlage bügeln. Rechts auf rechts an die Ärmelkante legen und feststecken. Die Nahtzugaben stehen beidseitig über.

Obere Manschette

2 Mit 1,5 cm Kantenabstand feststeppen.

3 Untere und obere Manschette rechts auf rechts legen. Beide Schmalseiten und die Längskante zusammensteppen. Die Nähte der Schmalseiten schließen sich an die Schlitzkanten an.

4 Die Nahtzugabe der unteren Manschette zurückschneiden.

5 Die Ecken abschrägen. Anschließend bügeln.

6 Die Manschette auf rechts wenden und bügeln.

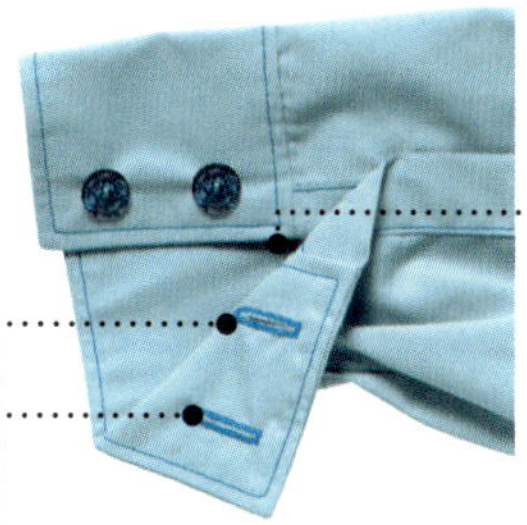

7 Die lose Kante der unteren Manschette einschlagen, auf der Ansatznaht feststecken und feststeppen.

8 An der oberen Manschette Knopflöcher arbeiten, an die untere Manschette Knöpfe nähen.

DOPPELTE MANSCHETTE

1 Auf die gesamte Manschette eine Einlage bügeln. Die Manschette rechts auf rechts mit 1,5 cm Kantenabstand an die Ärmelkante steppen.

2 Die Manschette rechts auf rechts längs zur Hälfte falten.

3 Beide Schmalseiten in Fortsetzung der Schlitzkanten zusteppen.

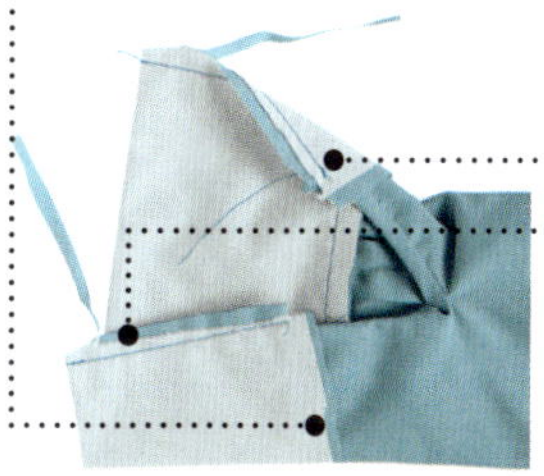

4 Die Nahtzugaben an den Ecken abschrägen.

5 Bügeln, dann die Manschette auf rechts wenden.

6 Die Manschette doppelt legen.

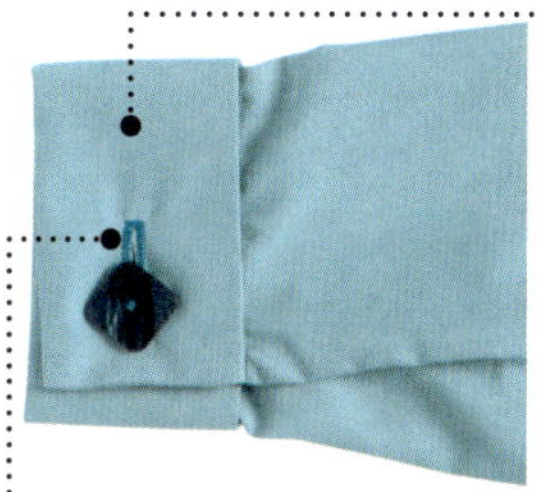

7 Die innere Kante von Hand festnähen.

8 Durch beide Lagen der oberen Schmalseite ein Knopfloch arbeiten. Auf den Untertritt einen Knopf nähen.

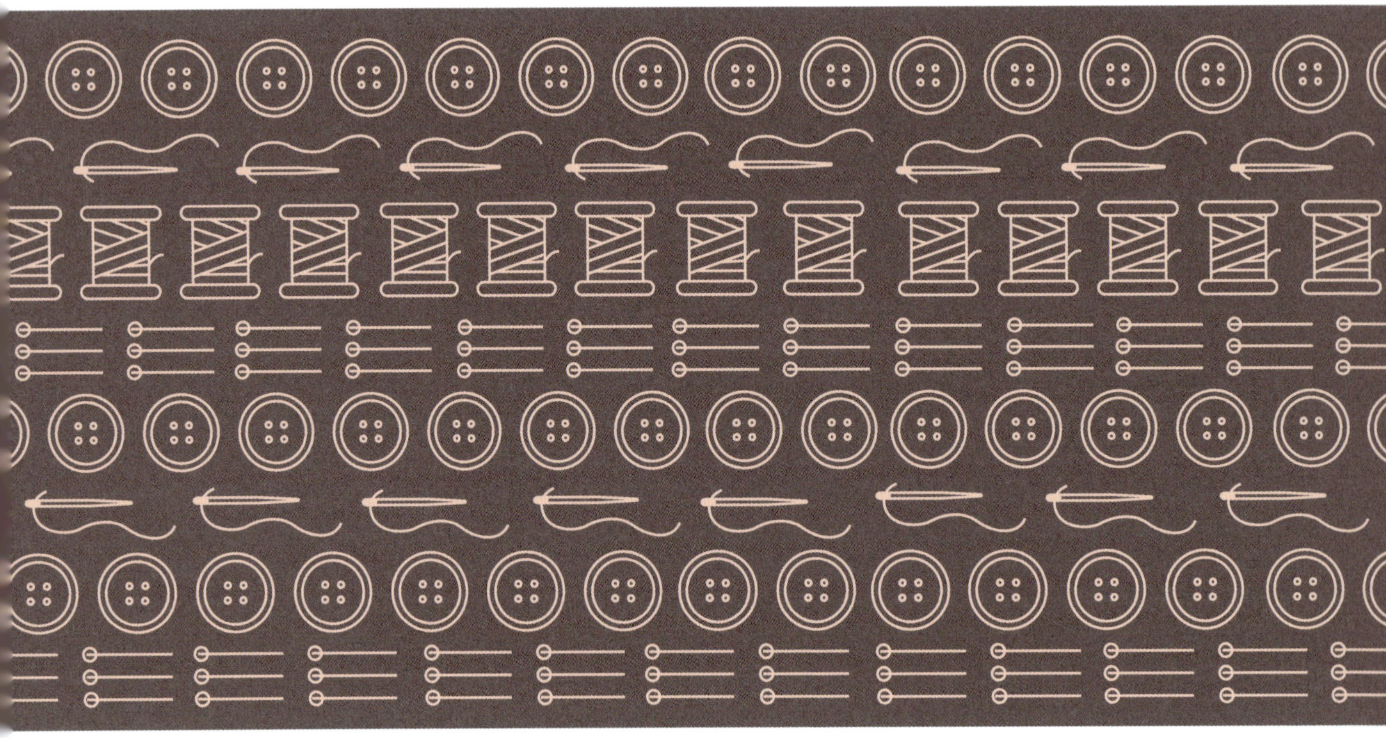

DEKORATIONEN

APPLIZIEREN & QUILTEN

Viele selbst genähte Modelle bekommen durch einfache Dekorationstechniken erst den letzten Schliff. Unter einer Applikation versteht man ein Stoffmotiv, das zur Zierde auf ein anderes Stoffteil genäht wird. Der Stoff, der appliziert werden soll, muss mit einer Einlage verstärkt werden. Applikationsmotive können von Hand aufgezeichnet, ausgeschnitten und aufgenäht oder mit dem Computerprogramm einer Stickmaschine gestaltet werden. Quilten können Sie mit der Stickmaschine, der Hand oder einer Nähmaschine.

APPLIKATION VON HAND ZEICHNEN

Bei dieser Technik wird das gewählte Motiv auf ein Stück beidseitig haftendes Bügelvlies gezeichnet, auf Stoff gebügelt, ausgeschnitten, auf den Trägerstoff gebügelt und schließlich aufgenäht.

1 Ein Motiv, zum Beispiel eine Blüte, auf ein Stück beidseitig haftendes Bügelvlies zeichnen.

2 Das Vlies auf den gewünschten Stoff bügeln.

3 Das Motiv aus dem Stoff ausschneiden.

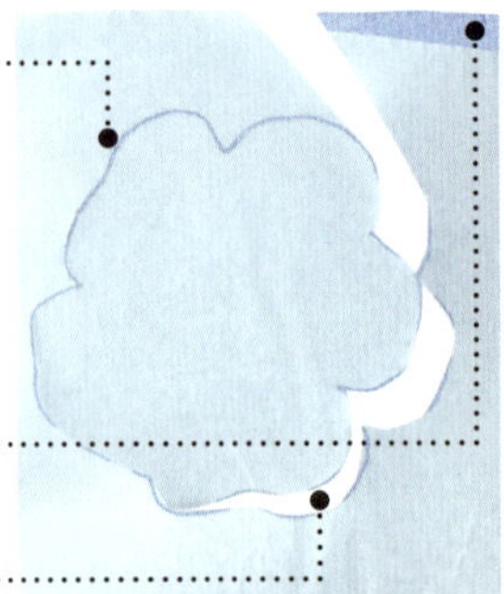

4 Das Motiv mit der Vliesseite nach unten an der gewünschten Stelle auf den Stoff aufbügeln.

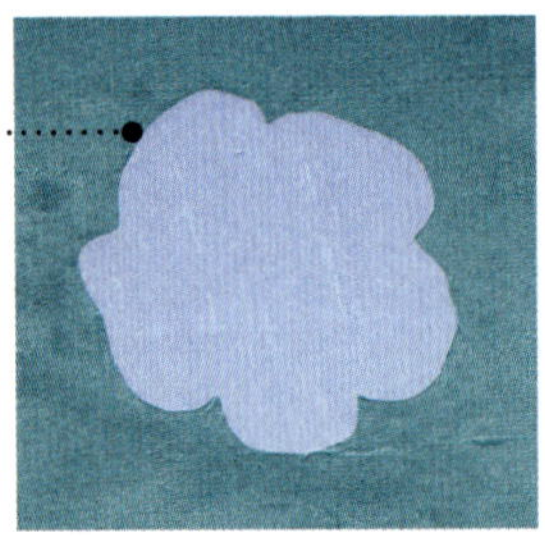

5 Die Kontur mit breiten, engen Zickzackstichen umnähen.

6 Bei einer Blüte einzelne Blätter auf der Applikation durch Zickzacknähte markieren.

MASCHINENAPPLIKATION

Für Stickmaschinen gibt es eine Auswahl an Motiven für Applikationen. Sie müssen ein spezielles Stickvlies für die Applikation und den Trägerstoff verwenden.

1 Den Trägerstoff und den Stoff für die Applikation in den Stickrahmen einspannen und den ersten Teil des Motivs sticken.

2 Den Applikationsstoff bis an die genähte Kontur zurückschneiden.

3 Die Stickerei mit der Stickmaschine fertigstellen.

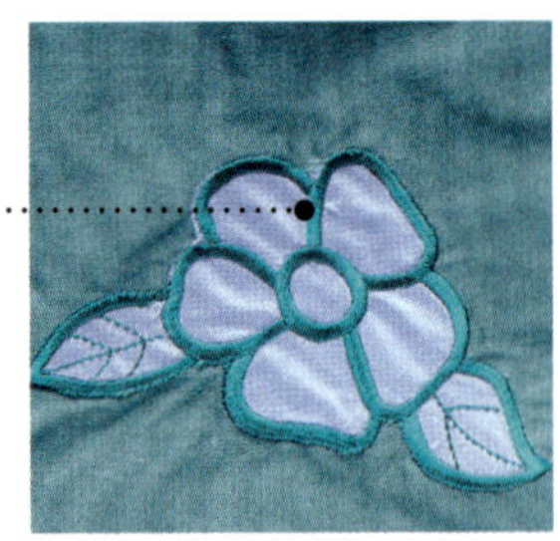

QUILTEN

Bei dieser Technik wird durch zwei Lagen hindurchgenäht, von denen eine aus Volumenvlies besteht, sodass die Naht in die Wattierung gedrückt wird und eine plastische Struktur ergibt. Quilten können Sie mit der Hand, mit einer Nähmaschine oder einer Stickmaschine.

TEILE EINER QUILTARBEIT

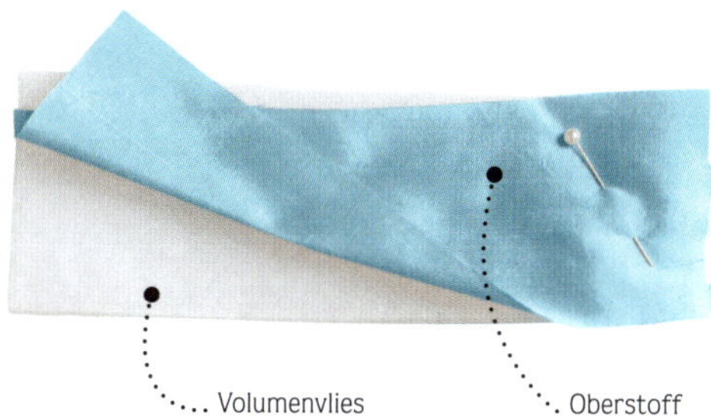

HORIZONTALE QUILTLINIEN

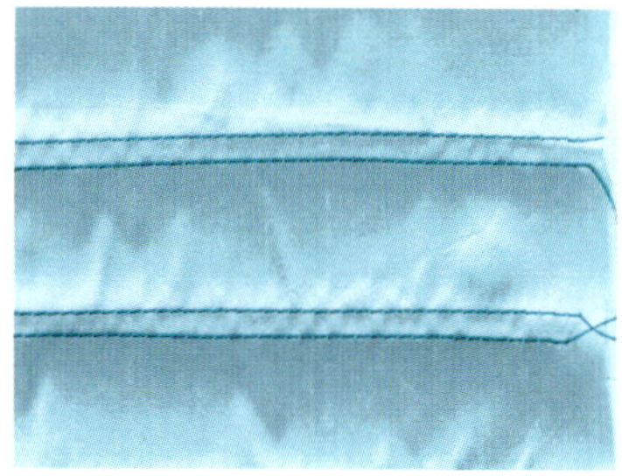

Volumenvlies und Oberstoff zusammenheften. Doppelte Linien mit größeren Abständen zwischen den Linienpaaren steppen. Stellen Sie eine Stichlänge von 4,0 an Ihrer Nähmaschine ein.

RHOMBENMUSTER QUILTEN

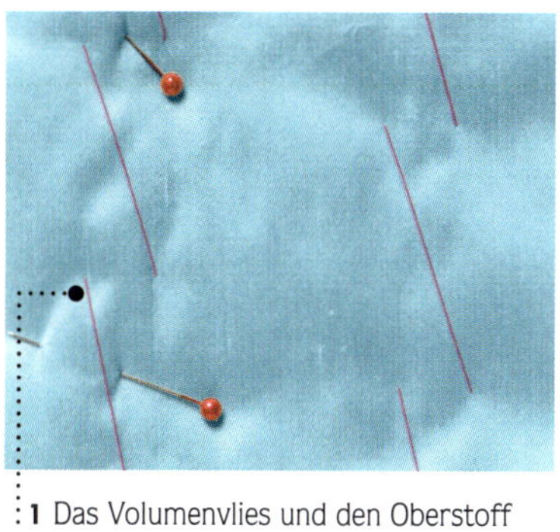

1 Das Volumenvlies und den Oberstoff mit schrägen Heftstichen verbinden.

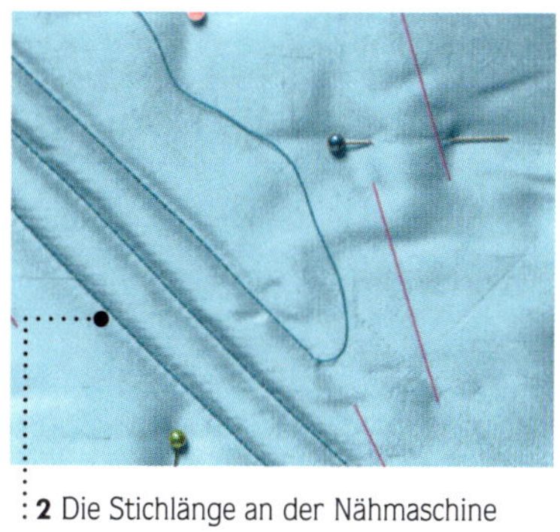

2 Die Stichlänge an der Nähmaschine auf 4,0 einstellen und die Nadel an einer Seite des Steppfußes einsetzen. Diagonale, parallele Linien in nähfußbreitem Abstand zueinander steppen.

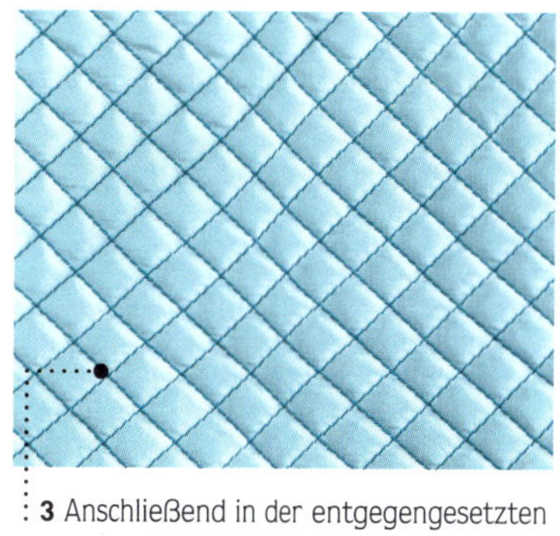

3 Anschließend in der entgegengesetzten Diagonalrichtung ebenfalls parallele Linien quilten, sodass Rhombenformen entstehen.

FREIHÄNDIG QUILTEN

Volumenvlies und Oberstoff zusammenheften. Den Stofftransport ausschalten und beliebige Linien in zufällig entstehenden Formen steppen.

QUILTEN MIT DER STICKMASCHINE

Volumenvlies und Oberstoff zusammenheften und ein Quiltmuster mit der Stickmaschine arbeiten.

ROSEN & SCHLEIFEN

An festlicher Kleidung kann eine Stoffrose einen hinreißenden Akzent setzen. Mit sichtbaren Schnittkanten, wie bei »Version 2«, wirkt die Rose auch aus Tweed und ähnlichen Stoffen attraktiv, etwa als i-Tüpfelchen an der Jacke eines Schneiderkostüms. Eine fest angebrachte Schleife ist ein klassisch schöner Schmuck an einem Brautkleid.

ROSE VERSION 1

1 Einen 10 cm breiten Schrägstreifen zuschneiden und der Länge nach links auf links zur Hälfte zusammenlegen.

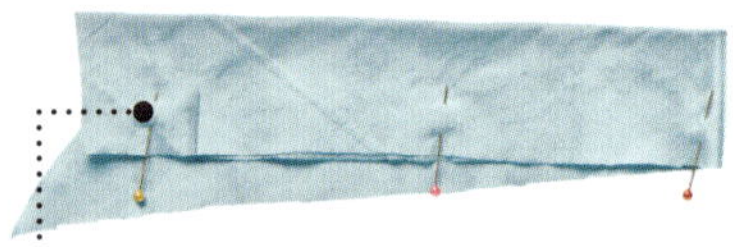

2 Die offenen Kanten zusammenstecken.

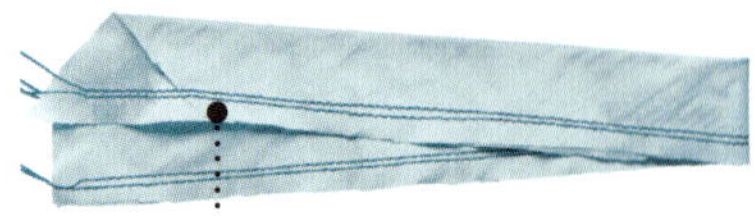

3 Zwei Kräuselnähte an der offenen Kante arbeiten: eine 1 cm, die andere 1,3 cm von der Kante entfernt.

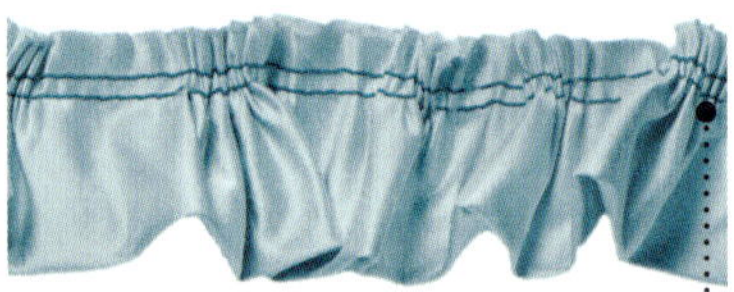

4 Die Kräuselfäden anziehen und die entstehenden Reihfältchen zu Gruppen mit glatteren Partien dazwischen zusammenschieben. Diese Gruppen und Zwischenräume wirken später wie Blütenblätter.

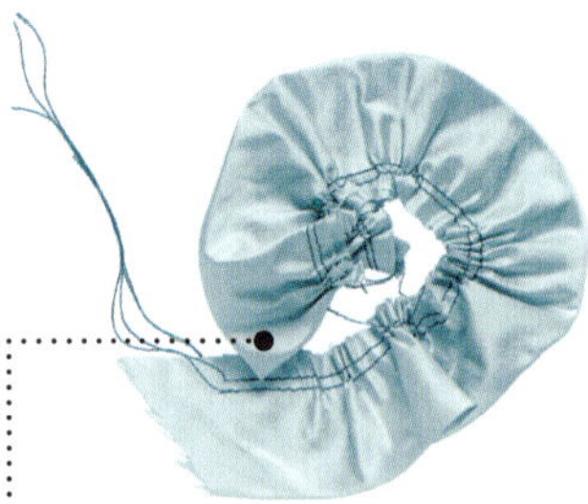

5 Die Unterkante des einen Endes in der linken Hand halten und den Streifen locker um dieses Ende herumwickeln.

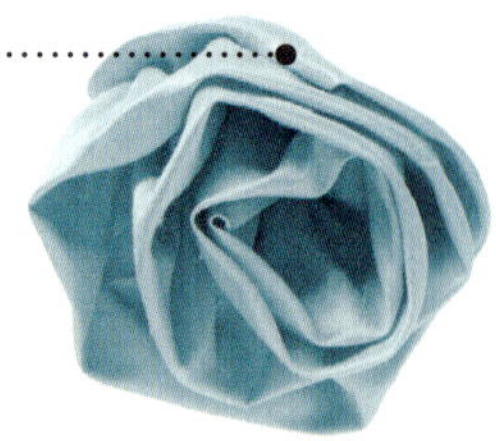

6 Wenn die Rosenform entstanden ist, alle sichtbaren offenen Kanten im unteren Teil der Rose verbergen.

7 Die Rose an der Basis mit Handstichen fixieren.

ROSE VERSION 2

1 Einen 10 cm breiten Schrägstreifen zuschneiden.

2 Zwei Kräuselreihen mit 3 mm Abstand zueinander entlang der Streifenmitte arbeiten.

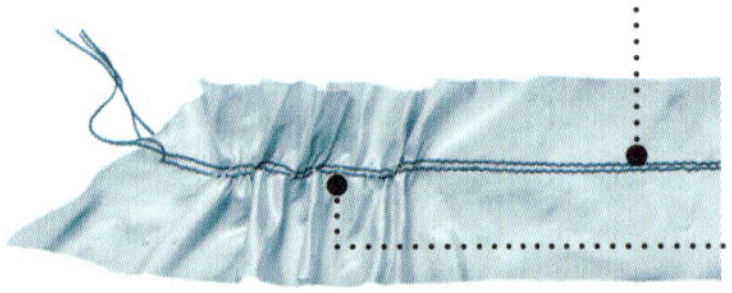

3 Die Reihfäden anziehen und die Fältchen zu Gruppen arrangieren (siehe Schritt 4 oben).

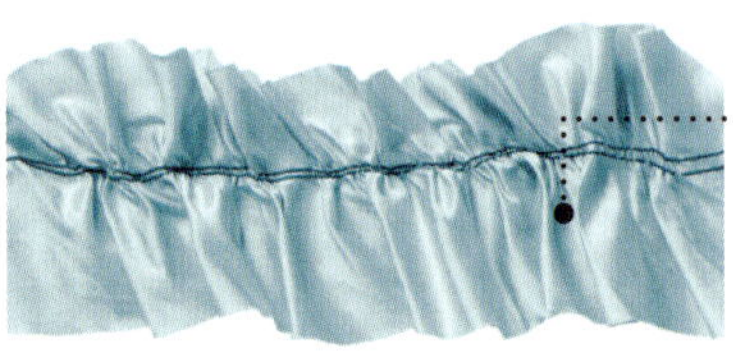

4 Die Fältchengruppen und die Abstände dazwischen ziehen sich schräg zusammen. Den Streifen entlang der Kräuselstichnähte zur Hälfte zusammenlegen.

5 Ein Ende der Kräuselnaht in der linken Hand halten und den Streifen locker aufwickeln.

6 Die Rose an der Basis mit einigen Handstichen fixieren. Weil der Streifen im schrägen Fadenlauf geschnitten ist, franst er kaum aus, obwohl die Kante offen ist.

SCHLEIFE

1 Für die Schlaufen aus Seide oder einem anderen Stoff ein Stück zuschneiden, das viermal so lang und zweimal so breit ist (plus je 1,5 cm Nahtzugaben), wie das Schlaufenteil werden soll.

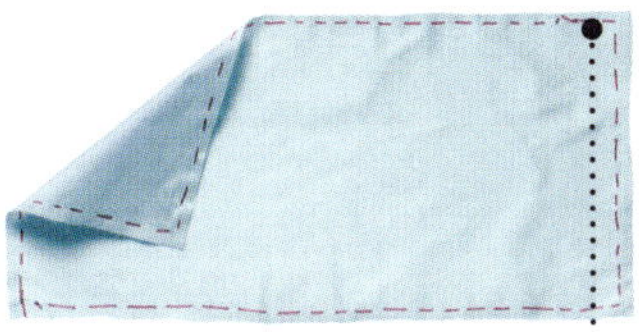

2 Auf die linke Seite des Stoffs eine leichte Gewebeeinlage legen und entlang der offenen Kanten aufheften.

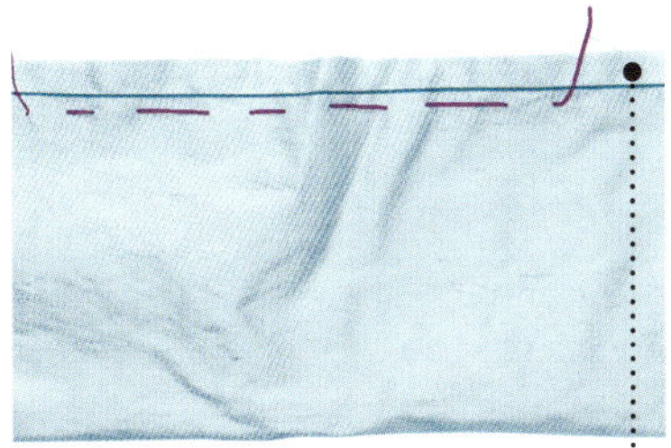

3 Den Stoff der Länge nach rechts auf rechts zusammenlegen und entlang der offenen Kante zusammennähen.

4 Den entstandenen Schlauch auf rechts wenden und so falten, dass die Naht in der Mitte liegt.

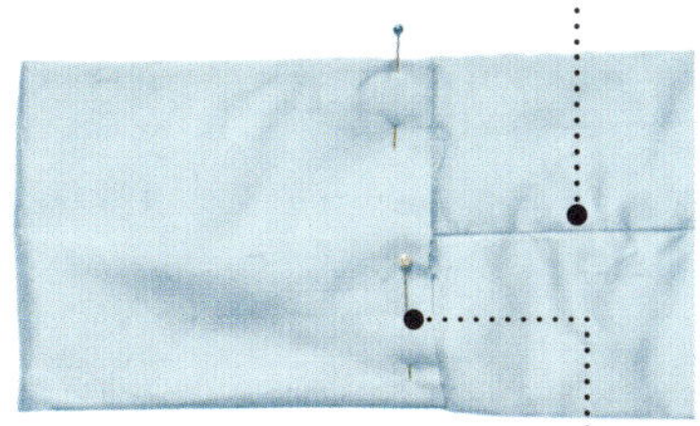

5 Die Schmalseiten zur Mitte einschlagen und feststecken.

6 Mit doppeltem Faden quer über die Mitte heften.

7 Die Heftfäden anziehen, um die Mitte einzukräuseln.

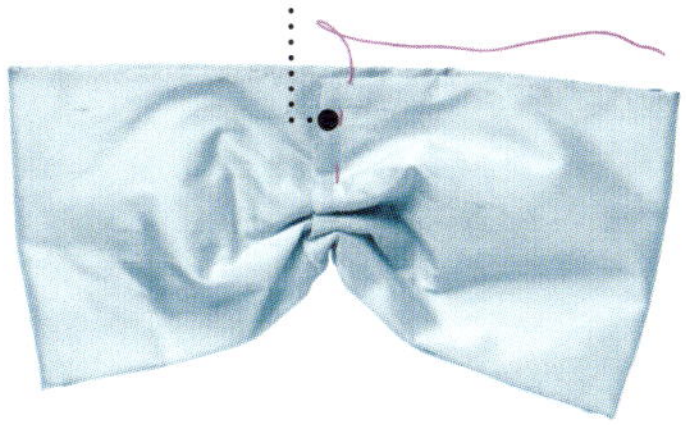

8 Für die beiden Schleifenbänder Stoffteile in der gewünschten Länge und in der doppelten gewünschten Breite plus Nahtzugaben zuschneiden.

9 Den Stoff auf der linken Seite mit einer leichten Gewebeeinlage verstärken.

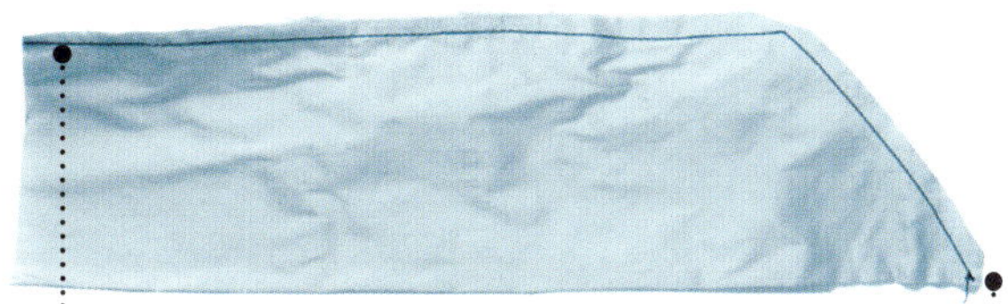

10 Jedes der beiden Stoffteile der Länge nach rechts auf rechts zusammenlegen und entlang der offenen Kante zusammennähen, dabei ein Ende abschrägen.

11 Die Nahtzugaben an den Ecken zurückschneiden.

12 Die Streifen auf rechts wenden und bügeln. Die Spitzen müssen sauber ausgeformt sein.

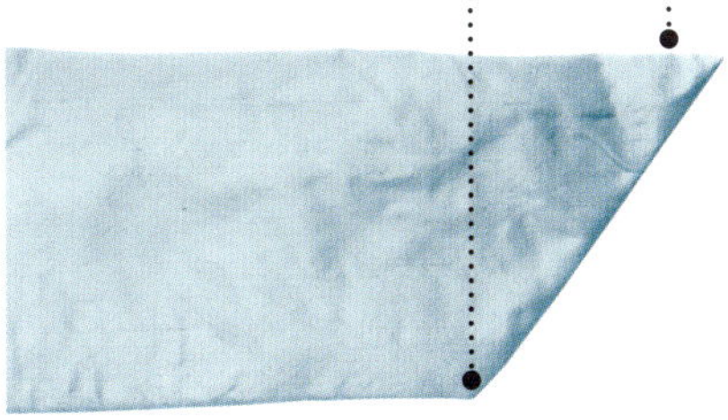

13 Beim Zusammensetzen der Schleife ein Stück Stoff um die geraffte Mitte des Schlaufenteils legen und von Hand annähen.

14 Die oberen Enden der Schleifenbänder zusammenfassen und von Hand hinter dem Schlaufenteil annähen.

GLOSSAR

Abnäher
Kleine, spitz auslaufende Falte. Abnäher werden hauptsächlich in Damenkleidung gebraucht, um den Stoff den Körperrundungen an Brust und Hüfte anzupassen. Es gibt unterschiedliche Techniken, Abnäher zu arbeiten.

Abnäher, französischer
Gebogener Abnäher zur Formgebung im vorderen Bereich von Oberteilen. Siehe auch Abnäher.

Abnäherfältchen
Ein Fältchen, das wie ein Abnäher zur Formgebung dient. Meist an Brust oder Hüfte. Siehe auch Abnäher.

Absteppen
Einzelne oder mehrere Reihen aus Geradstichen, die entlang einer Kante oder Naht gearbeitet werden, um diese zu stabilisieren und zugleich zu verzieren. Für Ziersteppungen kann kontrastfarbenes Garn verwendet werden.

Applikation
Motiv aus Stoff, das als Dekoration auf ein anderes aufgenäht wird.

Armausschnitt
Die Öffnung für den Arm oder Ärmel im Kleidungsstück.

Augenknopfloch
Ein Maschinenknopfloch mit einem geraden Querriegel an einem Ende und einer erweiterten Rundung am anderen. Das Auge bietet Platz für den Schaft des Knopfes und verhindert, dass sich der Stoff verzieht. Meist für Jacken und Mäntel.

Bandeinfassung
Methode zum Versäubern einer Stoffkante durch Aufsetzen eines breiten Stoffstreifens. Der Streifen kann auch zum Verlängern eines Kleidungsstücks dienen.

Beleg
Im Inneren eines Kleidungsstück liegendes Teil aus Oberstoff. Dient zum Versäubern von Kanten, die sonst von außen her sichtbar sein könnten, zum Beispiel bei Halsausschnitten oder Vorderkanten von Jacken. Belege werden wegen der besseren Formstabilität meist mit Einlage versteift. Die geformte Kante wird an den Oberstoff gesteppt. Die lose Kante kann später unauffällig von Hand festgenäht werden.

Biese
Abgesteppte, schmale Fältchen im geraden Fadenlauf, meist in regelmäßigen Abständen. Können zum Einhalten von Weite gearbeitet werden (z. B. in der Taille), aber auch zur Verzierung.

Biese, unterlegte
Schmales Fältchen mit eingelegter Kordel, um die plastische Wirkung zu verstärken.

Blindsaumstich
Winziger Handstich zum unsichtbaren Befestigen von Saumeinschlägen und Belegkanten. Der Maschinen-Blindsaumstich besteht aus drei Geradstichen und einem breiten Zickzackstich.

Briefecke
Diagonal verlaufende Naht, die entsteht, wenn Stoff über Eck zusammengesteppt wird. Nach dem Falten, aber vor dem Nähen, wird der überschüssige Stoff abgeschnitten.

Bruch
Eine eingebügelte Linie, dient oft als Markierung.

Bügeltuch
Dünnes Tuch aus Organza oder Musselin, das beim Bügeln zwischen Stoff und Bügeleisen gelegt wird, um Hitzeschäden am Stoff (z. B. Glanzbildung oder Versengen) zu verhindern.

Bund
Stoffstreifen, der als Taillenabschluss an Röcke und Hosen gesetzt wird.

Dolman-Ärmel
Direkt an das Oberteil angeschnittene Ärmel, oft mit Zwickel unter dem Arm für mehr Bewegungsfreiheit. Vor allem für Mäntel und Jacken.

Durchschlagen
Ein Verfahren, Markierungen von einem Schnittmuster mit Heftfäden auf eine oder mehrere Stofflagen zu übertragen. Die Linien werden mit losen Heftstichen nachgenäht. Dann die Fäden durchschneiden und den Papierschnitt vorsichtig abnehmen. Die Heftfäden bleiben im Stoff.

Ecken nähen
Technik zum Nähen von Ecken mit der Maschine. Die Nadel wird im Eckpunkt eingestochen, dann wird der Nähfuß angehoben und der Stoff um die Nadel gedreht. Anschließend den Nähfuß wieder absenken und die Naht in der neuen Richtung fortführen.

Einfassen
Eine Stoffkante wird gleichzeitig versäubert und verstärkt, indem ein Band oder Schrägstreifen bündig darüber gesetzt wird. Es können selbst zugeschnittene Stoffstreifen oder fertig gekaufte Bänder verwendet werden.

Einhalten
Beim Zusammensetzen zweier unterschiedlich langer Stoffkanten wird die Überlänge so verteilt, dass der Stoff sich leicht wölbt, aber keine Kräuselungen oder Fältchen entstehen (zum Beispiel beim Einsetzen eines Ärmels). Zum Einhalten näht man an einer Stoffkante mit großem Geradstich entlang und zieht behutsam am Unterfaden.

Einlage
Spezielle Materialien, die zwischen Oberstoff und Beleg oder Futter verarbeitet werden und für zusätzliche Festigkeit oder Formstabilität sorgen (zum Beispiel an Kragen, Manschetten, Bund). In verschiedenen Qualitäten erhältlich. Vlieseinlagen zum Aufbügeln eignen sich für fast alle Zwecke. Gewebte lose Einlagen werden hauptsächlich in der Maßschneiderei verwendet.

Elastikstich
Maschinenstich zum Nähen von dehnbaren Stoffen. Besteht meist aus zwei Vorwärtsstichen und einem Rückwärtsstich im Wechsel. Jeder Stich besteht also aus drei Fäden, was für die Elastizität des Stichs sorgt.

Fadenlauf
Die Richtung, in der Schuss- und Kettfäden eines Stoffes verlaufen. Wenn beide Fäden im rechten Winkel zueinander stehen, spricht man von einem fadengeraden Stoff.

Fadenlauf, schräger
Gedachte diagonale Linie auf dem Stoff, die weder in Längs- noch in Querrichtung verläuft. Der »echte« schräge Fadenlauf liegt in einem Winkel von 45 Grad zur Webkante. Siehe auch Fadenlauf.

Fall
Fähigkeit eines Stoffes, beim Herabhängen weiche Falten zu bilden. Der Fall hängt unter anderem von Faserzusammensetzung, Webart und Webdichte des Stoffs ab.

Falte
Einhalten von Stoffweite durch Einlegen von Kniffen, oft im Taillenbereich von Röcken, aber auch an Vorhängen. Falten können teilweise abgesteppt werden oder ganz offen bleiben.

Faltenband
Breites Baumwollband zum Annähen an der Oberkante von Vorhängen. Durch Zug an eingearbeiteten Schnüren wird der Stoff in regelmäßige Einzelfalten oder in Gruppen von drei oder vier Falten gelegt.

Feststeppen
Maschinennaht mit Geradstichen, die zum Fixieren dient. Ist diese Naht von außen nicht sichtbar (zum Beispiel beim Fixieren einer Nahtzugabe an einem Beleg), spricht man auch von untersteppen.

Flächenkräuselung
Spezielle Technik, eine Fläche mit der Nähmaschine aufzukräuseln. Es werden mehrere parallele Nähte mit einem elastischen Unterfaden und einem unelastischen Oberfaden nebeneinander gearbeitet. Bei dickeren Stoffen übernäht man mehrere parallel aufgelegte dünne Kordeln mit Zickzackstichen und zieht an diesen, um die Stoffweite zu raffen.

Flor
Aufrecht stehende Fasern oder Schlingen auf einem Stoff, zum Beispiel Samt oder Frottee. Der Flor hat meist eine Strichrichtung, die beim Zuschneiden berücksichtigt werden muss.

Futter
Innen liegende Stofflage, die alle Nähte und Zwischenlagen eines Kleidungsstücks verbirgt. Das Futter unterstützt den Fall und Sitz eines Modells und verbessert die Trageeigenschaften.

Gehfalte
Kellerfalte im rückwärtigen Saumbereich eines engen Rocks, die für ausreichend Weite zum bequemen Gehen sorgt. Siehe auch Falte.

Geradstich
Einer der Grundstiche einer Nähmaschine, geeignet für die meisten Zwecke. Die Stichlänge lässt sich verstellen.

Gürtelschlaufe
Kleine Schlaufe, zum Beispiel aus einem Stoffschlauch, die in Taillenhöhe befestigt wird, um einen Gürtel zu halten.

Haken und Öse
Zweiteiliger Verschluss für überlappende Kanten, der von rechts unsichtbar bleibt, zum Beispiel am Bund von Röcken oder Hosen. In verschiedenen Größen und Ausführungen im Handel erhältlich.

Heften
Große Hand- oder Maschinenstiche zum provisorischen Zusammenheften von Stofflagen. Von Hand genähte Heftstiche dienen auch zum Übertragen (»Durchschlagen«) von Schnittmarkierungen.

Heftstich
siehe Vorstich.

Hexenstich
Handstich, der hauptsächlich verwendet wird, um Säume oder Zwischenfutter zu befestigen. Er wird von links nach rechts gearbeitet.

Hongkong-Methode
Ein Verfahren zum Versäubern von Schnittkanten an Woll- und Leinenstoffen durch Einfassen mit Schrägstreifen.

Kantelstich
Maschinenstich, der über die Stoffkante gearbeitet wird und zum Versäubern von Nahtzugaben und Stoffkanten dient.

Kappnaht
Eine stabile Naht, die auf der rechten Seite des Werkstücks gearbeitet wird. Sie besteht aus zwei Stepplinien, zwischen denen die Schnittkanten verborgen liegen, sodass diese nicht ausfransen können.

Karobiesen
Fältchen oder Biesen, die auf einer Fläche über Kreuz in waagerechter und senkrechter Richtung verlaufen. Siehe auch Biesen.

Kellerfalte
Falte mit zweiseitigem Untertritt auf der linken Stoffseite. Bietet mehr Weite als eine einseitige Messerfalte. Siehe auch Falte.

Kettfäden
(auch Kette) In Längsrichtung verlaufende Fäden eines gewebten Stoffs.

Klebevlies
Ein weiches Vlies, das zwischen zwei Stofflagen gelegt wird. Durch heißes Bügeln schmilzt die Beschichtung und verbindet die Stofflagen unsichtbar miteinander.

Klettband
Verschlussband mit einer »weichen« Flor- und einer »harten« Häkchenseite. Wenn man beide Teile zusammendrückt, haften sie aufeinander. Sie lassen sich zum Öffnen aber recht leicht auseinanderziehen.

Knips
Kleine Ausbuchtung an der Außenkante einer Schnittkontur, dient als Markierung zum korrekten Zusammensetzen von Schnittteilen.

Knopfloch
Öffnung, durch die ein Knopf als Verschluss geschoben wird. Knopflöcher werden meist mit der Maschine mit feinen Zickzackstichen gearbeitet, können aber auch von Hand genäht oder dekorativ verziert werden (Kordeleinlage, Paspel).

Knopflochstich
Kleiner Handstich, der über eine Stoffkante greift (zum Beispiel zum sauberen Umstechen von Knopflochkanten).

Knopfschaft
Kleiner Stiel zwischen Knopf und Schaft. Der Schaft kann Teil des Knopfes sein, kann aber auch aus Garn selbst hergestellt werden. Der Schaft sorgt dafür, dass dickerer Stoff unter dem Knopf nicht zusammengedrückt wird.

Knopfschlinge
Schmale Schlaufe aus einem Stück Schrägstreifen. Wird meist so angenäht, dass sie über die Kante eines Kleidungsstücks vorspringt. Sie wird mit Kugelknöpfen verwendet.

Köperbindung
Webart mit einer typischen, diagonal gestreiften Oberflächenstruktur.

Kordel-Kräuselung
Eine Kordel wird mit Zickzackstichen übernäht und gezogen, um den Stoff zu kräuseln. Eine Methode für dickere Stoffe.

Kräuseln
Zwei Reihen lockerer Geradstiche werden dicht nebeneinander an einer Stoffkante gesteppt. Durch Zug an einem oder beiden Unterfäden lässt sich die Weite des Stoffes zusammenziehen, und es entstehen feine Kräuselungen, zum Beispiel für Rüschen.

Kreuzstich
Handstich, der als Dekoration oder zum vorübergehenden Fixieren von Falten oder Futterstoffen verwendet wird.

Kurzwaren
Alle Materialien, die außer dem Stoff zur Fertigstellung eines Modells benötigt werden, zum Beispiel Garne, Einlagematerialien, Einfassungen, Verschlüsse, Gummibänder, Borten.

Langettenstich
Handstich, der über eine Stoffkante gearbeitet wird. Dient zugleich zum Versäubern und Verzieren.

Leinenbindung
Die einfachste Gewebeart, bei der die Schussfäden abwechselnd über und unter einem Kettfaden verlaufen.

Markierungsfäden
Lockere Stiche, mit denen Markierungen vom Schnittmuster auf den Stoff übertragen werden.

Mehrgrößen-Schnitt
Schnittmuster, auf dem ein Modell in mehreren Größen eingezeichnet ist.

Messerfalten
Falten, die auf der rechten Stoffseite eingelegt werden und in eine einheitliche Richtung zeigen. Siehe auch Falte.

Nähfuß
Zubehörteil einer Nähmaschine, das den Stoff festhält und die Nadel führt. Lässt sich mithilfe eines Hebels anheben und absenken. Es gibt verschiedene Füßchen für die unterschiedlichsten Zwecke, zum Beispiel zum Einsetzen von Reißverschlüssen oder zum Aufnähen von Perlen.

Naht
Genähte Linie zur Verbindung zweier Stofflagen.

Naht, falsche französische
Selbst versäubernde Naht für gerundete Kanten. Wird auf der linken Stoffseite gearbeitet und eignet sich hauptsächlich für Baumwolle und dünnere Stoffe. Siehe auch Rechts-Links-Naht.

Naht, überlappende
Bei nicht ausfransenden Materialien wie Leder oder Lederimitat werden die zu verbindenden Kanten überlappend aufeinandergelegt und abgesteppt.

Naht, unterlegte
Ziernaht, deren Kanten aufspringen und eine darunter verarbeitete Lage, eventuell in Kontrastfarbe, sehen lassen.

Nahtband
Band, das zur Verstärkung von Nähten aufgesteppt wird.

Nahtlinie
Die Linie, auf der beim Zusammenfügen von Teilen genäht wird. Sie liegt meist 1,5 cm von der Schnittkante entfernt.

Nahtschatten
Eine Naht aus Geradstichen, die exakt in der Rille einer vorhandenen Naht gesteppt wird und dadurch unsichtbar ist. Zum Befestigen von Bund und Belegen.

Nahtzugabe
Abstand zwischen Nahtlinie und Schnittkante eines Teils. Die Nahtzugabe ist normalerweise auf dem Schnittmuster angezeichnet und beträgt meist 1,5 cm.

Overlockmaschine
Spezielle Nähmaschine, die in einem Arbeitsgang Nähte steppt, versäubert und beschneidet. Mit der Overlockmaschine gearbeitete Nähte sehen sehr sauber und professionell aus. Es gibt verschiedenes Zubehör, das es ermöglicht, mit der Maschine weitere Funktionen auszuführen.

Overlockstich
Ein Maschinenstich, der Kanten versäubert und das Ausfransen verhindert. Geeignet für Stoffe aller Art.

Paspel
Kantenverzierung aus einem mitgefassten, zusammengelegten Stoffstreifen. Der Streifen kann flach bleiben oder durch eine eingelegte Kordel plastisch geformt werden.

Passe
Der obere Teil eines Kleidungsstücks, von dem der restliche Stoff herabfällt.

Rechts-Links-Naht
(auch französische Naht) Stabile Maschinennaht, bei der alle Nahtzugaben eingeschlossen sind. Eignet sich nur für gerade Kanten. Besonders empfehlenswert für dünne und transparente Stoffe, bei denen sich andernfalls die Nahtzugaben abzeichnen könnten. Siehe auch Naht, falsche französische.

Reißverschluss
Verschluss für Schlitze oder Stoffkanten, der in vielen verschiedenen Varianten angeboten wird. Er besteht aus zwei »Raupen« von Kunststoff- oder Metallzähnchen, die mittels eines Schlittens verbunden oder getrennt werden.

Reißverschlussfuß
Schmaler Maschinen-Nähfuß, der so eingestellt werden kann, dass die Nadel rechts oder links des Reißverschlusses einsticht.

Revers
Nach außen umgeschlagener Teil der Vorderkante einer Jacke oder Bluse zwischen Kragen und oberstem Knopf.

Rückstich
(auch Steppstich) Stabiler Handstich, der auf der Rückseite des Stoffes als Stielstich erscheint. Überwiegend für Nähte und Konturstickerei.

Rückwärtsstich
Gerader Maschinen-Steppstich entgegen der Nahtrichtung. Am Anfang und Ende einer Naht werden zum Verriegeln zunächst einige Stiche vorwärts genäht, dann einige Stiche rückwärts auf den vorhandenen Stichen. Die meisten Maschinen haben eine »Rückwärts«-Taste.

Rüsche
Dekorativer Besatz aus einer oder zwei gekräuselten Stofflagen.

Saum
Versäuberte Unterkante eines Kleidungsstücks, Vorhanges oder geraden Ärmels. Säume können von Hand oder mit der Nähmaschine gearbeitet werden. Die gewählte Technik richtet sich nach der Stoffqualität und dem Stil des Modells.

Saumband
Band aus Klebevlies, das unter die Saumzugabe geschoben und durch Bügeln geschmolzen wird. So wird der Saumeinschlag ohne sichtbare Stiche befestigt. Vorteilhaft für dünne und transparente Stoffe, in denen Saumstiche sichtbar wären.

Saumlinie
Faltlinie, an der die Saumzugabe nach innen eingeschlagen wird. Am fertigen Modell entspricht die Saumlinie der Unterkante.

Saumstich
Handstich, der entweder schräg oder gerade gearbeitet wird, zum unauffälligen Arbeiten von Saumeinschlägen, aber auch zum Fixieren von Belegkanten, zum Beispiel an Manschetten oder Kragen.

Saumzugabe
Nach innen eingeschlagener Stoff an der Saumkante eines Kleidungsstücks oder Vorhangs. Die Saumzugabe kann je nach Art des Modells variieren und muss normalerweise beim Zuschnitt zugegeben werden.

Schlitz
Öffnung in einem Kleidungsstück zum Anbringen von Knöpfen, Druckknöpfen, Reißverschlüssen und anderen Verschlüssen, oft mit Untertritt. Meist in Oberteilen, um das Anziehen bei nicht dehnbarem Halsausschnitt zu ermöglichen.

Schnittkante
Die Kante eines zugeschnittenen Teils, an der keine Webkante liegt. Muss mit Zickzackstichen oder einer anderen Methode versäubert werden, damit sie nicht ausfranst.

Schnittlinie
(auch Schnittkontur) Aufgedruckte Linie auf den Schnittmusterbogen, die als Orientierung für den Zuschnitt dient.

Schnittmarkierungen
Aufgedruckte Symbole auf dem Schnittmuster, die zum Beispiel den Fadenlauf, den Stoffbruch oder die Lage und Größe von Abnähern, Fältchen oder Knopflöchern kennzeichnen. Müssen mit Schneiderkreide oder Heftstichen auf den Stoff übertragen werden.

Schrägstreifen
Streifen im schrägen Fadenlauf zum Einfassen von Kanten und Nahtzugaben.

Schussfäden
(auch Schuss) Die in Querrichtung verlaufenden Fäden eines gewebten Stoffs.

Smoken
Traditionelle Methode, Stoffweite einzuhalten, indem der Stoff durch mehrere parallele Reihen von Vorstichen gleichmäßig eingekräuselt und dann dekorativ überstickt wird.

Steg
Von Hand genähte, lose Verbindung aus Knopflochstichen zwischen zwei Stofflagen.

Stoffseite
Die rechte Stoffseite ist die Seite eines Stoffs, die am fertigen Modell außen liegt. Die linke Stoffseite liegt beim fertigen Modell innen.

Strich
(auch Strichrichtung) Laufrichtung des Flors bei Samt, Cord und Kunstpelz. Beim Zuschneiden muss darauf geachtet werden, dass bei allen Teilen der Flor in derselben Richtung verläuft.

Taillenabnäher
Abnäher mit je einer Spitze oben und unten, der zur Formgebung der Taillenpartie dient. Sieht aus wie zwei einfache Abnäher, die an ihren breiten Enden zusammentreffen. Siehe auch Abnäher.

Tunnelzug
Doppelt liegender, abgesteppter Bereich zum Durchziehen einer Kordel oder eines Gummibandes (zum Beispiel im Bund von Röcken oder Hosen). Tunnel können angeschnitten oder angesetzt sein, sie können innen oder außen liegen.

Überwendlicher Stich
Schräger Handstich, der zum Versäubern über Schnittkanten genäht wird.

Unterlage
Ein Stoffstreifen, der zur Verstärkung unter den Oberstoff gelegt wird, zum Beispiel unter einer Falte oder einem Knopfloch.

Verriegeln
Um das Aufgehen von Anfang und Ende einer Maschinennaht zu verhindern, näht man einige Stiche vorwärts, dann einige Stiche rückwärts und setzt danach die Naht vorwärts fort. Einige Maschinen verfügen über eine spezielle Verriegelungsfunktion, bei der einige winzige Stiche auf der Stelle genäht werden.

Verstärkungsnaht
Naht mit Geradstichen auf der Nahtzugabe knapp neben der Nahtlinie. Dient dazu, eine Kante zu verstärken und zu verhindern, dass sie einreißt oder sich dehnt.

Vorhangband
(auch Gardinenband) Gewebeband mit Ösen für Vorhanggleiter, das an die Oberkante von Gardinen und Vorhängen genäht wird. Durch Zug an eingearbeiteten Schnüren lassen sich Breite und Kräuselung oder Faltenwurf des Vorhanges regulieren. Siehe auch Faltenband.

Vorstich
(auch Heftstich) Einfacher, meist regelmäßiger Handstich zum Zusammenhalten und Einkräuseln von Stoffen.

Webkante
Die nicht ausfransende Kante eines Stoffes, parallel zum Kettfadenlauf.

Zackenschere
Eine Schere mit gezahnten Klingen, die zum Zuschneiden von nicht ausfransenden Stoffen verwendet wird. Ein Schnitt mit Zackenschere ergibt einen sauberen Kantenabschluss.

Zickzackstich
Maschinenstich zum Versäubern oder Verstärken. Kann auch zur Dekoration verwendet werden. Länge und Breite sind einstellbar.

Zwickel
Kleines, meist rautenförmiges Stoffstück, das in eine Naht eingesetzt wird, um mehr Bewegungsfreiheit zu erreichen, zum Beispiel unter einem Arm.

REGISTER

J

K

L

M

N

DANK & BILDNACHWEIS

Der DK Verlag dankt folgenden Personen:
Heather Haynes und Katie Hardwicke für die Mitarbeit an der Redaktion. Elaine Hewson und Victoria Charles für die Mitarbeit in der Grafik, Susan Van Ha für die Fotoassistenz, Hilary Bird für die Erstellung des Registers, Elma Aquino, Alice Chadwick-Jones und Beki Lamb. Der besondere Dank des gesamten DK-Teams geht an Norma MacMillan für ihre außerordentliche Professionalität und Geduld.

Bildnachweis:
Zusätzliche Fotos: Laura Knox S. 70 ol, or; 72 go; 74 or, ur; 76 u

Illustrationen: Debajyoti Datta

Schnittmuster: John Hutchinson S. 66–67, 76

Zusätzliche Grafiken: Karen Cochrane S. 67 r

Die Autorin

Alison Smith unterrichtete als Lehrerin für Textilkunst und Mode, bevor sie Leiterin der Fachschaft Textil an einer der größten Schulen in Birmingham (England) wurde, wo sie sich einem Herzensanliegen widmen konnte: der Vermittlung von Handarbeitstechniken an Jungen und Mädchen. Nach einer erfolgreichen Zeit als Lehrerin für textile Techniken an der Liberty Sewing School in London und an der Janome Sewing School in Cheshire gründete Alison Smith ihr eigenes Geschäft »Fabulous Fabric« und die Nähschule »Alison Victoria School of Sewing« in Ashby-de-la-Zouch (Leicestershire). Diese größte unabhängige Nähschule in England bietet Kurse und Workshops zu allen Aspekten des Nähens, Schneiderns und der Anfertigung von Miederwaren an.

Alison Smith ist regelmäßig zu Gast in speziellen Sendungen über das Nähen, schreibt für die Zeitschrift »Sewing World« und hat bereits in der Fernsehserie »Ladette to Lady« Schnitttechniken vorgestellt. Sie lebt zusammen mit ihrem Mann in Leicestershire und hat zwei erwachsene Kinder.

Dank der Autorin

Kein Buch könnte jemals ohne ein wenig Hilfe geschrieben werden. Ich möchte folgenden Menschen für ihre Unterstützung danken: Jackie Boddy, Nicola Corten, Ruth Cox. Helen Culver, Yvette Emmett, Averil Wing. Besonderer Dank gilt meinem Mann Nigel, der mich unaufhörlich ermutigt und unterstützt hat, sowie meiner Mutter Doreen Robbins, die dafür verantwortlich ist, dass ich das Nähen gelernt habe. Folgende Firmen haben meine Arbeit maßgeblich gefördert, indem sie Nähmaschinen, Kurzwaren und Stoffe zur Verfügung gestellt haben: Janome UK Ltd., EQS, Linton, Adjustoform, Gütermann-Garne, The Button Company, YKK-Reißverschlüsse, Graham Smith (Stoffe), Fabulous Fabric, Simplicity patterns und Freudenberg (Einlagen).

DK | Penguin Random House

DK London / Delhi

Lektorat
Mary-Clare Jerram, Amy Slack, Oreolu Grillo, Ankita Gupta, Stephanie Farrow, Soma B. Chowdhury, Arani Sinha

Gestaltung und Bildredaktion
Maxine Pedliham, Christine Keilty, Glenda Fisher, Tarun Sharma, Umesh Singh Rawat

Herstellung
Tony Phipps, Rebecca Parton, Sunil Sharma

Fotos
DK Picture Library

Alle Bilder © Dorling Kindersley Limited

Für die deutsche Ausgabe:
Projektbetreuung Doreen Wolff
Herstellungskoordination Bettina Bähnsch
Herstellung Christine Rühmer
Covergestaltung Jürgen Katzenberger, München unter Verwendung von Illustrationen von: 123RF.com: julynx, ssstocker

Titel der englischen Originalausgabe: Sew step by step. How to use your sewing machine to make, mend and customize.

© Dorling Kindersley Limited, London, 2019
Ein Unternehmen der Penguin Random House Group
Alle Rechte vorbehalten

Text © by Alison Smith

© der deutschsprachigen Ausgabe: 2020
Dorling Kindersley Verlag GmbH, Arnulfstr. 124, 80636 München
Ein Unternehmen der Penguin Random House Group
Alle deutschsprachigen Rechte vorbehalten

Jegliche – auch auszugsweise – Verwertung, Wiedergabe, Vervielfältigung oder Speicherung, ob elektronisch, mechanisch, durch Fotokopie oder Aufzeichnung, bedarf der vorherigen schriftlichen Genehmigung durch den Verlag.

Die automatisierte Analyse des Werkes, um daraus Informationen, insbesondere über Muster, Trends und Korrelationen gemäß § 44b UrhG (Text und Data Mining) zu gewinnen, ist untersagt.

Übersetzung SAW Communications: Sonja Häußler
Lektorat SAW Communications: Anna Ueltgesforth
Satz Roman Bold & Black, Köln

ISBN 978-3-8310-3955-5
5902-316651-21467-07

Druck und Bindung C&C Offset Printing, China

FSC www.fsc.org MIX Papier | Fördert gute Waldnutzung FSC® C018179

www.dk-verlag.de

Hinweis
Die Informationen und Ratschläge in diesem Buch sind von der Autorin und vom Verlag sorgfältig erwogen und geprüft, dennoch kann eine Garantie nicht übernommen werden.
Eine Haftung der Autorin bzw. des Verlags und seiner Beauftragten für Personen-, Sach- und Vermögensschäden ist ausgeschlossen.

ALLES SELBST GEMACHT

ISBN 978-3-8310-4527-3

ISBN 978-3-8310-3954-8

DK

www.dk-verlag.de